Das Geheimnis der heiligen Zahlen

Jürgen Werlitz

Das Geheimnis der heiligen Zahlen

Ein Schlüssel
zu den Rätseln der Bibel

Pattloch

Den Freunden aus Sonnenberg

Die Deutsche Bibliothek - CIP-Einheitsaufnahme

Werlitz, Jürgen:
Das Geheimnis der heiligen Zahlen : ein Schlüssel zu den Rätseln der Bibel / Jürgen Werlitz. –
München : Pattloch, 2000
ISBN 3-629-00867-4

© 2000 Pattloch Verlag GmbH & Co. KG, München
Lektorat: Birgit Bramlage, Pattloch Verlag, München
Umschlaggestaltung: Büro G. Lehmacher, Friedberg (Bay.)
Satz: Uhl + Massopust, Aalen
Druck und Bindung: Graphischer Großbetrieb Pößneck
Printed in Germany

ISBN 3-629-00867-4

Inhaltsverzeichnis

III. Die Bibel und die „Rechner" – Ein Ausblick

IV. Von Eins bis hundert Millionen

Vorwort

Wenn man über die Zahlen der Bibel schreibt, geht es einem ganz ähnlich wie den Verfassern des zweiten Makkabäerbuches, als sie sich daran machten, einen Auszug aus der fünfbändigen Geschichte des makkabäischen Aufstands von Jason von Cyrene zu erstellen: „Im Hinblick auf die Masse der Zahlen und die Schwierigkeit, die infolge der Stoffmenge auftritt, wenn man sich in die geschichtlichen Einzelberichte vertiefen will, waren wir darauf bedacht, den Lesefreudigen geistige Anregung, denen, die sich den Stoff gern ins Gedächtnis einprägen möchten, eine Erleichterung, allen etwaigen Lesern aber Nutzen zu bringen. Für uns, die wir die Mühe des Auszugs übernahmen, war es allerdings nichts Leichtes, sondern eine Arbeit, die Schweiß und Nachtwachen kostete. Wer ein Gastmahl vorbereitet und anderen eine Freude zu machen sucht, hat ja auch keine leichte Aufgabe; dennoch unterziehen wir uns der Mühe gern, um uns den Dank vieler Menschen zu sichern." (2 Makk 2,24–27)

Auch die Zahlen der Bibel sind ein unerschöpfliches Thema, zumal sie nicht nur in der Bibel überaus „zahl"-reich vorkommen, sondern auf diese und weitere aus der Bibel erschlossenen Zahlen und Zahlenkonstellationen auch in der Tradition immer wieder Bezug genommen wird. So gehören „Schweiß und Nachtwachen" einfach dazu, wenn man ein Buch über die biblischen Zahlen schreibt. Am Ende jedoch „hat man nicht fertig", und dies in doppelter Bedeutung: Man steht einerseits am Ende wieder am Anfang, auch wenn dieser Anfang sich in einem anderen Licht zeigt: Man müsste noch diesem und jenem nachgehen, dies und das studieren, überprüfen, ob … Diese Aufzählung liesse sich endlos fortsetzen. Und anderseits hat man nicht die sprichwörtliche Nase voll. Zumindest mir geht es so, dass ich die Zahlen der Bibel nicht mehr loslassen will, weil sie mich faszinieren und ich auch weiterhin über die Zahlen und Zahlengeheimnisse nachdenke.

Was ich mit diesem Buch versucht habe, lässt sich ganz einfach urnreissen: Ich will einen Überblick über die biblischen Zahlen geben, der in vielen Beispielen, aber nicht erschöpfend ihre Bedeutungsvielfalt veranschaulicht, und die Leser dazu animieren, sich selbst in der Bibel „auf Schatzsuche" in Sachen Zahlen zu begeben.

Anders als die Verfasser des zweiten Makkabäerbuches denke ich, dass nicht der Leser dem Autor Dank schuldet, sondern vielmehr erst einmal der Autor zu danken hat. Dieser Dank gilt Herrn Bernhard Meuser, dem Leiter des Pattloch-Verlags, der mich nun schon seit geraumer Zeit immer wieder an interessanten Projekten beteiligt und mir auch die Veröffentlichung dieses Buches ermöglicht hat. Dank auch an Frau Birgit Bramlage, der Lektorin dieses Buches, für ihre (auch mentale) Unterstützung.

Mein „Zahlenbuch" wäre kaum zustande gekommen, wenn mir mein Chef nicht entsprechende Freiräume bei der beruflichen Arbeit zugestanden hätte. So danke ich Herrn Professor Dr. Rudolf Kilian, dem gerade emeritierten Ordinarius für Alttestamentliche Exegese an der Universität Augsburg, herzlich für seine Großzügigkeit gegenüber seinem „Assistenten" in den zurückliegenden Monaten.

Zu danken habe ich aber auch für „offene Ohren" und etliche Anregungen, die mein Buch bereichert haben, nämlich Herrn Prof. Dr. Alois Stimpfle, Hannover, Herrn Prof. Dr. Georg Steins, Augsburg, Herrn Dr. Dirk Kinet, Augsburg, sowie Frau Margit Hummel, Augsburg.

Frau Uschi Kettenmann-Pfaff übernahm die beschwerliche Arbeit des Korrekturlesens und hat entscheidend dazu beigetragen, das Buch lesbarer zu machen. Herzlichen Dank dafür!

Augsburg, den 8. November 1999   *Jürgen Werlitz*

„Die Magie der Zahlen" – Eine Einführung

Ein Vorspiel über Lottozahlen

„,Pim', sagte sie, ,mir gefällt die Art nicht, wie du mit dieser Manuzio-Geschichte umgehst. Erst hast du Fakten gesammelt, wie andere Leute Muscheln sammeln. Jetzt scheint es, als ob du Lottozahlen ankreuzt.'

,Das ist bloß, weil ich mich mit denen mehr amüsiere.'

,Du amüsierst dich nicht. Du bist fasziniert. Das ist was anderes. Paß auf, die machen dich krank.'

,Jetzt übertreib nicht. Krank sind höchstens die selber. Man wird nicht verrückt, wenn man als Pfleger in der Klapsmühle arbeitet.'

,Das wäre noch zu beweisen.'"[1]

„Jetzt scheint es, als ob du Lottozahlen ankreuzt." – So äußert sich Freundin Lia zu Pim Casaubon, einem der Protagonisten in Umberto Ecos Foucaultschen Pendel, in einer Phase der Handlung des komplexen und vielfach verwirrenden Romans, als Casaubon sich mit zwei Kollegen in das Projekt eines großen Weltverschwörungsplanes gestürzt hat und aus dem anfänglichen Spiel zunehmend bitterer Ernst wird.

Lottozahlen haben etwas Faszinierendes. Die Chance, „sechs Richtige" zu bekommen, scheint eine nahezu magische Anziehungskraft zu haben. Wer will nicht das „große Los" ziehen, damit auf einen Schlag aller finanzieller Probleme enthoben sein.

Aber wie ist dieses Ziel zu erreichen? – Auf dem Buchmarkt streiten zur Zeit vor allem zwei Gruppen um die Gunst lottobegeisterter Leser. Auf der einen Seite stehen Wahrscheinlichkeitsrechner und Statistiker, die sich mit dem Phänomen des Zufalls beschäftigen, auf der anderen Esoteriker, die einen solchen Zufall überhaupt nicht anerkennen, persönliche Lottochancen versprechen, die Sterne daraufhin befragen, oder aber dazu anleiten, wie man seine Glückszahlen im Lotto erträumen kann.[2]

Geht man das Lottospielen völlig rational und nüchtern rechnend an und ist dabei konsequent, wird man überhaupt nicht zu spielen anfangen. Schließlich ist die Gewinnausschüttung der Lottogesellschaft geringer als der Einsatz der Spieler. Für das Gros der Spieler also ist das Lottospielen immer ein Minusgeschäft. Man kann aber auch – weniger rational konsequent – versuchen, durch Systeme oder Beteiligung an Tippgesellschaften seine Chancen zu verbessern. Bei solchen berechnenden Zugängen wird versucht, den Anteil des Zufalls, des Glückes beim Lottospielen möglichst gering zu halten. Damit wird suggestiv der Anschein erweckt, man könne seinen Lottogewinn planen, aber nach mathematischer Wahrscheinlichkeit ist das Urteil darüber klar: Lotto bleibt ein Glücksspiel.

Diesen Glücksspiel-Charakter zelebrieren jene Spieler, die einfach auf ihr Glück vertrauen oder ihr Glück beschwören, sei es, dass sie intuitiv beliebige Zahlen ankreuzen oder immer und immer wieder auf die gleichen Zahlen setzen. Letzteres kann bekanntlich zwanghaft werden, nach einer gewissen Zeit kann man nicht mehr aufhören. Man glaubt, dass die Chancen mit jedem Spiel steigen, nach dem Motto „die Zahlen müssen doch einfach einmal kommen". Das ist gegen jeglichen mathematischen Sachverstand, der lehrt, dass die Wahrscheinlichkeit einer bestimmten Zahlenkonstellation bei jedem Spiel gleich hoch ist.

Zwar ist das Faszinierende am Lottospiel vor allem durch die Aussicht auf einen möglichen Gewinn zu erklären, aber beim Spielen selbst schwingen doch ganz andere Energien mit, auch durchaus magische Vorstellungen über die Macht von Zahlen. Denn beim Glücksspiel kommt es eben auf das richtige, glücksbringende Vorgehen an. Und genau dieses Vorgehen ist der Magie durchaus ähnlich, in der man eine erwünschte Wirkung durch ein bestimmtes Ritual, festgelegte Worte und Handlungen erzielen will. Beim Lotto-Spielen besteht dieses Ritual im Ausfüllen des Scheines. Welche Zahlen sind anzukreuzen? – Vielfach verlässt man sich auf ganz bestimmte Zahlen, nämlich auf die eigenen Zahlen, auf Zahlen also, die in Bezug zum eigenen Leben und zur Familie stehen: Zahlen aus den Geburtsdaten, Hochzeitsdaten, Zahlen, auf die man setzt, weil sie doch Glück bringen müssen. In einem solchen Vorgehen zeigt sich etwas von der Macht, die Zahlen zugesprochen wird, etwas vom Glauben an Glückszahlen.

Alles fauler Zauber?

Wir sprechen Zahlen auch in anderen Bereichen etwas Magisches zu, lassen sie über Glück und Unglück entscheiden. Da ist der ominöse und ambivalente Freitag der Dreizehnte, der für die einen zwar Ausbund des Zahlenaberglaubens darstellt, für die anderen aber ein Tag ist, an dem es vorsichtig zu sein gilt, an dem man lieber keine wichtigeren Termine vereinbart, keine größeren Reisen unternimmt. Schließlich ist dieser Freitag für andere Menschen geradezu ein Glückstag. Da heißt es „Aller Guten Dinge sind drei!", und es ist üblich, dreimal auf Holz zu klopfen, wenn man „toi, toi, toi!" sagt. Wir lassen „Fünfe gerade sein", identifizieren uns gerne, „wenn zwei sich streiten", mit dem „lachenden Dritten". Wir lassen andere „dreimal raten", suchen unsere „sieben Sachen" zusammen und haben ohnehin eine besondere Vorliebe für Schnapszahlen.

Das sind nur wenige Beispiele für Zahlen, denen wir Bedeutung und auch Macht zusprechen. Vielfach verwenden wir sie gar nicht bewusst, denn es handelt sich um geprägte Wendungen mit Zahlen, die in unseren Sprachschatz eingegangen und sprichwörtlich geworden sind. Sie werden uns vorgegeben, und wenn wir die Sprichwörter verwenden, tauchen wir – ob wir es wollen oder nicht – in einen Strom der Tradition ein, in dem den Zahlen Symbolgehalt zuerkannt und damit magische Macht zugesprochen wird.

Zahlen haben schon immer Faszination auf den Menschen ausgeübt. Zahlen dienen dazu, sich in der Welt zurecht zu finden, die Welt und ihre Gegenstände zu messen und zu wiegen, die Welt zu ordnen. Aufgrund dieser Ordnungsfunktion entwickelte sich die Beschäftigung mit Zahlen ganz natürlich in zwei unterschiedliche Hauptrichtungen, die ursprünglich aber noch ein und dasselbe waren. Zum einen dienten die Zahlen der rationalen, zum anderen aber auch der mystischen und magischen Weltbeherrschung. Denn wenn es stimmt, dass die Zahlen den Menschen helfen, ihre Welt zu ordnen, so kann man daraus folgern, dass die Zahlen selbst der Weltordnung entsprechen, dass sie wesentliche Bausteine sind, aus denen die Welt besteht. Zahlen zu verstehen bedeutet dann, die Welt zu verstehen, im religiösen Sinne also die Möglichkeit, die Mathematik des Schöpfergottes beim Weltenbau nachzuvollziehen. Zahlen haben in dieser Sicht nicht nur einen quantitativen, sondern auch einen ausgesprochenen qualitativen Aspekt.

Diese qualitative Dimension der Zahlen hat sich in der Geschichte in Zahlenmystik, aber auch in Zahlenmagie ausgelebt, immer weiter entwickelt und treibt ihre Blüten bis in die heutige Zeit.

Man kann sogar besonders heute von einem Höhepunkt der Zahlenmanie reden. Gerade stehen wir vor der Jahrtausendwende, und abgesehen von technischen Problemen, die etwa bei der Datumsberechnung in Großrechnern und PCs zu teilweise panischen Ängsten führt, hat der Jahresschritt von 1999 zu 2000 ein geradezu manisches Verhalten in Gang gesetzt, und all das wegen einer Zahl!

Rationale Erklärungen des Phänomens helfen zumeist nicht weiter. Völlig irrational sieht man sich vor einer bedeutenden Schwelle von einem Jahrtausend zum nächsten stehen, erwartet einschneidende Veränderungen, mit der neuen Jahrtausendzahl etwas Neues, geht mit Ängsten, aber auch mit „Neu"-gierde den Schritt ins Unbekannte.

Dass es sich beim Wechsel des Datums vom 31.12.1999 zum 1.1.2000 um einen wesentlichen Schritt handelt, hängt doch nur an einer Zahl, an einer kalendarischen Konvention, einer menschlichen Festsetzung, nach der nicht nur vom 31.12. zum 1.1. ein Monatswechsel, nicht nur ein Jahres-, Jahrzehnt- und Jahrhundertwechsel, sondern auch – definitiv ein einmaliges Geschehen für die gegenwärtig lebenden Menschen – ein Jahrtausendwechsel erfolgt.

Aber was hat es mit dem Jahrtausendwechsel eigentlich auf sich? – Würde man z. B. tatsächlich die Jahre „nach Christus" zählen, wie es vorausgesetzt ist, wenn wir „n. Chr." terminieren, so wären wir – da Jesus ein paar Jahre „vor Christus" geboren wurde – schon einige Zeit vor dem Jahreswechsel 1999/2000 über die Jahrtausendschwelle hinweggegangen, ohne es gemerkt zu haben. Und würden wir gar einen anderen Kalender zugrunde legen, z. B. den noch heute im Judentum üblichen, der nach dem Datum der Weltschöpfung zählt, wären wir am 31.12.1999 im vierten Monat des Jahres 5760 und von einem sensationellen „Jahrtausend"-Ereignis weit entfernt.

In solchen Reaktionen auf Zahlen scheinen intuitive und instinktive, auf jeden Fall unbewusste seelische Vorgänge sichtbar zu werden. Genau diese scheinen auch so empfänglich für die Zahlenmagie zu machen, wie sie aktuell vor allem in der Numerologie eine breite Öffentlichkeit erreicht. Mir scheint, diese Beschäftigungen sind Ersatzhandlungen, die die existentiell wichtigste Frage des Menschen nach dem Sinn seines Lebens, seiner Existenz und seines Daseins, nach seinen Möglichkeiten und seinem Lebensweg betreffen. Anstatt diese grundsätzliche und vielgestaltige Frage selbst anzugehen, sich rational und emotional über sein Selbst klar zu werden, holt sich mancher die Antworten in der Numerologie, die ja auch die ganz individuelle Antwort verspricht: „Finde deine Zahlen, und ich sage dir, woher du kommst, wie du bist und wohin du gehst!"

In dieser – hier pauschal zugespitzten – Art und Weise der Lebenshilfe steht die Numerologie den Parawissenschaften und ihren populären Spielarten wie der Wahrsagerei und der Astrologie jeglicher Couleur ziemlich nahe und verrät, wessen Vaters Kind sie ist.

Und trotzdem ist es der Sache nicht gemäß, die nicht-rationale Beschäftigung mit Zahlen vollständig als Unsinn abzutun, wie es Underwood Dudley in einem kürzlich in Deutschland erschienenen Buch über bzw. gegen die Numerologie will: „Was lernen wir aus dieser Vielfalt von Mystizismus und Aberglauben? Zumindest eine Erkenntnis liegt auf der Hand. All dies wird kein Ende haben, solange die menschliche Dummheit besteht, und das wird bis an das Ende der Menschheit der Fall sein." Wir Menschen seien „mit selbstbewußten und intelligenten Köpfen" gleichzeitig „gesegnet und gestraft" und deshalb seien einige von uns mit der wunderbaren Welt unzufrieden. Dabei biete der Lebenslauf doch reichlich alltägliche Freuden. Aber einige wollen eben mehr: „Sie wollen Wunder und Mysterien, sie wollen geheimes Wissen finden, sie wollen in der Endzeit leben, sie wollen mehr als die langweilige Existenz, die unser Schicksal ist. So werden einige von uns Numerologen und einige andere ihre Anhänger. Sie bilden immer eine Minderheit, aber sie werden nie aussterben."[3]

So beachtlich einige dieser Gedanken erscheinen, die banale Tendenz dieser Worte ist doch klar: Die irrationalen Beschäftigungen mit der Zahl seien ein Ausdruck von Dummheit. Aber genau das überzeugt nicht, überzeugt insbesondere die nicht, die anders als Dudley vielleicht anstatt der alltäglichen Freuden eines langweiligen Lebensweges einen Leidensweg des Lebens gehen. Es überzeugt auch diejenigen nicht, die sich mit dem von Dudley geschilderten Lebenssinn nicht zufrieden geben, überzeugt auch die nicht, die sich rational und philosophisch mit einem solchen Lebenssinn auseinandersetzen, der eben nicht rational ist, sondern über das, was dem Menschen rational zugänglich ist, bei weitem hinausgeht. „Sinnhaftigkeit" menschlicher Existenz lässt sich nicht messen, lässt sich damit auch nicht rational-kritisch erheben!

Über das Rationale hinauszugehen, bestimmt die Geschichte der menschlichen Rationalität. Je stärker die Gesellschaft von Rationalität bestimmt wird, um so stärker scheinen auch die Gegenkräfte zu werden, die den nötigen Ausgleich zu schaffen versuchen. Je extremer das eine, um so extremer auch das andere, was letztlich nur zeigt, dass sich der Mensch auf die Rationalität nicht einschränken lässt, solange er in seinem Körper bleibt.

Und die Zahlen der Bibel?

Für die aktuelle Numerologie spielt neben anderen Traditionen auch die Bibel noch eine wichtige Rolle. Wenn man den Numerologen Glauben schenken darf, enthält die Bibel geheimes numerologisches Wissen. Die biblischen Zahlen haben Symbolgehalt und mystische und magische Bedeutungen, und sie dienen dazu, das geheime Wissen zu verschlüsseln. Es kommt also für den Numerologen darauf an, den richtigen Schlüssel zu finden, um dieses Wissen wieder zugänglich zu machen.

Was ist an solchen Zugängen zur Bibel dran? Wie sind die biblischen Zahlen zu verstehen, und wie steht es um die Zahlengeheimnisse der Bibel? – Das sind Fragen, denen ich in diesem Buch nachgehe. Als Wissenschaftler, der sich berufsmäßig mit der Geschichte, Literatur und Theologie des Alten Testaments beschäftigt, begebe ich mich damit in ein Gebiet, das den Gegenstand meiner wissenschaftlichen Arbeit bei weitem übersteigt, denn es kann nicht darum gehen, den historischen Befund zum Thema Zahlengeheimnisse der Bibel zu erheben. Angesichts der aktuellen Rezeption der Bibel durch Numerologen ist vielmehr auch zu klären, wie sich diese Lesungen der Bibel und ihrer Zahlen entwickelt haben.

Ich beginne mit dem rationalen Umgang mit Zahlen, wie sie aus der Bibel selbst, aber auch aus der Entwicklungsgeschichte des Zählens und Rechnens und der Umwelt der Bibel (Ägypten, Babylonien, Griechenland) erschlossen werden kann. Folgende Fragen will ich beantworten: Was für Zahlen kennen die biblischen Autoren? Wie haben sie gerechnet? Woher hatten sie ihre Kenntnisse?

Nach einem Intermezzo zur Frage nach einer biblischen Zahlensymbolik, versuche ich einigen geprägten Zahlen und Zahlengeheimnissen der Bibel auf die Spur zu kommen. Warum wurde die Welt nach Gen 1 in sieben Tagen erschaffen? Wie kann man so alt werden wie Methusalem? Was ist dran an den Maßen der Arche? Wie sind Zahlen in Sprüchen der Propheten und Visionen zu verstehen? Warum spielt die Zwölf eine so große Rolle im Alten wie im Neuen Testament? Warum ist Jesus „am dritten Tage – nach der Schrift" auferstanden? Was verbirgt sich hinter der Zahl 666 für das Tier in der Apokalypse des Johannes?

Und dann geht es um „Die Bibel und die Rechner", um die Wirkungsgeschichte der biblischen Zahlen. Ich versuche an einigen, wenigen Beispielen einen groben und natürlich unvollständigen Überblick über das Verständnis der Zahlen, vor allem der Zahlengeheimnisse der Bibel bis in die heutige Zeit zu geben.

In der Darstellung habe ich den Schwerpunkt auf die jüdisch-christlichen Auslegungstraditionen gelegt. Die mystische Zahlentradition des Islam habe ich nicht berücksichtigt. Dazu sei auf die einschlägigen Werke von Annemarie Schimmel verwiesen.[4] Neben jüdischer Gematria und Kabbala sowie weiteren zahlensymbolischen und numerologischen Zugängen zur Bibel beschäftige ich mich hier auch mit dem Bibelcode. Dieses hoch brisante Projekt bezieht sich zwar nicht direkt auf die Zahlen, aber aus einer irgendwie mathematisch gearteten Perspektive heraus wird dabei versucht, mithilfe des Computers biblische Geheimnisse zu entschlüsseln. Dieser Ausflug in die Welt des „Rechners" erscheint mir auch deshalb sinnvoll, weil der Bibelcode mit zahlenmystischen Zugängen zur Bibel meines Erachtens viel mehr gemein hat, als gegenwärtig in der Regel erkannt wird.

Ein Kompendium der biblischen Zahlen bildet den Abschluss. Es soll dem

Leser einen leicht zugänglichen Überblick ermöglichen, der nicht nur die biblischen Befunde einschließt, sondern auch die Bedeutung der Zahlen in der späteren Tradition.

Ich hoffe, dass ich mit meinen Ausführungen dem Zahlenreichtum der Bibel (wenigstens so weit als mir möglich) gerecht werden und den Leser dazu animieren kann, selbst auf Entdeckungsreise und Schatzsuche in der Bibel zu gehen. Vor allem hoffe ich, durch dieses Buch dem Leser ein klareres Verständnis der Bibel in Sachen Zahlen zu ermöglichen. Sollte es helfen, bei Fragen um ein wie immer geartetes, den biblischen Autoren unterstelltes Geheimwissen zu einer Klärung beizutragen, hätte es seine Absicht von meiner Seite schon erfüllt.

I.
„Gott und die Welt" – Von Zahlen, Ziffern und vom Rechnen in der Bibel

„Gott kennt die Zahlen." Gudea

1.1. „Hinterm Mond?" – Stecken die biblischen Schriftsteller noch in den Kinderschuhen der Zahlenbeherrschung?

„Sieh doch zum Himmel hinauf, und zähl die Sterne, wenn du sie zählen kannst." Gen 15,5

Völlig im Unterschied zu Esoterikern und Numerologen, die enorme Kenntnisse aktuellen Zuschnitts in der Bibel zu finden vermögen, mag man als rationaler, kritisch denkender und historisch bewusster Mensch am Beginn des dritten nachchristlichen Jahrtausends eher dazu neigen, die mit den Zahlen verbundenen Kenntnisse alter Kulturen zu belächeln. Vielleicht stellt sich dem einen oder anderen in der Bibel wenig bewanderten Zeitgenossen, der die vermeintliche Naivität und Unaufgeklärtheit der Bibel belächelt, mitunter auch die Frage, ob man in biblischen Zeiten überhaupt schon mit Denkprozessen, die die Bezeichnung Rechnen verdienen, „rechnen" darf, ob der biblische Umgang mit Zahlen überhaupt schon aus den „Kinderschuhen" primitiver Kulturen hinausgewachsen ist.

Auch wenn mit solchen Fragen die biblischen Autoren bei weitem unterschätzt werden, so ist doch ganz klar, dass den Rechnern biblischer Zeiten einige Grenzen gesetzt waren, die zu überschreiten heute schon Grundschulkinder lernen.

Von diesen Grenzen und dem, was sich innerhalb dieser Grenzen findet, soll im folgenden die Rede sein: Welche Zahlen verwendeten die biblischen Autoren, wie und wozu verwendeten sie diese? Was stellten sie mit Zahlen alles an? Wie sah ihre „Mathematik" aus?

Bei der Beantwortung dieser Fragen gibt es „zahl"-reiche Schwierigkeiten. Das Grundproblem besteht darin, dass eigentlich gar nicht von *der* Zahlenwelt der Bibel gesprochen werden kann, es handelt sich vielmehr um mindestens zwei Welten: die der hebräischen Bibel und die der griechischen Bibel sowie des Neuen Testaments – also um mindestens zwei Sprachwelten mit unterschiedlichen Zahlenbegriffen. Aber die Unterschiede sind nicht so fundamental, wie sie auf den ersten Blick erscheinen. Denn Zahlen sind, wie wir besonders an der Ziffernschreibung erkennen können, sprach- und kulturübergreifend übersetzbar. Das Zahlenverständnis ist von kulturellen Gegebenheiten abhängig. Im Hinblick auf weite Teile des Alten Testaments ist der kulturelle Einfluss der altorientalischen Großreiche, nämlich Ägyptens und der Großreiche Mesopotamiens, für das Neue Testament der des Hellenismus und mit ihm der griechischen Mathematik entscheidend. Aber die Gemeinsamkeiten überwiegen, zumal auch das Neue Testament über die griechische Übersetzung in der Tradition der hebräischen Bibel und ihres Zahlenverständnisses steht.

Wir stehen also bei der Beschreibung der Zahlenwelt der Bibel vor einer nicht ganz einfachen Aufgabe, die nur durch eine Schwerpunkte setzende und nicht erschöpfende Übersicht zu lösen ist.

Doch zurück zu den Grenzen der Zahlenbeherrschung: Diese Grenzen bestanden in biblischer Zeit hinsichtlich der zur Verfügung stehenden Rechenoperationen und ihrem jeweiligen Schwierigkeitsgrad, aber auch im Hinblick auf die Beherrschung des Zahlenraumes. Nicht jede beliebige Zahl konnte vorgestellt und ausgedrückt werden.

Die höchste Zahl, die sich im ersten Teil der christlichen Bibel findet, ist zwar mit 100 000 000 (in Worten 100 Millionen) relativ groß, aber bei dieser Zahl, die zuerst das Danielbuch in einer Vision (Dan 7,10) für die Anzahl derer, die vor Gottes Thron stehen, bietet, handelt es sich sicherlich nicht um eine als eigentliche Zahl vorgestellte Größe, sondern diese Zahl wird hyperbolisch (= übertreibend) verwendet. Es sind so viele, dass nur die höchsten zur Verfügung stehenden Zahlwörter in Potenz die Menge annähernd beschreiben können: 10 000 mal 10 000 stehen vor Gottes Thron, 1000 mal 1000 dienen ihm. In sehr ähnlicher Form kehrt diese Zahl übrigens auch im Neuen Testament wieder: In der Offenbarung des Johannes, Kapitel 5,11 wird ebenfalls in einer Vision von Gottes Herrlichkeit die Anzahl der um den Thron Gottes versammelten Engel mit 10 000 mal 10 000 und 1000 mal 1000 angegeben. Und in Offb 9,16 ist sogar von 20 000 mal 10 000 Reiterheeren die Rede, die beim sechsten Posaunenschall die Erde übersäen.

Die höchste, wahrscheinlich tatsächlich vorgestellte Zahl der Bibel findet sich im 1. Chronikbuch (1 Chr 21,5): Dort wird als Ergebnis der Volkszählung unter David festgestellt, dass es im Nordreich Israel 1 100 000 wehrfähige Männer gab. Mit den Büchern der Chronik aus dem 3. Jh. v. Chr. sind wir aber – wie übrigens auch mit dem Danielbuch, das noch jünger ist – schon in der fortgeschrittenen Geschichte des Alten Testaments, und deshalb ist diese Zahl kein allgemein gültiger Maßstab. Der Verfasser der Chronik bietet gern große, auch überhöhte Zahlen, und dies auch in Passagen, wo er in den schriftlichen Vorlagen, die ihm für sein Werk zur Verfügung standen, schon Zahlenwerte vorgefunden hat. Gerade in 1 Chr 21,1–17 basiert seine Darstellung auf einem älteren Text, der sich in 2 Sam 24,1–17 findet, und obwohl er sich seiner Vorlage weithin anschließt, bietet der Chronist doch eine andere, höhere Zahl: Aus 800 000 Kriegern des Nordreiches Israel in 2 Sam 24,9 macht er 1 100 000.[1]

In der Regel und Praxis des Alltagslebens dürfte es beim Zählen durchaus noch weit niedrigere Grenzen als die 1,1 Millionen gegeben haben. Hinweise auf diese Grenzen haben sich in der Bibel durchaus erhalten. Es gibt unübersehbare Mengen, die durch bildhafte Vergleiche ausgedrückt und später sprichwörtlich geworden sind. Wo keine Zahlen mehr zur Verfügung sind, also Mengen überhaupt nicht gezählt werden können oder aber unzählbar erscheinen, da heißt es in der Bibel, die Menge sei so zahlreich wie die Fische im Wasser (Gen 48,16), zahlreich wie der Staub (Num 23,10) oder wie die Sterne am Himmel (Dtn 10,22). Neben für uns ungewöhnlicheren Vergleichen – zahlreich wie die Heuschrecken (Ri 6,5), wie Steine und Maulbeerfeigenbäume (1 Kön 10,27) – bietet Gen 13,16 ein uns geläufiges Beispiel: Abrahams Nachkommen sollen so zahlreich werden wie der Sand am Meer! Und in ganz ähnliche Richtung geht auch eine Stelle in der Josephsgeschichte (Gen 41). Als Joseph vom Pharao zum Verwalter von Ägypten bestellt worden war und sich in den „sieben fetten Jahren" daran machte, einen Getreidevorrat für die „sieben dürren Jahre" anzulegen, heißt es in Gen 41,49:

> „So speicherte denn Joseph das Getreide auf in überaus großer Menge wie den Meeressand, so daß er schließlich aufhörte, zu messen; denn es gab kein Maß dafür."

Liegt auch der Akzent der Aussage gerade darauf, die Unermesslichkeit von Josephs Vorrat zu illustrieren, so ist doch durch den Vergleich eine Grenze des Zählbaren angedeutet: Es gibt auch in der Bibel Mengen, die nicht mehr gezählt oder gemessen werden können, die einfach „viel" oder „überaus zahlreich" sind. Das erinnert an eine Grenze, die auch heute noch bei Naturvölkern zwischen Zahlenwerten und „Viel" für nicht Zählbares besteht. Auch wenn in der Bibel auf der Skala der Zahlen diese Grenze gegenüber Naturvölkern weit nach oben verschoben ist, erinnert sie mit solchen Formulierungen an die schrittweise Eroberung des Zahlenraumes in der Entwicklungsgeschichte der Menschheit.

1.2. „Am Anfang war die Eins" – Ein Ausflug in die Frühgeschichte des Zählens, der Zahlen und Ziffern

> *„Und wenn man einen Angriff macht auf einen, so können sie zu zweit ihm widerstehen. Eine dreifache Schnur zerreißt nicht so schnell."* Koh 4,12

Das beste Mittel, der Behauptung, die biblischen Schriftsteller und deren These von den „Kinderschuhen" sei primitiv, zu begegnen, besteht darin, sich die „Kinderschuhe" in Sachen Zählen einmal genauer anzuschauen:[2] Wie lernte der Mensch zählen? Welche Worte legte er den Mengen als Zahlwort bei? Wie stellte er die Zahlen dar?

Solche Fragen werden selten gestellt, weil der Umgang mit Zahlen so selbstverständlich ist, dass man gar nicht bedenkt, was man macht, wenn man zählt. Außerdem glaubt man vielfach, der Umgang mit Zahlen gehöre zusammen mit der Sprachfähigkeit gleichsam zu den elementaren Möglichkeiten des Menschen. Aber trotz der Sprachfähigkeit muss Sprache zuerst gelernt werden, und das gleiche gilt auch für die Zahlen.

Wie der Mensch zählen lernte: Eins, Zwei, Viele

Angesichts der in diesem Jahrhundert existierenden „primitiven" Naturvölker lassen sich die entwicklungsgeschichtlichen Stadien, die zur Entfaltung der Zählfähigkeit führten, in ungefähren Umrissen angeben. Bei aller Verschiedenheit der Entwicklung und der Ergebnisse ist damit zu rechnen, dass der Mensch zuerst Schritt für Schritt den Zahlenraum bis zur Zehn erobert hat. Alles begann mit der Differenz von Eins und Zwei, von Ich und Du, und dann ging es in einzelnen Schritten bis zur Zehn.

Eins und Zwei sind elementar, setzen die Teilung der Einheit und die Ich-Du-Differenzierung voraus oder gehen mit ihr einher. In diesem Stadium ist Drei noch keine Zahl. Alles was über die Zwei hinaus geht, ist „viel".

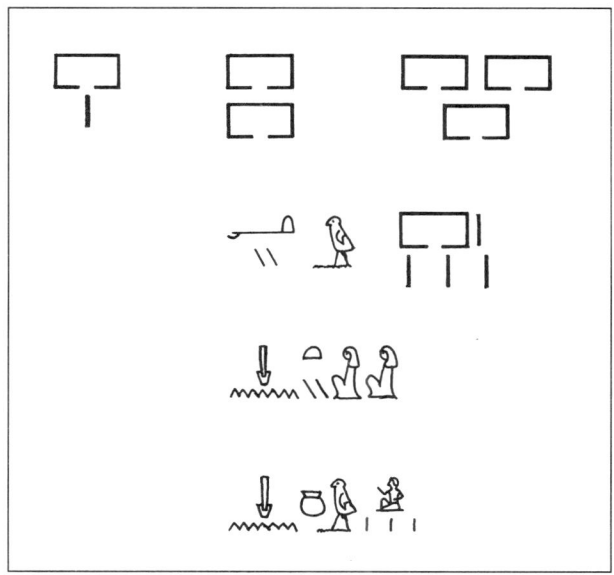

Abb. 1: Beispiele für Singular-, Dual- und Pluralschreibung in Ägypten

In einigen Sprachen hat sich diese entwicklungsgeschichtliche Differenzierung Eins-Zwei-Viele in der Bezeichnung des Numerus, der Zahlform eines Hauptwortes, noch rudimentär gehalten. So gibt es vorwiegend in älteren Sprachen, auch im biblischen Hebräisch, die Numeri Einzahl / Singular, Zweizahl / Dual und Mehrzahl / Plural. Sie hat sogar in Schriftsystemen ihre Spuren hinterlassen. In der ägyptischen Hieroglyphen-Schrift werden beispielsweise Hauptwörter im Singular u. a. mit einem Bild, d. h. Ideogramm des bezeichneten Gegenstandes, mitunter mit beigesetztem Strich, im Dual entweder mit zwei identischen Ideogrammen oder einem Ideogramm mit zwei beigesetzten Strichen und im Plural mit drei Ideogrammen oder einem Ideogramm mit drei Strichen dargestellt. Einige Beispiele gibt die folgende Abbildung wieder.

Viel, aber nicht immer gleichviel: Das Zahlgefühl

Wenn in der genannten Phase auch lediglich bis Zwei gezählt werden konnte, so bedeutet das nicht, dass nicht auch größere Mengen hätten erfasst werden können. Denn obwohl die Zahlworte und damit ein Zahlenbegriff für diese größeren Mengen fehlte, waren dem Menschen dieser Entwicklungsstufe die Erfassung größerer Mengen durch ein Gefühl, das Zahlengefühl, möglich. Diese Fähigkeit zeigt sich z. B. bei Naturvölkern: Ein Hirte, der nicht bis Drei zählen kann, kann erkennen, wenn in seiner Herde ein Tier fehlt, ohne die Tiere abzuzählen. Diese Fähigkeit ist auch bei Kleinkindern nachgewiesen, ja sogar – wenngleich im beschränkten Maße – bei Tieren, einigen Insekten und Vögeln – seltsamerweise aber nicht bei Säugetieren.

Tobias Dantzig hat bereits 1930 den Fall einer Krähe ins Feld geführt:[3]
Ein Schlossbesitzer hatte entschieden, eine Krähe zu töten, die sich im Turm seines Schlosses eingenistet hatte. Wiederholt scheiterte sein Versuch, das Tier zu überraschen, denn jedes Mal floh der Vogel aus dem Nest, setzte sich auf einem nahen Baum nieder und kam erst zurück, als der Schlossbesitzer den Turm verlassen hatte. Dieser versuchte die Krähe zu täuschen, indem er zwei Männer in den Turm gehen ließ. Einer verließ den Turm, der andere blieb. Die Krähe aber kam nicht zurück. Auch bei drei, dann vier Personen, von denen zwei, dann drei den Turm verließen, ließ sich der Vogel nicht über-

listen. Erst bei Fünf konnte er offensichtlich die Anzahl der Männer, die kamen und gingen, nicht mehr unterscheiden und kehrte prompt zum Nest zurück.

Dieses beachtliche Beispiel zeigt, dass das Zahlengefühl nur bei überschaubaren Größen Erfolg hat. Wir können selbst einen Test machen und versuchen, die Anzahl von identischen, ungeordnet gruppierten Kreisen in der folgenden Abbildung zu überschauen, ohne sie abzuzählen.

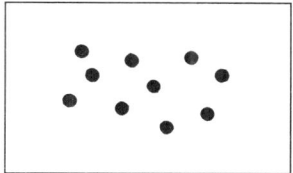

Abb. 2: Ein Schaubild

Bei entsprechenden Anordnungen werden wir wohl kaum über fünf oder sechs hinauskommen. Die meisten werden spätestens bei sieben damit beginnen abzuzählen, um zu erkennen, wieviele Gegenstände sie vor sich haben.

Nun ist jedoch andererseits zu berücksichtigen, dass mit der Fähigkeit, größere Mengen zu zählen, das menschliche Zahlengefühl abgenommen haben dürfte. Denn wenn man bestimmte Fähigkeiten nicht mehr anwendet, verkümmern sie. Es ist also durchaus möglich, dass das gegenüber dem Zählen ursprünglicher ausgebildete Zahlengefühl weit über die Grenzen, die wir heute haben, hinausgegangen ist. Zumindest bestätigt sich dies angesichts des ausgeprägteren Zahlengefühls bei Hirten in Naturvölkern.

Zählgrenzen: Die schrittweise Erschließung des Zahlenraumes

Mit der Unterscheidung Eins, Zwei, Viele ist eine erste Zählgrenze hinter Zwei offensichtlich geworden. Als der Mensch zur Drei vorstieß und damit die Grenze überschritt, die heute noch in dem Satz „Der kann ja nicht einmal bis Drei zählen" sprichwörtlich ist, war damit nicht der dahinter liegende Zahlenraum eröffnet, sondern nur die Entwicklung auf weitere Zählgrenzen hin

23

ermöglicht. Die nächste dieser Zählgrenzen lag offensichtlich hinter der Vier. Mit Vier wurde eine neue Einheit erreicht, die sich in vielfältiger Weise als Zählgrenze zu erkennen gibt. Vier ist die Anzahl der Finger einer Hand ohne den Daumen. Der Daumen wurde ursprünglich nicht als Finger verstanden. So wird auch bei dem alten Längenmaß Handbreit der Daumen nicht mitgezählt. In Ägypten hieß die Handbreit *schesep*, und es galt folgende Umrechnung: Eine Königselle (ca. 52,5cm) entspricht 7 Handbreiten (à 7,5 cm) oder 28 Fingern (à 1,85 cm). Dass das ägyptische Maß Handbreit nur vier Finger rechnet, zeigt ganz anschaulich eine seiner Schreibungen:

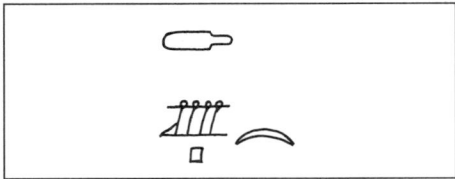

Abb. 3: Die Hieroglyphe für eine Handbreit und das zugehörige Wort *šsp*

In vielen Sprachen und Kulturen zeigt sich die Zählgrenze zwischen Vier und Fünf beispielsweise darin, dass Zahlen bis Vier häufig Eigenschaftsworte sind, während ab Fünf reine Zahlwörter vorliegen. Der Unterschied ist ganz entscheidend: Bei der Zahl als Eigenschaftswort ist die Anzahl eine Eigenschaft des gezählten Gegenstandes wie die Farbe oder Größe, weshalb es auch je nach Art des Gezählten (menschlich, lebendig, Gegenstand etc.) in bestimmten Sprachen unterschiedliche Wörter für die gleichen Zahlen gab.

Auch in der Namensgebung zeigt sich mitunter diese alte Zählgrenze hinter vier. Bei den Römern gab es den Brauch, Kinder nach Ordinalzahlen zu benennen, z. B. hieß das sechste Kind einer Familie Sextus, das siebte Septimus. Diese Zahlnamen wurden erst ab dem fünften Kind, Quintus, vergeben, nie für die ersten vier Kinder. Entsprechendes gilt für den römischen Kalender. Dort hatten ursprünglich nur die vier ersten Monate Eigennamen, dann wurde nach Ordnungszahlen weitergezählt. In unseren Monatsbezeichnungen haben sich noch Spuren davon erhalten: September für den ursprünglich 7., Oktober für den 8., November für den 9. und Dezember für den 10. Monat.

Auf der Suche nach größeren Einheiten – Die Bündelung

Mit dem ägyptischen Beispiel der Handbreit für vier Finger einer Hand sind wir beim Phänomen der Bündelung angekommen, die spätere Zahlensysteme wie das bei uns übliche Dezimalsystem ermöglicht hat. Noch heute macht man es in der Regel bei Zählungen mithilfe von Strichen so, dass man auf vier senkrechten Strichen einen Schrägstrich folgen lässt. Man bündelt damit fünf Gegenstände zu einer neuen Einheit. Diese Technik wird nur deshalb angewendet, weil sie das spätere Zusammenzählen erleichtert.

Warum man Fünferbündel macht, leuchtet sofort ein. Fünf ist eine Zahl, die wir mit dem Zahlengefühl überschauen können. Würde man dagegen – wie es sich aufgrund unseres Dezimalsystems anbieten würde – erst bei Zehn einen Schrägstrich machen, müsste man etwa ab Sieben immer wieder abzählen, wieviele Striche man nun schon gemacht hat, damit man den Schrägstrich an der richtigen Stelle setzt.

Diese Fünferbündelung ist uralt. Sie zeigt sich z. B. im römischen Ziffernsystem, das nach Eins = I genau für Fünf = V ein neues Zeichen aufweist. Das nächste Zeichen wird dann für die Zehn = X verwendet, worin sich ein weiteres altes Bündel zeigt. Es ist ebenfalls als elementar zu betrachten, denn es entspricht sämtlichen Fingern (auch der Daumen) der beiden menschlichen Hände. Aus diesen und weiteren Bündeln, etwa für die Einheiten Zwanzig, Sechzig, die zum leichteren Abzählen von Mengen dienten, haben sich später die Zahlensysteme entwickelt. Die ehemaligen Bündel wurden darin zu Zahlschwellen, über die man, ohne jede Zahl zwischen zwei Schwellen zählen oder sich gar vorstellen zu müssen, schneller in größere Höhen des Zahlenraumes gelangen konnte.

Wie man zählt: Zählen als paarweise Zuordnung

Zählen ist eine Methode, die bestimmten Mengen Zahlen zuordnet. Vor der Entstehung der entsprechenden Zahlenbegriffe, vor allem im Bereich der Zahlen über Vier, ist genau diese Zuordnung natürlich nicht möglich gewesen. Trotzdem wurde schon vor der Erfindung der Zahlen ein entsprechendes Verfahren angewendet, auf das auch die spätere Zuordnung der Zahlenbegriffe zurückgeht. Dieses Verfahren nennt man paarweise Zuordnung oder Bijektion. Man ordnet dabei einer zu zählenden Menge, z. B. einer Herde Schafe, eine entsprechende Anzahl von anderen Gegenständen zu, z. B. Steinchen, Kugeln, Hölzchen oder ähnliches – eigentlich eine geniale Erfindung, denn das Verfahren ermöglichte Zählen ohne Zahlen.

Nehmen wir an, wir hätten eine Herde Schafe auf die Weide zu führen. Wie könnten wir, ohne die Anzahl der Tiere mit einer Zahl wiederzugeben, prüfen, ob wir noch alle Tiere haben? – Man nehme sich eine Anzahl kleiner Steine und lege jeweils einen Stein in ein Säckchen, wenn ein Tier das Gatter verlässt. Wenn alle Tiere draußen sind, entspricht die Anzahl der Steine der Zahl der Tiere der Herde. Kommt man von der Weide zurück, muss man nur entsprechend abzählen, also für jedes Tier, das in das Gatter läuft, einen Stein aus dem Säckchen holen. Ist am Ende das Säckchen leer, sind alle Tiere wieder zurück, verbleiben Steine im Säckchen, sind Tiere verlorengegangen, fehlen Steine, so hat man Schafe hinzubekommen.

In großen Schritten durch den Zahlenraum

Mit der Bündelung wird es möglich, den Zahlenraum in großen Schritten zu durchqueren. Sind die Schritte von Eins bis Zehn, ja sogar bis Zwölf zum Großteil Einzelschritte, so ändert sich dies schlagartig mit der systematischen Bündelung im Sinne eines Zahlensystems. Damit wird es möglich, Zählschwellen zu etablieren, die erst nachträglich mit den einzelnen Zahlen gefüllt werden. Eine Zahl wie 400 ist uns im Dezimalsystem viel leichter vorstellbar als die Zahl 378. Das hängt genau mit diesen Zählschwellen, die die Zahlensysteme bilden, zusammen. Wir gehen nicht Zahl für Zahl vor, sondern in großen Schritten von Stockwerk zu Stockwerk, Schwelle zu Schwelle, bis wir zur Zahl 400 gelangen. Wer zählt bis 400, wenn er weiß, dass die Zahl 4×100 ist?

Kleinere Kinder dagegen stellen ihren Eltern gern die Frage, wie weit sie zählen können. „Kannst du bis Tausend zählen? Weiter? Noch weiter?" – „Wie weit kannst du zählen?" – „So weit? – Da brauchst du aber lange!" Wir brauchen natürlich nicht lange, aber wir zählen ja auch nicht, sondern benützen den „Aufzug" der Zählschwellen.

Nun sind solche Schwellen freilich ganz unterschiedlich eingerichtet worden. Obwohl wir vielleicht meinen, im Dezimalsystem unser eigentliches und einziges Zahlensystem zu besitzen, sind nicht nur in unseren Zahlennamen noch vielfach Spuren anderer Stufensysteme erhalten geblieben, sondern wir gehen auch noch vielfach mit anderen Systemen um. Da ist der Computer, der auf dem Binär-, also Zweier-System basiert, da sind Kreis- und Zeitberechnung, die auf dem Sexagesimal- oder Sechziger-System beruhen, da sind Ausdrücke wie Dutzend oder Gros, die wahrscheinlich auch aus dem Sechziger-System oder aber aus einem darin integrierten Zwölfer-System hervorgegangen sind. Selbst unsere Zahlworte haben etwas von älteren Zahlensystemen erhalten: Zum Beispiel kommt die deutsche Zahl Acht von lateinisch octo. Dieser Zahlenbegriff ist ein Dual und heißt so viel wie „beide vier". Die Acht als Zahlenname basiert also auf dem Vierer-System. Gleiches gilt für Neun aus lateinisch *novem*, was mit novis „neu" in Zusammenhang steht: Mit Neun beginnt etwas Neues nach der zweifachen Vier.

Darüber hinaus: Die Zahlworte Elf und Zwölf passen nicht in die Zählreihe der Zahlen zwischen Zehn und Zwanzig, die sonst alle nach der Form „Einerzahl + Zehn", z. B. vier - zehn, gebildet sind. So zeigt sich selbst bei den deutschen Zahlen, dass die Zahlenbezeichnungen auf einer komplexen und vielschichtigen Entwicklung beruhen und nicht auf einen Schlag systematisch gebildet worden sind. Dieses Phänomen ist international. Was für Elf und Zwölf im Deutschen gilt, gilt auch für Eleven und Twelve im Englischen. Und wenn im Französischen die Zahl 80 mit *quatrevingt* „vier - zwanzig" wiedergegeben wird, haben wir auch hier mit dem Hinweis auf ein älteres Zwanziger-System, das wohl von der Gewohnheit des Abzählens mit „Händen und Füßen" kommt, nur eines von unzähligen Beispielen für Zahlennamen, die auf älteren, längst ungebräuchlichen Zählsystemen beruhen.

Eins, Zwei, Drei, … wie man Zahlen schreibt

Von den Zahlworten ist ihre Schreibung zu unterscheiden. Die Zahl Dreiundsechzig wird beispielsweise bei uns in der Regel nicht ausgeschrieben, sondern durch arabische Ziffern zum Ausdruck gebracht. Kinder haben bekanntlich Schwierigkeiten damit, wenn sie den Zahlenraum bis Hundert beherrschen lernen. Sie müssen 63 schreiben, obwohl sie eigentlich 36 sprechen.

Auch wenn es vielfach üblich war, Zahlworte auszuschreiben, haben sich in der Geschichte zahlreiche, auch ähnliche Systeme herausgebildet, die Zahlen durch entsprechende Symbole zu kennzeichnen. Auf die römischen Ziffern wurde weiter oben in anderem Zusammenhang schon hingewiesen. Diese symbolische Darstellung von Zahlenworten geht wohl auf die ursprüngliche Praxis des Zählens als Bijektion und die darauf folgende Entwicklung der Bündelung zurück. Wenn wir heute von einem anderen sagen, er habe einiges auf dem Kerbholz, so denken wir wohl kaum daran, dass wir mit dieser Formulierung dem Ursprung der Ziffernschreibung sehr nahe kommen.

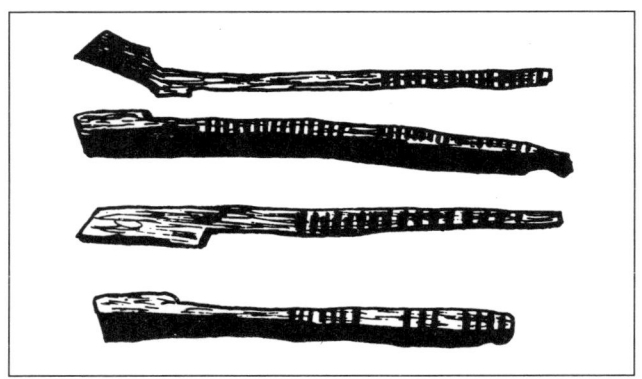

Abb. 4: Kerbhölzer – frühe Zählhilfen für den Menschen

Zahlen wurden schon früh durch Striche wiedergegeben, und diese Striche wurden, wie bei den römischen Ziffern ersichtlich, zu den elementaren Ziffern. Die Bündelung brachte es mit sich, dass neben den einfachen Strichen weitere Symbole eingeführt und dadurch die Ziffern differenziert wurden. Im römischen Ziffern-System steht so I für Eins, V für Fünf, X für Zehn, L für 50, C für 100 usw. In ähnlicher Weise funktionieren ursprünglich sämtliche Ziffernsysteme. Die weitergehende Differenzierung von Ziffern wie bei unserem 1, 2, 3, ... basiert ursprünglich auf einer vereinfachten Schreibung der Einer und der Bündel. Man kann sich diese Vereinfachung so vorstellen, dass aus einer Zahl wie römisch Sieben VII durch Vereinfachung ein einziges Zeichen wurde. Nun sind anders als unsere Schrift natürlich unsere Ziffern nicht römischen Ursprungs. Wir nennen sie arabische Ziffern. Freilich stammen sie nicht aus Arabien, sondern wurden dort auch schon übernommen, und zwar aus Indien. Hier liegt zwar nicht die Wiege unserer Zahlwörter, aber die unserer Ziffernschreibung.[4]

1.3. „Selbst ein Kind kann sie zählen!" – Zahlen, Zahlworte und Ziffern

> *„Du aber hast alles nach Maß, Zahl und Gewicht geordnet."* Weish 11,20

Wenn wir von unserem kurzen Streifzug in die Entwicklungsgeschichte von Zählen, Zahlen und Ziffern zur Bibel zurückkehren, zeigt sich nun mehr als deutlich, wie weit fortentwickelt die Zahlenbeherrschung im alttestamentlichen Israel war. Nicht dass man schon von Mathematik im Sinne einer modernen Wissenschaft reden könnte, aber ein Blick auf den biblischen Umgang mit Zahlen zeigt doch, dass man rechnen konnte. Der Zahlenraum war relativ groß, das Dezimalsystem bis auf Ausnahmen üblich. Man verfügte über Ziffern, konnte mit den vier Grundrechenarten umgehen, kannte Brüche und berechnete, wenn auch im beschränkten Maße, Flächen und Körper.

All dies lässt sich nicht nur aus archäologischen Funden biblischer Zeit, sondern auch aus Texten der Bibel erschließen, von denen im Folgenden einige Kostproben gegeben werden. Doch eine Einschränkung dazu scheint mir nötig: Insbesondere, wenn von Rechenoperationen die Rede ist, muss berücksichtigt werden, dass die Bibel nicht das Durchschnittswissen eines Israeliten, Juden oder Christen der jeweiligen Zeit bietet, sondern – je älter die Texte, um so eher – den Kenntnisstand von privilegierten Gruppen, Priestern, Beamten und Schreibern. Schreiben zu können bedeutete in der Antike nicht dasselbe wie heute, und die Fähigkeit war längere Zeit fast ausschließlich auf die genannten Gruppen beschränkt. Das hängt mit der Kompliziertheit der älteren Schriftsysteme in Ägypten und Mesopotamien zusammen, aber auch nach Erfindung des Alphabets hat sich die Situation nur ganz langsam geändert.

Aufgrund bestimmter Aufgaben und Funktionen wurden bestimmte Fähigkeiten erworben, die ihre Besitzer weit über den „Bildungsdurchschnitt" emporhoben. Gegenüber Rechenoperationen, die für bestimmte Ämter erlernt wurden, dürften die Rechenverfahren der „Uneingeweihten" wesentlich einfacher gewesen sein. Man bediente sich wohl in den Kreisen des „einfachen Volkes" für das Zählen und Rechnen der allerersten Rechenmaschine der Menschheit, nämlich den zehn Fingern.

Die hebräischen Zahlwörter

Natürlich werden auch die einfachen Leute die Zahlwörter gekannt haben, zumindest dürften die elementaren Zahlen von Eins bis Zehn selbst Kindern bekannt gewesen sein. Im Jesajabuch kommt dies indirekt zur Geltung: In einem Drohwort gegen das Großreich Assur wird angekündigt, dass der prächtige Wald Assurs vernichtet werden wird. Den Rest der Bäume könne sogar ein Kind zählen (Jes 10,19). Auch wenn die Zahl der übrigen Bäume nicht angegeben wird, so ist damit eine Aussage über die begrenzte Zählfähigkeit von Kindern gemacht, aber eben auch, dass sie zählen können.

Die hebräischen Grundzahlen waren bis ins sechste Jh. v. Chr. allgemein üblich, bis das Hebräische als Umgangssprache vom Aramäischen verdrängt und nur noch für religiöse Texte verwendet wurde.

Zahl		Umschrift		Zahl		Umschrift
1	אֶחָד	ächad	8	שְׁמֹנָה	schmonä
2	שְׁנַיִם	schnajim	9	תֵּשַׁע	täscha
3	שָׁלֹשׁ	schalosch	10	עֶשֶׂר	äsär
4	אַרְבַּע	arba	100	מֵאָה	mä'a
5	חָמֵשׁ	chamäsch	1000	אֶלֶף	äläf
6	שֵׁשׁ	schäsch	10 000	רְבָבָה	rᵉwawa
7	שֶׁבַע	schäwa			

Abb. 5: Die hebräischen Zahlwörter von 1 bis 10 sowie für 100, 1000 und 10 000.

In der Tabelle erscheinen die Kardinalzahlen von Eins bis Zehn und dann die Zahlwörter für die höheren Zählschwellen. Alle Wörter sind in der einfachsten Form wiedergegeben.[5] Die Eins ist ein Adjektiv, das im selten belegten Plural „einige" bedeutet und im Singular gelegentlich als unbestimmter Artikel wie im Deutschen bei „*ein* Mann" verwendet wird (Ri 9,53). Die Kardinalzahl Zwei ist ein im Dual gebildetes Abstraktum, heißt also so viel wie „beide". Sowohl Eins als auch Zwei werden wie Eigenschaftswörter verwendet (vgl. Gen 42,11; 2 Sam 1,1; 1 Kön 21,10), darüber hinaus aber auch als Hauptwörter (Gen 3,22; 26,10; 10,25; 2,25). Es zeigt sich also auch bei den hebräischen Zahlen, dass die ersten beiden Zahlen der Zahlenreihe als Eigenschaften von Gegenständen angesehen wurden.

Das ändert sich aber schon ab der Drei. Die folgenden Zahlen werden im Hebräischen nicht mehr als Adjektive, sondern als abstrakte Substantive, also ähnlich wie die Zahlen ab Zwei im Deutschen, verwendet. Die Stellung des Zahlwortes ist in der Regel vor dem Bezugswort. So heißt es bei „drei Söhnen" hebräisch entweder „Drei (eine Dreizahl) von Söhnen" (Gen 30,36; 18,6) oder „Drei (eine Dreizahl,) Söhne" (Gen 6,10; 11,13) oder schließlich in Aufzählungen, „Söhne Drei (eine Dreizahl)" (1 Chr 25,5).

Ordinal- bzw. Ordnungszahlen gibt es im biblischen Hebräisch nur bis Zehn. Es handelt sich durchweg um Adjektive, die mit Ausnahme von „erstens" allesamt gleich gebildet werden. Das hebräische „erstens", *rischon*, kommt von *rosch*, das Kopf, Haupt, Gipfel bedeutet. Ordinalzahlen über Zehn gibt es im Hebräischen nicht, sie werden durch die Kardinalzahlen vertreten. In Datumsangaben ist es sogar üblich, die Zahlen 1. bis 10. durch die Grundzahlen auszudrücken. Dies gilt für die Anzahl der Jahre und Monatstage unter 11, nicht jedoch bei den Monaten. Wenn es also in der deutschen Übersetzung von Gen 1,5 „erster Tag" heißt, steht im hebräischen Text *jom ächad*, wörtlich: Tag eins. Und bei Jahresangaben ist es genauso, so z. B. in 1 Kön 15,28: Dort steht *bischᵉnat schalosch*, „im dritten Jahr", wörtlich: „im Jahr Drei". Und in Gen 8,13 finden wir beides. Dort wird erzählt, dass im sechshundertersten Jahr Noachs, am ersten Tag des ersten Monats, die Wassermassen der Sintflut versickert sind. Wörtlich ist das hebräische Datum aber so wiederzugeben: „Es geschah im eins und sechs Hunderter Jahr, am ersten im eins für den Monat …"

Die Zahlen von Elf bis Neunzehn werden ganz ähnlich wie im Deutschen gebildet, also Einer, dann Zehner, die Zahlen von Zwanzig bis Neunzig durch den Plural der Einer. Auch die Zahlen ab 100 werden – mit Ausnahme der Zahlen 200 und 2000, die jeweils Dual der Schwellenzahl sind – im Prinzip ganz ähnlich wie im Deutschen gebildet, also „drei – Hunderter" oder „Vier von Tausend" usw. Das Zahlwort für 10 000 bedeutet „große Menge", also auf anderer Ebene das „Viel" der Naturvölker. Darüber hinaus gibt es auch Ausdrucksmöglichkeiten für Bruchzahlen und Multiplikatoren. Wie Zahlwörter im Hebräischen geschrieben werden, wird am Beispiel der Zahl 603 550 in Num 1,46 deutlich. Dort steht sie für die Zahl der Wehrfähigen, die aus Ägypten ausgewandert sein sollen.

שֵׁשׁ־מֵאוֹת אֶלֶף וּשְׁלֹשֶׁת אֲלָפִים וַחֲמֵשׁ מֵאוֹת וַחֲמִשִּׁים

schesch meot äläf usch^eloschät ^alafim wach^amesch meot wach^amischschim

Sechs Hunderter Tausend und Drei von Tausend und 5 Hunderter und Fünfzig.

Sechshundertdreitausendfünfhundertfünfzig

603 550

Die hebräische Bibel weist in den höheren Zahlwörtern eine ganz deutliche Ausrichtung auf das Dezimalsystem auf. Dass dies das Ergebnis eines längeren Prozesses war, wird nicht deutlich. Und doch dürfte selbst in der Zeit der Entstehung vieler Bücher der hebräischen Bibel das Dezimalsystem noch nicht alleinbestimmend gewesen sein. Wie es sich aufgrund archäologischer Funde ergibt, war seit rund 1500 v. Chr. nämlich in Syrien eine Kombination von Dezimal- und Sexagesimalsystem üblich, und diese lässt sich in Israel bis ins 2. Jh. v. Chr. nachweisen.[6] Dass in der hebräischen Bibel alle höheren Zahlwörter dem Dezimalsystem folgen, dürfte also darauf zurückzuführen sein, dass spätere Herausgeber biblischer Schriften eine Vereinheitlichung der Zahlen an den Standard ihrer Zeit herangeführt haben.

Die griechischen Zahlwörter

Neben dem Hebräischen – Aramäisch ist in der Bibel auf wenige Stellen beschränkt (Jer 10,11; Esr 4,7–6,18; 7,12–26; Dan 2,4b–7,28), dem Hebräischen grundsätzlich sehr ähnlich und kann deshalb unberücksichtigt bleiben – ist Griechisch die zweite Hauptsprache der Bibel. Als Weltsprache des römischen

Reiches wird sie im Neuen Testament verwendet, aber auch in einigen Büchern des Alten Testaments, die als Bestandteil der griechischen Bibel in den christlichen Kanon aufgenommen worden sind und Apokryphen oder deuterokanonische Schriften heißen (3 Esr, 1–3 Makk, Tob, Jud, Gebet des Manasse; Zusätze zu Dan und Est; Baruch, Brief des Jeremia; Sir; Weish).

Zahl		Umschrift		Zahl		Umschrift
1	εἷς, μία, ἕν	heis, mia, hen		8	ὀκτώ	oktō
2	δύο	dyo		9	ἐννέα	ennea
3	τρεῖς, τρία	treis, tria		10	δέκα	deka
4	τέτταρες, τέτταρα	tettares, tettara		100	ἑκατόν	hekaton
5	πέντε	pente		1000	χίλιοι	chilioi
6	ἕξ	hex		10 000	μύριοι	myrioi
7	ἑπτά	hepta				

Abb. 6: Die griechischen Zahlwörter von Eins bis Zehn sowie für 100, 1000 und 10 000.

Im Griechischen[7] sind die Zahlen von Eins bis Vier Eigenschaftswörter und richten sich nach dem jeweiligen Bezugswort. Die Zwei ist wie im Hebräischen ein Dual. Die Zahlen von Fünf bis Zehn sind unveränderlich. Die Zahlwörter von Elf bis Zwanzig werden entweder durch „Zehn" + folgendem Einer oder durch Voranstellung der Einer gebildet. Im letztgenannten Fall tritt ab „Dreizehn" ein „und" (griech. *kai*) zwischen Einer und Zehner. „Zwanzig" (griech. *eikosi*) ist eine Sonderform, die restlichen Zehner werden durch verkürzte Einer-Formen und konta dargestellt, die Hunderter entsprechend, aber mit Endung *-kosioi* gebildet. *myrioi*, 10 000, ist das höchste Zahlwort. Ähnlich wie der hebräische Begriff für denselben Zahlenwert ist die Bedeutung des Wortes ursprünglich „unmesslich viel" und wird so – mit leicht unterschiedlicher Akzentuierung – im Griechischen verwendet. Ordinalzahlen sind bis 100 belegt. Zur Veranschaulichung der Zahlwörter-Schreibung zwei Beispiele, nämlich die Zahl 153 aus Joh 21,11 und die 144 000 aus Offb 7,4, beide in der Grundform:

ἑκατὸν πεντήκοντα τρεῖς

hekaton pentekonta treis

Hundert Fünfzig Drei

hundertdreiundfünfzig

153

ἑκατὸν τεσσεράκοντα τέσσαρεσ χιλιάδες

hekaton tesserakonta tessares chiliades

Hundert Vierzig Vier Tausender

hundertvierundvierzigtausend

144 000

Ziffernschrift und Zahlenalphabet

Die Zahlwörter sind in der Bibel durchgängig ausgeschrieben. Nirgendwo findet sich eine Art Zahlzeichen oder Ziffernschrift, und dies, obwohl es auch zu biblischen Zeiten wesentlich einfachere Methoden zur Zahlenschreibung gegeben hat. Hier ist eine ähnliche Vereinheitlichungstendenz in der hebräischen Bibel wie bei der Angleichung an das Dezimalsystem zu vermuten. Denn archäologische Funde, Gewichtssteine, Ostraka und Monumente, haben gezeigt, dass es in alttestamentlicher Zeit solche Zahlzeichen gegeben hat. Wie ist es dann zu erklären, dass sich davon keine Spur im Alten Testament findet? – Wahrscheinlich war es so, dass eine Redaktion die Zahlzeichen durch Zahlworte ersetzt hat. Anzeichen dafür, dass es sich so verhalten hat, gibt es vor allem in den sogenannten Heimkehrerlisten im Esra- und Nehemiabuch. Diese Listen in Esr 2 und Neh 7 sind so gut wie identisch, aber einige Zahlenwerte sind verschieden. Die Unterschiede können erklärt werden, wenn man annimmt, dass in der „Originalliste" Ziffernschrift verwendet wurde.[8]

Wie sahen die in Israel geläufigen Zahlzeichen aus?[9] – Für die Einer wurde ein senkrechter Strich gesetzt, für die Zehner ursprünglich ein waagrechter Strich, der aber sehr bald in die Form des griechischen Lambda bzw. des ugaritischen Winkelhakens abgewandelt wurde. Das ermöglichte dann, die Fünf als halbe 10 wie hebräisch-kanaanäischen Gimel darzustellen.

Eins	𝟣
Zwei	𝟣𝟣
Fünf	ᐱ
Acht	⹀
Zehn	Λ
Zweihundert	⌐⹁

Abb. 7: Beispiele für die hebräische Ziffernschrift in der Königszeit

Die Einer über Zwei wurden in Dreiergruppen gegliedert, z. B. die Sechs durch zwei Bündel von drei senkrechten Strichen dargestellt. Mitunter findet sich auch ein besonderes Zeichen für Vier, wie es offensichtlich in Samaria üblich war. Dadurch ergeben sich Variationsmöglichkeiten: Die 16 beispielsweise konnte als 10 + 3 + 3 oder als 10 + 4 + 2 dargestellt werden. Zahlzeichen für höhere Werte wie 100 oder 1 000 sind bisher nur altaramäisch belegt. Dass solche Zahlzeichen lange in Gebrauch blieben, zeigen u. a. die Wirtschaftstexte von Murabbaʿât.

Neben der Ausschreibung der Zahlworte und der Ziffernschrift gab es noch eine weitere Möglichkeit, Zahlen zu schreiben, nämlich durch die Buchstaben des Alphabets. Dieses Zahlenalphabet hat sich im nachbiblischen Judentum als abgekürzte Schreibung der Zahlen durchgesetzt und ist bis heute Usus geblieben. Da es die Grundlage für die Gematria, eine bestimmte Form der biblischen Zahlensymbolik, bildet, ist die Frage nach der Entstehung des Zahlenalphabets wichtig. In der hebräischen Bibel ist eine solche Ziffernschreibung mithilfe von Buchstaben aus dem angegebenen Grund der Ausschreibung der Zahlworte natürlich nicht erhalten. Es gibt aber archäologische Funde, mit deren Hilfe man die Einführung des Zahlenalphabets grob bestimmen kann: Münzen aus der Hasmonäerzeit (um 135 v. Chr.) sind bisher die frühesten Zeugen dafür.[10]

Dass ein Zahlenalphabet bis dahin nicht der Regelfall war, dafür gibt es auch ein archäologisches Fundstück, ein in Chirbet El-Kôm (zwischen Lachisch und Hebron) gefundenes Ostrakon, das wahrscheinlich aus dem 3. Jh. v. Chr. stammt.[11] Es handelt sich um einen „Schuldschein" mit zweisprachiger Aufschrift, in dem es um eine Anleihe von 32 Drachmen geht. Der Text lautet wie folgt:

> „Im Jahr 6, 12. des Monats Panemos, hat Nikeratos Sobbato von Koside, dem Pfandleiher, 32 Drachmen erhalten.

> Am 12. Tamuz des Jahres 6, Kosida, Sohn des Chana, der Händler, er gab Nikeratos 32 Zuz."

Bei diesem Text, dessen erster Teil von Nikeratos auf griechisch, dessen zweiter aber von Kosida auf aramäisch von Hand aufgeschrieben wurde, ist in unserem Zusammenhang vor allem interessant, dass die Zahlen im griechischen Text mit Buchstaben wiedergegeben wurden, das Stigma für 6, *IB* für 12, und *LB* für 32, im aramäischen Text dagegen Zahlensymbole, also gerade nicht Buchstaben, verwendet wurden.

Auch wenn es sich hier um einen Einzelfund handelt, so zeigt er doch, dass bei den Griechen das Zahlenalphabet gebräuchlicher war als bei den Juden. Die Vermutung liegt nahe, dass das hebräische Zahlenalphabet erst in hellenistischer Zeit und abhängig von der griechischen Zahlenschreibweise eingeführt worden ist. Das hebräische Zahlenalphabet sieht folgendermaßen aus:[12]

Position	Hebräischer Buchstabe	Umschrift	Name	Zahlenwert
1	א	ʾ	Alef	1
2	ב	b, w	Bet	2
3	ג	g	Gimel	3
4	ד	d	Dalet	4
5	ה	h	He	5
6	ו	w (u, o)	Waw	6
7	ז	z	Zajin	7
8	ח	ḥ	Chet	8
9	ט	ṭ	Tet	9
10	י	j (i)	Jod	10
11	כ	k, ch	Kaf	20
12	ל	l	Lamed	30
13	מ	m	Mem	40

Position	Hebräischer Buchstabe	Umschrift	Name	Zahlenwert
14	נ	n	Nun	50
15	ס	s	Samech	60
16	ע	ʻ	Ajin	70
17	פ	p, f	Pe	80
18	צ	s	Sade	90
19	ק	q	Qof	100
20	ר	r	Resch	200
21	שׁ	š = sch (ś)	Schin (Sin)	300
22	ת	t	Taw	400

Abb. 8: Das hebräische Zahlenalphabet

Die ersten neun Buchstaben werden also für die Einer, die folgenden neun für die Zehner, und die restlichen vier Buchstaben für die ersten vier Hunderter verwendet. Bei größeren Zahlen beginnt man – in der hebräischen Schreibrichtung von rechts nach links – beim höchsten Stellenwert und endet bei den Einern. Um eine Verwechslung mit einem Wort zu verhindern, werden diese Buchstabengruppen zumeist durch zwei Apostrophe oder aber durch andere Markierungen vor dem letzten Konsonanten gekennzeichnet. So liest sich die Zahl 453 beispielsweise wie folgt:

$$
\begin{array}{cccc}
\text{ג} & \text{″} & \text{נ} & \text{ת} \\
3 & & 50 & 400 \\
\end{array}
$$

$$
t\, n\, '\, g
$$

$$
453
$$

Zahlen ab 500 werden durch die Aneinanderreihung der erforderlichen vier letzten Buchstaben des Alphabets wiedergegeben, die in der Summe den entsprechenden Hunderter bilden, also z. B. 600 und 900 so:

$$
\begin{array}{ccc}
\text{ר} & \text{″} & \text{ת} \\
200 & & 400 \\
\end{array}
$$

$$
t\, '\, r
$$

$$
600
$$

קּ ״ תּ ת
100 400 400
$t\ t\ '\ q$
900.

Um die Schreibung der Zahlen von 500 bis 900 zu vereinfachen, wurden die fünf sogenannten Finalbuchstaben, hebräische Konsonanten, die am Ende eines Wortes eine von der normalen Schreibung abweichende Form haben, mitunter für diese Zahlen gebraucht. Dieser Brauch ist vielfach in der talmudischen Literatur bezeugt, aber später weitgehend wieder aufgegeben worden.

ך	ם	ן	ף	ץ
End-Kaf	End-Mem	End-Nun	End-Pe	End-Sade
500	600	700	800	900

Abb. 9: Die Finalbuchstaben für die Zahlen 500 bis 900

Die Tausender wurden den Zahlen von Eins bis Hundert ganz entsprechend ausgedrückt, die Tausenderstelle jedoch durch Punkte über dem ersten Tausender oder durch einen vorangesetzten Apostroph gekennzeichnet. Die schon oben in Zahlwörtern wiedergegebene Zahl 603 550 schreibt sich im Zahlenalphabet also so:

נ ״ קּ ת   ג ר תּ ׳
50 100 400   3 200 400
$'\ t\ r\ g\quad t\ q\ '\ n$
603 550

Eine Ausnahme in diesem System ist noch zu vermerken: In der jüdischen Tradition werden die Zahlen 15 und 16 in der Regel nicht mit den Buchstaben für 10 und 5 bzw. 10 und 6 ausgedrückt, weil sie an den Gottesnamen erinnern und dessen Abkürzungen darstellen. Diese beiden Zahlen werden im Zahlenalphabet so geschrieben:

```
ו ט      ז ט
6 9      7 9
t w      t s
```

Das griechische Zahlenalphabet, von dem das hebräische abhängig sein dürfte, ist entsprechend aufgebaut, aber vollständiger. Neben den 24 Buchstaben des griechischen Alphabets wurden noch drei weitere, ehemalige Buchstaben verwendet, und so konnten mit den 27 Zeichen alle Einer, Zehner und Hunderter geschrieben werden.[13]

Position	Griechischer Buchstabe	Umschrift	Name	Zahlenwert
1	Αα	a	Alpha	1
2	Ββ	b	Beta	2
3	Γγ	g	Gamma	3
4	Δδ	d	Delta	4
5	Εε	e	Epsilon	5
6	(ς)	<st>	Stigma	6
7	Ζζ	z	Zeta	7
8	Ηη	e	Eta	8
9	Θθ	t	Theta	9
10	Ιι	i	Jota	10
11	Κκ	k	Kappa	20
12	Λλ	l	Lambda	30
13	Μμ	m	My	40
14	Νν	n	Ny	50
15	Ξξ	x	Xi	60
16	Οο	o	Omikron	70
17	Ππ	p	Pi	80
18	(ϙ)	<q>	Koppa	90
19	Ρϱ	r	Rho	100
20	Σσ	s	Sigma	200
21	Ττ	t	Tau	300
22	Υυ	y	Ypsilon	400
23	Φφ	ph	Phi	500
24	Χχ	ch	Chi	600
25	Ψψ	ps	Psi	700
26	Ωω	o	Omega	800
27	(ϡ)		Sampi	900

Abb. 10: Das griechische Zahlenalphabet

Auch im griechischen Zahlenalphabet wird die Zahl als solche durch einen Apostroph gekennzeichnet, bei Zahlen über 1000, die der im Hebräischen schon dargestellten Regel entsprechen, durch einen tiefergesetzten Apostroph. Die weiter oben in Zahlwörtern geschriebenen Zahlenwerte für 153 und 144 000 sehen im Zahlenalphabet so aus:

$$\begin{array}{ccc} \rho & \nu & \gamma' \\ 100 & 50 & 3 \end{array}$$
$$r\,n\,g'$$
$$153$$

$$\begin{array}{ccc} ,\rho & \mu & \delta \\ 100 & 40 & 4 \end{array}$$
$$,r\,m\,d$$
$$144\ 000$$

Im Neuen Testament ist von dieser Schreibweise der Zahlen nichts übrig geblieben. Aber wir können annehmen, dass die Zahlen ursprünglich so geschrieben und erst später in Zahlwörter umgesetzt wurden, vielleicht auch in Analogie zu den Heiligen Schriften des Alten Testaments. Alte Papyri weisen zumindest darauf hin. Im Papyrus P 47 aus dem 3. Jahrhundert, der Teile der Apokalypse des Johannes bietet (Offb 9,10–17,2), finden wir die berühmte Zahl des Tieres (Offb 13,18), die im kanonisierten Bibeltext *hexakosioi hexakonta hex* lautet, kurz und knapp so geschrieben:

$$\begin{array}{ccc} \chi & \xi & \varsigma \\ 600 & 60 & 6 \end{array}$$
$$ch\,x\,st$$
$$666$$

Der Gebrauch des griechischen Zahlenalphabets ist in der jüngeren christlichen Literatur lebendig geblieben. Wir finden auch in den Apokryphen Zahlenbuchstaben, so z. B. im Protevangelium des Jakobus, das von der Vorgeschichte Jesu erzählt: Dieses Evangelium beginnt mit den Worten „In den Geschichten der zwölf Stämme", und für Zwölf steht *ib* (10 2).

1.4. „… aber sie haben sich in allen möglichen Berechnungen versucht." – Mathematik in der Bibel?

> *„Eine gute Frau – wohl ihrem Mann!*
> *Die Zahl seiner Jahre verdoppelt sich."*
> Sir 26,1

Über den Gebrauch von Zahlen als Zählwerte und das Rechnen in der Bibel

Wenn es durch Zahlen möglich ist, dem Menschen helfen, sich in seiner Welt zurecht zu finden und sie zu ordnen, dann sagen Zahlen auch immer etwas über die jeweilige Welt, ihre gesellschaftlichen Realitäten und kulturellen Errungenschaften aus. Das gilt aber nicht nur für die Zahlen selbst, z. B. hinsichtlich der Komplexität des Zahlenraumes, sondern auch für ihre Anwendung. Wenn wir heute den Begriff „Zahl" hören, verbinden wir ihn wohl zumeist mit Mathematik und verstehen dann „Zahl" als Zählwert. In biblischer Zeit war das anders. Zahlen sind nicht nur abstrakte Zählwerte, sondern haben auch eine viel tiefere, religiöse Dimension: Sie sind die Größen, aus denen die Welt besteht, sind die Elemente, mit denen Gott die Schöpfung hervorbrachte. Die Zahlen sind heilig, da göttlichen Ursprungs. Nun gilt dies natürlich nicht für alle Zahlen und nicht jede der kleineren heiligen Zahlen wird, wo sie sich findet, auch als solche verwendet. Wir haben also unterschiedliche Anwendungsweisen zu unterscheiden, auf der einen Seite die symbolische oder mystische und auf der anderen Seite die rationale Verwendung von Zahlen. Die Bibel bietet beides. In diesem Kapitel interessiert uns zunächst lediglich die rationale Verwendung von Zahlen, also von Zahlen, die als reine Zählwerte verwendet werden.

In welchen Kontexten werden Zahlen als Zählwerte verwendet? – Dort, wo gemessen und gewogen wird. Wie in anderen altorientalischen Kulturen erwuchs die Beschäftigung mit Zahlen in Israel auch aus praktischen Bedürfnissen. Man brauchte Zahlen, um Mengen anzugeben, um Strecken, Flächen oder Körper zu messen oder um bestimmte Ereignisse zeitlich zu fixieren. Die Verwendungszusammenhänge, in denen Zahlen eine wesentliche Bedeutung zukommt, sind wirtschaftliche Vorgänge wie landwirtschaftliche Produktion und Tausch- und Geldhandel, staatliche Maßnahmen wie Steuerfestsetzung und Feldvermessung, ferner Architektur und Baukunst sowie der Kalender.

Einige Beispiele hierzu: In 1 Kön 16,23–24 wird erzählt, dass Omri, ein König des Nordreiches Israel, nach sechs Jahren seiner Regierung in der Stadt Tirza die Hauptstadt des Reiches nach Samaria verlegte.

> „Dann kaufte er den Berg Samaria von Semer um zwei Talente Silber, versah den Berg mit Bauten und nannte die Stadt, die er erbaut hatte, nach dem Namen Semers, des Eigentümers des Berges, Samaria."

Egal, ob diese Schilderung historisch stimmt oder nicht, die zwei Talente Silber scheinen nichts weiter zu besagen, als dass der Kaufpreis für den Berg eben genau zwei Talente, knapp 120 kg Silber, war.

In annalistischen Notizen zu der Regierung von Königen ist das genauso. Wenn es in 2 Kön 16,1–2 heißt:

> „Im siebzehnten Jahre Pekachs, des Sohnes Remaljas, wurde Achas, der Sohn Jotams, König von Juda. Achas war zwanzig Jahre alt, als er König wurde. Er regierte sechzehn Jahre in Jerusalem",

dann sollen die Zahlen nichts weiter als Zählwerte ausdrücken. Das Jahr des Regierungsantritts des Achas wird durch einen Synchronismus mit den Regierungsjahren des gerade herrschenden Königs des Nordreiches Israel bestimmt, das Alter des Königs und die Dauer seiner Herrschaft angegeben.

An allen Stellen, wo etwas gewogen oder gemessen wird, kann man zuerst immer davon ausgehen, dass die angegebenen Zahlen einfach Zahlen sind. Ändern tut sich das aber schon da, wo etwas gemessen wird, was es gar nicht in der historischen Realität gegeben hat: Wer hat etwa die Arche ausgemessen, wer das Offenbarungszelt? – Und trotzdem bietet die Bibel viele Zahlenangaben dazu. Aber weiter: Wie sind Maßangaben in Visionen zu beurteilen, wenn etwa „Ezechiel" (Ez 40–48) den neuen Tempel schaut oder „Johannes" (Offb 21) das neue Jerusalem in der Endzeit? – Hier überlagern sich die Realität der Zahlen und die Fiktion des Geschauten, und Zahlen sind nicht mehr nur reine Zählwerte.

Eine ähnliche Überlagerung unterschiedlicher Vorstellungswelten zeigt sich uns auch im Blick auf die Frage nach den rechnerischen Fähigkeiten der biblischen Schriftsteller. Nirgendwo in der Bibel gibt es ein ausschließliches Interesse an Rechenoperationen, so dass sie zum eigentlichen Thema gemacht würden. Aber trotzdem lassen sich Kenntnisse im Umgang mit Zahlen aus der Bibel erheben, teilweise aus hochtheologischen Texten, die doch eine ganz andere Aussageabsicht haben. Selbst um theologische Grundsätze zu veranschaulichen, ist es mitunter nötig, auf Zahlen, ja selbst auf „Mathematik" zurückzugreifen. Dies zeigt sich, wenn wir ganz bewußt nach den Rechenmethoden der biblischen Schriftsteller suchen.

Die Grundrechenarten

In der hebräischen Bibel, aus denen ich die folgenden Beispiele ausgewählt habe, finden wir viele Hinweise auf mathematische Kenntnisse. Hauptsächlich wird im Zehner- oder Dezimalsystem (vgl. z. B. Gen 18,26–32) gerechnet, aber andere Systeme waren offensichtlich auch geläufig (z. B. das Sechzigersystem in Mt 13,18). Welche Zählstufen bestanden, zeigt anschaulich Num 11,19–20, wo Gott verspricht, dem Volk Israel nach dem Auszug in der Wüste Fleisch zu essen zu geben, und zwar

> „Nicht nur einen Tag oder zwei, fünf, zehn oder zwanzig Tage, sondern einen ganzen Monat lang."

Wenden wir uns zunächst den vier Grundrechenarten zu, lassen sich für jede dieser einfachsten Rechenoperationen biblische Beispiele anführen:

– für die Addition ($2 = 1 + 1$) Num 11,26: „Zwei von den Männern blieben im Lager zurück. Der eine hieß Eldad und der andere Medad."

– für die Subtraktion ($50 - 5 = 45$) Gen 18,28: „‚Vielleicht fehlen an den fünfzig Frommen nur fünf. Willst du um dieser fünf willen die ganze Stadt vernichten?' Er aber sagte: ‚Nein, sofern ich dort fünfundvierzig finde.'"

– für die Multiplikation ($7 \times 7 = 49$) Lev 25,8: „Zähle dir sieben Sabbatjahre, also siebenmal sieben Jahre, so ergeben sich, als Zeit der sieben Sabbatjahre, neunundvierzig Jahre."

– für die Division ($y : 2 = x$) Num 31,27: „Teile die Beute in zwei Hälften zwischen den Kriegsteilnehmern, die zu Felde gezogen sind, und zwischen der ganzen übrigen Gemeinde!"

Aber es gibt auch etwas kompliziertere, zusammengesetzte Rechnungen in der Bibel:

$12 \times 130 + 12 \times 70 = 2\,400$: Num 7,84–85: „Dies sind die Gaben, die die israelitischen Fürsten zur Altarweihe an dem Tage brachten, da er gesalbt wurde: zwölf Silberschüsseln, zwölf Silberbecken und zwölf Goldschalen; jede Schüssel wog hundertdreißig Silbersekel und jedes Becken siebzig Sekel. Das Gesamtgewicht der Silbergefäße betrug 2 400 Sekel heiligen Gewichts." Ausgehend vom Zwölfstämmevolk ist an zwölf Fürsten gedacht. Sekel (besser Schekel) ist ein Gewicht von knapp 11,5g. Insgesamt sind also etwa 21kg Silber für die Gefäße verwendet worden. Was es mit dem heiligen Gewicht auf sich hat, ist ungewiss.

– $x = (P : 49) \times N$, wobei P = der volle Schätzungswert eines Feldes und N = die Zahl der Jahre, die zum vollen Jobeljahr (= 49 Jahre) fehlen, ist: Lev 27,16–18: „Weiht jemand von seinem erblichen Grundbesitz dem Herrn, so richte sich der Schätzungswert nach Maßgabe seiner Aussaat; die Saat eines Chomers Gerste gelte fünfzig Silbersekel. Weiht er vom Jobeljahr ab sein Feld, dann stehe sein Schätzungswert in voller Höhe. Hat er aber sein Feld erst nach dem Jobeljahr geweiht, dann errechne ihm der Priester den Preis nach Maßgabe der noch bis zum nächsten Jobeljahr übrigen Jahre; von dem Schätzungswert ist dann ein Abzug zu machen."

Brüche

Im Alten Testament sind nicht nur Rechnungen mit ganzen Zahlen möglich, sondern man kennt auch Brüche. Es handelt sich jedoch lediglich um bestimmte Arten von Brüchen, nämlich die einfachen oder Stammbrüche (Zähler 1, also ½, ⅓, ¼ usw.) sowie die „Nominal"- oder Komplementbrüche, Brüche also, deren Nenner um 1 größer ist als der Zähler, also 2/3, 3/4, 4/5 usw., und die zusammen mit dem jeweiligen Stammbruch die Einheit bilden. Die Bruchrechenmethoden, z. B. die Bestimmung des gemeinsamen Nenners bei gemischten Brüchen, scheinen aber nicht sehr ausgeprägt gewesen zu sein. Im Folgenden auch einige Beispiele hierzu:

In 2 Kön 11,5–7 richtet sich der Oberpriester Jojada an die Tempelwache:

„Das ist es, was ihr tun sollt: Von euch soll ein Drittel, nämlich jene, die am Sabbat abziehen und den Königspalast bewachen, ferner das Drittel am Tor Sur und das Drittel am Tor hinter den Läufern, bei der Ablösung die Bewachung des Tempels übernehmen! Die zwei Abteilungen aber von euch, die am Sabbat aufziehen, sollen die Wache beim König im Haus des Herrn übernehmen!"

Wie aus der Übersetzung deutlich wird, wird hier der Stammbruch ⅓, hebräisch *schelischit*, Drittel, dritter Teil, gebraucht. Aber auch der Komplementbruch 2/3 lässt sich finden. Wo es in der Übersetzung „zwei Abteilungen" heißt, steht im Hebräischen *schetei hajjadot bachäm*, wörtlich „die zwei der Hände von euch". Dieses „Hände" ist ein Terminus technicus für den Komplementbruch: die zwei (übrigen Drei-)Teile, also zwei Drittel. Für dieses Verständnis lässt sich Gen 47,24 und Neh 11,1 vergleichen.

„Joseph sprach zu dem Volke: ‚Seht, ich habe jetzt euch und euer Land für den Pharao erworben; da habt ihr Saatgut, bestellt damit den Acker! Aber den fünften Teil (*chamischit*, ein Fünftel – Verf.) von den Erträgnissen müßt ihr dem Pharao abliefern; vier Teile (*arba hajjadot*, die vier [übrigen Fünf-]Teile – Verf.) sollen euch zum Besäen des Ackers dienen und zu eurer, eurer Familien und eurer Kinder Ernährung!'" (Gen 47,23–24)

„Die Obersten des Volkes ließen sich in Jerusalem nieder. Die übrigen Leute aber warfen Lose, um jeden zehnten Mann (*ächad min-haasara*, den einen aus der Zehn – Verf.) zur Ansiedlung in Jerusalem, der heiligen Stadt, zu veranlassen. Neun Zehntel (*tescha hajjadot*, die neun [übrigen Zehn-]Teile – Verf.) sollten in den anderen Städten bleiben." (Neh 11,1)

Geometrie

Geometrische Kenntnisse dürften in alttestamentlicher Zeit rar gewesen sein. Wie sich an Ez 43,16 zeigt, kannte man einfache geometrische Formen, wie das Quadrat, die schwerfällige Ausdrucksweise „viereckig an seinen vier Seiten" für ein Quadrat weist aber schon auf die Grenzen hin. Beim Kreisumfang hat man π mit dem Wert 3 angesetzt. So heißt es in 1 Kön 7, dass ein gewisser Hiram von Tyrus die Goldschmiedearbeiten für den salomonischen Tempel gefertigt habe, darunter das eherne Meer, ein überdimensionales „Waschbecken", das ursprünglich wohl ein Symbol für die Kontrolle des Schöpfergottes über die chaotische Urflut war:

> „Sodann machte er das aus Erz gegossene ‚Meer'. Es maß von einem Rand bis zum andern zehn Ellen, war vollkommen rund und fünf Ellen hoch. Eine Schnur von dreißig Ellen konnte es rings umspannen. Unter seinem Rand waren Blumengewinde angebracht, je zehn auf einer Elle. In zwei Reihen hatte man die Blumengewinde mit ihm aus einem Guß gegossen. Es stand auf zwölf Rindern, von denen drei nach Norden, drei nach Westen, drei nach Süden und drei nach Osten gewandt waren. Das ‚Meer' ruhte auf ihnen, da ihre Hinterseite jeweils nach innen gekehrt war. Des ‚Meeres' Dicke betrug eine Handbreite. Sein Rand war gearbeitet nach Art eines Bechers, der einer Lilienblüte ähnelt. Es faßte 2000 Bat." (1 Kön 7,23–26)

Wie dieses Becken ausgesehen hat, lässt sich nur aufgrund dieser Schilderung rekonstruieren. Das eherne Meer soll nämlich zuerst laut 2 Kön 16,17f im Auftrag von König Ahas des Unterbaus mit den zwölf Rindern entledigt, bei der Eroberung Jerusalems im Jahre 587 v. Chr. durch die Babylonier schließlich zerschlagen und sein Material nach Babylon transportiert worden sein.

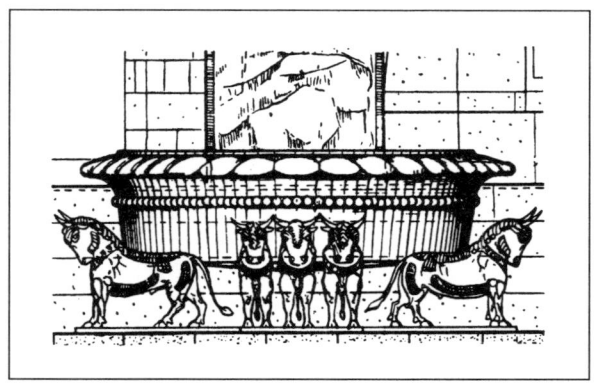

Abb. 11: Das eherne Meer

Was die Maße des ehernen Meeres betrifft, so ist die Konstellation 10 Ellen breit, kreisrund, mit einem Seil von 30 Ellen zu umspannen, eindeutig: Dem Durchmesser eines Kreises entspricht als Umfang der dreifache Durchmesser, also ist in der Bibel die Kreiszahl π = 3.

Bei der Bestimmung des Volumens des ehernen Meeres ergeben sich Schwierigkeiten. 1 Kön 7,26 beziffert das Fassungsvermögen auf 2 000 Bat. Nun ist das Hohlmaß Bat nicht eindeutig zu bestimmen. Die angenommenen Werte reichen von 22 bis zu 45 Liter. Der nicht unbeträchtliche Spielraum für die Bestimmung des Volumens des ehernen Meeres läge zwischen 44 000 bis 90 000 Liter. Wie verhält sich dies zu den angegebenen Größenangaben: Setzen wir die Elle, deren Bestimmung auch schwankt (0,525–0,444m), mit 0,5 Metern gleich, hatte das eherne Meer einen Durchmesser von 5 Metern und eine Höhe von 2,5 Metern. Handelt es sich um einen Zylinder, dann kommen wir, wenn wir die mit einer Handbreit angegebene Dicke der Wand außer Betracht lassen, auf ein Volumen ($r^2 \times \pi \times h$) von rund 49 m³, also 49 000 Liter. Damit könnten wir die 2 000 Bat und die Größenangaben in etwa in Übereinstimmung bringen.

Es sind aber noch zwei weitere Angaben zu berücksichtigen. Nach 1 Kön 7,26 war der Rand des ehernen Meeres nach der Art eines Bechers, der einer Lilienblüte ähnelt, geformt. Demnach hätten wir statt mit einem Zylinder eher mit einer Halbkugel zu rechnen: Es ergäbe sich ein Volumen von nur ca. 32 m³. Zum Zweiten gibt 2 Chr 4, das in Anschluss an 1 Kön 7 die Fertigung der Geräte für den Tempel erzählt, in V. 5 bei sonst identischen Angaben das Fassungsvermögen des ehernen Meeres mit 3000 Bat an. Damit kämen wir auf mindestens 66000 und höchstens 135000 Liter. Beide Werte sind nicht mit den Maßen des ehernen Meeres in Übereinstimmung zu bringen. So stellt sich die Frage, ob es sich tatsächlich um Berechnungen handelt oder um Schätzungen, die die erstaunliche Größe des Tempelgegenstandes illustrieren wollen.

Der Anlass zu einem solchen Zweifel besteht darin, dass das eherne Meer zur Zeit, als die Texte darüber entstanden, nicht mehr existierte. 587 v. Chr. wurde das eherne Meer nach der Eroberung Jerusalems von den Babyloniern zerschlagen und weggeschafft. 1 Kön 7 stammt aber frühestens aus der exilischen Zeit (587–539 v. Chr.), die Bücher der Chronik wahrscheinlich aus dem 3. Jh. v. Chr.

Angewandte Mathematik?

Ob sich die Israeliten in alttestamentlichen Zeiten schon mit mathematisch-geometrischen Berechnungen beschäftigt haben, ist eine Frage, die ich an einem Beispiel erläutern will. Es handelt sich dabei um den als Hiskia- oder Siloah-Kanal bezeichneten Tunnel, den Hiskia, ein judäischer König im ausgehenden 8. Jh. v. Chr., durch den Berg der Davidsstadt in Jerusalem treiben ließ, um die Wasserversorgung der Stadt auch bei Belagerungen zu gewährleisten. Ziel war es, Wasser der Gichon-Quelle im Nordosten unterirdisch in die Stadt zu führen, und man ging dabei so vor, dass man in zwei Arbeitsgruppen vom Nordosten und vom Süden her Stollen in den Felsen trieb. Das Endergebnis ist ein 533 m langer Tunnel von einer Höhe zwischen 1,1 und 3,4 Metern und einem Gefälle von 0,4% – der Höhenunterschied zwischen dem Tunnelanfang im Nordosten und seinem Ende beträgt 2,18 m.[14]

Um das Bauprojekt kursieren völlig unterschiedliche Theorien, die vor allem dadurch verursacht sind, dass der Kanal weder geradlinig ist, noch einer gedachten Linie zwischen zwei Punkten gemäß geplant zu sein scheint. Einige wieder aufgegebene Ansätze in den Stollen veranschaulichen, vor welchen Schwierigkeiten man bei diesem Projekt stand.

Im Blick auf mathematisches Know-How schreibt hierzu B. L. van der Waerden: „Als um 700 v. Chr. der König EZECHIAS von Juda ein ähnliches Aquädukt" – er bezieht sich auf das Projekt des Tunnels auf Samos – „durch den Felsen bei Jerusalem graben liess, mussten seine Arbeiter sehr primitiv mittels vertikaler Schächte von oben her nachprüfen, ob die Richtung noch stimmte, und das Ergebnis war ein Zickzacktunnel, doppelt so lang wie der Abstand zwischen den Mündungen."[15]

Demnach wären die Arbeiter im Trial-And-Error-Verfahren vorgegangen. Dafür sprechen sicherlich auch die wieder aufgegebenen Ansätze. Und doch ist diese Vorstellung vom Bau des Kanals überhaupt nicht wahrscheinlich. Wie wäre es nach dieser Theorie etwa zu erklären, dass die beiden Arbeitsgruppen in einem Höhenunterschied von 2,18 Metern, der Wasserfluss überhaupt erst ermöglichte, mit ihrer Arbeit begannen? Die Ausgangspunkte hätten ja dann berechnet sein müssen. Ohnehin ist der Tunnel trotz der „Irrwege" und Zick-Zack-Routen offensichtlich vom Grundverlauf so geplant, wie er ausgeführt ist.

Wie haben dann die judäischen Arbeiter dieses Projekt eines Tunnels von über 500 m Länge realisiert? – Am wahrscheinlichsten so, dass sie den Weg eines unterirdischen Rinnsals verfolgten und dieses vergrößerten. Man kann es sich vielleicht wie folgt vorstellen: Als in Jerusalem die Notwendigkeit einer besseren Wasserversorgung zu einem Kanalvorhaben führte, brachte man in Erfahrung, dass es ein Rinnsal im Süden der Davidsstadt gab, das mit der Gichon-Quelle im Nordosten in Verbindung stand. Man entschied also, diese Verbindung zu nutzen und von zwei Seiten zu einem Kanal auszuarbeiten.

Die Bibel erwähnt dieses für Jerusalem enorme technische Vorhaben mehrfach. Neben indirekten Bezugnahmen, für die z. B. Stellen wie Jes 8,6 herangezogen werden, heißt es im 2. Buch der Könige, Kapitel 20, Vers 20 in einer Abschlussnotiz zur Regierungszeit des Königs:

> „Die übrigen Taten des Hiskia und alle seine kriegerischen Leistungen, und wie er den Teich und die Wasserleitung angelegt und das Wasser in die Stadt geleitet hat, sind aufgeschrieben in der Chronik der Könige von Juda."

Die erwähnte Chronik, die nicht zu verwechseln ist mit den biblischen Büchern der Chronik, ist, sofern sie überhaupt als Buchrolle existiert hat, nicht mehr erhalten. Dafür aber hat eine der ältesten erhaltenen israelitischen Inschriften das Ereignis der Vollendung dieses Siloah-Kanals verewigt:

> „Es wurde vollendet der Durchstich, und das war der Hergang des Durchstichs: Als noch (die Steinhauer) die Spitzhacke (schwangen), einer dem andern entgegen, und als noch 3 Ellen bis zum Durchsti(ch) waren, (hört)e jeder ... (und s)ah [?] den andern, denn es war ein Spalt [?] im Felsen rechts und (lin)ks. Und am Tag des Durchstichs stießen die Steinhauer einer gegen den andern, Hacke gegen (H)acke. Da flossen die Wasser von der [Gihon-]Quelle in den [Siloah]-Teich, etwa 1200 Ellen weit, und hu(nder)t Ellen betrug die Höhe des Felsens über dem Kopf der Steinhauer."[16]

Trifft es zu, dass sich die Bauleute unter Hiskia an einem natürlichen Vorbild für den Tunnel orientierten, sind keinerlei geometrische Kenntnisse für den Bau vorauszusetzen. Im Text der Siloah-Inschrift selbst wird aber zumindest ein Know-How bei der Vermessung deutlich. Die Länge des Tunnels mit etwa 1200 Ellen, ist relativ einfach zu messen, wie aber steht es um die Aussage, dass die Höhe des Felsens über dem Kopf der Steinhauer 100 Ellen betrug? – Wenn 100 nicht als runde Zahl zu verstehen ist, setzt dieser Wert zumindest eine annähernde Höhenberechnung voraus. Da der Wert jedoch pauschal ist, kann es sich auch lediglich um eine Schätzung handeln, die von außen, vom Süd- oder Nordwestausgang des Tunnels im Blick auf die Davidsstadt vorgenommen wurde.

1.5. „Nichts Neues unter der Sonne" – Zahlen und „Mathematik" in Ägypten und Babylonien

> *„Dann stell dich hin mit deinen beschwörenden Formeln und mit deinen vielen Zaubersprüchen. "* Jes 47,12

Es bleibt die Frage, woher die Israeliten ihre mathematischen Fähigkeiten hatten. Die Antwort lautet lapidar: aus ihrer Umwelt, von Völkern, mit denen sie in Kontakt standen. So sehr es nämlich aufgrund der Bibel den Eindruck macht, Israel und die nachmalige Christenheit seien ganz besondere, aus ihrer Umwelt herausgehobene und davon unterschiedene Größen – man denke nur an die Vorstellung der besonderen oder ausschließlichen Erwählung Israels durch Gott –, so wenig wird dieser Eindruck den interkulturellen Gegebenheiten der damaligen Zeit gerecht.

Die internationalen Beziehungen und Verflechtungen brachten vielmehr eine ganze Reihe von Gemeinsamkeiten hervor. Wie für die im Alten Orient geradezu als international zu bezeichnende Weisheit gilt dies auch zu einem Gutteil für die Zahlenbeherrschung und Rechenkünste.

Zahlen und Zählsysteme, aber auch mathematische Berechnungen, wie sie sich in der Bibel finden, sind also primär nicht als Errungenschaften Israels anzusehen, sondern haben zumeist oder gar ausschließlich ihren Ursprung in den großen Kulturen des Alten Orients.

Das Dezimal- bzw. Zehner-System als grundlegende Darstellung der Zählwerte hat ihren Ursprung beispielsweise in Ägypten, das Sexagesimal- bzw. Sechziger-System dagegen, das in der Bibel neben dem Dezimalsystem seine

Spuren hinterlassen und sich bis heute in der Zeit- und Kreisberechnung erhalten hat, stammt aus Babylonien.

Ein Blick auf Möglichkeiten und Leistungen dieser Kulturen in Bezug auf ihren Umgang mit den Zahlen lässt uns die biblische Zahlenwelt besser verstehen.[17]

Die ägyptische Mathematik

Betrachten wir die Rechenkünste der alten Ägypter, so zeigt sich ein im Vergleich mit der Bewertung der Bibel im Umgang mit den Zahlen gegenläufiger Trend. Die Ägyptophilie unserer Kultur, in Jahrhunderten erwachsen und vor allem durch die deutsche Aufklärung und den Beginn archäologischer Ausgrabungen geradezu zu einer Ägyptomanie gesteigert, trug zumeist die Tendenz in sich, die wissenschaftlichen Leistungen der Ägypter zu überschätzen. Vor allem die Rätsel um den Bau der Pyramiden zogen und ziehen die Denker an; ihren Geheimnissen auf die Spur zu kommen, werden die Autoren seit Jahrhunderten nicht müde. Man sucht nach Geheimwissen, nach Kenntnissen und Fähigkeiten in der ägyptischen Kultur, die zwar nicht erhalten sind, von denen aber die Bauten selbst Ausdruck geben sollen. Und zu diesem Geheimwissen zählt eben auch die Mathematik, die – so die Meinung – besonders entwickelt gewesen sein muss, so dass derart komplexe Bauten wie die Pyramiden auf dem Wüstensand überhaupt möglich waren.[18]

Bei dieser Art des Zugangs dreht es sich aber vielfach nicht um ein Bedürfnis, die ägyptische Kultur kennenzulernen, sondern zumeist nur um die Sehnsucht nach geheimem wesentlichem Wissen als Mittel der Erfüllung menschlicher Existenz. Dem historischen Ägypten wird man dabei nur in seltenen Fällen gerecht, denn man unterstellt zumeist mehr, als tatsächlich nötig ist, geht unhistorisch von der eigenen kulturellen Entwicklung aus und sucht sie in Ägypten wiederzufinden.

Der rationale und abstrakte Umgang mit Zahlen, Mathematik als Wissenschaft im Sinne eines neuzeitlichen Begriffs, das hat es auch in Ägypten nicht gegeben.

Angesichts eines Bauwerkes wie der Cheops-Pyramide ist man natürlich geneigt, nach den geometrischen Kenntnissen zu fragen, die einen solchen

Bau ermöglichten. Aber da die Rechentechniken der Ägypter vor allem praxisorientiert waren, sich auf praktische Erfordernisse bezogen und sich aufgrund dieser überhaupt erst weiterentwickelten, bleibt die Frage: Ist mit einem abstrakten und theoretischen mathematischen Wissen als Bedingung für den Bau von Pyramiden überhaupt zu rechnen? Muss man geometrische Kenntnisse als Ermöglichung solcher Werke annehmen?

Kulturschöpfungen basieren ja in vielen Fällen nicht auf bewussten oder gar theoretisch unterfütterten Fähigkeiten und Kenntnissen.

Auch wenn das folgende Beispiel zu weit geht: Hochentwickelte Kulturen können auch instinktiv funktionieren. Insektenstaaten, wie es sie bei Ameisen und Termiten gibt mit ihren unermesslichen Bauten, ihrer Arbeitsteilung und ihrer organisierten Strukturierung, geben deutliche Beispiele für ein schöpferisches Potential, das ohne Bewusstsein und Theorie möglich ist. Solche Kolonien agieren planvoll, obwohl die Glieder der Kolonie doch gar nicht nach einem Plan in unserem Sinne vorgehen können.

So wenig dadurch eine Pyramide mit einem Termitenbau verglichen werden soll, so sehr ist doch darauf hinzuweisen, dass es vitale, auch menschliche Möglichkeiten gibt, die nichts mit theoretischer Beherrschung zu tun haben. Als Beispiel sei an das Zahlengefühl erinnert, das es ermöglicht, auch größere Mengen zu überblicken, ohne einen Zahlenbegriff dafür zu haben. Es können aber auch andere architektonische Werke der Antike, über deren Plan und Ausführung wir unterrichtet sind, herangezogen werden. So fragt B. L. van der Waerden im Sinne unserer Fragestellung zum theoretischen Wissen von Architekten: „Müssen zum Beispiel die Architekten, die in Ionien und Süditalien ihre wunderbaren Tempel bauten – der Artemistempel in Ephesos war eines der sieben Weltwunder –, nicht auch etwas Geometrie beherrscht haben?" Und er fährt fort: „Wir wissen es nicht. Man kann auch ohne Mathematik grossartig bauen, das sehen wir bei den Römern. Der römische Baumeister Vitruvius beschreibt ganz genau, wie man eine Säulenhalle baut, aber Mathematik wird dabei nicht benutzt."[19]

Andererseits gilt Ägypten schon seit der Antike als Wiege der Mathematik. Selbst der große Philosoph Aristoteles (4. Jh. v. Chr.) äußerte sich in seinem Werk über die Metaphysik proägyptisch bei der Frage nach der Entstehung der ernsten Wissenschaften. Sie seien dort erstmals entdeckt worden, „wo man sich Muße leisten konnte. Daher entstanden auch die mathematischen Wissenschaften in Ägypten, denn dort gestattete man dem Priesterstand, Muße zu pflegen."[20] Und der ein Jahrhundert vor Aristoteles lebende Geschichtsschreiber Herodot meinte in seinen Historien, die Ägypter hätten die Landvermessung, griechisch geometria, Geometrie, erfunden. Denn da auf Äcker je nach Fläche jährliche Steuern erhoben wurden, wurde nach Überschwemmungen, die einen Teil eines Ackers weggerissen hatten, auf Antrag des Geschädigten die Ackerfläche ausgemessen und die Steuerschuld neu berechnet. „Mir scheint" – fährt er fort – „daß hierbei die Kunst der Landvermessung erfunden wurde, die dann nach Griechenland kam."[21]

Aufschlüsse über die „Mathematik" der Ägypter ermöglichen uns vor allem zwei große Papyri. Der erste ist der Papyrus Rhind, benannt nach seinem Käufer A. H. Rhind, der ihn 1858 in Luxor erwarb und später dem Britischen Museum vermachte. Er stammt aus der Hyksoszeit (Regierung des Apophis; Mitte des 2. Jt.s v. Chr.), geht aber nach der Angabe seines Abschreibers Ahmes auf eine Vorlage aus der Zeit des Mittleren Reiches (Regierung Amenemhets III.) zurück. Unter dem Titel „Geheimnisse der Zahlen und der Bruchrechnung" bietet der 5,34 m lange und 33 cm breite Papyrus 84 Rechenaufgaben, er behandelt also trotz des Titels nichts Okkultes, sondern „praktische Probleme, mit denen es die Beamten des großen Reiches zu tun hatten: Verteilung von Lohnsummen an mehrere Arbeiter, Berechnung des Getreidebedarfs für die Zubereitung einer bestimmten Menge Brot oder Bier, Berechnung von Flächen und Rauminhalten, Umrechnung von Getreidemaßen usw."[22] Bei dem zweiten großen mathematischen Papyrus handelt es sich um den sogenannten Moskauer Papyrus, der aus der Totenstadt Drah Abu'l Negga bei Theben stammt und 1893 in Ägypten gekauft wurde, eine Buchrolle im Format 5,44 m × 8 cm. Der Papyrus, von einem Schreiber aus der Zeit der 13. Dynastie nach einer Vorlage aus der 12. Dynastie geschrieben, ist wohl ein „Schülerheft" gewesen, wie gelegentliche Lehrereintragungen beweisen, und behandelt ziemlich wahllos 25 Aufgaben des täglichen Lebens.

Neben diesen zwei großen Papyri geben folgende kleinere Funde Einblick in die ägyptische Mathematik: Zwei Holztafeln aus Achmim (Umrechnungen des Getreidemaßes Hekat; 11. Dyn.), ein Papyrus aus Kahun (12. Dyn.), der Berliner Papyrus 6619 (aus Theben; 12. Dyn.), eine Lederrolle aus der Hyksoszeit mit Stammbruchzerlegungen sowie der Papyrus Anastasi I (ca. 1250 v. Chr. Im letztgenannten Dokument wirft der Schreiber einem anderen vor, dass er bei ihm zugeteilten Aufgaben wie der Materialberechnung beim Rampenbau, bei der Bestimmung des Gewichts eines Obelisken, der Berechnung der Arbeitszeit beim Aufstellen einer Statue sowie der Berechnung der Verpflegung versagt habe. An diesem Beispiel zeigt sich ganz deutlich, was schon anfänglich angedeutet wurde: Es sind praktische Erfordernisse, die zur Mathematik führen. Die Schreiber als Verwaltungsbeamte brauchten, um bestimmte Aufgaben erledigen zu können, Modellrechnungen.

Aus den „mathematischen" Quellen lässt sich der Stand der ägyptischen „Mathematik" zumindest in groben Umrissen bestimmen. In Ägypten herrschte das Zehnersystem vor. Es ist wohl noch in der vordynastischen Zeit (spätestens seit Narmer) ausgebildet worden und ermöglichte Berechnungen im Zahlenraum von 1 bis 1 000 000. Für die Darstellung der Zahlen verwendeten die Ägypter Zahlzeichen und zwar strikt im Zehnersystem.

Zahl	Hieroglyphe	Zahlwort in Umschrift
1	❙	wᶜ
10	∩	md̲.w
100	ℓ	šn.t
1000	 ↯	ch'
10 000	 ∫	d̲bᶜ
100 000	⟍	ḫfn
1 000 000	 ⚏	ḥḥ

Abb. 12: Ägyptische Zahlzeichen

Jede Zahl wurde einfach durch die erforderlichen Zahlzeichen in absteigender Reihenfolge dargestellt, die Zahl 95 beispielsweise durch neun 10er-Zeichen und fünf Einer-Zeichen, wodurch bei größeren Zahlen erhebliche Zeichenmengen entstanden, wie an dem folgenden Beispiel der Zahl 138.179 mehr als deutlich wird.

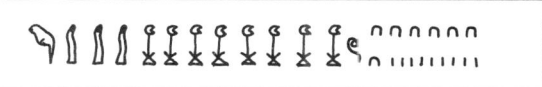

Abb. 13: Die Zahl 138.179 in hieroglyphischer Schreibung

Die Unübersichtlichkeit längerer Ketten brachte es mit sich, dass man mit der Zeit nach Vereinfachungen suchte und mitunter von der additiven Darstellung der Zahlen zu einer multiplikativen Schreibung überging. Trotz des klar vorherrschenden Dezimalsystems sind aber auch in Ägypten ältere Zählgrenzen noch erkennbar (3, 5, 10, 20, 30, 40).

Wie die ägyptischen Quellen zeigen, verfügten die Ägypter über durchaus brauchbare Rechentechniken. Beim Rechnen mit ganzen Zahlen wurden folgende Rechenarten angewendet: Addieren und Subtrahieren, Multiplizieren und Dividieren, Potenzieren und Radizieren. Beim Rechnen mit Bruchzahlen wurden die vier Grundrechenarten bei den Stammbrüchen (Zähler immer Eins) angewendet. Daneben gab es noch den Komplementbruch, jenen Bruch, der zusammen mit dem Stammbruch die Einheit ergibt. Er wurde in Ägypten – ganz ähnlich den biblischen „Händen" – in „Teile" ausgedrückt, also „zwei Teile" für 2/3, „drei Teile" für 3/4 usw. Dass die Ägypter beim Bruchrechnen ziemlich weit kamen, zeigt das sogenannte Horus-Auge, das sechs Stammbrüche bietet, deren Nenner aus den ersten sechs Potenzen der Zwei gebildet werden.

Die Summe der Brüche des Horus-Auges ergibt 63/64. Was hat es damit auf sich? – Das Horus-Auge hat mythischen Hintergrund und gehört zum Inventar des Horus-Seth-Mythos. Im Kampf um das Erbe des von Seth erschlagenen Osiris ging das Mondauge verloren. Von Horus wiedergefunden, brachte er es dem Osiris als Opfer dar, wodurch dieser zu neuem Leben erweckt wurde. Jedoch wurde – so der Mythos weiter – das Mondauge nicht intakt wiedergefunden, ein Teil fehlte, den Thot, der Gott der Rechner, ergänzte, indem er das Auge „füllte". Nun hat Thot aber offensichtlich seine Arbeit nicht richtig gemacht: Dem Auge fehlt ¼ zur Einheit. Im Mythos trifft ihn der Ver-

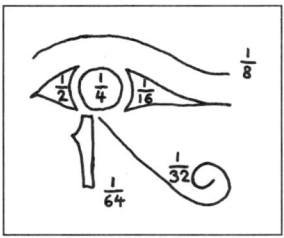

Abb. 14: Das Horus-Auge

dacht der Unterschlagung, und der ist durchaus berechtigt, denn Thot gilt auch als Berechner des Mondes, und der Mondumlauf (ca. 29,53 Tage) stimmt ja auch mit der Monatseinteilung in 30 Tage nicht überein. Auch hier fehlt ein Teil, was um so schwerer wiegt, als sich der kultische Kalender ja nach dem Mond richtet: Thot hat damit den Göttern Opfer gestohlen.[23]

An den ägyptischen Kenntnissen in Geometrie scheiden sich die Geister. Sicherlich gab es eine differenzierte Flächenberechnung – z. B. konnte die Fläche des Trapez bestimmt werden –, und auch bei der Berechnung von Körpern gelangte man in höhere Sphären, wie die Berechnung des Pyramidenstumpfes beweist. Auf entsprechende Kenntnisse weist auch der in Ägypten existierende Berufsstand der Harpedonapten, der Seilspanner, hin. Besondere Beachtung verdient zudem, dass π, der Proportionalitätsfaktor bei der Kreisberechnung, mit umgerechnet annähernd 3,16, wesentlich genauer bestimmt war als sonst im Alten Orient und auch in der Bibel. Ob die theoretischen Kenntnisse aber an die der Griechen heranreichen, ist eben vor allem deshalb fraglich, weil die Theorie nicht wie bei diesen einen Selbstzweck hatte. So ist es durchaus fraglich, ob die Ägypter schon den pythagoräischen Lehrsatz über das Verhältnis der Seiten eines rechtwinkligen Dreiecks gewußt haben, nur weil sie ein Dreieck mit den Seitenverhältnissen 3:4:5 gekannt haben sollen.[24]

Babylonische Mathematik

In Babylonien – der Name ist die übliche, aber nicht ganz zutreffende Bezeichnung für verschiedene Reiche in Mesopotamien in vorhellenistischer Zeit – hat sich der Umgang mit den Zahlen sehr ähnlich entwickelt. Auch hier, in Sumer, Akkad, Babylonien usw., hat sich die Wissenschaft von den Zahlen keine Theorie gebildet, man ist wie in Ägypten empirisch vorgegangen. Ein Lehrbuch der babylonischen Mathematik ist bislang nicht gefunden worden und auch nicht für die Zukunft wahrscheinlich. Dennoch ist die komplexe Beherrschung des Zahlenraumes in Babylonien durchaus beachtlich und steht der Mathematik im heutigen Sinne nahe.

Über die vier Grundrechenarten sowie die Potenz- und Wurzelberechnung hinaus konnte man in Babylonien auch kompliziertere Flächen und Inhalte berechnen. So beweisen die einschlägigen Texte, dass man wie in Ägypten die Fläche der „Ochsenstirn", d. h. in unserer mathematischen Diktion das Trapez, und das Volumen der Pyramide oder des Kegelstumpfes berechnen konnte. Ja, sogar das rechtwinklige Dreieck war im Wesentlichen durchschaut. In einem Text, der Anfang des 20. Jahrhunderts gefunden wurde, werden ganzzahlige Lösungen der Gleichung $a^2 + b^2 = c^2$ präsentiert.

Bei der Kreisberechnung bestimmte man π, wie es später in der Bibel übernommen wurde, mit 3 zwar um einiges ungenauer als in Ägypten, aber dafür führte man die bedeutende Winkeleinteilung des Kreises in 360 Grad und die heute übliche Zeiteinteilung der Stunde in 60 Minuten und der Minute in 60 Sekunden ein. Das Sexagesimalsystem machte es möglich!

Für die Darstellung der Zahlen bediente man sich einer Kombination aus Dezimal- und Sexagesimalsystem. Zählschwellen oder Bündelungsstufen wurden so bei 1, 10, 60, 3 600 usw. angesetzt. In der Keilschrift wurde für die Einer ein einfacher Keil verwendet, für die Zehner ein Winkelhaken. Damit waren alle Zahlen im Bereich zwischen 60^0 und 60^1 darstellbar.

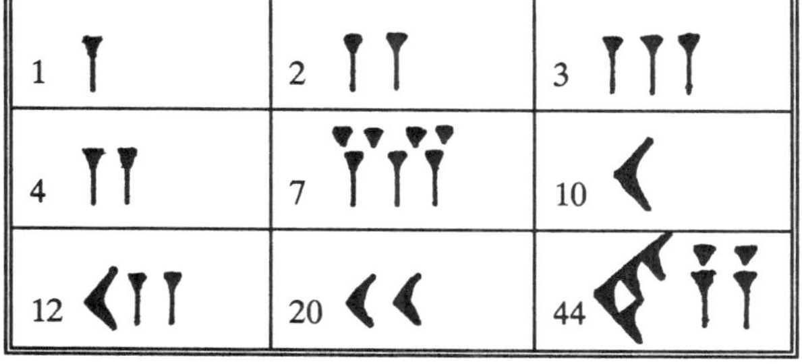

Abb. 15: Die Zahlzeichen der Keilschrift

57

Auch bei höheren Potenzen waren diese Keilschriftzeichen ausreichend, denn die Babylonier wendeten bei ihrer Zahlendarstellung durch Symbole eine Stellenwertschreibung an. Da sie aber wie alle Kulturen des Alten Orients noch nicht die Null kannten, war der Stellenwert mitunter nur schwer zu bestimmen. Eine Zahl, die beispielsweise durch zwei Winkelhaken ausgedrückt wurde (20), konnte tatsächlich 20 (20×60^0) sein, aber genauso gut 1200 (20×60^1) oder 72000 (20×60^2), ja selbst 1/3 (20×60^{-1}). Die Brüche waren in Babylonien anders als in Ägypten und in der Bibel in das Stellenwertsystem eingereiht und damit Teil der Arithmetik. Man konnte dadurch wesentlich einfacher Brüche berechnen und kam auch bedeutend weiter als in Ägypten.

Bei der babylonischen „Mathematik" gilt es zu beachten, dass es den Babyloniern ebenso wenig wie den Ägyptern um Mathematik um ihrer selbst willen, sondern um die Empirie ging. Mathematik diente der Weltbeherrschung, sie diente praktischen, bürokratischen Bedürfnissen. Im Bereich der Bürokratie galt es einige komplexe Probleme zu lösen: Kalenderbestimmung, Feldvermessung, Vorratswirtschaft, Zins- und Steuerberechnung usw. Diese Tätigkeiten waren die des Beamten an Tempel und Hof. Demnach sind auch hier die Träger des mathematischen Wissens im Bereich der Priester und der „Staats"-Beamten zu suchen. Es sind die Schriftkundigen, die Gelehrten, die sich die Mathematik durch entsprechende Aufgabenbücher aneigneten und die sie mithilfe von Tabellensystemen anwenden konnten.

1.6. „Alpha und Omega" – Der Einfluss hellenistischer Zahlenkultur auf das Neue Testament

> „Wenn einer von euch einen Turm bauen
> will, setzt er sich dann nicht zuerst hin
> und rechnet, ob seine Mittel für das
> ganze Vorhaben ausreichen?" Lk 14,28

Der Umgang mit Zahlen dürfte in der hellenistischen Zeit, also ab dem Ende des vierten Jahrhunderts vor Chr., im Frühjudentum eine wesentliche Bereicherung erfahren haben. Auch wenn sich die Grundverwendung und auch die

Grundsymbolik der Zahlen, wie sie das Alte Testament in älteren Partien bietet, kaum geändert haben dürfte, ist doch damit zu rechnen, dass der Hellenismus bedeutende Neuerungen für die Juden, vor allem im Bereich der eigentlichen Mathematik, eröffnete.

Griechisch denken – Griechisch zählen

Ohne in diesem Zusammenhang über die griechische Mathematik zu handeln, brachte allein schon das Griechische, das mit der Zeit für immer mehr Juden zur Muttersprache wurde, eine wesentliche Veränderung mit sich. Hielt sich auch in Palästina das Aramäische als Sprache der Juden und blieb Hebräisch noch längere Zeit die Sprache der Heiligen Schrift, so dürfte die Hellenisierung im Bereich des sogenannten Diaspora-Judentums, der Juden also, die in der Verstreuung lebten, äußerst schnell vonstatten gegangen sein. Das zeigt die Septuaginta, die griechische Übersetzung der Thora, der fünf Bücher Mose, auch Pentateuch genannt. Sie wurde von Diaspora-Juden schon im dritten Jh. v. Chr. in Alexandria, einem Zentrum des Hellenismus, in Angriff genommen und – um weitere Bücher erweitert – für die Christen der ersten Stunde zur Heiligen Schrift schlechthin.

Aber auch Hebräisch als Sprache der Heiligen Schrift wurde mit der Zeit durch das Griechische ersetzt. In der griechischen Bibelübersetzung finden sich nämlich einige Schriften, die sogenannten Deuterokanonika, die wie das Buch Weisheit oder Tobit ursprünglich auf Griechisch verfasst worden sind.

Schließlich Paulus, der Völkerapostel: Als Diaspora-Jude aus Tarsos schrieb er seine Briefe auf Griechisch, und er dachte auch auf Griechisch, nicht auf Aramäisch, geschweige denn auf Hebräisch.

Mit dem allmählichen Wechsel innerhalb des Judentums zum Griechischen als Muttersprache eröffnete sich auch eine neue Welt: Je nach Sprache denkt man auch anders, und die Unterschiede, die zwischen Hebräisch und Aramäisch einerseits und Griechisch andererseits bestehen, sind nicht zu unterschätzen. Mag dieser Übergang von einer zu einer anderen Sprache auch im Neuen Testament, z. B. im Markusevangelium, noch marginal erscheinen, spätestens bei den entscheidenden Fragen der frühen Kirche nach dem Verhältnis von Gott Vater, Sohn und Geist spielte das Griechische mit seinem Seinsbegriff eine entscheidende Rolle. Das nizäno-konstantinopolitanische Glaubensbekenntnis von 381 n. Chr., das das Geheimnis der Wesenseinheit von Gott Vater und Sohn und die Dreieinigkeit aussagt, wäre hebräisch schlichtweg nicht möglich gewesen. Im Hebräischen gibt es keinen qualifizierten Seinsbegriff, und was in deutschen Übersetzungen hebräischer Texte beispielsweise als „Gott ist Vater" erscheint und dann ontologisch als Wesensbegriff verstanden wird, das ist im Hebräischen eine Relation ohne Seinsbegriff. Hebräisch stünde in einem solchen Fall ein Nominalsatz, ein Satz ohne Verb, eine Zuordnung von nominalem Subjekt und nominalem Prädikat, auf deutsch: Gott Vater.

Sicherlich ist der Wandel in der Zahlenvorstellung, der sich mit dem Sprachwechsel von Aramäisch/Hebräisch zum Griechischen ergibt, nicht in gleicher Weise bedeutungsvoll, aber zumindest eine Besonderheit brachte wohl auch die griechische Sprache für die Juden mit sich, nämlich die Gewohnheit, Zahlen nicht durch besondere Zahlzeichen, sondern durch Buchstaben auszudrücken.

Stichwort Pythagoras

Fraglich ist jedoch der Einfluss pythagoräischer Zahlensymbolik auf das Neue Testament. Pythagoras,[25] der im 6. Jh. v. Chr. lebte und wirkte, ist als der „Mathematiker" in die Geschichte eingegangen. Noch heute wird ein wesentlicher Lehrsatz über die Relationen des rechtwinkligen Dreiecks nach ihm benannt ($a^2 + b^2 = c^2$), er soll $\sqrt{2}$ als irrationale Zahl bewiesen und eine musikalische Harmonielehre entwickelt haben. Doch Pythagoras ist eine schillernde Persönlichkeit, eine Gestalt, die in der späteren Erinnerung sehr stark nachgewirkt hat. Über sein tatsächliches Wirken wissen wir so gut wie nichts, zumal keine Zeile von ihm erhalten geblieben ist. Abgesehen davon, dass zeitgenössische Quellen ihn negativ schildern – Heraklit (550–480 v. Chr.) nennt ihn einen „Vielwisser", „Chef der Schwindler" und einen „Scharlatan" –, hat sich so manche historisch unwahrscheinliche Legende um seine Person gebildet. Da heißt es etwa, dass Pythagoras aus Freude über seine Entdeckung der irrationalen Zahl $\sqrt{2}$ ein Rind, nach einer anderen Version sogar 100 Rinder, geopfert haben soll. Da wird erzählt, dass er – mit der Gabe der Bilokation beschenkt – gleichzeitig in Kroton und in Metapont gesehen wurde.

Angesichts solcher und ähnlicher Legenden, die seine Schüler aufgebracht haben mögen, um die Bedeutung ihres Meisters heraufzusetzen, stellt sich auch hinsichtlich der mathematischen Erkenntnisse, die ihm zugesprochen werden, eine ganz banale Frage: Hat Pythagoras überhaupt irgendetwas Mathematisches bewiesen oder hat er nur die Zahlenmystik als sein Erbe hinterlassen? Gehen auf ihn lediglich die pythagoräischen Gegensätze zurück, die Unterscheidung von geraden, männlichen, positiven und ungeraden, weiblichen, negativen Zahlen, und einige Ausführungen über den Symbolgehalt der kleinen Zahlen?

Völlige Sicherheit ist bei diesen Fragen nicht zu erzielen, aber sicher scheint zumindest zu sein, dass seine Schüler das Erbe ihres Meisters offensichtlich nicht nur erhalten, sondern auch vermehrt haben. Fraglich ist nur, wie lange sie das Andenken des Meisters pflegten.

Wahrscheinlich war die pythagoräische Schule als kulturell wirksame Kraft zur Zeit des Neuen Testaments schon lange abgetreten. Jedoch wurde kurz vor der Zeitenwende das pythagoräische Ideengut im sogenannten Neupythagoräismus, einer besonders wirkungsvollen kulturgeschichtlichen Strömung, neu formiert. Die ersten Wiederbelebungen pythagoräischer Zahlenmystik finden sich beim Stoiker Poseidonios (ca. 135–50 v. Chr.), der Einfluss auf das Neue Testament ist aber dennoch nicht sicher. Breitere Bedeutung scheinen diese Ideen offensichtlich erst in nachbiblischer Zeit erhalten zu haben. Nach den „Arithmetika Theologumena" des letzten Neupythagoräers, des Nikomachos von Gerasa (um 140 n. Chr.), wurde das zahlenmystische Gedankengut im Neuplatonismus salonfähig, wie die „Einführung in die Arithmetik" von Bischof Anatolios von Laodikeia, dem Lehrer von Iamblichos, sowie Iamblichos (ca. 275–330 n. Chr.) und seine „Theologumena tes arithmetikes" zeigen. In dieser Abhandlung über die Zahlen setzt Iamblichos nicht nur Kenntnisse der pythagoräischen Zahlenspekulation voraus, sondern betreibt darüber hinaus hochgradige Zahlenmystik.

Eine kopernikanische Wende?

Mit Pythagoras treten Zahlensymbolik und Zahlenmystik auf den Plan. Und da scheint es, glaubt man Underwood Dudley, eine kopernikanische Wende zu geben, die mit diesem legendären Vater der Mathematik in Verbindung gebracht wird. Zahlenmystik sei nämlich überhaupt erst seit Pythagoras möglich, behauptet Dudley: „In der Zeit davor waren Zahlen lediglich Zahlen, Objekte, mit denen man zählen konnte."[26] Und etwas später führt er aus: „In den Schriften der Ägypter und Babylonier findet man noch keine Zahlenmystik. Für sie waren Zahlen einfach Zahlen – nützliche Objekte zur Numerierung und für Berechnungen. Die Zahlen hatten für sie keine innere Bedeutung." (S. 11)

Wenn er sich da 'mal nicht täuscht! – Diese Behauptungen sind schlichtweg falsch, was sich am Beispiel der Zahl Neun im Ägyptischen nachweisen lässt. Auf den Fußschemeln der Pharaonen wurden beispielsweise neun Bögen dargestellt, die neun Feinde Ägyptens symbolisieren. Bei dieser Zahl von genau neun Waffen bzw. Feinden kann es sich nicht um einen Zählwert handeln, weil „die Unterwerfung von neun Feinden Ägyptens" ein häufiges Motiv in ägyptischen Texten ist. Was besagt es? – Die Weltherrschaft des Pharao: Er ist Herrscher über alle Völker der Welt. Wenn der Pharao seinen Thron besteigt, setzt er seine Füße symbolisch auf alle Fremdvölker. Neun ist damit eine Zahl, die Vollständigkeit zum Ausdruck bringt. Warum aber gerade neun? – Weil in Ägypten die Drei die auch in den Hieroglyphen durch drei Striche ausgedrückte Zahl des Plurals ist. Wird dieser Plural potenziert, „viele" und „viele" miteinander multipliziert, ergibt sich „sehr viele", auch im Sinn von „alle".[27] Diese Dimension der Neun als sehr große Zahl oder als Zahl der Gesamtheit, die in Ägypten auch die Neunheiten von Göttern bestimmt, ist eindeutig eine vorpythagoräische symbolische Bedeutung einer Zahl.

Die Unterscheidung von Zahlen als Zählobjektem und Zahlen als Gegenständen von Zahlenmystik kann also nicht Zeiten vor und nach Pythagoras unterscheiden, sondern vielleicht eher antike und moderne mathematische Zahlenvorstellungen.

Trotzdem ist Pythagoras durchaus von großer Bedeutung, weil er Zahlen nicht nur verwendet, sondern zum Gegenstand philosophischer Reflexion gemacht zu haben scheint, und damit vielleicht erstmals ausgesprochen hat, was in der Tradition beim Verwenden von Zahlen immer schon vorausgesetzt war.

Wie verstand Pythagoras die Zahlen? – Da wir keine authentischen Texte des Zahlenmystikers haben, sind wir auf andere Zeugen angewiesen, die sich mit ihm beschäftigt haben. Der große Aristoteles befasste sich mit dessen Schule im ersten Buch seiner Metaphysik ausführlich in einer Übersicht über die Philosophen der Vergangenheit. Für ihn waren die Pythagoräer die ersten

Mathematiker und damit auch die ersten, die aus der Mathematik eine Prinzipienlehre entwickelt haben, die auf den Zahlen basierte: „Da nun von diesen Prinzipien die Zahlen von Natur aus das Erste sind, sie aber gerade in diesen viele Ähnlichkeiten mit dem Seienden und Entstehenden zu sehen vermeinten – mehr als in Feuer, Erde oder Wasser –, weil die eine Affektion der Zahlen die Gerechtigkeit, die andere die Seele und die Vernunft, wieder eine andere den günstigen Augenblick bedeuten sollte, und ähnlich alles übrige, da sie dazu noch in den Zahlen die Affektionen und Verhältnisse der ‚Harmonien‘ erblickten, weil sie also glaubten alle anderen Dinge glichen ihrer ganzen Natur nach den Zahlen und die Zahlen seien das Erste in der ganzen Natur, nahmen sie an, daß die Elemente der Zahlen die Elemente aller Dinge seien und der gesamte Himmel sei Harmonie und Zahl. Und alles, was sie in Ähnlichkeit mit den Zahlen und Harmonien in Hinsicht auf die Affektionen, die Teile des Himmels und den Gesamtaufbau des Himmels vorfanden, das faßten sie zusammen und paßten es einander an. Und wenn nun etwas offenblieb, so fügten sie noch etwas hinzu, damit ihre ganze Theorie geschlossen sei. Ich meine das etwa so: da sie glauben, die Zahl Zehn sei vollkommen und umfasse die gesamte Natur der Zahlen, behaupten sie auch, daß die bewegten Himmelskörper zehn seien; aber weil lediglich neun sichtbar sind, erdachten sie sich als zehnten die ‚Gegenerde‘."[28]

Schon Aristoteles wusste von den Pythagoräern, was der Pythagoras zugeschriebene Spruch „Die Zahl ist das Wesen aller Dinge" zum Ausdruck bringt. Die Zahlen sind Wesenheiten, haben Qualitäten; diese Qualitäten zeigen sich in der Natur, in den Dingen, die aus den Zahlen als ihren Elementen zusammengesetzt sind. Der Himmel ist Harmonie und Zahl, und weil das so ist, müssen auch die Planeten in ihrer Anzahl vollkommen sein. Zahl der Vollkommenheit ist die Zehn. Da es aber nach der Anschauung der Griechen nur neun Planeten gibt, so Aristoteles weiter, haben die Pythagoräer einen zehnten erfunden, die Gegenerde, und zeigen damit, dass sie sich ihre Wirklichkeit zurechtbiegen, um das System erhalten zu können. Die Sache – so Aristoteles – geht eben nicht so einfach auf.

Was aus diesen Ausführungen deutlich hervorgeht und Aristoteles auch nicht ausschließt, ist, dass Zahlen keine reinen Zählwerte sind. Und das können sie auch gar nicht sein. Erinnern wir uns an die Entstehungsgeschichte der Zahlen, so finden wir hier eine Bestätigung: Zahlen sind keine abstrakten

Größen, sondern werden sprachlich als Eigenschaften verwendet. Zwei oder Drei ist eine Eigenschaft wie Rot oder Gelb. Und dieser Eigenschaftscharakter bringt es eben von vornherein mit sich, dass Zahlen eine Bedeutung haben, sie können deshalb gar nicht als abstrakte Zählobjekte verwendet werden. Das ist erst dort möglich, wo Zahlen von den zu zählenden Gegenständen getrennt werden, was erst in der reinen Mathematik, später vor allem in der Zahlentheorie geschieht. Reine Zählwerte sind Zahlen erst dort, wo die Beschäftigung mit Zahlen Eigenwert erhält, wo also nicht, um mit Zahlen verbundene praktische Probleme zu lösen, gerechnet wird, sondern das Rechnen um seiner selbstwillen, also Mathematik im wissenschaftlich-theoretischen Sinne betrieben wird.

Pythagoräisches in der Bibel?

Setzt man die Unterscheidung zwischen Zahlen als Zählwerten und bedeutungsvollen Zahlen voraus, ist es von vornherein klar, dass in der Bibel Zahlen nicht als abstrakte Größen, nur im Blick auf ihre zählbare Wertigkeit, ihre Quantitätsangabe verwendet worden sind. Es gibt zwar, wie bereits an Beispielen verdeutlicht, viele Stellen, wo Zahlen als Zählwerte wichtig sind – wenn eine Rechnung auf 124 Schekel lautet, dann waren damit eben genau 124 Schekel gemeint –, aber das ist keineswegs alles.

Viel näher, als man meint, steht auch das, was als pythagoräisch überliefert ist, dem Verständnis, das in der Bibel den Zahlen entgegengebracht wird. Diese vergleichbaren Gedanken sind vor allem der israelitischen Weisheit nicht unbekannt. So heißt es in Weish 11,22:

„Doch alles hast du nach Maß, Zahl und Gewicht geordnet."

Die Vorstellung, dass die Schöpfung Gottes geordnet ist, kommt hier zum Tragen, Schöpfung ist gleichsam ein architektonisches Werk. Dieses Werk wird von Gott in der Schöpfung durch Maß, Zahl und Gewicht umgesetzt, durch Größen, die also schon vor der Schöpfung gewesen sind und sich nun in ihr ausdrücken. Zahlen helfen demnach, nicht nur die Architektur der Schöpfung, ihre Ausgewogenheit, Harmonie, sondern Gott selbst zu verstehen.

Und doch, die alttestamentlichen Schriftsteller sind sich – zumindest zum

Teil – hier anders als die Pythagoräer und im grundlegenden Unterschied dazu ihrer Grenzen bewußt. Denn auch wenn Gott alles nach Maß, Zahl und Gewicht geordnet hat, so ist dem Menschen doch nicht möglich, diese Ordnung völlig nachzuvollziehen. Ijob 28,20–28, der Abschluß des berühmten Liedes über die Weisheit, macht dies mehr als deutlich:

> „Die Weisheit, woher sie nur kommt, und wo ist die Stätte der Einsicht? Sie ist ja verhüllt vor aller Lebenden Augen und verborgen vor den Vögeln des Himmels. Es sprechen die Unterwelt und der Tod: ‚Unsere Ohren vernahmen von ihr nur ein Raunen!' Gott ist es, der den Weg zu ihr kennt, und er nur weiß ihre Stätte. Denn er blickt bis zu den Enden der Erde; was unter dem ganzen Himmel ist, sieht er. Als er dem Wind sein Gewicht verliehen und die Wasser bestimmte nach Maß, als er dem Regen Gesetz vorschrieb und einen Weg dem Donnergewölk, damals erschaute er sie und zählte sie ab, stellte sie fest und forschte sie aus. Doch zum Menschen sprach er: ‚Seht, Furcht des Herrn, das ist Weisheit, und Meiden des Bösen ist Einsicht!'"

Weisheit wird hier als Kraft verstanden, die der Schöpfung vorausliegt, aber in sie eingegangen ist. Sie ist nicht eins mit Gott, sondern von Gott bei der Schöpfung geschaut und abgezählt, eine auch im Alten Testament eigenwillige theologische Sicht. Dem Menschen aber ist diese Weisheit unzugänglich und damit auch die Einsicht in die Ordnung allen Lebens. So ist die Weisheit, die der Mensch erstreben kann, klar von der kosmischen Weisheit unterschieden: Die Weisheit des Menschen ist Gottesfurcht, seine Einsicht besteht darin, dass er das Böse meidet.

Pythagoras wirkt, aber erst nachbiblisch?

Es kommt kaum von ungefähr, dass sich erst in nachbiblischer Zeit pythagoräischer Einfluss auf christliche Denker sicher nachweisen lässt. Der Pythagoräismus inspirierte ganz deutlich etliche Kirchenväter, allen voran Augustinus, den berühmten Bischof von Hippo.[29] Neben vielen bedeutenden theologischen Werken soll er auch ein Buch über Mathematik geschrieben haben, das er aber nach einiger Zeit selbst nicht mehr fand und das seither verloren ist. In etlichen Zusammenhängen, z. B. in Predigten, ging er auf Zahlen ein und betrieb eine pythagoräisch beeinflusste biblische Zahlensymbolik. Wenn Augustinus schreibt, „Alle Wesen haben Gestalten, weil sie Zahlen haben; nimm ihnen diese, und sie werden nichts sein", drückt er auf andere Weise das aus, was als ein Wort des Pythagoras tradiert worden ist: „Die Zahl ist das Wesen aller Dinge." Und der augustinische Pythagoras wirkte nach. „Tolle numerum omnibus rebus et omnia pereunt." heißt es knapp 200 Jahre nach Augustinus bei Isidor von Sevilla (um 600).

Im Neuen Testament selbst deutet nichts direkt auf eine Übernahme hellenistischer Zahlenmystik hin, auch wenn man unterschwellige Einflüsse nie gänzlich ausschließen kann und diese sogar als wahrscheinlich zu gelten haben, weil das zeitgenössische Judentum (z. B. Philo von Alexandrien[30]) pythagoräische Ideen aufnahm. Man benutzte wie in der griechisch sprechenden jüdischen Diaspora die Zahlwörter, verwendete die griechischen, später römischen Maß- und Gewichtseinheiten, die Bedeutung, die man Zahlen zuerkannte, scheint sich aber gegenüber der Zeit des Alten Testaments kaum geändert zu haben. Vor allem bei der Symbolik der Zahlen bezog man sich weitgehend auf die „Heilige Schrift", das Alte Testament in der griechischen Übersetzung, und präsentierte die Heiligen Zahlen der hebräischen Bibel in Rückgriff auf die „Septuaginta" in neuem Sprachgewand. Die meisten Schriftsteller des Neuen Testaments vermittelten zwischen jüdischem Ursprung und hellenistischer Umwelt des Christentums, brachten also Altes und Neues aus ihren Schatzkammern hervor, wobei das Alte zumeist überwog und im Lichte des Neuen dargestellt wurde.

Die Kunst der Fuge:
Zahlen deuten – aber wie?

„Wie ein Lebenswasser ist der Wein
für den Menschen, wenn er ihn mäßig
trinkt." Sir 31,27

Rationale oder symbolische Interpretation der biblischen Zahlen?

Beschäftigt man sich mit den Zahlen der Bibel, so begibt man sich in ein Gebiet, in dem es keineswegs mathematisch zugeht. In der gesamten Auslegungstradition werden die biblischen Zahlen nicht oder nicht nur als rationale Größen erfasst, sondern auch symbolisch gedeutet. Man wird durch diese Tradition also mit Zahlensymbolik oder Zahlenmystik konfrontiert, einem weit verbreiteten und sehr vielfältigen Bereich, der zu einem wesentlichen Bestandteil der Rezeption der Bibel gehört.

Sucht man aber sogar nach Zahlengeheimnissen in der Bibel, ist ein solches Vorhaben noch in größerem Maße von der Erwartung einer symbolischen Bedeutung der Zahlen bestimmt. Man müsste also, bevor man mit seiner Suche beginnt, schon eine Unterscheidung getroffen haben zwischen rationaler und symbolischer Zahlenverwendung. Eine solche Unterscheidung fällt auf den ersten Blick leicht: Eine Zahl wird dann rational verwendet, wenn es bei ihrer Nennung lediglich um den Zählwert der betreffenden Zahl geht. Einen solchen Zählwert hat z. B. jede beliebige Zahl auf einer Rechnung. Symbolisch wird dagegen eine Zahl gebraucht, wenn sie für eine mit der Zahl verbundene Bedeutung steht, Sinnbild für einen anderen Sachverhalt ist. Wie das Kreuz Symbol für den christlichen Glauben ist, auch Erkennungszeichen unter den frühen Christen war, so kann eine Zahl für einen anderen, tieferen Sinngehalt stehen, der sich aus dem Zählwert selbst oder der Ziffer nicht ableiten lässt.

„Aller guten Dinge sind Drei" gibt rational betrachtet, wenn man sich auf den Zählwert 3 beschränkt, keinen Sinn –, zahlensymbolisch aber durchaus, wenn man Drei als Zahl der Familie versteht, in der die Aufhebung des Gegensatzes der Zwei und die daraus resultierende Einheit zu etwas Neuem führt. In diesem Sinne ist die Drei eine Zahl, die eine neue Einheit darstellt, eine positive Zahl, eine Glückszahl.

So klar prinzipiell die Unterscheidung zwischen rationalem und symbolischem Gebrauch der Zahlen getroffen werden kann, so wenig ist sie als Prinzip im Blick auf die Bibel als Ganzes brauchbar. In jedem einzelnen Fall ist vielmehr zu untersuchen, ob eine Zahl als Zählwert oder als Symbol verwendet wird.

Warum dieses Hindernis für die Deutung? – Man könnte doch ganz einfach bestimmte Kategorien festlegen: Dort, wo etwas gezählt wird, bei Zeitangaben, bei Maßen und Gewichten und so weiter, werden die Zahlen rational gebraucht, dort, wo Zahlen auf etwas anderes verweisen, da ist von symbolischer Bedeutung auszugehen. Eine solche Kategorisierung ist aber zum Scheitern verurteilt. Man kann nämlich die Zahlen in der Bibel – vielleicht bis auf eine einzige Ausnahme, nämlich Offb 13,18, wo die Zahl 666 ausdrücklich als eine spekulative Einheit genannt wird – immer sowohl als symbolische Größen als auch als reine Zählwerte verstehen.

Wenn z. B. in Gen 1 von der Erschaffung der Welt in sieben Tagen die Rede ist, kann man die Sieben rational verstehen und so deuten, dass die Verfasser eben meinten, in einer Woche wäre die Welt und alles, was auf ihr existiert, entstanden. Man kann sich aber auch fragen, ob hinter der Sieben etwas steckt, ob sie ein Symbol ist für einen Zeitabschnitt sowie für Vollendung in der Zeit steht. So ist im Blick auf bestimmte Zahlenkonstellationen die Debatte darüber immer schon vorprogrammiert, ob hier eine symbolische oder eine rationale Verwendung der jeweiligen Zahl vorliegt.

In diesem Zusammenhang ist eine wesentliche Voraussetzung meiner folgenden Ausführungen ausdrücklich zu nennen, die sich mir bei meinen Studien zu den Zahlen der Bibel ergeben hat: In der Frage nach rationaler und symbolischer Verwendung biblischer Zahlen gibt es kein Entweder-oder, sondern vielmehr, von Fall zu Fall unterschiedlich, manchmal aber auch in ein und demselben Fall, ein Sowohl-als-auch. Jeder Interpret der Bibel, der von einem Entweder-oder ausgeht und versucht, die biblischen Zahlen unter der

Voraussetzung nur einer der Möglichkeiten zu deuten, irrt sich, denn die Verfasser der biblischen Texte verwenden die Zahlen ganz unterschiedlich, rational oder symbolisch bzw. rational und symbolisch.

Historie oder Symbolik?

Nun hat jüngst Carsten Peter Thiede[1] in seinem Buch über den Bibelcode wieder ausdrücklich Stellung für eine Spielart rationaler Verwendung der Zahlen in der Bibel bezogen. Thiede bietet dabei ein Beispiel für Zahlensymbolik, nämlich eine Ausführung von Friedrich Weinreb über den hebräischen Buchstaben *Mem*, der im Zahlenalphabet der Zahl 40 zugeordnet ist. Weinreb bringt diesen Buchstaben mit dem Wasser in Zusammenhang, *Mem* sei ursprünglich aus *Majim*, Wasser, gebildet und als Buchstabe in Form einer Wellenlinie geschrieben worden. Er folgert daraus, dass *Mem* als Zahl 40 für die Zeit die symbolische Bedeutung hat, „dass man in der Zeit gleichsam untergetaucht war, wie man auch im Wasser untertauchen, ja ertrinken kann".[2] Thiede hält dieses Beispiel für eine „Dechiffrierung, wie es dem Historiker widerstreben muß, den Exegeten jedoch faszinieren mag". (S. 72)

Nun weiß Thiede zwar offensichtlich nicht, dass sich der Exeget auch als Historiker versteht, wichtiger aber an seinem Urteil ist ein anderer Gesichtspunkt. Er unterstellt Weinreb einen entscheidenden Denkfehler, der darin bestehe, „daß die Reduzierung bestimmter Angaben auf ihren symbolischen oder verschlüsselten Wert zur Enthistorisierung der Geschichte führt". (S. 73) Er veranschaulicht dies am Beispiel der vierzigjährigen Dauer des Wüstenzugs Israels nach dem Auszug aus Ägypten und des vierzigtägigen Fastens Jesu. Ob diese Geschehnisse tatsächlich so geschehen sind, sei ausschließlich an geschichtswissenschaftlichen Kriterien zu messen. „Anders gesagt: Die Suche nach Informationen, die sich hinter dem tatsächlichen Wortlaut eines Textes befinden oder befinden könnten, darf nicht zum Ersatz für die nüchterne Arbeit am Text selbst werden." (S. 74)

Diese Ausführungen sind nun nichts weiter als das Ergebnis eines methodischen Kurzschlusses. Nüchterne Arbeit am Text bedeutet nämlich nicht, der in einem Text geschilderten Situation irgendeinen historischen Kern abzugewinnen, sondern vielmehr, erst einmal zu klären, ob ein solcher historischer

Kern überhaupt vorauszusetzen ist. Beim Beispiel der vierzigjährigen Dauer des Wüstenzugs ist also erst zu klären, ob die vierzig Jahre überhaupt historisch sind und damit die Vierzig rational als Zeitangabe zu verstehen ist oder ob es sich dabei um eine Zahl mit symbolischer Bedeutung handelt, die der Verfasser des Textes aus anderen nichthistorischen Beweggründen verwendet.

Gerade bei den Erzählungen vom Auszug Israels aus Ägypten und noch mehr bei der Wüstenwanderung spielen nun aber nach der Ansicht der historisch(!)-kritischen Exegese so viele theologische Gesichtspunkte mit hinein, dass es äußerst schwierig wird, von den Texten auf die tatsächliche geschichtliche Situation zu schließen. Beispielsweise kann es als sicher gelten, dass kein Pharao zur Zeit des Mose im Schilfmeer umgekommen ist, ferner dass nicht ganz Israel, sondern nur ein Teil überhaupt in Ägypten war und von dort ausgezogen ist. Wenn man sich die Wüstenwanderung näher betrachtet, so hat diese eine so deutliche theologische Konzeption, dass man kaum umhinkommt, die Zahl Vierzig an Jahren als rein fiktiv und damit unhistorisch zu deuten. Die vierzigjährige Wüstenwanderung wird nämlich als Strafe Gottes für den Widerstand des Volkes nach dem Auszug präsentiert. Diese Strafe wird auf die Dauer einer Generation festgesetzt, und so scheinen vierzig Jahre für die Verfasser des Textes die runde Zahl für eine Generation zu sein.

Aber bei der Vierzig kann durchaus noch mehr mitschwingen. Beachtet man, dass die vierzigjährige Wüstenwanderung nur in der Priesterschrift erzählt wird, einem Bestandteil des Pentateuch, der in einer weiteren „Wüsten"-Zeit, nämlich der des Babylonischen Exils von 597/87–539 v. Chr. begründet worden ist, und damit in einer Situation, in der zumindest eine Generation nicht ins Land zurückkehren konnte (vgl. dazu Hag 2,3), dann zeigt sich, wie sich der Text der Wüstenwanderung auf die spätere Situation des Exils hin öffnet. Er erzählt zwar Geschichte, aber er erzählt sie nicht um der grauen Historie willen, sondern weil diese Geschichte Gegenwartsbedeutung hat. Wie es damals war, so kann es auch heute oder morgen Wirklichkeit werden. Hoffnung auf Heimkehr spricht aus der Priesterschrift, aber dieser Priesterschrift geht es gleichzeitig darum, das Exil selbst zu erklären. Die gegenwärtige Situation des Exils ist eine Strafe Gottes für die Abkehr des Volkes von Gott, aber diese Strafe ist nicht endgültiges Schicksal, sondern zeitlich begrenzt. Für die Exilierten geht es also im Blick auf die Wüstenwanderung ihrer Vorväter darum, jetzt nicht gegen Gottes Heilswillen aufzubegehren, sondern an der

Hoffnung festzuhalten, dass Gott auch nach der Exilzeit Israels das gelobte Land schenken werde.

Mit derartigen Erwägungen ist man also über das Entweder-oder von rationaler und symbolischer Verwendung von Zahlen hinaus. Es kann bei der Deutung biblischer Zahlen nicht darum gehen, jede Zahl nur rational, jede Jahreszahl nur historisch zu nehmen, es kann auch nicht darum gehen, jede Zahl unbesehen symbolisch zu deuten, denn dann sind wir tatsächlich dort, wo Thiede – meines Erachtens fälschlicherweise – Weinreb hinstellt, nämlich bei einem Zahlensymbolismus, der tatsächliche, historisch verifizierbare Jahreszahlen nicht mehr als solche wahrnehmen kann, sondern alles über den Kamm der Zahlensymbolik schert.

Zahlensymbolik, aber wie?

Gehen wir also von einem Sowohl-als-auch von rationaler und symbolischer Verwendung von Zahlen in der Bibel aus! Die Probleme sind aber damit nicht gelöst, sondern fangen erst an: Wann ist eine Zahl rational, wann ist sie symbolisch verwendet? – Bei der Beantwortung dieser Frage ist jeweils der Kontext, in dem die Zahl auftaucht, zu berücksichtigen, weil sich danach die Wahrscheinlichkeit, eine bestimmte Verwendungsart vorzufinden, richtet. So ist z. B. bei Zahlen in Zeit-, Maß- und Mengenangaben tatsächlich eher mit rationalem Gehalt zu rechnen.

Um ein Beispiel zu geben: Zehn ist die Zahl einer größeren Einheit, weil sie der Anzahl von zehn Fingern des Menschen entspricht. Sie ist damit eine geprägte Zahl: Die Zehn kann durchaus – rational verwendet – für die abstrakte Anzahl von genau Zehn stehen, als „Zwei Hände voll" aber auch für eine runde Zahl. Damit aber nicht genug: Wie verhält es sich mit der Zehn, nachdem sich die Zehn Gebote als Summe des Verhältnisses zwischen Gott und seinem Volk Israel etabliert haben? Kann es dann nicht sein, dass die Zehn über Zähleinheit und Rundzahl hinaus symbolisch für das Bundesverhältnis zwischen Gott und Israel verwendet wird? – Das kann sein, kann – wohl gemerkt –, denn die Zehn bleibt auch, nachdem der Dekalog seine Bedeutung als Bundesurkunde erhalten hat, Zählwert und runde Zahl.

Ein weiteres Beispiel: Die Zwölf ist die Zahl des Tierkreises und hat vielleicht auch gerade deshalb ihre vom Dezimalsystem, wo sie der Regel entsprechend eigentlich Zwei-zehn heißen müsste, abweichende Form. Aber diesen Bezug haben wir vergessen: Die Zwölf ist zwar ursprünglich eine astronomische Zahl, aber für uns ist sie bestenfalls noch eine Zeitzahl (zwölf Monate im Jahr, zwölf Stunden des Tages). Doch das gilt schon für die Israeliten biblischer Zeiten: Eine Angabe wie die 12. Stunde des Tages war für sie wohl nichts weiter als eine Zeitangabe, und damit verwendeten sie die 12 rational.

Aber am Anfang steht das Symbol, die astronomische Konstellation, und diese wirkte sich auf Zwölfergruppen sicherlich aus. Biblisch denkt man bei der Zwölf vor allem an Israel als Zwölf-Stämme-Verband, und vielleicht steckt darin die ursprüngliche Erinnerung an den Vollendungscharakter der Zwölf, der ein Volk zur Ganzheit macht.

Doch war erst einmal die Zwölf Symbol für das Volk Israel, so war sie von ihrem Ursprung auch schon gelöst. Dann ist es nämlich nicht verwunderlich, dass sie als Symbolzahl für das Volk Israel verwendet wurde: Die Zwölf Apostel sind neutestamentlich ein ebenso eindeutiges Beispiel wie schon die Genealogie Jakobs im Alten Testament: Jakob (= Israel) hatte zwölf Söhne (Gen 35,22–26). Und trotzdem hat sich der astrale Aspekt der Zwölf zumindest latent gehalten. In der Vision vom Neuen Jerusalem in Offb 21, die von der Zwölf und ihren Vielfachen geprägt ist, ist der Bezug der Zwölf zum Tierkreis (zwölf Tore in den vier Himmelsrichtungen und zwölf Edelsteine) ebenso evident wie der zum Volk Israel.

Doch blicken wir noch einmal auf die zwölf Apostel: Die Zwölf als Symbol für das Volk Israel in seiner Vollständigkeit bildet den Verständnishintergrund für die Zwölfzahl der Apostel, diese hat also symbolische Bedeutung. Der Zwölferkreis symbolisiert und repräsentiert das eigentliche oder neue Israel. Die Zwölf ist in diesem Fall aber auch rational zu verstehen: Es waren genau zwölf Männer, die Jesus auswählte. An diesem Beispiel zeigt sich das Sowohl-als-auch rationaler und symbolischer Zahlenbedeutung besonders deutlich. Die Auswahl von zwölf Männern hängt mit der Zwölf als Symbolzahl für Israel zusammen

Eine ihrem Gegenstand entsprechende historische Zahlensymbolik der Bibel schließt also weder die rationale Verwendung von Zahlen aus, noch enthistorisiert sie durch ihre Zahlenspekulationen die biblische Botschaft. Sie kann vielmehr ein Hilfsmittel sein, um die Bibel besser zu verstehen.

In medias res – die 153 als Beispiel

Die Unterscheidung zu treffen, wann eine Zahl als reiner Zählwert gebraucht wird und wann sie symbolische Bedeutung hat, fällt nicht nur prinzipiell, sondern auch im Blick auf ein und dieselbe Zahl häufig schwer. Die Lösung besteht ja vor allem darin zu erschließen, was der betreffende Autor mit der jeweiligen Zahl ausdrücken wollte, welchen Sinn er der von ihm verwendeten Zahl beigemessen hat.

Dazu ein Beispiel aus dem Johannesevangelium: Im 21. und letzten Kapitel wird von Erscheinungen des auferstandenen Herrn am See Genezareth berichtet: Die Jünger hatten die ganze Nacht über gefischt, aber nichts gefangen. Nach diesem erfolglosen Unternehmen forderte sie Jesus, den sie nicht auf Anhieb erkannten, dazu auf, erneut auf den See hinauszufahren und nach Anweisung zu fischen. Sie taten es und fingen so viele Fische, dass sie das Netz nicht einholen konnten. Da erst merkten sie, dass es Jesus war. Petrus warf sich sofort ins Wasser, um zu Jesus zu kommen, die anderen Jünger folgten mit dem Boot. Joh 21,9–11 fährt fort:

„Da sie nun ans Land stiegen, sahen sie ein Kohlenfeuer angelegt und einen Fisch darauf liegen und Brot. Jesus sprach zu ihnen: ‚Bringt von den Fischen, die ihr eben gefangen habt!‘ Simon Petrus stieg hinein und zog das Netz, das mit hundertdreiundfünfzig großen Fischen angefüllt war, ans Land; und obwohl es so viele waren, zerriß das Netz nicht."

Um die Zahl 153 geht es. Ist sie in Joh 21,11 als Zählwert oder symbolisch verwendet? – Die Zahl 153 wurde schon seit frühesten Zeiten symbolisch gedeutet.[3] Hieronymus (ca. 347–420 n. Chr.) fasste sie als Zahl der Vollständigkeit auf, denn er meinte, bei einem römischen Dichter aus dem 2. Jh. n. Chr. namens Oppianus Cilix, den Hinweis gefunden zu haben, dass es 153 Fischarten gäbe. Nun ist in Joh 21,11 nicht von 153 Fischarten die Rede, und außerdem kommt man beim Gewährsmann des Hieronymus nur schwerlich auf 153, sondern auf 157 Fischarten.[4] Demnach ist die Deutung von Hieronymus wenig überzeugend.

Der Kirchenlehrer Augustinus bot eine andere Lösung an. Er verstand die 153 als Dreieckszahl. Sie ist die Summe aller Zahlen von Eins bis 17.

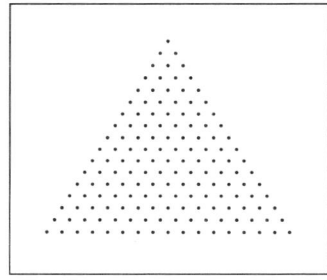

Abb. 16: Die Zahl 153 als Dreieckszahl

Auf der Basis 17 baute Augustinus seine Deutung der Zahl 153 auf: Siebzehn ist die Summe von Sieben und Zehn und verbindet für ihn deshalb die zehn Gebote mit den sieben Gaben des Heiligen Geistes.

Beachtet man zudem das Dreieck, das auf der Basis 17 gebildet werden kann, sind noch dazu Bezüge zur Dreieinigkeit Gottes herzustellen. Die Trinität Gottes ergibt sich für Augustinus nicht allein aus der Dreieckszahl, sondern auch aus der Zahl 153 selbst, die man in $3 \times 50 + 3 \times 1$ aufgliedern kann.

Dass man die 153 auch anders gliedern kann, hat Cyrill von Alexandria gezeigt, der sie aus den Elementen 100, 50 und Drei, also aus dem Hunderter, den Zehnern und Einern zusammengesetzt sah. In dieser Anordnung ist 100 für ihn die Zahl der Heiden, 50 die Zahl des Restes Israel und Drei die Zahl der Trinität.[5]

Aber das ist noch nicht alles: 153 ist auch das Produkt $3 \times 3 \times 17$, womit erneut ein Bezug zur 17 vorliegt, und außerdem die Summe der Potenzen 1^3, 3^3 und 5^3, für Zahlenmystiker also ein gefundenes Fressen.

Nun hat jüngst Carsten Peter Thiede auch hinsichtlich Joh 21,11 gegen diese Art, Zahlen nicht als Zählwerte zu nehmen, sondern irgendwelche symbolische Bedeutungen in sie hinein zu deuten, vehement Einspruch erhoben. Die 153 in Joh 21,11 sei nichts anderes als die exakte Anzahl der Fische, die die Jünger am See Genezareth gefangen haben sollen. Die Männer im Boot seien nämlich Berufsfischer gewesen und als solche waren sie auf den Verkauf von Fischen angewiesen. Es lag also in ihrem eigenen Interesse, ihren jeweiligen Fang genau zu zählen, ja, es war eine Notwendigkeit, da zur damaligen Zeit nach der Anzahl der Fische Fischfangsteuer zu zahlen war. Thiede schließt daraus: „Es waren 153 Fische, nicht 152 oder 154. Was als bloße Symbolik oder komplizierte Mystik unter-interpretiert wird, stellt sich als eine historische Tatsachennotiz heraus, ein plötzliches Schlaglicht darauf, dass wir es hier mit wirklichen Menschen in einer wirklichen Welt zu tun haben." (S. 81)

Wie kann man einem solchen Plädoyer zur Zahl 153 begegnen? Ist die Argumentation Thiedes nicht überzeugend? – Sie ist es nur dann, wenn man seine Voraussetzung teilt, dass Zahlen nur Zählwerte sind. Und sie ist es nur dann, wenn man ihm glaubt, dass in der 153 eine Erinnerung an einen tatsächlich geschehenen und in Joh 21 geschilderten Fischfang vorliegt. Aber genau da beginnt es auf anderer Ebene spannend zu werden: Setzen wir einmal voraus, dass der Fischfang der Jünger tatsächlich stattgefunden hat. Wie käme dann die 153 in die von Johannes erzählte Geschichte hinein? – Die Jünger hätten bei der Begebenheit die Fische abzählen und danach den Erfolg ihres Fischfangs weitererzählen müssen.

Doch davon steht nichts im Text des Johannes. Dem Evangelisten geht es nämlich in seiner Geschichte nicht um den Bericht eines großen Fanges durch Berufsfischer, sondern um die Begegnung des auferstandenen Jesus mit seinen Jüngern. Das Ziel dieser Begegnung ist aber nicht die reiche Beute, sie wird in Zahlen lediglich in einem Nebensatz erwähnt, sondern vielmehr die Mahlgemeinschaft der Jünger mit dem Auferstandenen. Zu diesem Mahl werden auch die Fische gebracht, ohne dass sie verzehrt werden, denn Brot und Fisch sind nach Joh 21,9 schon bereitet, als die Jünger an Land gehen, und werden ihnen in Joh 21,13 von Jesus gereicht.

Diese Szene erinnert natürlich an das Herrenmahl, an jene Begebenheit, die später letztes Abendmahl genannt wurde und als Eucharistiefeier im Zentrum des christlichen Gottesdienstes steht. Auch wenn statt von Brot und Wein, von Brot und Fisch die Rede ist, ist dieser Bezug mehr als deutlich. Der Fisch selbst, griechisch ichthys, ist ja durchaus als Symbol für Christus dechiffrierbar – als Abkürzung für Jesus Christus, Gottes Sohn und Retter – und ersetzt in dieser Szene den Wein als Blut des Herrn.

Wenn damit das Ziel der Erzählung in der Mahlgemeinschaft der Jünger mit dem Herrn besteht, dient das Wunder des reichen Fischfangs offensichtlich lediglich der Vorbereitung. Die Jünger erkennen aufgrund des Wunders den Auferstandenen. Setzen wir nochmals ausdrücklich voraus, dass es sich bei dem reichen Fischfang um ein tatsächliches Geschehen handelt, dann müssten wir folgern, dass auch die Mahlgemeinschaft mit dem Herrn zu diesen Tatsachen gehört. Wenn dem aber so ist, ist dieses Ereignis vor allem ein entscheidendes Offenbarungserlebnis für die Jünger, und es leuchtet überhaupt nicht ein, dass sie nach diesem Erlebnis zur Tagesordnung übergegangen sein sollen, denn erst dann wären ja die Fische gezählt und schließlich zum Verkauf gebracht worden.

Da verdichten sich doch die Zweifel, ob die Erzählung vom reichen Fischfang im Sinne Thiedes als ein Ereignis im Leben von Berufsfischern zu verstehen ist. Sie mag in diesem Milieu spielen, ihre Bedeutung scheint aber eine völlig andere zu sein.

Verfolgen wir die Spur weiter, stoßen wir fast selbstverständlich auf die in den Evangelien mit der Berufung der ersten Jünger Jesu verbundene Vorstellung von den Jüngern als Menschenfischern:

„Kommt, folgt mir nach, und ich werde euch zu Menschenfischern machen!"

So spricht Jesus nach Mt 4,19 zu Simon Petrus und Andreas, die beide Fischer am See Genezareth waren. Wenn wir in diesem Sinne das Wunder vom reichen Fischfang auf die Verkündigung des Evangeliums beziehen, dann erzählt Joh 21, wie dieser Verkündigung nach anfänglichem, erfolglosem Bemühen der Jünger durch den Beistand des Auferstandenen wunderbarer Erfolg zuteil wurde. Für Rudolf Bultmann, einem bedeutenden, älteren Ausleger des Johannesevangeliums, ist ein allegorischer Sinn der Zahl 153 und der Bemerkung, dass trotz der Anzahl der Fische das Netz nicht riss, sicher: „Dieser kann kaum ein anderer sein als der, daß die Menge der Fische die Menge der durch die apostolische Predigt gewonnenen Gläubigen abbildet, wie es dem alten Bilde vom Menschenfischer entspricht."[6] Doch dann beginnen die Fragen: Warum gerade die 153 verwendet wird, lässt sich nicht klären, aber ein allegorischer Sinn muss dahinterstecken, weil die 153 keine runde Zahl ist. Und was es bedeutet, dass das Netz nicht riss, ist auch nicht sicher, vermutlich – so Bultmann – wird damit „die unzerreißbare Einheit der Kirche" symbolisiert.

Suchen wir nach einer Erklärung für die Zahl 153, so scheint es wieder am naheliegendsten zu sein, bei 153 als einer Dreieckszahl der Basis 17 anzusetzen. 17 selbst ist zwar in der Bibel keine Zahl von größerer symbolischer Bedeutung, aber zumindest ergibt sich eine zumindest denkbare Parallele dazu im neutestamentlichen Schrifttum: In der Apostelgeschichte des Lukas wird nach dem Pfingstgeschehen die erstaunte Reaktion der anwesenden Menschen auf das Reden der vom Geist erfüllten Jünger in verschiedenen Sprachen durch eine wörtliche Rede dargestellt (Apg 2,7–12):

> „Sind sie denn nicht alle, die da reden, Galiläer? Wie aber hören wir, ein jeder von uns in der eigenen Sprache, in der wir geboren sind: Parther und Meder und Elamiter, die Bewohner von Mesopotamien, von Judäa und Kappadozien, von Pontus und Asia, von Phrygien und Pamphylien, Ägypten und den Gegenden Libyens nach Cyrene hin, auch die hier weilenden Römer, Juden wie Proselyten, Kreter und Araber – wir hören sie in unseren Sprachen die Großtaten Gottes verkünden!"

Zählt man die Völker nach, soll man – glaubt man den Auslegern – auf 17 kommen. Die mittelbaren Zeugen für das Pfingstereignis sind nach Apg 2,5 Juden aus allen Völkern der Erde. Damit ergibt sich, dass die siebzehn aufgezählten Völker repräsentativ für alle Völker „unter dem Himmel" angeführt werden. Wenn nun Joh 21,11 von $153 = 1 + 2 + \ldots + 17$ Fischen redet, die die „Menschenfischer" fangen, dann sind diese 153 Fische – auf der Linie von Apg 2 interpretiert – die Gesamtheit der Völker, die durch die Verkündigung der Frohbotschaft zum Glauben an Jesus Christus kommen.

Ein Haken soll aber bei dieser Deutung nicht verschwiegen werden. Auch wenn man davon ausgehen kann, dass Dreieckszahlen schon in christlicher Zeit bekannt waren – es handelt sich um eine pythagoräische Idee –, so ist es doch fraglich, ob der Bezug von Apg 2 zu Joh 21 hergestellt werden darf. Denn entweder wäre es ein literarischer Bezug – der Verfasser von Joh 21 hätte dann den Text von Apg 2 gekannt und verwertet –, was unwahrscheinlich ist, oder die Zahl 17 als Symbol für das Gesamt der Völker hätte allgemein bekannt sein müssen. Aber dann wäre es sonderbar, dass sich diese Zahl im neutestamentlichen Schrifttum so selten findet. Gibt es einen Ausweg aus diesem Dilemma? – Wir werden sehen.

Zahlensymbolik als Gematria?

Wenn man sich mit der Bedeutung von biblischen Zahlen, mit der Symbolik, Mystik und auch Magie der Zahlen beschäftigt, stößt man fast zwangsläufig auf ein Phänomen, das in der jüdischen Tradition unter der Bezeichnung Gematria verbreitet ist. Es geht dabei um bestimmte Methoden, mit deren Hilfe man den summarischen Zahlwert von Worten oder Textpassagen ermittelt und anschließend anhand dieses Zahlwertes das Wort oder die Textpassage mit Worten bzw. Textpassagen entsprechenden Zahlenwertes in Verbindung bringt. Nachfahren dieser Methoden bestimmen selbst noch die moderne Numerologie, so dass eine Beschäftigung mit diesen Techniken um so dringlicher erscheint.

Alles nur Unsinn? – Das mag durchaus sein, aber die Kenntnis dieser Methoden ist auch deshalb von Bedeutung, weil auch die Bibel Gematria voraussetzt. So heißt es in der Offenbarung des Johannes an der schon oben angesprochenen Stelle Offb 13,18 von dem dem Teufel zugeordneten Tier, dass die Zahl seines Namens die Zahl eines Menschen sei und 666 laute. Ohne hier schon zu klären, was es mit dieser 666 auf sich hat, zeigt der Text, dass zumindest der Verfasser der Johannes-Apokalypse Buchstaben und Zahlen einander zuordnet, also auf jeden Fall eine gematrische Technik angewendet wissen wollte.

Fraglich ist aber, ob Gematria als bedeutende Methode der biblischen Schriftsteller anzusehen ist. Den ersten gesicherten Beleg für den Begriff Gematria in der jüdischen Tradition stellt nämlich die frühestens im 2. Jh. n. Chr. entstandene Baraita der 32 Regeln, ein Werk von hermeneutischen Regeln zur Auslegung der Thora, dar.[7] Dort wird in der 29. Regel die Gematria behandelt und einige biblische Beispiele für die Technik gegeben.

Woher der Begriff stammt, ist fraglich. Vielfach wird das hebräische *gematria* vom griechischen *geometria*, Geometrie (jedoch im Sinne von Arithmetik) abgeleitet. Aber das ist keineswegs sicher, denn der Begriff könnte auch auf hebräisch *grammatia* von griechisch *gramma* Buchstabe, Schrift, zurückgehen. Dann wäre *gematria* eine hebräische Schreibung von *grammatia*, bei der der Buchstabe *r* hinter das *t* gesetzt worden ist.

Warum eine solche Verschreibung? – Vielleicht deshalb, weil es sich bei der Gematria anders als bei *gramma* nicht um eine einfache Schrift handelt, sondern um eine Art Geheimschrift, die als solche dann schon durch die „verstellte" Bezeichnung zum Ausdruck gebracht worden wäre.[8]

Woher stammt die Buchstaben-Zahlen-Berechnung?

Solche Wort-Zahlenwert-Bestimmungen dürften auf heutige Leser in der Regel befremdend wirken. In unserer Schrift wird eine deutliche Unterscheidung zwischen Worten und Ziffern gemacht. Zahlen wirken damit als von Buchstaben und Worten abgehoben. Selbst in fremdsprachigen Texten können wir die internationalen Ziffern lesen und verstehen, ohne die jeweils dazugehörigen Zahlwörter zu kennen.

Bei den Griechen war das anders: Hier wurden schon früher Zahlen, wenn sie abgekürzt wurden, durch Buchstaben wiedergegeben. Buchstaben waren Zahlen, Zahlen Buchstaben. Wörter können so nicht nur als Abfolge von Buchstaben, sondern ganz natürlich als Abfolge von Zahlen gelesen und verstanden werden. Und was liegt dann näher als eine Abfolge von Zahlen zu zählen? – Hier liegt der Ursprung dessen, was bei den Griechen Isopsephie heißt und in der jüdischen Tradition Gematria genannt wird. Denn dasselbe gilt auch für das Judentum, in dem heute noch Zahlen mit Buchstaben wiedergegeben werden.

Da es sich, wie gesehen, beim Zahlenalphabet um ein bei den Griechen früher gebräuchliches System handelt, ist es wahrscheinlich, dass das, was in der biblisch-jüdischen Tradition Gematria heißt, seinen Ursprung in der griechischen Isopsephie hatte.

Aber hat die jüdische Gematria ihren Ursprung wirklich in Griechenland? – Diese Frage ist nicht eindeutig zu beantworten. Es scheint zwar ältere Zeugnisse für eine entsprechende Buchstaben-Zahlen-Berechnung außerhalb Griechenlands zu geben, aber sie sind nicht so sicher, wie die Befürworter eines altorientalischen Ursprungs dieser Kunst behaupten. Das berühmte Beispiel einer Bauinschrift des assyrischen Königs Sargons II. aus dem 8. Jh. v. Chr. bildet hier keine Ausnahme. In der Inschrift sagt dieser König von sich, dass er die Mauer von Khorsabad 16 283 Ellen lang gemacht habe „*nibit schumia* – zur Nennung meines Namens". Schon lange hat man festgestellt, dass der Name Sargon, assyrisch *Sarru-uk-kin*, sich mit lauter Zeichen schreiben lässt, die zugleich Zahlen darstellen, und auf diese Weise den Wortzahlenwert 16 283 ergibt. Damit hätten wir hier das früheste Beispiel für das, was die jüdische Tradition später Gematria nennt. Aber die Deutung von „zur Nennung meines Namens" als Hinweis auf eine gematrische Aussage ist keineswegs sicher. Man könnte die Wendung nämlich auch in dem Sinne verstehen, dass

Sargon II. durch den Bau der Mauer seinem Namen ein Denkmal setzt, sie also zu seinem Andenken baut.

Sollte diese Bauinschrift tatsächlich eine Buchstaben-Zahlen-Berechnung voraussetzen, ändert sich trotzdem nicht viel. Da es nämlich nach den vorhandenen Quellen eine assyrische Wortzahlen-Berechnung im breiten Maße wohl kaum gegeben hat und sich auch in der hebräischen Bibel kein wirklich sicherer Nachweis für ein entsprechendes Verfahren erbringen lässt – erst in der hellenistischen Zeit setzte auch im Judentum die Gematria ein –, wird man doch davon ausgehen müssen, dass diese Technik von der jüdischen Tradition aus der hellenistischen Kultur übernommen oder aber zumindest im Zeitalter des Hellenismus aus einem gewissen Schattendasein herausgetreten ist. In der Offenbarung des Johannes findet sich dafür eben jener eindeutige Beleg, im Judentum ist die Gematria in Talmud und Midrasch nachweisbar und wird später zu einem Bestandteil der Kabbala.

Dass das Griechische Einfluss auf die Bildung der Gematria ausgeübt hat, ist vor allem deshalb anzunehmen, weil das Judentum erst durch den Hellenismus mit der griechischen Gewohnheit, Zahlen durch Buchstaben auszudrücken, in Kontakt gekommen ist. Hebräische und aramäische Zahlen wurden bis dahin, aber auch noch in der hellenistisch-römischen Zeit, mit Zahlzeichen geschrieben.

Befürworter von Gematria in alttestamentlicher Zeit werden diesen Überlegungen natürlich widersprechen und auf andere Daten verweisen, die die vorhellenistische Existenz eines Zahlenalphabets beweisen sollen. Dass es biblische Hinweise auf die Zahlenschreibung mit Buchstaben gibt, soll ja ohnehin feststehen. So schreibt J. de Fraine über die Angabe der Zahlen durch Buchstaben in der Bibel: „Diese muß auch in Israel schon ziemlich früh im Gebrauch gewesen sein. Verschiedene Varianten des biblischen Textes lassen sich durch eine falsche oder abweichende Lesart von Zahlen bezeichnenden Buchstaben erklären."[9] Und als Beispiel bringt er einen Vergleich der Zahlenwerte von 2 Sam 24,13 und 1 Chr 21,12 und deutet wie folgt: „Wo 2Sm 24,13 *s* (= 7) liest, hat die Parallelstelle 1 Chr 21,12 *g* (= 3)." (ebd).

Haben wir hier also einen schlagenden biblischen Gegenbeweis zu unseren eigenen Überlegungen? – Keineswegs. Sehen wir uns das Problem genauer an: In 2 Sam 24,13 richtet sich der Prophet Gad an David und stellt ihm als göttliche Strafe für die von ihm veranstaltete Volkszählung drei Möglichkeiten zur Auswahl: Die erste besteht in einer sieben Jahre langen Hungersnot in Israel, die zweite in einer dreimonatigen Verfolgung Davids durch Feinde, und die dritte, anschließend von David gewählte Möglichkeit, ist eine dreitägige Pest. Um die Sieben geht es. Im Text der griechischen Bibelübersetzung steht statt der Sieben eine Drei und in 1 Chr 21, wo die gleiche Geschichte unter Verwendung des Textes von 2 Sam 24 erzählt wird, ist auch im Hebräischen eine Drei belegt. De Fraine meint nun, die unterschiedlichen Zahlenwerte kamen dadurch zustande, dass die Zahl an dieser Stelle durch einen Buchstaben ausgedrückt war, der mit einem anderen verwechselt wurde. Tatsächlich sind in der hebräischen Quadratschrift Gimel *g* und Zajin *z* verwechselbar.

Aber damit endet auch meine Zustimmung mit de Fraine, denn alles Weitere ist nur Vermutung, gegen die folgende Gesichtspunkte sprechen: 1. Wir wissen nicht, in welcher Schrift dem Chronisten 2 Sam 24 vorlag. War es althebräisch, so scheidet seine Deutung aus, weil in dieser Schrift Gimel und Zajin deutlich unterschieden sind. 2. Dass überhaupt eine Verwechslung vorliegt, ist nicht sicher. Die „Sieben" im hebräischen Text kann durchaus bewusst gegen eine „Drei" ersetzt worden sein, z. B. angesichts der sieben sprichwörtlichen dürren Jahre/Kühe bzw. Unglücksjahre in Gen 41. Umgekehrt kann die „Drei" eine ursprüngliche „Sieben" ersetzt haben, weil sie besser zu den beiden anderen Dreiern in 2 Sam 24,13 passt. 3. Dass überhaupt eine *Buchstaben*verwechslung vorliegt, ist ebenso wenig sicher. Wenn man von Verwechslung ausgeht, was allein schon Interpretation des Befundes ist, dann kann das auch eine Zahlzeichenverwechslung sein. Setzen wir etwa die Verwendung der in biblischen Zeiten üblichen, hieratischen Zahlzeichen in 2 Sam 24,13 voraus, so würde die Drei durch drei senkrechte Striche dargestellt, die Sieben ebenfalls durch drei Zeichen, zwei senkrechte Striche und einen Winkelhaken. Es besteht also auch die Möglichkeit, dass sich die unterschiedlichen Zahlen durch Verschreibung von Zahlzeichen ergeben haben.

Fazit: Für den Nachweis der Existenz eines Zahlenalphabets in vorhellenistischer Zeit als Voraussetzung für Gematria sind biblische Befunde kaum nützlich, weil die Deutung des jeweiligen Befundes immer von Vorentscheidungen abhängt. Überzeugende Beweise sind nur durch archäologische Zeugnisse zu erzielen, die das Zahlenalphabet verwenden. Für die vorhellenistische Zeit fehlen aber solche Funde völlig, im Zeitalter des Hellenismus sind sie spärlich, und sie mehren sich sogar erst in der römischen Ära.

Scheidet damit auch die Gematria als *die* Methode der biblischen Zahlensymbolik aus, so ist sie und die ihr ähnliche Isopsephie doch zumindest angesichts Offb 13,18 in groben Zügen zu umreißen.

Wie funktioniert Gematria?

Wie die Methode der Wortzahlenberechnung angewendet wurde,[10] lässt sich an einem recht frühen Beispiel im jerusalemischen Talmud Berakhot II 5a veranschaulichen. Nach dem im Jahr 7 n. Chr. unterdrückten messianischen Aufstand des Juda Gaulonita wurde dessen Sohn Menachem für den Messias gehalten. Im betreffenden Talmud-Traktat streiten sich nun zwei Rabbiner darüber, ob der Messias überhaupt Menachem heißen kann oder ob er nicht Semach heißen muss. Das hebräische *semach*, bedeutet Spross, Zweig, Reis und ist an zwei Stellen im Buch des Propheten Sacharja eine Metapher für den Messias, den künftigen Heilsherrscher (Sach 6,12; 3,8; vgl. Jes 4,2 und siehe auch *neser* = Zweig in Jes 11,1; vgl. Mt 2,23).

Die beiden Rabbis einigen sich schließlich, weil der Zahlenwert beider Worte mit 138 identisch ist.

Wie in Kapitel 1 beschrieben, addiert man die Zahlenwerte der einzelnen Buchstaben gemäß der hier erneut angeführten Tabelle des hebräischen Zahlenalphabets:

Hebräischer Buchstabe	Name	Zahlenwert	Hebräischer Buchstabe	Name	Zahlenwert
א	Alef	1	ל	Lamed	30
ב	Bet	2	מ	Mem	40
ג	Gimel	3	נ	Nun	50
ד	Dalet	4	ס	Samech	60
ה	He	5	ע	Ajin	70
ו	Waw	6	פ	Pe	80
ז	Zajin	7	צ	Sade	90
ח	Chet	8	ק	Qof	100
ט	Tet	9	ר	Resch	200
י	Jod	10	ש	Schin	300
כ	Kaf	20	ת	Taw	400

Abb. 17: Das hebräische Zahlenalphabet

So kommt man auf:

צ	מ	ה		מ	נ	ח	ם
90	40	8		40	50	8	40
	s m ch				*m n ch m*		
	138				138		

Ob es auch in der hebräischen Bibel Beispiele für Gematria gibt ist umstritten. Sicher ist nur, dass in der späteren Tradition alttestamentliche Stellen gematrisch interpretiert wurden. Dass dabei zum Teil recht willkürlich vorgegangen wurde, lässt sich an Gen 32,5 zeigen: Dort heißt es von Jakob, er habe bei Laban als Fremdling gewohnt (hebräisch *im laban garti*).

Der mittelalterliche Talmudgelehrte Rabbi Salomo Jitzchaki, besser bekannt unter der Abkürzung seines Namens Raschi, (gest. 1105), schloss nun aus dem Begriff *garti* „ich habe als Fremdling gewohnt" auf Jakobs Gesetzesfrömmigkeit während seines Aufenthalts bei Laban, denn dieses Wort bedeute, dass Jakob während seines Aufenthaltes bei dem gottlosen Laban dessen schlechtem Beispiel nicht gefolgt sei, sondern alle 613 Gebote Gottes beachtet habe. Der Zahl 613, der traditionellen Anzahl der Gebote im Judentum, entspricht nämlich der Zahlenwert von *garti*.

י	ת	ר	ג
10	400	200	3
	g r t j		
	613		

Diese Art der Berechnung sieht sehr danach aus, als ob durch Spitzfindigkeiten nachträglich etwas in den Text hineingelesen wird, was bei der Textentstehung noch überhaupt keine Rolle spielte. Und Beispiele für die gleiche Machart ließen sich in „unbegrenzter Zahl" beibringen. Es gibt jedoch auch beeindruckendere und zwingendere Beispiele, die tatsächlich die Frage stellen lassen, ob Gematria nicht vielleicht doch schon von den Autoren der hebräischen Bibel angewendet wurde.

In Gen 14,14 wird von einem Feldzug Abrahams berichtet, der darauf abzielt, Lot, den Neffen Abrahams, aus der Hand von Feinden zu befreien:

„Abram hörte, daß sein Neffe gefangen sei. Er zählte seine hausgeborenen Gefolgsmänner ab (dreihundertachtzehn Mann) und nahm die Verfolgung auf bis Dan."

Nach erfolgreicher Schlacht, der Befreiung Lots und der Begegnung Abrahams mit Melchisedek heißt es dann in Gen 15,1f:

„Nach diesen Begebenheiten erging des Herrn Wort in einem Gesicht an Abram: ‚Fürchte dich nicht, Abram; ich verleihe dir deinen überreichen Lohn.' Abram antwortete: ‚Herr, Herr, was wirst du mir geben, da ich doch kinderlos einhergehe und Elieser der Verwalter meines Hauses ist?'"

Die schon erwähnte 29. der 32 hermeneutischen Regeln der Baraita aus der Haggada gibt dazu die Erklärung, daß die 318 Knechte nichts weiter als Elieser sind, denn der Name Elieser, der „Gott hilft" bedeutet, ergibt als Zahlenwert genau 318.

ר	ז	ע	י	ל	א
200	7	70	10	30	1

$$' l \, j \, ' s \, r$$

$$318$$

Diese Identität der 318 Knechte mit dem Zahlenwert von Elieser ist natürlich höchst erstaunlich. Aber sie kann trotzdem auf Zufall beruhen. Da sie jedoch schon früh, nämlich in der Baraita, als Beispiel für Gematria rezipiert worden und deshalb wahrscheinlich noch nicht als spekulative Spitzfindigkeit zu interpretieren ist, ist es durchaus möglich, daß hier tatsächlich ein alttestamentlicher Fall von Gematria vorliegt. Das widerspricht aber keineswegs der Ansicht, dass die Gematria eine spätbiblische Methode ist, denn das Kapitel Gen 14 ist nach Auffassung der Bibelwissenschaft ohnehin ein literarischer Spätling. Ob die Zahlenangabe aber von jeher im Text stand, ist überdies fraglich. Hellenistischer Ursprung ist also für die 318 trotzdem möglich.

Die bisher präsentierten Beispiele verwenden alle das konventionelle Buchstaben-Zahlenwert-System, das der allgemein anerkannten Zahlenschreibung durch Buchstaben entspricht. Damit ist aber keineswegs die Gematria auch nur ansatzweise charakterisiert. Der Charakter der Geheimlehre kommt ihr vielmehr dadurch zu, dass neben diesem Grundsystem weitere Umrechnungssysteme zur Anwendung kommen, die in der mystischen Tradition des Judentums über Jahrhunderte hinweg entwickelt worden sind und dann vor allem in der Kabbala, der jüdischen Mystik, zur Blüte kamen.

Die Systeme, die im Verlaufe der Geschichte entwickelt wurden, sind mannigfaltig, ein erster beispielhafter Einblick muss also genügen. Neben dem Grundsystem (A) haben vor allem drei daraus entwickelte größere Bedeutung erhalten. Ein erstes (B) besteht darin, dass keine Zehner und Hunderter verwendet werden, sondern die betreffenden Zahlen des Grundsystems auf die Einerzahlen reduziert werden. Statt 20 für *Kaf* wird also die 2 verwendet, was man erreicht durch die Streichung der Nullen oder, was natürlich zum selben Ergebnis führt, durch Errechnung der Quersumme der Zahl (2 + 0). In dem zweiten bedeutenderen System (C), dem sogenannten *Atbasch*, wird das Grundsystem lediglich auf den Kopf gestellt: Den Zahlenwert 1 für den ersten Buchstaben *Alef* erhält der letzte, nämlich *Taw*, 2 für den zweiten *Bet* der vorletzte nämlich *Schin* usw. Es ergibt sich also die Zuordnung A-T B-Sch, eben der *Atbasch*. Das Dritte der wichtigeren Systeme (F) unterscheidet sich grundsätzlicher vom Grundsystem. Darin wird den Buchstaben der Zahlenwert zugeordnet, der sich aus der Summe der Buchstaben des Buchstabenwortes nach dem Grundsystem ergibt. *Alef* erhält beispielsweise den Zahlenwert 111.

אלף

80   30   1

a l f

111

Weitere Systeme – man findet sie in der folgenden Tabelle – seien nur noch genannt: D: Die Quadratzahl der Werte des Grundsystems (weitere Systeme wandeln nur ab, indem sie höhere Potenzen bilden) und E: Bildung des Summenwerts der Zahlen nach Position des Buchstabens im Alphabet: 1, 1 + 2, 1 + 2 + 3, …

Diese Systeme gehören – vielleicht bis auf B und C mit ihren geringfügigen Variationen des Grundsystems – auf jeden Fall in die nachbiblische Zeit. Sie zeigen damit in Anwendung auf biblische Texte, wie die Bibel in späterer

Pos.		A	B	C	D	E	F
1	א	1	1	400	1^2	1	111 Alef
2	ב	2	2	300	2^2	1 + 2	412 Bet
3	ג	3	3	200	3^2	1 + 2 + 3	73 Gimel
4	ד	4	4	100	4^2	1 + 2 + 3 + 4	434 Dalet
5	ה	5	5	90	5^2	1 + 2 + ... + 5	6 He
6	ו	6	6	80	6^2	1 + 2 + ... + 6	12 Waw
7	ז	7	7	70	7^2	1 + 2 + ... + 7	67 Zajin
8	ח	8	8	60	8^2	1 + 2 + ... + 8	418 Chet
9	ט	9	9	50	9^2	1 + 2 + ... + 9	419 Tet
10	י	10	1	40	10^2	1 + 2 + ... + 10	20 Jod
11	כ	20	2	30	20^2	1 + 2 + ... + 11	100 Kaf
12	ל	30	3	20	30^2	1 + 2 + ... + 12	74 Lamed
13	מ	40	4	10	40^2	1 + 2 + ... + 13	90 Mem
14	נ	50	5	9	50^2	1 + 2 + ... + 14	110 Nun
15	ס	60	6	8	60^2	1 + 2 + ... + 15	120 Samech
16	ע	70	7	7	70^2	1 + 2 + ... + 16	130 Ajin
17	פ	80	8	6	80^2	1 + 2 + ... + 17	85 Pe
18	צ	90	9	5	90^2	1 + 2 + ... + 18	104 Sade
19	ק	100	1	4	100^2	1 + 2 + ... + 19	186 Qof
20	ר	200	2	3	200^2	1 + 2 + ... + 20	510 Resch
21	ש	300	3	2	300^2	1 + 2 + ... + 21	360 Schin
22	ת	400	4	1	400^2	1 + 2 + ... + 22	406 Taw

Abb. 18: Gematrische Systeme

Zeit interpretiert wurde, nicht aber, wie die Verfasser der biblischen Schriften ihre Texte gestalteten. Selbst System A dürfte in der hebräischen Bibel kaum eine Rolle spielen. Im Neuen Testament kann jedoch mit gematrischen Kenntnissen gerechnet werden, und da kämen daneben auch System B und C infrage.

Noch einmal: die 153 Fische in Joh 21,11

Kommen wir nun noch einmal auf das Problem der 153 zurück: Kann vielleicht die Gematria etwas zum Verständnis der Zahl beitragen? Michael Oberweis hat schon vor einigen Jahren versucht, der Zahl 153 auf die Spur zu kommen.[11] Er setzt die Zahl in die betreffenden hebräischen Zahlbuchstaben um und kommt auf:

ק נ ג
3 50 100
q n g
153

Die seltsame Buchstabenkombination vokalisiert Oberweis als „kana g" und versteht dabei das abschließende g als Abkürzung für Galiläa. Die 153 ist demnach verschlüsseltes „Kana in Galiläa", der Ort, an dem Jesus nach Joh 2 anlässlich einer Hochzeit sein erstes Wunder gewirkt hat, die Verwandlung von Wasser in Wein. Warum der Fischfang durch die 153 mit Kana in Zusammenhang gebracht wird, leuchtet aber nicht ein. Außerdem ist der Vorschlag „Kana G." wegen der Abkürzung schwierig. Schließlich muß Oberweis noch eine verkürzte Form für Kana annehmen, denn im Hebräischen wäre am Ende ein h erforderlich.

Lesen wir doch die Zahl einmal als Eins-Fünf-Drei nach dem oben angegebenen gematrischen System B. Es gibt zwar damit verschiedene Möglichkeiten, die Zahlen durch Buchstaben zu ersetzen, aber eine Buchstabenkonstellation scheint besonders gut zu passen:

ק ה ל
3 5 1
q h l
153

Als *qahal* vokalisiert, ergibt sich ein Begriff, der „Gemeinde" bedeutet. Wenn wir uns daran erinnern, dass die 153 „Fische" am Mahl Jesu mit seinen Jüngern teilnehmen und sich der Fischfang auf den Erfolg der „Menschenfischer" bei ihrer Verkündigung des Evangeliums beziehen dürfte, ergibt sich eine schöne Deutung der 153 Fische: Es sind die Menschen, die mithilfe des Auferstandenen für die Gemeinde gewonnen werden und mit dem Herrn und den Aposteln das Herrenmahl feiern.

Zur symbolischen Zahlendeutung in diesem Buch

Doch trotz dieser Deutung sollten die Grenzen für die gematrischen Berechnungen biblischer Texte bewußt bleiben. Bei Joh 21 handelt es sich eben um einen Spättext des Alten und Neuen Testaments. Was für einen solchen Spättext möglich ist, gilt nicht für alle, schon gar nicht für wesentlich ältere Texte.

Ich will das als Maxime formulieren: Gematria ist als biblisches Randphänomen anzusehen, das überhaupt erst in Texten ab der hellenistischen Zeit eine Rolle spielen kann. Gematria kann nicht *die* Methode biblischer Zahlensymbolik sein, sie kommt vor, aber selten. Die meisten Zahlen der Bibel sind anders zu deuten.

Die biblische Zahlensymbolik baut auf der Grundsymbolik der kleinen Zahlen auf, die sich aus natürlichen und gesellschaftlichen Grundgegebenheiten ergibt: So ist z. B. die Zwei als Ausdruck des Gegensatzes von den elementaren Gegensätzen wie Tag und Nacht und die Vier als Weltzahl von den vier Himmelsrichtungen bestimmt. Die Sieben bekam ihre symbolische Bedeutung als Zahl der Vollendung auf dem Hintergrund der sieben antiken Wandelsterne und der biblischen Siebentagewoche, für die Zwölf als Zahl der Vollständigkeit war wohl der Tierkreis entscheidend.

Zum anderen ist eine biblische Zahlensymbolik auf geschichtlichen Aspekten zu gründen. Biblische Zahlen erhielten nämlich auch symbolische Bedeutung dadurch, dass sie mit bedeutenden geschichtlichen Ereignissen der Geschichte Israels in Zusammenhang standen und in Geschichten über die Heilsgeschichte Gottes mit seinem Volk erinnert wurden.

Aber Symbolik ist eben nicht alles. Nicht jede Zwei in der Bibel ist als Gegensatz oder – was auch möglich ist – als Ergänzung zur Einheit zu interpretieren. Es gibt zwar symbolisch verwendete Zahlen, aber auch Zahlen, die nur für Zählwerte stehen, Zahlen als Mittel der Übertreibung usw. Wer meint, Zahlen wären nur Symbole, stelle sich 1 Chr 15,5–10 zur Aufgabe. Dort werden die Träger der Lade anläßlich deren Überführung nach Jerusalem durch David aufgezählt: 120 Nachkommen Kehats, 220 Meraris, 130 Gerschons, 200 Elizafans, 80 Hebrons, und schließlich 112 Nachkommen Usiéls. Im Versuch symbolischer Deutung leuchten weder die unterschiedlichen Zahlen der einzelnen Nachkommen Aarons ein, noch die Gesamtsumme 862, die 2×431 (eine Primzahl!) ist.

Die unterschiedlichen Verwendungsweisen von Zahlen in der Bibel sind in der folgenden Liste aufgeführt. Es handelt sich um Gebrauchsarten, die ich – keineswegs als Erster[12] – bei meinen Studien über die biblischen Zahlen festgestellt habe:

– Zahlen als Zählwerte in Zeitangaben (z. B. zur Regierungsdauer der Könige in den Königsbüchern und den Büchern der Chronik), in Handelsverträgen, bei Maß- und Gewichtsangaben (z. B. von Bauten, Gegenständen).

– Zahlenangaben für unübersehbare Mengen, sogenannter hyperbolischer Gebrauch von Zahlen.

– Runde Zahlen.

– Übertriebene Zahlen: Zahlen, mit denen nicht exakte Angaben gemacht werden, sondern mit denen schlichtweg angegeben wird.

– Übertreffende Zahlen, also Zahlenwerte, mit denen andere, traditionelle Zahlen übertroffen werden sollen.

– Symbolischer Gebrauch von vorwiegend kleinen Zahlen wie u. a. Drei, Sieben, Zehn, Zwölf, deren Symbolcharakter sich ursprünglich aus einem bestimmten Zahlensystem oder aus natürlichen Gegebenheiten ergab.

– Strukturelle Zahlen: Zahlen, die zwar nicht als Zahlwörter auftauchen, die aber der Gestaltung von Texten, ihrer Gliederung, zugrunde gelegt sind.

– Gematria bzw. Isopsephie: auf Wortzahlenberechnung beruhende Zahlenspekulationen.

– Die Wiederaufnahme („Relecture") von Zahlen der „Schrift" mit deutlichem Symbolcharakter, vor allem im Neuen Testament.

All diese Verwendungsweisen werden uns im Folgenden beschäftigen.

II.

Zahlengeheimnissen der Bibel auf der Spur

2.1. „Im Anfang" – Von der Siebentage-Woche, dem Sabbat und dem Datum der Weltschöpfung

> *„Es ist leichter, daß Himmel und Erde, die nach der Zahl 6 geschaffen sind, vergehen, als daß es geschehen könnte, daß die Zahl 6 nicht aus der Summe ihrer Teile 1, 2, 3 bestehe, und die Zahl 6 ist nicht deshalb vollkommen (gleich der Summe ihrer Teile), weil Gott all sein Werk in 6 Tagen vollendet hat, sondern umgekehrt, es hat Gott in 6 Tagen sein Werk vollendet, weil die Zahl 6 vollkommen ist, und das wäre sie auch dann, wenn Gott die Welt nicht in 6 Tagen erschaffen hätte."* Augustinus, De Genesi ad litteram
> nach A. Schmitt

Wann sprach Gott: „Es werde Licht!"? – Das ist eine Frage, die frühere Generationen lebhaft beschäftigt hat. Wir fragen heute anders nach dem „Datum" des Urknalls oder nach dem Alter der Welt. Aber die meisten, auch wenn sie meinen, einen Schöpfer der Welt in ihrem Weltbild oder in ihrer Theorie vom Weltall und seiner Entstehung nicht mehr zu brauchen, werden mit der gestellten Frage noch heute etwas verbinden können: Genesis 1, das erste Kapitel der Bibel, in dem von der Schöpfung von Himmel und Erde durch Gott berichtet wird.

Dieser Text hatte lange Zeit sehr große Brisanz, war er doch die wesentliche Argumentationsgrundlage auf kirchlicher Seite, wenn es um die Anerkennung neuer naturwissenschaftlicher Erkenntnisse ging. Und er ist auch vielfach dazu missbraucht worden, eine bestimmte dogmatische Position oder kirchliche Lehrmeinung gegenüber den Naturwissenschaften halten zu können. Brauchte man gegen Kopernikus und Galilei einen Beweis dafür, dass sich die Sonne um die Erde dreht, meinte man ihn in Gen 1 finden zu können. Und gegen die Theorie Darwins, der Mensch stamme vom Affen ab, sprachen entschieden die biblischen Schöpfungstexte. Die Kirche brauchte bis in dieses Jahrzehnt, um die Theorie Darwins überhaupt als wissenschaftliche Hypothese anzuerkennen. Mit der „historischen" Interpretation von Gen 1 stand und fiel die darauf basierende Schöpfungstheologie, und so war Gen 1 ein ganz wesentlicher Text für das Verhältnis von Naturwissenschaft und Glauben.

Ging man früher davon aus, dass die Bibel Recht hat und maß man an ihr die naturwissenschaftlichen Ergebnisse, so hat sich mittlerweile das Verhältnis umgekehrt. Es zählen die „Fakten" der Naturwissenschaften. Kritische Bibelleser stellen nun mit diesen Fakten die Wahrheit der Bibel infrage, Bibeltreue dagegen versuchen, durch „sachgemäße" Erklärung zu beweisen, dass die Bibel mit den Fakten in Übereinstimmung gebracht werden kann und am Ende doch Recht hat. Beide gehen hinsichtlich Gen 1 fehl. Im ersten Fall wird übersehen, dass es sich dabei nicht um eine wissenschaftliche Analyse der Welt-Genese, sondern um ein Glaubenszeugnis handelt, im zweiten Fall macht man den selben Fehler und bringt zudem – völlig anachronistisch – biblisches Wissen auf das Niveau moderner Naturwissenschaften.

Im Folgenden geht es um die Zahlen in Gen 1,1–2,4a, um die Zahlen, die im Text stehen, aber auch um die Zahlen, die sich aus der Gliederung des Textes ergeben. Schließlich geht es auch um eine Zahl, die aus Gen 1 allein gar nicht erschlossen werden kann, über die der Verfasser des Textes aber zumindest eine Vorstellung gehabt haben muss, nämlich das Jahr der Weltschöpfung: Wann sprach Gott: „Es werde Licht?"

Zahlen in Gen 1,1–2,4a

Wenn man die erste Schöpfungserzählung liest, erkennt man auch ohne größere Konzentrationsanstrengung, dass der Text eine Gliederung nach sieben Wochentagen aufweist. Es beginnt „im Anfang" mit Gottes Wort „Es werde Licht!" und dann folgen die Schöpfungstage aufeinander. „Und es wurde Abend, es wurde Morgen, Tag Eins, … zweiter Tag … sechster Tag." Mit dem sechsten Tag ist das Schöpfungswerk vollendet und Gott ruht am siebten Tage, jenem Tag, der wegen des Ruhens Gottes nach seinem Schöpfungswirken ein heiliger Tag ist. Das sind also die Zahlen, die im Text selbst genannt werden. Die jeweilige Angabe des Tages gliedert den Text in sechs plus eins Teile. Die Gliederung des Textes ist also siebenteilig.

Damit sind wir schon bei Zahlenkonstellationen, die im Text nicht durch Zahlwörter wiedergegeben sind, denn es ist zwar von den sieben Tagen die Rede, nicht aber von einer Siebener-Einteilung.

Der oder die Verfasser des Textes haben die Siebentagewoche als Rahmen für ihre Darstellung des Schöpfungsgeschehens genommen. Das, was sie über die Schöpfung mitteilen wollten, musste in diesen Rahmen passen. Und das erklärt uns, weshalb zwar von sieben Schöpfungstagen die Rede ist, es effektiv aber nur sechs Tage waren, an denen das Gesamt erschaffen wird, aber in Gen 1 von acht Schöpfungswerken berichtet wird. Die Verfasser mussten, weil sie die Siebentagewoche als Rahmen verwendeten, an zwei Tagen zwei Schöpfungswerke unterbringen. Am dritten Tag wird deshalb nicht nur Meer und Erde, sondern werden auch die Pflanzen erschaffen, und am sechsten Tag wird nicht nur der Mensch, sondern werden auch – und zwar vorher – die Landtiere ins Leben gerufen. Wir haben es also mit sechs Tagen Schöpfungshandeln und einem Tag Ruhe Gottes zu tun, aber acht Schöpfungswerken. Doch damit nicht genug: Den sechs Tagen entspricht die sechsmalige Formulierung, dass „es gut war", die beim sechsten Mal im Sinne von fünf plus eins gesteigert wird zu „Und siehe, es war sehr gut." Und wir haben zehn mit „und Gott sprach" eingeleitete Reden Gottes in Gen 1,1–2.4a: Gott schafft jedes Werk durch das Wort: das Licht (V. 3), das Land als das Feste in den Wassern (V. 6) die Scheidung von Wasser und Trockenem (V. 9), die Pflanzen (V. 11), die Himmelskörper (V. 14f), die Wasser- und Himmelstiere (V. 20), die Landtiere (V. 24), die Menschen (V. 26), und er spricht darüber hinaus zweimal zum Menschen (V. 28. 29).

Betreibt man spekulative Zahlensymbolik, lassen sich noch weit mehr Zahlen finden: Gott segnet dreimal (Gen 1,22. 28 und 2,3), sein Schöpfungshandeln wird sechsmal mit dem Begriff „schaffen" *bara* ausgedrückt (Gen 1,1. 21. 27 [3x]. 2,3, und bezieht sich zweimal auf die Erschaffung von Himmel und Erde, einmal auf die der Meerestiere und Vögel, dreimal auf die Erschaffung des Menschen. Der parallele Begriff „machen" *asah* ist neunmal auf Gottes Schaffen bezogen: Gott macht das Land (V. 7), die beiden Hauptgestirne Sonne und Mond (V. 16), die Landtiere (V. 25), er gibt seinen Ratschluss kund, den Menschen machen zu wollen (V. 26), und schließlich ist noch von Gottes Schaffen und seiner Arbeit in Bezug auf das Gesamtwerk die Rede (V. 31; 2,2. 2. 3. 4.).

Von weiteren ähnlichen Beobachtungen über die Anzahl von bestimmten Begriffen abgesehen, ist Gen 1 natürlich auch für die Gematria von Bedeutung. Mit Gen 1 beginnt die Thora, das Kapitel muss also bei dieser exponierten Stellung auch eine Bedeutung hinsichtlich der Zahlenwerte seiner Worte haben, und in der Tat: Schon die ersten Worte von Gen 1,1 können gematrisch gedeutet werden. Für Hans A. Hutmacher beispielsweise ist Gen 1,1 „der fundamentalste Satz der Heiligen Schrift".[1] Er bestehe aus 7 Wörtern zu 28 Buchstaben: „Das weist darauf hin, dass sich das Schöpfungswerk des heiligen Gottes in die Vielheit-Vierheit der Welt ergießt: $4 \times 7 = 28$." (ebd.) Und schließlich ergebe der Gesamtzahlenwert des ersten Satzes der Bibel die Zahl 2701, eine Dreieckszahl auf der Basis 73. 73 ist aber der Zahlenwert von *Chokma*, Weisheit, sie stecke gemäß der 2701 als in Fülle in der Schöpfung. Und da die Quersumme von 2701 nunmal 10 sei, seien in ihr auch die zehn Schöpfungswerke enthalten. Damit nicht genug: Die Anfangsbuchstaben der Wörter des Satzes ergeben die Zahl 22 und symbolisieren deshalb die Sprache.

Wem solche genialen Berechnungen gefallen, möge bei Hutmacher selbst nachlesen. Die ganze Sache mag zwar imponieren, aber überzeugend ist sie nicht. Es handelt sich um Zahlenspielereien, die amüsieren können, aber eher ermüden – denn das alles ist ja nur der „Anfang" –, und mit denen Methoden zur Anwendung kommen, die die biblischen Verfasser noch gar nicht kannten. Deutlich genug ist das bei der Dreieckszahl 2701. Eine solch hohe Dreieckszahl kann erst entdeckt werden, wenn man sich mit dem Phänomen von Dreieckszahlen überhaupt eingehend um der Zahlen selbst willen beschäftigt. Das ist aber erst bei den Pythagoräern der Fall. Die Zahlenwerte, die demgegenüber in Gen 1,1–2,4a tatsächlich Bedeutung haben dürften, sind wohl die Zehnzahl der Schöpfungswerke sowie die Sieben als Zahl der Schöpfungstage.

Siebentagewoche und Sabbat

Die Strukturierung des Schöpfungsgeschehens in sechs Tage plus Eins, wie sie in Gen 1,1–2,4a vorliegt, das Wochenschema mit dem siebten Tag als Ruhetag, ist natürlich nicht zufällig. Es geht den Verfassern des Textes sicherlich darum, das Wochenschema mit dem Sabbat schon in der Schöpfung zu verankern und damit die Bedeutung des Sabbats als eines Tages, der von Anfang an, göttlicher Ordnung entspricht, zu verstärken. Das gilt, obwohl das Stichwort Sabbat im Text nicht fällt.

Diese Siebentage-Woche ist im Alten Orient offensichtlich eine einzigartige Einrichtung. Auch wenn sie uns so vertraut ist, weil sie durch das Christentum, teilweise auch durch den Islam, zu nahezu weltweit allgemeiner Anerkennung gekommen ist, in der Zeit der Bibel ist sie alles andere als die Regel.

Aus Ägypten kennen wir demgegenüber eine 10-Tage-Woche. Gemäß der Vorliebe für das Dezimalsystem und der Einteilung des Monats in 30 Tage, haben die Ägypter eine zehntägige Arbeitswoche eingeführt, wobei der 10., später auch der 9. Tag arbeitsfrei waren.[2] In Babylonien aber gab es zum Zwecke der Bestimmung der Zahlungstermine von Schulden und Zinsberechnungen eine der Woche vergleichbare Einteilung, die Fünftel genannt wurde und wahrscheinlich sechs Tage – als Fünftel eines Monats von 30 Tagen – umfasste.[3]

Woher kommt dann die Siebentage-Woche in Israel, woher der Sabbat als Bezeichnung für den siebten Tag, als einziger Tag, der einen Namen erhalten hat und bis zum heutigen Tag erhalten ist? Und woher kommt das Arbeitsverbot an diesem Sabbat?

Natürlich hat man immer wieder nach außerisraelitischen Vorbildern für die biblische Siebentagewoche gesucht, z.B. bei den Babyloniern. Denn obwohl die Babylonier offensichtlich eine andere Wocheneinteilung hatten, so waren doch der 7., 14., 21. und 28. Tag eines Monats besonders ausgezeichnet. Diese Tage galten als Unheilstage, an denen dem König, Priestern und Sehern, aber auch Ärzten bestimmte Handlungen verboten waren. Das würde ja besonders gut zum Arbeitsverbot am Sabbat passen, aber es handelt sich bei den babylonischen Unheilstagen eben nicht um Tage mit generellem Arbeitsverbot für jedermann. Außerdem ist diese Siebener-Abfolge gar nicht so deutlich, denn neben den genannten Tagen wurde auch der 19. eines Monats – der

49. vom Vormonat aus gezählt – für einen Unglückstag gehalten. Schließlich ist zu bezweifeln, dass diese Unheilstage in jedem Monat des Jahres beachtet wurden. Die feste Wochenstruktur, wie sie in der Bibel vorliegt, läßt sich also aus den „Schwarzen Tagen" in Babylon nicht erschließen. Gleiches gilt für die auf dem Siebener aufbauenden Zahlensprüchen in Mesopotamien und Ugarit.[4] Zwar waren in allen Kulturen des Alten Orients und der griechisch-römischen Antike arbeitsfreie Tage üblich, ein Wochenschema von sieben Tagen wie im Alten Testament offenbar aber nirgendwo in Gebrauch.[5]

Aber woher kommt dann die Siebentagewoche? – Hat sie sich in Israel aus dem Brauch gebildet, bestimmte Feste (Mazzot und Sukkot) sieben Tage lang zu feiern? Oder hat sie vielleicht einen astronomischen Hintergrund und hängt mit den Planeten oder Mondphasen zusammen?

Woher kommt der „Sabbat"?

Um diesen Fragen auf die Spur zu kommen, bietet es sich an, beim Sabbat-Tag anzufangen, der durch seinen Namen aus den anderen Tagen der Woche herausragt.

Der hebräische Begriff *Schabbat* bereitet jedem, der ihn genauer betrachtet, Schwierigkeiten. Wieso eigentlich? – Wir haben doch ein Verbum *schawat*, das „vollenden, einhalten, ruhen" heißt, und das daraus gebildete Substantiv heißt dann eben „Ruhetag" oder so ähnlich.

So einfach ist es leider nicht. Es ist nämlich gar nicht sicher, dass das Verbum zuerst da war. Es könnte auch aus dem Substantiv Sabbat erst nachträglich gebildet worden sein, um auszudrücken, was am Sabbat getan wird. Und am Sabbat wird vor allem nichts getan. Wo im Alten Testament vom Sabbat die Rede ist, da wird er als Tag charakterisiert, an dem nicht gearbeitet werden darf. Zahlreiche Texte bringen das zum Ausdruck, z. B. Ex 23,12:

> „Sechs Tage lang sollst du deine Arbeiten verrichten, am siebten Tage aber sollst du feiern, damit auch dein Rind und dein Esel ruhen und der Sohn deiner Magd und der Fremdarbeiter zum Atemholen kommen."

Nach diesem Text ist der Sabbat, der siebte Tag der Woche, also ein arbeitsfreier Tag, der vor allem soziale Bedeutung hat. Er dient dem Menschen und den Tieren zur Wiederherstelung ihrer Lebensenergie. Das scheint die ursprüngliche Bedeutung des Sabbats zu sein, wie sie an vielen Stellen, auch im vierten Gebot des Dekalogs nach biblischer Zählung zum Ausdruck kommt (Ex 20,8–11; Dtn 5,12–15). Dieses Gebot verbietet die Arbeit und schließt in dieses Verbot alle freien Israeliten, ihre Kinder, ihre Knechte und Mägde, aber auch das Vieh und die „Gastarbeiter" ein.

Die Frage, was es bedeutet, nicht arbeiten zu dürfen, stellt sich erst später,[6] jedoch auch schon in vorgerückter alttestamentlicher Zeit. So ergeht z. B. an einer jüngeren Stelle des Exodusbuches (Ex 35,3) das Verbot, am Sabbat Feuer zu machen. Und die Diskussion darüber, was am Sabbat erlaubt ist, zeigt sich im Neuen Testament als voll entbrannt. Eine gewisse Rigidität im Umgang mit der Sabbatbestimmung hatte wohl in bestimmten Gruppen des Judentums zur Zeit Jesu zur Pervertierung des Sabbat-Gebotes geführt. Der soziale Aspekt drohte gänzlich in einem enggeführten Legalismus zu ersticken. Vor diesem Hintergrund versteht sich Jesu Verhältnis zum Sabbat und dass sein liberaler Umgang mit dem Sabbatgebot und seinem autoritativen Anspruch, Herr über den Sabbat zu sein (Mk 2,28), auf Opposition stoßen musste. Sein „Der Sabbat ist für den Menschen da, nicht Mensch für den Sabbat" (Mk 2,27) bringt aber keineswegs etwas Einzigartiges zum Ausdruck. Im Judentum der Zeit Jesu gab es nicht nur die strenge Handhabung des Sabbatgebots, die im NT wahrscheinlich sogar überzeichnet ist, sondern durchaus auch ähnliche Stimmen aus pharisäischer Richtung: „Euch ist der Sabbat übergeben, und nicht seid ihr dem Sabbat übergeben" heißt es sehr ähnlich in Mekh Ex 31,13, 109b.[7]

Der soziale Aspekt der Arbeitsruhe ist aber nicht das einzige Charakteristikum des Sabbats im Alten Testament. Wenn auch nicht ursprünglich, so trat wohl bald der religiös-kultische Aspekt hinzu. Der Sabbat auch als Sabbat für den Herrn wurde mit der Zeit auch zu einem Feiertag, an dem im Tempel Opferdienst stattfand, später – seit dem Babylonischen Exil – kam die Gemeinde zum Gottesdienst zusammen. So findet sich in Num 28,9–10 eine Opferbestimmung für den Sabbat, der auf den Tempelgottesdienst zu beziehen ist:

„Am Sabbattage sollt ihr zwei einjährige, fehlerlose Lämmer und zwei Zehntel Epha Mehl als Speiseopfer darbringen. Es soll mit Öl angemacht sein, und das zugehörige Trankopfer komme dazu. Es ist dies das an einem jeden Sabbat neben dem immerwährenden Brandopfer und zugehörigen Trankopfer darzubringende Sabbatbrandopfer."

Der Sabbat ist also im Alten Testament der siebte Tag, ein arbeitsfreier Tag, an dem auch – zumindest ist dies für spätere Zeit vorauszusetzen – Gottesdienst gefeiert wird.

Das sei alles falsch, sagen heute einige Bibelforscher, die erkannt haben wollen, dass der hebräische Begriff *schabbat* aus dem akkadischen *schapattu* bzw. *schabattu* entlehnt worden sei.[8] In Mesopotamien wurde dieser Begriff für den Vollmondtag verwendet, den 15. Tag jeden Monats. War demnach auch der Sabbat in früher alttestamentlicher Zeit der Vollmondtag? – Dafür lassen sich offensichtlich einige ältere biblische Texte geltend machen. Wenn es beim Propheten Hosea (Hos 2,13) in einer Strafrede gegen das Volk Israel heißt:

„All ihrer Freude bereite ich ein Ende, ihren festen, Neumonden, Sabbaten und all ihren Feiertagen",

oder im Buch des Propheten Amos in einem Gerichtswort die Oberschicht hinsichtlich ihrer Denkweise wie folgt zitiert wird (8,5):

„Wann ist endlich der Neumond vorüber, daß wir Getreide verkaufen können, oder der Sabbat, daß wir Korn feilbieten können?",

wenn bei Jesaja Kritik am Gottesdienst laut wird und Gott folgendermaßen Einhalt gebietet (Jes 1,13):

„Bringt sinnlose Gaben nicht länger mehr da! Räucherwerk ist mir abscheulich! Neumond, Sabbat und Feiertag – ich ertrage nicht Frevel und Fest!",

oder schließlich im zweiten Königsbuch eine Frau aus Sunem, die sich auf den Weg zum Gottesmann machen will, von ihrem Mann gefragt wird,

„Warum willst du heute zu ihm hin? Es ist doch kein Neumond oder Sabbat!",

fällt die Parallelität von Neumond und Sabbat durchaus auf. Sind aber Neumond und *schap/battu*, Vollmond, in Babylonien Feiertage, sollte man dann

nicht meinen, dass auch bei den angeführten Stellen, die Neumond und Sabbat nebeneinander bringen, der Sabbat auf den Vollmond bezogen ist? – Es
mag durchaus sein, dass im einen oder anderen Fall (vielleicht 2 Kön 4,23) tatsächlich *schabbat* auf den Vollmond bezogen werden kann, aber wenn man
meint, der Sabbat sei ursprünglich der Vollmond gewesen, leuchtet in keiner
Weise ein, wie später daraus, nämlich spätestens in exilischer Zeit (587–539
v. Chr.) der siebte Tag in einem festgefügten Wochenschema werden konnte.
Und außerdem findet sich die Zusammenstellung von Neumond und *schab-*
bat auch in exilisch-nachexilisch zu datierenden Texten, in denen der Sabbat
eindeutig als der siebte Tag der Woche zu bestimmen ist (Jes 45,17; 46,1. 3;
Jes 66,23 und öfter).

Zur Siebentage-Woche

Also muss es mit dem Sabbat als dem siebten Tag der siebentägigen Woche
doch eine andere Bewandtnis haben, aber welche? – Wenn außerisraelitische
Einflüsse nicht geltend gemacht werden können, liegt es offensichtlich nahe,
an bestimmte Naturbeobachtungen zu denken. Kommt die Siebentage-Woche
von den sieben Planeten, die man in der Antike kannte? – Diese Frage mag
zwar in esoterischen Kreisen bejaht werden, für Israel scheint sie abwegig zu
sein, weil man gar nicht weiß, ob man sich in Israel mit Astronomie beschäf-
tigte,[9] man sieben Planeten zählte und diesen auch noch Bedeutung zuerkannte. Da liegt schon die Vermutung näher, die Einteilung einer Siebentage-
Woche könne mit den vier Mondphasen in Zusammenhang stehen. Aber auch
dagegen stehen Probleme: Der synodische Monat dauert nun einmal nicht
28, sondern gut 29,5 Tage, was man auch schon in früher Zeit zumindest
annähernd beobachtet haben dürfte. Und auch wenn man bei der Division von
29 ungerade durch Vier die Dauer einer Mondphase auf Sieben runden kann,
so gibt es doch keine durchlaufende Siebentage-Woche. Sollte der Mond
dafür den Ausschlag gegeben haben, müsste diese Woche ständig dem tatsächlichen oder beobachteten Mondumlauf angepasst werden. Wenn darüber hinaus die Mondphasen in der Antike tatsächlich in vier gleich lange Phasen aufgeteilt worden wären, was nur möglich ist, wenn man nicht nach Neumond,
zunehmendem Mond, Vollmond und abnehmenden Mond, sondern nach Neu-

mond, Halbmond, Vollmond, Halbmond unterteilt, so dürfte es verwundern, dass Israel nach derzeitiger Erkenntnis das einzige Volk gewesen ist, bei dem die Mondphasen eine entsprechende Zeitordnung bewirkt haben. Warum ist dann die Siebentage-Woche nicht auch bei anderen, astronomisch versierteren Völkern eingeführt worden?

So bleibt als vorläufiges Fazit: Wir wissen zwar nicht, woher die Sieben-tagewoche kommt, aber sie ist nach Werner H. Schmidt „israelitische Eigen-art"[10] und in Israel wahrscheinlich schon in früher Zeit eingeführt worden (siehe vor allem Ex 34,21; 23,12).

Nun befriedigt eine solche Antwort sicherlich kaum, und vielleicht können wir ja ein wenig weiter denken: Weshalb soll man davon ausgehen, dass der Sabbat und die Siebentage-Woche aus einer einzigen Ursache entstanden sind? Ist es nicht möglich, dass unterschiedliche Einflüsse, auch zu unter-schiedlichen Zeiten, zu einem stabilen Endergebnis der Wocheneinteilung ge-führt haben? – Es könnte doch sein, dass z. B. der babylonische Vollmondtag tatsächlich mit dem Sabbat gleichgesetzt wurde, gleichzeitig aber der Sabbat als siebter Tag der Woche galt. Es könnte ferner sein, dass Israel – zumal die für das Volk relevanten Großmächte unterschiedliche „Wochen"-Einteilungen hatten – angesichts der Diskrepanz dieser teilweise wahrscheinlich aufoktroy-ierten Einteilungen eine gewisse Freiheit verspürte, ein eigenes System zu ent-wickeln. Möglich wäre auch, dass zugunsten dieser Entscheidung eine ideale und gekürzte Teilung des Mondmonats in 4×7 Tage eine Rolle spielte. Und es könnte ferner auch so sein, dass Israel den arbeitsfreien 10. Tag in Ägypten mit den Unheilstagen in Babylon, die nur bestimmte Handlungen bestimmten Personengruppen verboten, zur Einheit des Sabbat verschmolzen hat. Und schließlich wäre es zumindest denkbar, dass dieser siebte Tag, hebräisch *Jom haschiwi von schiw'a / schiw'at* „sieben" später auch aufgrund der Ähnlich-keit mit dem Begriff *schabbat* zu einer Einheit verschmolzen worden ist.[11]

Wann sprach Gott: „Es werde Licht!"?

Man muss gar nicht die Bibel selbst befragen, wenn man sich auf die Suche nach dem Datum der Weltschöpfung macht. Man kann es auch finden, wenn man einen jüdischen Friedhof besucht. Man entdeckt in einem solchen „Haus der Lebenden", wie die Friedhöfe im Judentum zumeist genannt werden, den einen oder anderen Stein, der nicht nur mit einer hebräischen, sondern auch mit einer deutschen Inschrift versehen ist. Und vielleicht findet man da und dort nicht nur den Sterbetag des an dieser Stelle Beerdigten in den Daten unseres Kalenders, sondern auch in jüdischer Zählweise. Da kann dann zu lesen sein, dass der oder die Betreffende am 22. Tebet 5662 nach der Schöpfung der Welt oder anno mundi, am 1. Januar 1902 gestorben ist.

Der 1. Januar 1902 war der 22. Tebet 5662, und da es einen 21. Tebet gegeben haben muss, liegt nahe, dass dieser Monat irgendwann im Jahre 1901 begonnen hat. Und wenn die hier angegebenen Jahreszahlen gleich langen Jahren entsprechen, dann muss auch das Jahr 5662 im Jahre 1901 begonnen haben. Dann können wir aber auch ausrechnen, wann das erste Jahr nach der Weltschöpfung war: 5662 – 1901 = 3761. Das Jahr, in dem nach unserem Kalender Christus geboren wurde, war demnach das Jahr 3761 nach der Weltschöpfung, das erste Jahr nach der Schöpfung der Welt begann demnach im Jahr 3761 v. Chr.

Und in der Tat, genau auf dieses Jahr nach dem bürgerlichen Kalender wird im Judentum das Datum der Weltschöpfung festgelegt, und nach diesem Datum richtet sich der jüdische Kalender bis heute.

Wie naiv, könnte man denken. Schließlich weiß man heute doch, dass die Welt Millionen Jahre älter ist, dass im 4. Jahrtausend v. Chr. nicht die Welt entstand, sondern sich im Gegenteil Hochkulturen der Menschheit entwickelten, die heute sogar noch historisch greifbar sind.

Bei solchen Vorwürfen der Naivität an die biblische Tradition gilt es zu berücksichtigen, dass die Erkenntnisse über das Weltalter äußerst junge Errungenschaften sind. Viele Wissenschaftler der beginnenden und fortschreitenden Neuzeit kamen bei ihren Berechnungen über das Erdenalter zu ganz ähnlichen Werten, so etwa der berühmte Johannes Kepler, der den Weltenanfang auf 3993 v. Chr. errechnet hat.[12]

Beim Datum der Weltschöpfung auf den 6. Oktober 3761 vor unserer Zeitrechnung handelt es sich um ein fiktives Datum. Jedoch wurde es natürlich von denen, die es für die Jahreszählung des Kalenders festsetzten, als geschichtlich wahr beurteilt.

Bei der Rückrechnung auf das Datum der Weltschöpfung leisteten besonders die Stammbäume und Geschlechterlisten der Bibel, in denen lückenlos die Abstammungsverhältnisse der Menschen und ihr Lebens- und Zeugungsalter festgehalten sind, gute Dienste. Solche Texte finden sich vor allem verstreut im ersten Buch des Mose, Genesis, dann gesammelt in einem der Spätwerke der hebräischen Bibel, im 1. Chronikbuch, in den Kapiteln 1–9.

Aber ganz so einfach war die Sache nicht. Wenn man einen Kalender einführt, dann muss es einen Fixpunkt geben, ab dem man zählt. Im christlichen Kalender ist es die Geburt Christi, in Rom war es die Gründung der Stadt im Jahre 853 v. Chr., im Islam die Übersiedlung Mohammeds von Mekka nach Medina im September des Jahres 622 n. Chr.

Im Judentum gab es unterschiedliche Ereignisse, die als Anfangspunkt des Kalenders in Frage kamen, z.B. der Exodus aus Ägypten, der Bau des salomonischen Tempels, das Exil. Schließlich einigte man sich darauf, nach dem Datum der Weltschöpfung zu rechnen, aber auch damit war das Problem des Anfangsdatums des Kalenders noch nicht gelöst. Es gibt unterschiedliche Zahlenwerte in Bibel und Tradition, und so war die Entscheidung für die heute geltende Jahreszahl das Ergebnis einer längeren Diskussion.

Die jüdische Tradition hat dann das Datum der Weltschöpfung auf Baharad (*b h rd*) = 2. Tag, 5. Stunde, 204 Chalakim (1080/Stunde), festgelegt, und der jüdische Kalender richtet sich noch heute danach. Nach bürgerlichem Kalender ist damit der Termin der Weltschöpfung Sonntag, der 6. Oktober 3761 v. Chr., 23 Uhr 11 Minuten und 20 Sekunden. Wie kam man nur auf dieses genaue Weltschöpfungsdatum und stimmt es mit den biblischen Daten überein?

Das Jahr der Weltschöpfung nach der Bibel

Zwei Dinge spielten bei der Berechnung des Datums der Weltschöpfung ineinander: zum einen die Tatsache, dass der Mondmonat nach der Formel *Ajabtaschsag* 1 Tag (A), 12 Stunden (*jab*) und 793 Chalakim (*taschsag*) über das Maß von vier Wochen hinausgeht, zum anderen aber die Daten der Bibel selbst. Wer nun meint, die „Bibel" biete eindeutige Daten, ist auf dem Holzweg. Im Gegenteil, es gibt unterschiedliche Textversionen der Bibel, in den hebräischen, samaritanischen und griechischen Versionen, und diese bieten unterschiedliche Zahlen für die Werte, die bei der Berechnung des Datums der Schöpfung wichtig sind. Wie schon gesagt, handelt es sich dabei vor allem um Abstammungslisten im Buch Genesis, aber auch um Daten aus anderen Büchern, die insgesamt eine Bestimmung des Datums der Weltschöpfung ermöglicht haben.

Die Geschlechterliste in Gen 5, die von Adam bis Noach führt, ist für diese Berechnung ganz wichtig: Denn aus dieser Liste ergibt sich nach der Hebräischen Bibel, dass die Sintflut im Jahr 1656 nach Schöpfung der Welt stattgefunden hat. Eine weitere Liste führt uns von Noach bis zu Abraham. Noach wurde im Jahre 1056 geboren und zeugte in seinem 500. Lebensjahr Sem, Abraham wurde, wenn wir weiterrechnen, im Jahr 1946 geboren. Da Abraham mit 100 Jahren Isaak, Isaak aber nach 60 Jahren Jakob zeugte, Jakob schließlich mit 130 Jahren nach Ägypten übersiedelte (2236 a. m. = anno mundi), kann man auch das Jahr des Auszugs aus Ägypten bestimmen. Da Israel nach Ex 12,40 430 Jahre in Ägypten war, ist es das Jahr 2666 a. m. Salomo begann laut 1 Kön 6,1 mit dem Tempelbau im Jahre 480 nach dem Auszug aus Ägypten (3146 a. m.), und die Tempeleinweihung wurde zwei Jahre später gefeiert (3166 a. m.). 480 beträgt laut dem Chronisten – die Daten von 2 Chr im entsprechenden Zeitraum zusammengerechnet – auch die Zeit zwischen Tempeleinweihung und Aufnahme des Opferdienstes und dem Wiederaufbau des Altars nach dem Exil (3646 a. m.). Rechnen wir nun noch höchstens 538 Jahre dazu, denn das Exil wurde frühestens in diesem Jahr beendet, ergibt sich als Maximalzahl 4184 a. m. für das Jahr von Christi Geburt.

Aber, wie erwähnt, das ist nur eine Möglichkeit der Berechnung. Man sieht es schon im Blick auf die Dauer des Aufenthalts in Ägypten. Da gibt es ja nicht nur die Angabe 430 in der Bibel. Gen 15 bietet z. B. demgegenüber 400 Jahre (Gen 15,13) und kündigt außerdem an, dass erst die vierte Generation nach Kanaan zurückkehren wird (Gen 15,16), womit ein doch offensichtlich kürzerer Aufenthalt in Ägypten gemeint ist. Auch die 480 Jahre des Chronisten von Tempelbau bis zur Wiederaufnahme des Opferdienstes nach dem Exil sind nicht die einzige Möglichkeit der Berechnung. Geht man von der gängigen Chronologie aus, dann wurde der Tempel im Jahre 962/1 v. Chr. gebaut. Bestimmen wir das als das Jahr 3166 a. m., dann wäre das Jahr 1 unserer Zeitrechnung das Jahr 4128 nach der Schöpfung der Welt.

Berücksichtigen wir andere Texttraditionen, kommen wir zu anderen Ergebnissen, und gehen wir über die Bibel hinaus in die jüdische Tradition, dann wird es noch uneinheitlicher. Nach Flavius Josephus beträgt allein schon die

Zeit von der Weltschöpfung bis zur Sintflut 1000 Jahre mehr, als aus Gen 5 zu erschließen ist, nämlich 2656 Jahre. Und das vierte Esrabuch, ein apokryphes Werk, das um 100 n. Chr. entstanden sein dürfte, läßt Esra, der nach biblischer Zeiteinteilung im 5. Jh. oder am Anfang des 4. Jhs. v. Chr. anzusetzen ist, im Jahre 5000 nach der Schöpfung der Welt wirken. Schon diese wenigen Beispiele zeigen, dass ein einheitlicher Wert für das biblische Datum der Weltschöpfung nicht zu erzielen ist. Als sich die Juden daran machten, ihren Kalender nach dem Datum der Weltschöpfung zu berechnen, standen sie vor einer schier unlösbaren Aufgabe. Das Jahr 3761 ist nicht *das* biblische Jahr der Weltschöpfung, sondern ein Kompromiss, der gefunden wurde, um eine klare Zeiteinteilung erzielen zu können.

2.2. „So alt wie Methusalem" – Das Alter der ersten Menschen

„Niemand aber darf das Todesjahr dieser Männer erforschen wollen, denn ihr Leben erstreckte sich über Kinder und Kindeskinder hinaus, sondern man wolle bei der Zählung der Jahre nur darauf achten, wann sie geboren sind."
Fl. Josephus, Antiquitates I, 3., 4.

Wenn man am Anfang beginnt, die Bibel zu lesen, stößt man schon nach wenigen Seiten im Kapitel 5 des Buches Genesis auf einen merkwürdigen Text, der als Geschlechterliste nach Adam überschrieben ist. Da ist von Männern die Rede, die in unglaublich hohem Alter einen Stammhalter gezeugt und dann noch Jahrhunderte weitergelebt haben. Diese Aufzählung beginnt bei der Schöpfung der Welt und bei Adam und endet bei Noach und seinen drei Söhnen. Alle genannten Väter der Menschheit haben ein wahrhaft „biblisches Alter" erreicht, die sprichwörtliche Rede vom biblischen Alter hat vor allem in Gen 5 sowie in Gen 11 ihre Wurzeln. Aus den Daten der besagten Liste lässt sich eine Tabelle bilden, die in der nächsten Abbildung dargestellt ist.

Name	Alter	Alter	bei der Zeugung des Sohnes
Adam	930	130	Seth
Seth	912	105	Enosch
Enosch	905	90	Kenan
Kenan	910	70	Mahalalel
Mahalalel	895	65	Jered
Jered	932	162	Henoch
Henoch	365	65	Metuschelach
Metuschelach	969	187	Lamech
Lamech	777	182	Noach
Noach		500	Sem, Ham, Japhet

Abb. 19: Die Daten der Genealogie in Gen 5

Das höchste Alter der Väter hat in dieser Genealogie Metuschelach erreicht. Er heißt in der griechischen Bibelübersetzung der Septuaginta Metusaleh und hat von dort seinen bekannteren Namen Methusalem erhalten. In Gen 5,24–27 heißt es von ihm:

„Im Alter von 187 Jahren zeugte Metuschelach den Lamech. Nach der Geburt des Lamech lebte Metuschelach noch 782 Jahre und zeugte Söhne und Töchter. Insgesamt lebte Metuschelach 969 Jahre; dann starb er."

Wie allgemein bekannt, gibt es zumindest zur Zeit noch – die Gentechnologie verspricht hier fragwürdige Abhilfe – eine biologische Altesgrenze, die aktuell etwa zwischen 120 und 130 Jahren liegen dürfte. Dies vorausgesetzt, bleibt einem im Blick auf die 969 Lebensjahre Methusalems offenbar nur Kopfschütteln: Wussten es die biblischen Autoren denn nicht anders? – Wer die Angaben wirklich verstehen will, wird jedoch weiterfragen: Gingen die Uhren in alttestamentlicher Zeit vielleicht noch anders, war das Jahr vielleicht viel kürzer als unser Sonnenjahr? Kann man möglicherweise durch Umrechnung auf glaubhafte Werte für das Lebensalter der Urväter kommen?

Da beim biblischen Kalender ein wesentlicher Unterschied zu unserer Jahresberechnung über mehrere Jahre hinweg nicht feststellbar ist, gibt es scheinbar nur die Möglichkeit, nach Umrechnungsfaktoren für die Zahlenangaben zu suchen. Aber ein solches Spiel mit den Zahlenwerten ist eine wenig fruchtbare Angelegenheit.

Wenn man schon in Gen 1 die Tage als Welttage und damit als weitaus größere Zeitintervalle interpretiert, kann man in Gen 5 ähnlich vorgehen und fragen, ob die Jahreszahlen als Monatsangaben zu verstehen sind. Auch wenn es eigentlich nicht einzusehen ist, weshalb von Jahren die Rede ist, aber Monate gemeint sein sollen, kommt man dann auf glaubwürdige Werte für das jeweilige Lebensalter: Der jüngste der Liste, Lamech, wäre dann knapp 65, der älteste, Metuschelach, knapp 81 Jahre alt geworden.

Aber diese Berechnung ist leider unmöglich, weil man nämlich beim jeweiligen Zeugungsalter nicht in der gleichen Weise vorgehen kann. Lassen wir die Angaben zu Noach unberücksichtigt, weil sie nicht zur ursprünglichen Liste gehören, sondern zur Sintflut überleiten, war der bei der Zeugung des ersten Sohnes älteste „Vater" wiederum Metuschelach, der zu diesem Zeitpunkt knapp 16jährig gewesen wäre. Die jüngsten „Väter" jedoch, Mahalel und Henoch, hätten ein Alter von fünf Jahren bei der Geburt ihres ersten Sohnes gehabt.

Auch unterschiedliche Berechnungstechniken sind, wie Ludwig Köhler längst gezeigt hat, nicht möglich. Nimmt man für die Lebensjahre Monate, für die Geburtsjahre Jahre, dann – „wird z. B. Jared etwas über 80 Jahre alt und hat mit 162 Jahren, also 82 Jahre nach seinem Tod, seinen ersten Sohn".[13] Abgesehen davon, dass ein Kalender mit 12 Monaten für diese Berechnung angesetzt wird, scheitert das Verfahren endgültig an der Geschlechterliste in Gen 11.

Name	Alter	Alter	bei der Zeugung des Sohnes
Sem	600	100	Arpachschad
Arpachschad	438	35	Schelach
Schelach	433	30	Eber
Eber	464	34	Peleg
Peleg	239	30	Regu
Regu	239	32	Serug
Serug	230	30	Nahar
Nahar	148	29	Terach
Terach	205	70	Abram

Abb. 20: Der Stammbaum von Sem bis Abram nach Gen 11,10–26

Das Lebensalter dieser „Väter" Abrahams schwankt zwischen 148 und 600 Jahren – eine Umrechnung der Jahre in Monate ist also völlig unmöglich. Das Zeugungsalter aber liegt zwischen 29 und 100, dabei in sieben von neun Fällen im völlig normalen Bereich.

So bleibt eigentlich nur ein Ja als Antwort auf die zuerst gestellte Frage, die biblischen Autoren wussten es offensichtlich nicht anders.

Zur Lebenserwartung in biblischer Zeit

Natürlich wussten biblische Autoren zumindest genau, wie lange der Mensch zu ihrer Zeit lebte, welches Alter er in der Regel erreichte und welches er erreichen konnte. So heißt es in Ps 90,10:

> „Die Zeit unseres Lebens währt insgesamt siebzig Jahre, wenn es hoch kommt, achtzig Jahre, und ihr Gehetze ist Mühsal und Unheil. Ja, eilends ist es dahin, im Fluge vergangen."

Noch etwas höher setzt die Lebenszeit Jesus Sirach (Sir 18,9) an:

> „Die Zahl der Lebenstage eines Menschen sind hundert Jahre, wenn es viele sind."

Aber schon siebzig, achtzig Jahre zu werden, bedeutet in der Bibel, ein gesegnetes Alter zu erreichen, denn die allgemeine Lebenserwartung war sicherlich viel niedriger. Das lässt sich z. B. an den Lebensaltern der Könige von Juda ersehen, die die Bücher Samuel, Könige und Chronik bieten. Wenn man David und Salomo als Könige des Norden und Süden vereinigenden Großreiches mitzählt, aber Abija, Asa, Johas und die Königin Atalja auslässt, für die die Daten unzureichend sind, erreichen die Könige folgende Lebenszeiten:

Name	Alter	Name	Alter
David	70 Jahre	Jotham	41 Jahre
Rehabeam	58 Jahre	Ahas	36 Jahre
Josaphat	60 Jahre	Hiskia	54 Jahre
Joram	40 Jahre	Manasse	67 Jahre
Ahasja	23 Jahre	Amon	24 Jahre
Joas	47 Jahre	Josia	39 Jahre
Amazja	54 Jahre	Jojakim	35 Jahre
Asarja	68 Jahre	Zidkia	32 Jahre

Abb. 21: Das Lebensalter der Könige Judas

Obwohl die Jahresangaben sicherlich nicht völlig zuverlässig sind,[14] vermitteln sie doch einen ungefähren, vorläufigen Eindruck vom Alter der Menschen in biblischer Zeit. Als Durchschnittsalter der angeführten Könige ergibt sich ein Wert von gut 53 Jahren, und das für Männer, die sicherlich durch ihre Lebenssituation, vor allem in Bezug auf Ernährung, Hygiene und Versorgung im Krankheitsfall, begünstigt waren, auch wenn ihre Position eine gewisse Gefährdung mit sich brachte, eines gewaltsamen Todes zu sterben – so geschehen nach biblischem Zeugnis bei Josia und Zidkia.

Doch die siebzig, achtzig Jahre, die Psalm 90,10 als Lebensalter ansetzt, hat nur einer und zwar geradeso erreicht: David. Dies bringt 2 Sam 5,4–5 so zum Ausdruck:

„David war dreißig Jahre alt, als er zu herrschen anfing, vierzig Jahre regierte er. In Hebron regierte er über Juda sieben Jahre und sechs Monate und in Jerusalem dreiunddreißig Jahre über Gesamtisrael."

Bei diesen Zahlen ist freilich besondere Zurückhaltung geboten. Sind sie tatsächlich dokumentarisch zu verstehen?

Die Zahl 30 und die Lebensphasen des Menschen

Dass es in 2 Sam 5,4 heißt, David sei mit 30 König geworden, ist nicht mit Sicherheit darauf zurückzuführen, dass er damals tatsächlich genau 30 Jahre alt war, sondern kann auch als runde Zahl verstanden werden. Das Alter von 30 Jahren hat in der Bibel nämlich eine besondere Bedeutung.

So weit wir aus der Bibel (Lev 27,1–8) wissen, unterschieden die Israeliten verschiedene Phasen im Leben eines Menschen: das Säuglingsalter, von der Geburt bis zum Alter von 5 Jahren, das Kindesalter (bis 20), das Mannesalter (20–60), das Greisenalter (ab 60). Mit 20 Jahren galt der Mensch offensichtlich als „volljährig", nämlich als rechtsfähig und verantwortlich für sein Handeln.

Das Alter von 30 Jahren scheint zwar in dieser Einteilung keine Rolle zu spielen, aber es wird in anderen Zusammenhängen wichtig, vor allem im Kult Israels. In Num 4 finden sich Bestimmungen für den Dienst der Leviten am Zeltheiligtum. Dort heißt es:

„Nehmt unter den Söhnen Levis die Gesamtzahl der Kehatiten zwischen dreißig und fünfzig Jahren nach ihren Geschlechtern und Familien auf, soweit sie verpflichtet sind, eine Tätigkeit im Offenbarungszelt zu verrichten!"

Was hier in Num 4,2–3 für die Nachkommen Kehats, eines der Söhne Levis angeordnet wird, wird später auch für die Nachkommen der anderen Söhne Levis, nämlich Gershons und Meraris, formuliert (Num 4,23. 30). 30 Jahre war damit das Eintrittsalter der Leviten in ihren Dienst (vgl. 1 Chr 23,3). Mit 50 Jahren konnten sie in den „Vorruhestand" gehen und durften nur noch Hilfsdienste verrichten. Damit markiert das Alter von 30 Jahren eine Reifestufe, die zur Erfüllung einer besonderen Aufgabe prädestiniert. Dass dieses Alter nicht nur für kultische Funktionen von Bedeutung ist, zeigt sich in der Josefsgeschichte. Josef war nach Gen 41,46 30 Jahre alt, als er aus dem Gefängnis entlassen wurde und vom Pharao als Verwalter, Wesir, eingesetzt wurde. So kann man 30 Jahre als Alter verstehen, in dem religiös und politisch verantwortliches Handeln idealerweise beginnt. Josef und David waren in diesem Alter, später auch Jesus bei seinem ersten Auftreten, seiner Taufe durch Johannes (Lk 3,23), an die sich seine öffentliche Wirksamkeit anschloss.

Angesichts dessen wird man die Angaben zu Davids Alter und Regierungszeit in 2 Sam 5,4 kaum als dokumentarische, sondern eben als runde, ideale Zahlen deuten.

Das Lebensalter und der Wunsch nach langem Leben

Schon in Ps 90,10 wurde deutlich, dass für den Beter das Leben als viel zu kurz erscheint. „Ja, eilends ist es dahin, im Fluge vergangen." Als erfüllt gilt ein Leben in der Bibel, wenn ein Mensch in hohem Alter „satt an Tagen" stirbt. „Satt an Tagen" zu sein, bedeutet keineswegs Überdruss, sondern vielmehr Erfüllung des Lebens. Kommt nämlich der Tod zu einem, der „satt an Tagen" ist, dann ist es der „Tod, den der Mensch sterben *darf*, nicht der, den er sterben *muß*".[15] Das Alte Testament geht mit dieser Formulierung sparsam um, „satt an Tagen" sind nur Abraham (Gen 25,8), Isaak (Gen 35,29), Ijob (Ijob 42,17), schließlich auch David – zumindest nach der Vorstellung von 1 Chr 29,28 – gestorben:

„Er starb in hohem Alter, satt an Lebenstagen, Reichtum und Glanz. Sein Sohn Salomo folgte ihm in der Königsherrschaft."

Daraus, dass es – nach dem biblischen Zeugnis – nur wenigen vergönnt ist, einen solchen Tod zu erfahren, wird deutlich, dass Tod in der Bibel zumeist als vor der Zeit erlebt wird. Die Lebensspanne wird als zu kurz empfunden, der Wunsch nach Verlängerung der Lebenszeit wird vielfach laut. Tod wird schon im Leben untrennbar mit Abschied und Trauer erfahren, der Mensch erspürt im Tode Angehöriger und Nahestehender etwas von seinem eigenen Tod und damit von der Vergänglichkeit seines Lebens. Im Alten Testament ist diese Vergänglichkeit noch weit radikaler als im Neuen Testament, weil die Vorstellung eines Lebens nach dem Tod noch weitgehend unbekannt ist. Leben muss also im Hier und Jetzt des tatsächlich gelebten Lebens glücken, wenn es scheitert, ist dieses Scheitern endgültig, eine Vertröstung auf ein anders geartetes Leben im Jenseits ist unmöglich. Was nach dem Tode bleibt, ist im Alten Testament ein Schattendasein in der Scheol, der Unterwelt, in der sich wohl noch Schadenfreude erheben kann über den Sturz eines Mächtigen auf Erden (Jes 14,11 ff.), aber das Schicksal der Schatten unterschiedslos ist.

Warum dann diese Begrenzung der Lebenszeit? Will Gott der Schöpfer tatsächlich den vorzeitigen Tod des Menschen? Warum unternimmt er nichts dagegen? – Das sind Fragen, die auch schon die alttestamentlichen Schriftsteller beschäftigt haben dürften. Sie werden sehr unterschiedlich beantwortet, aber grundsätzlich wird Gottes Ja zum Leben des Menschen die Antwort gewesen sein.

Dass es jetzt nicht so ist, der Tod als zu früh erfahren wird, das liegt nicht im ursprünglichen Ratschluss Gottes begründet, sondern ist vor allem durch den Menschen zu verantworten, und ist auch nicht das, was für die Endzeit erwartet wird. Wenn Gott am Ende der Zeiten in die Weltgeschichte eingreift und die Welt wandelt, indem er sie grundlegend neu gestaltet, dann wird auch – so die Erwartung der eschatologischen, auf die Endzeit ausgerichteten Prophetie – die damals übliche Altersgrenze fallen und vor allem die hohe Kindersterblichkeit ein Ende haben. Wenn Gott am Ende der Tage einen neuen Himmel und eine neue Erde schafft, werden auch die Uhren des Lebens länger laufen. Von dieser Neuschöpfung kündet im Blick auf Jerusalem als Mitte der neuen Erde Jes 65,20:

„Dort gibt es keinen Säugling mehr, der nur wenige Tage lebt, keinen Greis, der seine Tage nicht voll erreicht. Vielmehr wird der Knabe als Hundertjähriger sterben, wer hundert Jahre nicht erreicht, ist vom Fluche getroffen."

Im Blick auf die aktuell steigende Lebenserwartung mag es scheinen, als wären wir auf dem Wege, ein Element biblischer eschatologischer Erwartung selbst erfüllen zu können, aber es ist eben nur ein Element und noch dazu ein Bild, das für Erlösung steht. Es geht nicht um das tatsächliche Alter, sondern vielmehr um die Erfüllung des Lebens, die Gott dem Menschen zusagt. Und genau davon sind wir vielleicht sogar weiter entfernt als je.

Eschatologie und Schöpfungstheologie

Die eschatologische Prophetie erwartet eine von Gott durch einen Eingriff in die Weltgeschichte herbeigeführte Wende. Wie diese neue Welt aussehen wird, das kann sie nur in Bildern zum Ausdruck bringen und greift dabei auf vorgegebene Bilder und Vorstellungen zurück. Schöpfung ist in der Eschatologie ein zentrales Thema. Der Eingriff Gottes in die Geschichte wird – so auch in Jes 65,17–25 – als Neuschöpfung verstanden und damit als Wiederherstellung eines Zustands, der schon einmal am Anfang bestand: am Anfang, als Gott die Schöpfung sehr gut gemacht hatte. Die Vorstellung einer uranfänglich sehr guten Schöpfung bedeutet für den Gläubigen Trost und Sicherheit, er weiß aber auch, dass dieser Zustand unwiederbringlich verloren ist. Der Mensch in seiner Freiheit, mit ihm aber auch die Tierwelt, hat die uranfänglich sehr gute Schöpfung in ihr Gegenteil pervertiert (Gen 6,11–13).

Vom Jetzt-Zustand wird zurückgefragt auf den Erst-Zustand, wird nicht nur nach Erklärungen für den Jetzt-Zustand gesucht, sondern auch der Erst-Zustand in Bildern ausgedrückt, die mit den Pinselstrichen der eigenen Sehnsucht ausgemalt werden: Leben in Harmonie mit Gott, in Harmonie mit Mitmensch und Tier, Leben ohne die Arbeit im Schweiße des Angesichts, Leben ohne Angst vor Bedrohung, all diese und weitere Sehnsüchte brechen sich in den mythischen Erzählungen der Urgeschichte (Gen 1–11). In der Logik der biblischen Erzählungen wurden sie erst zu Sehnsüchten, nachdem das, was sie erwarten, durch ein Handeln der Geschöpfe als göttliche Strafe für dieses Fehlverhalten entzogen worden war. In der Schöpfung war nach dem Zeugnis der Schriftsteller das, was nun ersehnt wird, schon geschenkt. Zu diesen Geschenken gehörte auch das lange Leben der ersten Menschen. Die Urgeschichte in ihrem heutigen Textzusammenhang erklärt den Verlust langen Lebens ebenfalls mit einer Verfehlung gegen den göttlichen Willen – Gen 6,1–3:

> „Es begab sich, daß die Menschen auf Erden sich zu vermehren begannen und ihnen auch Töchter geboren wurden. Da sahen die Gottessöhne, daß die Töchter der Menschen schön waren, und sie nahmen sich zu Frauen, welche sie nur mochten. Nun sprach der Herr: ‚Mein Geist soll nicht für die Dauer im Menschen sein, da auch er Fleisch ist; seine Tage sollen nur noch 120 Jahre sein.‘"

Die Verminderung der Lebenserwartung wird also mit einer Vermischung der göttlichen und der menschlichen Sphäre in Zusammenhang gebracht. Eine Schuld der Menschen ist hier nicht ansatzweise zu erkennen, aber die Reaktion Gottes auf die sogenannten Engelsehen religionsgeschichtlich durchaus verständlich: Zugrunde liegt der Geschichte sicherlich das Motiv der Eifersucht Gottes auf den Menschen als seinem Geschöpf. Im Alten Orient gibt es mehrfach die Vorstellung, dass der Schöpfergott seine Schöpfung wieder vernichten will, weil ihm die Menschen zu groß werden, und auch in der Urgeschichte des Buches Genesis selbst findet sich diese Vorstellung ein zweites Mal andeutungsweise, in der Geschichte vom Turmbau zu Babel: Die Menschen wollten einen Turm bauen, der bis zum Himmel reicht.

Die hohe Lebenserwartung der Patriarchen

Durch Gen 6,1–3 und die Beschränkung des Lebensalters des Menschen auf 120 Jahre wird das Alter der ersten Menschen, von dem uns Gen 5 Kostproben gibt, als urzeitliche Gabe gedeutet, die in der Weltwirklichkeit keine Entsprechung mehr hat. Diese Beschränkung tritt aber offensichtlich nicht sofort in Kraft, denn auch die nach der Sintflut lebenden Menschen erreichen ein hohes Lebensalter, wie eine weitere Liste, der Stammbaum Sems in Gen 11,10–26, zeigt. Zwar werden nicht mehr die Werte der Liste aus Gen 5 erreicht, aber Sem wird immerhin noch 600 Jahre alt, und Abraham, auf den zusammen mit Nachor und Haran als Söhnen Terachs, die Liste ausläuft, wird nach Gen 25,7 noch stattliche 175.

Diese Inkonsequenz zwischen Gen 6 und Gen 11 hängt mit der Entstehungsgeschichte des Pentateuchs zusammen, nämlich damit, dass unterschiedliche Konzeptionen verschiedener Autoren darin zu einer Einheit verschmolzen worden sind. Gen 11 gehört zur Priesterschrift, der exilischen Kompositionsschicht des Pentateuchs, Gen 6,1–4 aber zu einer anderen Schicht, die man dem Jahwisten zuschreibt, einem Verfasser, der seinen Namen wegen seines Gebrauchs des Gottesnamens Jahwe erhalten hat. Was also in der Endgestalt des Pentateuchs als Einheit zu lesen ist, gehört ursprünglich unterschiedlichen Darstellungen der Urgeschichte zu. Die Priesterschrift selbst hat die Begrenzung des Lebensalters auf 120 Jahre nicht enthalten.

Doch wenn sie auch keine Aussage zu dieser Begrenzung bieten, führen die Verfasser der Priesterschrift dennoch das Alter der Menschen von der Urgeschichte langsam auf das zu ihrer Zeit geltende Maß zurück. Die Väter Israels (Abraham, Isaak und Jakob) und die großen Gestalten im Exodus aus Ägypten und bei der Landnahme in Kanaan, Mose, Aaron und Josua, leben bei ihnen aufgrund ihrer Bedeutung noch länger als die gewöhnlichen Menschen. Aber die Lebenszeit nimmt ab. In all dem ist eine klare Wertung enthalten: Die Urgeschichte ist so etwas wie ein goldenes Zeitalter.

Sind die Geschlechterlisten in Gen 5 und 11 in Bezug auf das Alter der Menschen als Erinnerungen an eine Hoffnung des Menschen auf langes und d. h. vollständiges Leben zu deuten, ist trotzdem noch zu klären, woher diese Vorstellung stammt. Denn im Unterschied zum Ausdruck der Hoffnung, wie sie uns in Jes 65,20 begegnet, sind die Altersangaben einerseits wesentlich überhöht, andererseits aber vermitteln sie aufgrund ihrer Genauigkeit keineswegs den Eindruck von runden Zahlen. Wirken die 969 Jahre bei Methusalem nicht wie gezählte Jahre?

Bei diesen Fragen ist vor allem zu berücksichtigen, dass Israel mit den angegebenen hohen Zahlen für die ersten Menschen im Alten Orient nicht alleine dasteht. Auch aus Mesopotamien sind Königslisten überliefert, die im Vergleich zur Bibel sensationell hohe Regierungszeiten enthalten. Eine in verschiedenen Versionen erhaltene alte sumerische Königsliste zählt acht bis zehn Könige auf, die in einem Zeitraum von mehreren hunderttausend Jahren vor der mit der biblischen Sintflut vergleichbaren großen „Flut" bis zu 72 000 Jahre lang regiert haben sollen.[15] Sehen wir uns eine Version dieser Königsliste an:

„Als das Königtum vom Himmel herabkam
War in Eridu das Königtum.
In Eridu war Alulim König.
28 800 Jahre regierte er.
Alalgar regierte 36 600 Jahre.
2 Könige.
64 800 Jahre regierten sie.
Eridu wurde niedergeworfen.
Sein Königtum ging an Badtibira über.
In Badtibira regierte Emmenluana 43 200 Jahre.
Emmengalanna regierte 28 800 Jahre.
Gott Dumuzi, der Hirt, regierte 36 000 Jahre.
3 Könige.
Diese Jahre machen 108 000 aus.
Badtibira wurde niedergeworfen.
Sein Königtum ging an Larak über.
In Larak regierte Ensibzianna 28 800 Jahre.
1 König.
Diese Jahre machen 28 800 Jahre aus.
Larak wurde niedergeworfen.
Sein Königtum ging an Sippar über.
In Sippar war Enmeduranna König, 21 000 Jahre regierte er.
1 König.
Diese Jahre machen 21 000 Jahre aus.
Sein Königtum ging an Šuruppak über.
In Šuruppak war Ubur-dudu König, 18 600 Jahre regierte er.
1 König.
Diese Jahre machen 18 600 aus.
5 Städte.
8 Könige.

An Jahren macht es 241 200 aus.

Danach brach die Flut herein. Nachdem die Flut beendet war, stieg das Königtum wieder vom Himmel herab."[17]

Vielfach wurde schon versucht, diese Königsliste mit der Genealogie in Gen 5 in Verbindung zu bringen, und der Beweis vorgelegt, dass Gen 5 davon abhängig sei. Aber der Versuch ist misslungen, die Unterschiede zwischen beiden Listen sind viel erheblicher als angenommen. Neben anderen Argumenten[18] ist vor allem zu berücksichtigen, dass Gen 5 einen Stammbaum der Menschheit bietet, während die babylonische Liste als Königsliste auf einer politisch-historischen Tradition beruht. Aber auch die Zahlen sind unterschiedlich zu bewerten: In der angeführten Version der Königsliste, deren Totalsumme im Sechzigersystem 17_ _ ($1 \times 60^3 + 7 \times 60^2$) und höchste Regierungszeit 18_ _ (18×60^2) ist, sind alle Zahlen runde Zahlen und in sechs Fällen durch 60^2 teilbar. Nur bei den Königen von Sippar (550 _ = $5 \times 60^2 + 50 \times 60 = 21\,000$) und Suruppak (510 _ = $5 \times 60^2 + 10 \times 60 = 18\,600$) geht die Zahl in die erste Potenz von 60.

Außerdem haben die sumerisch-babylonischen Zahlen mythischen Charakter. Die Urkönige gehören, wie sich an Dumuzi zeigt, der als Gott und Hirte bezeichnet wird, nicht in den Bereich der Geschichte, sie werden vielmehr in Babylon wie die ersten, vordynastischen Pharaonen in Ägypten als Götter angesehen.

Da Israel eher ein gespaltenes Verhältnis zum Königtum hatte, ist die Vorstellung von der Göttlichkeit von Urkönigen im Alten Testament nicht bezeugt. Vielleicht sind aber die Engelsehen in Gen 6,1–4, aus denen die Heroen der Vorzeit hervorgegangen sein sollen, die biblische Version dieser altorientalischen Vorstellung.

Wesentlicher ist aber in unserem Zusammenhang, dass die Genealogie in Gen 5 von der Menschheit, also von Menschen handelt. Das hohe Alter dieser Menschen – im Vergleich zur babylonischen Königsliste geradezu ein Klacks – ist eine im Alten Orient konventionelle Vorstellung: Man sah die Urzeit generell als eine Art Goldenes Zeitalter an, weil der Mensch damals dem Schöpfungsakt noch näherstand. Und je näher die Menschen der Schöpfung standen, um so größere Lebenskraft wurde ihnen zugesprochen. Israel tauchte also mit der Vorstellung vom hohen Alter der ersten Menschengenerationen in eine

Tradition ein. In dieser Tradition spielt nun nur die das menschlische Maß überschreitende Höhe des Alters, nicht aber die tatsächlichen Zahlen die entscheidende Rolle. Die Zahlen waren eher nachträgliche Festsetzung.

Dies zeigt sich eben auch an Gen 5. Wenn wir nochmals von unserer Ausgangsbeobachtung ausgehen, dass die Zahl 969 für das Lebensalter Methusalems wie ein Zählwert wirkt, so wird sie schon im Blick auf die Textüberlieferung der Bibel infrage gestellt. Die Zahl 969 findet sich nämlich im Masoretischen Text, im Text der hebräischen Bibel. In der griechischen Übersetzung der Septuaginta aber lesen wir die Zahl 962. Ist das vielleicht nur ein Abschreibefehler? – Keineswegs! Zählen wir nämlich die Jahre von der Schöpfung bis zur Sintflut zusammen, erhalten wir im Masoretischen Text die Gesamtzahl von 1656 Jahren, in der Septuaginta aber von 2242 Jahren. Vollends erhärtet wird die Wahllosigkeit der Zahlen dadurch, dass im Samaritanischen Pentateuch, jener Version der fünf Bücher Mose, die bei den Samaritanern nach der Trennung von Jerusalem zu ihrem kanonischen Text wurde, der Zeitraum von Schöpfung bis Noach mit 1307 Jahren angegeben wird. Diese Beispiele zeigen, dass das Lebensalter der Urväter nicht zahlenmäßig festgelegt war. Auch wenn die Zahlen exakten Charakter zu haben scheinen, sie sind tastende Versuche, über die Grenze des Wissens von der Urzeit ein wenig hinauszugelangen.

Wir werden uns die Entstehung der Genealogie so vorzustellen haben, dass sie ihren Ursprung in den Namen der Urväter und ihren Beziehungen zueinander hatte. Die Zahlenangaben wurden erst später hinzugefügt, und dabei

Geburt	Adam	Seth	Enosch	Kenan	Mahal.	Jered	Hen.	Metu.	Lam.	No.	Sem	Flut
Jahr	1	130	235	325	395	460	622	687	874	1056	1556	1656

Adam	⊢————————————————————⊣	930
Seth	⊢————————————————————⊣	1042
Enosch	⊢————————————————————⊣	1140
Kenan	⊢————————————————————⊣	1235
Mahalalel	⊢————————————————————⊣	1290
Jered	⊢————————————————————⊣	1392
Henoch	⊢————————————⊣	987 (Entrückung)
Metuschelach	⊢————————————————————⊣	1656
Lamech	⊢————————————⊣	1651
Noach	⊢————————————>	
Sem, Ham, Japhet	⊢————————>	

Abb. 22: Synchronismus der Patriarchen

ging man wohl von einer festgesetzten Gesamtsumme der Jahre zwischen
Schöpfung und Flut aus. Diese Gesamtsumme verteilte man auf die Lebensalter der einzelnen Urväter. Dass dabei im wahrsten Sinne des Wortes gerechnet wurde, wird wiederum bei Methusalem deutlich. Er stirbt nämlich nach
der hebräischen Zählung während der Sintflut. Dies ergibt sich aus der folgenden Abbildung, in der neben den Daten von Gen 5 nur noch das Datum der
Sintflut nach Gen 7,11 aufgenommen ist.

Die Liste zeigt einige bemerkenswerte Sachverhalte. Adam, der erste der
Urväter, stirbt 930 Jahre nach der Schöpfung. In dieser Zeit ist schon Lamech,
Adams Urururururgroßenkel, geboren, neun Generationen lebten also gleichzeitig. In der Zeit Lamechs stirbt neben Adam auch dessen Sohn Seth, und Henoch wird in den Himmel entrückt. In der Lebenszeit Noachs sind es also sieben Urväter, die gleichzeitig leben. Sie sterben alle vor der Flut, bis auf
Metuschelach, der nach den Daten im Jahr der Sintflut stirbt. Diese Konstellation und damit eine klare Unterscheidung zwischen vor- und nachsintfluti-
cher Menschheit gelingt dadurch, dass bei Noach das Alter bei der Zeugung
der drei Söhne auf 500 heraufgesetzt wird. Damit gibt sich die Künstlichkeit
der Zahlen der Urväter-Genealogie deutlich zu erkennen.

Ähnliche Phänomene sind auch bei der Geschlechterliste in Gen 11,11–26
zu erkennen, die mit Sem beginnt und auf Abram zielt. Abram, nachmalig Abraham genannt, wird im 390. Jahr Sems geboren, Sem wird aber 600 Jahre alt
und überlebt damit alle seine Nachfahren, Abram eingeschlossen. Dieser
wurde nach Gen 25,7 175 Jahre alt, starb also im 565. Jahr Sems. Erst Isaak
hat nach dieser Chronologie Sem, den Sohn Noachs und Zeitgenossen der
Sintflut, überlebt. Er wurde dem 100jährigen Abraham – im 490. Lebensjahr
Sems – geboren (Gen 21,5) und laut Gen 35,28 180 Jahre alt, überlebte Sem
also um 70 Jahre. Zu dessen Lebzeiten wurde übrigens auch noch Jakob geboren, nämlich im 60. Lebensjahr Isaaks, also im 550. Jahr Sems.

Der verlorene Schlüssel

Sicherlich haben die Altersangaben in den priesterschriftlichen Genealogien
mehr als nur die Funktion, das hohe Alter des Menschen am Beginn der
Schöpfung zu demonstrieren. Doch es ist bisher nicht möglich, völlig in das

Zahlenverständnis der Priesterschrift einzudringen. Wir können zwar sehen, was die priesterlichen Autoren gemacht haben, weshalb sie es so gemacht haben, bleibt aber immer noch ein Rätsel.

Viele Ausleger des Alten Testaments sind durchaus bereit, das zuzugeben. So schreibt Gerhard von Rad: „Es ist sehr wahrscheinlich, daß die Jahreszahlen von 1. Mose 5 in einem geheimnisvollen proportionalen Verhältnis zu anderen Daten der biblischen Heilsgeschichte (…) stehen, aber ein befriedigender Schlüssel, der uns in den theologischen Sinn jenes vorausgesetzten Systems einführt, ist noch nicht gefunden."[19]

An dieser Erklärung ändern auch zahlensymbolische Erwägungen nichts, wie sie etwa Hans A. Hutmacher anstellt.[20] Er zählt die Angaben über das Lebensalter der Menschen von Adam bis Moses zusammen, dann die über das Zeugungsalter, schließlich die über die restlichen Lebensjahre nach der Zeugung des Sohnes und schließt daran zahlensymbolische Erwägungen mit den Multiplikanden der einzelnen Summenwerte und des Gesamtwertes an. So hält er die Summe der Lebensalter, nämlich 12 600, für die Botschaft 15 (Jahwe-Kurzform) $\times$ 12 (Stämme Israels) $\times$ 70 (Völker der Welt), die Summe der Zeugungsalter, nämlich 2190 für 73 $\times$ 3 $\times$ 10, die Weisheit (73) in göttlicher Macht (3) in einem neuen Schöpfungswerk (10). Die Restjahre aber, 10 070 an der Zahl, besagen für sich nichts, sondern sind nur als Bestandteil der Summe der drei Listen-Summen wichtig: Die Gesamtsumme ergibt nämlich 24 960. „Das ist sinnvoll aufgelöst 10 $\times$ 4^3 $\times$ 39. Der sich durch sein Schöpferwirken (durch sein Israel) in alle Welt (4 $\times$ 4 $\times$ 4) offenbarende ‚Einzige Jahwe' (im ‚Schma Israel', Dtn 6,4) ist es, der 39 (Jahweh = 26, und echad = 13) als Zahlenwert hat."[21] Dieses Unternehmen scheitert schon daran, dass Hutmacher Zahlen verwendet, die in der Bibel gar nicht überliefert sind, beispielsweise werden die Lebensjahre der Menschen von Sem bis Abram gar nicht mitgeteilt. Es scheitert auch daran, dass Zahlen doppelt verwendet werden. So tauchen in der Liste der Restjahre für Noach zwei Zahlenwerte auf. Hier wird neben dem für Noach nicht biblisch belegten, sondern erschlossenen Restalter von 450 Jahren nach der Geburt der drei Söhne Sem, Ham und Japhet noch die Notiz, dass Noach nach der Flut weitere 350 Jahre lebte, hinzugenommen. Das ist schlichtweg ein Witz! Ob es Hutmacher selbst so versteht? – Sicherlich nicht, denn würde er die 350 nicht hinzuzählen, käme er auf die Gesamtsumme 24 610 für alle drei Listen. Diese Zahl ist aber 2 $\times$ 5 $\times$

23 × 107, und vorbei ist es mit der gesamten Herrlichkeit der Hutmacher'-schen Zahlensymbolik. Es hat also den Anschein, als sei die 24960 als Annäherungswert schon da gewesen, bevor 350 in die Liste der Restjahre aufgenommen wurde.

Zu völligem Scheitern verurteilt ist diese Art der Symbolik der Altersangaben der „Väter" von Adam bis Mose aber schon aufgrund dessen, dass die Buchstaben-Zahlenmystik, wie sie Hutmacher betreibt, in vorhellenistischer Zeit gar nicht als sicher erwiesen ist.[22]

Ähnliches gilt auch für Claus Schedl, der die Altersangaben in Gen 5 als Summen von Wörtern verstanden hat. Die jeweilige Zahl sei immer dem Text zugeordnet, der von dem betreffenden Patriarchen handelt. Warum eine solche Zahlenordnung? – Um die Wörterzahl des Textes festzulegen und damit die Textüberlieferung zu sichern. – Na, wenn das der Grund wäre, wäre die Sache ganz schön schief gegangen, wie die Textüberlieferung zeigt, die gerade bei den Zahlen von Gen 5 erheblich differiert, ohne dass dies auf den genannten Aspekt bezogen werden könnte.[23]

2.3. Von Arche, Zelt und Tempel: Baupläne oder Symbole?

> *„Der Tempel des Herrn, der Tempel des*
> *Herrn, der Tempel des Herrn ist dies!"*
> Jer 7,4

„Zahlen wurde von jeher religiöse und magische Bedeutung zugesprochen. Bereits das Alte Testament überliefert die genauen Maße der Arche Noah und der verschiedenen Baukomponenten von Salomos Tempel." So beginnt David V. Barrett seine kleine Orakelkunde über die Zahlensymbolik,[24] und schon hier deutet sich ein Gegensatz an, der größer nicht sein könnte. Er besteht darin, dass Barrett in diesem Beispiel biblische Zahlenmystik an Maßzahlen abliest. Und genau hier beginnt der Streit: Haben die Maßzahlen, die etwa für den einmal real existierenden Tempel Salomos geboten werden, überhaupt eine zahlenmystische Dimension? Wurde der Tempel vielleicht in diesen Maßen gebaut, weil die Maße religiöse oder magische Bedeutung haben? Aber wenn ja, wie verhält es sich mit den Maßen der Arche? Hat die Arche Noah tatsächlich jemand vermessen und die Werte der Nachwelt überliefert?

„Wir bauen die Arche Noah"

Wie Heinrich Schliemann seinen Homer im Reisegepäck hatte, als er sich auf die Suche nach Troja machte, so gibt es schon seit langem einige Abenteurer, die mit der Bibel in der Hand auf Entdeckungsreise gehen. Besonders beliebtes Ziel einer solchen Schatzsuche ist der Berg Ararat, auf dem gemäß der Erzählung von Gen 6–8 die Arche Noah gestrandet sein soll. Natürlich hat man nicht nur die Bibel im Handgepäck, sondern auch andere Werkzeuge dabei. In neuerer Zeit ist es in Mode gekommen, naturwissenschaftliche Methoden anzuwenden, um den Geheimnissen der Bibel, sei es im Feldversuch oder bei einer virtuellen Reise am Schreib- bzw. Computertisch auf die Spur zu kommen.

Die Arche Noah fasziniert, dieser Kasten, hebräisch *teba* – lateinisch *arca*, deshalb Arche –, ein Begriff, der in der hebräischen Bibel nur noch für das Binsenkästchen verwendet wird, in dem Moses nach Ex 2,3. 5 auf dem Nil ausgesetzt worden sein soll. Dieser Kasten Noachs hat nach der biblischen Überlieferung vier Menschenpaaren das Überleben in einer Katastrophe gesichert, die zur Auslöschung der gesamten Menschheit geführt haben soll. Während in neuesten populärwissenschaftlichen Abhandlungen über die Sintflut mit den Mitteln der Naturwissenschaften lediglich der Nachweis versucht wird, dass dieses in vielen Kulturen beschriebene Geschehen tatsächlich stattgefunden hat,[25] machte man sich vor gut zehn Jahren noch an das Projekt Wiederauffindung der Arche Noah, die sich, glaubt man in grenzenloser Naivität den biblischen Angaben, eigentlich ohne Weiteres finden lassen müsste. Wären da nicht die widrigen Verhältnisse auf dem Berg Ararat, die den weltgeschichtlich bedeutsamen Fund bisher verhindert haben.

Aber ein Trost: Man meinte zumindest zu wissen, dass die Arche längere Zeit an einer gewissen Stelle (der Landungsstelle?) auf dem Berg lag, bevor sie in eine der vielen Felsspalten abgerutscht sei, in denen sie nur durch äußerst komplizierte und kostspielige Suchmethoden wiedergefunden werden könnte.

Bei dieser Suche wurde auch auf die Hilfe der biblischen Sintflut-Erzählung gesetzt. Schließlich bietet die Bibel, glaubt man dem Arche-Sucher Charles Berlitz, „eine höchst detaillierte Darstellung" von der Sintflut, und sie vermittelt den Eindruck, „als hätte ein Augenzeuge darüber berichtet". Hier gibt es, so Berlitz weiter, erstmals in der Bibel „genaue Maßzahlen, Beschreibungen, sowie Zeit- und Ortsangaben. Darüber hinaus wird eingehend geschildert, wie das rettende Schiff gebaut wurde und welche Fracht es aufnahm." Da diese genauen Maßzahlen aber exakte Angaben von Länge, Breite, Höhe und Form der Arche seien, könnten die Arche-Sucher nach diesem Bauplan auf Suche gehen. Ja, es wird noch schöner, Berlitz bringt auch noch Isaak Newton ins Spiel: Obwohl dieser nie eine Expedition auf den Ararat unternommen habe, „stellte er in einer Reihe von Berechnungen fest, daß die Arche hundertvierundachtzig Meter lang, sechsundzwanzig Meter breit, zwischen Kiel und Oberdeck rund fünfzehn Meter hoch gewesen sei und ohne Fracht 18 230 Tonnen gewogen haben müsse".[26]

Beim Projekt Wiederauffindung der Arche war es schon recht seltsam, dass einige dubiose Augenzeugenberichte, die die Arche auf dem Berg Ararat gesehen haben wollen, diese in etwa so schilderten, wie sie in Gen 6 beschrieben wird. Was war da wohl zuerst da?

Das Projekt „Wir bauen die Arche" will ich im folgenden ein Stück weit begleiten. Vom Bau der Arche erzählt Gen 6,14–22. Weil alles Fleisch auf Erden, die gesamte Menschheit und die Tierwelt, nach der anfänglichen sehr guten Schöpfung in kurzer Zeit in den Augen Gottes völlig verderbt war, entschloss sich Gott zur Auslöschung von Mensch und Tier (Gen 6,5–7). „Nur Noe fand Gnade in des Herrn Augen." (Gen 6,8) So teilte Gott Noach seinen Vernichtungsbeschluss mit und beauftragte ihn, in der Absicht, ihn zu retten, eine Arche zu bauen. Dabei lieferte er gleich einen offensichtlich detaillierten Bauplan, der sich wie folgt liest (Gen 6,14–16):

> „Mache dir eine Arche aus Nadelholz mit Schilfrohr dazwischen und verdichte sie von innen und außen mit Pech! So sollst du sie herstellen: dreihundert Ellen lang, fünfzig Ellen breit und dreißig Ellen hoch. Ein Giebeldach sollst du an der Arche anbringen und sie dadurch um eine Elle höher machen; die Tür der Arche sollst du an ihrer Seite anbringen; ein unteres, ein mittleres und ein oberes Stockwerk sollst du bauen."

Versucht man, diese Angaben in eine Bauskizze umzusetzen, ergibt sich ein ziemlich merkwürdiges Sintflut-Gefährt, das eher Ähnlichkeiten mit einem Einbaum als mit einem Schiff hat. Tatsächlich ist die nach der Beschreibung zu erhebende Form der Arche die eines Kastens von rund 156 m Länge, 26 m Breite und 15,6 m Höhe – wenn man zur Umrechnung der unterschiedlich bestimmten Maßeinheit Elle das Maß der königlichen Elle mit 0,52 m ansetzt. Nimmt man stattdessen die kürzere Ellenvariante (0,444–0,45 m), dann war die Arche gut 130 m lang, 22 m breit und 13 m hoch. Da wir es nicht wissen, bleiben wir im Folgenden bei der Umrechnung gemäß der königlichen Elle. Die Arche war in drei Stockwerke von wohl je 5,2m Höhe aufgeteilt und mit einem Dach abgeschlossen, dessen First die Höhe der Seiten um einen halben Meter überragte. Der Giebel ist naheliegend an der Breitseite zu denken, so dass sich für das Giebeldach eine Neigung von 0,52 Metern auf 13 Metern, also von 4 Prozent (Neigungswinkel: ca. 2,32°) ergibt. Dazu kommt noch die vage Angabe, dass die Tür an der Seite der Arche anzubringen ist, womit sich zeigt, dass die Arche nicht als Schiff, sondern eher als Haus vorzustellen ist.

Die Größenverhältnisse Länge zu Breite 6:1, Länge zu Höhe 10:1 und Breite zu Höhe 5:3 sind in jedem Fall seltsam.

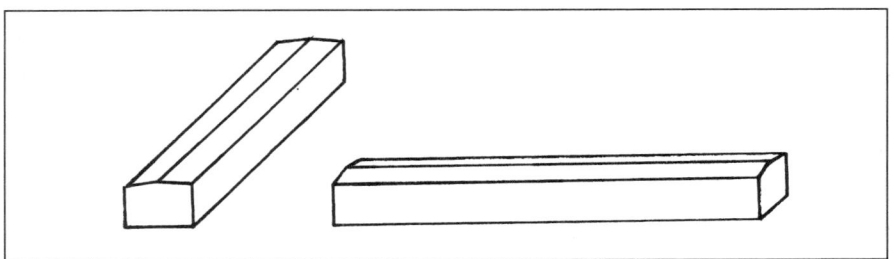

Abb. 23: Die Arche im Schrägbild frontal und seitlich nach den Maßangaben von Gen 6

Das Baumaterial bestand gemäß Gen 6,14 im Wesentlichen aus Zypressenholz – im hebräischen Text *gofer* –, einer Nadelholzart, die, wenn es denn stimmt, wegen ihrer Beständigkeit in der Antike vielfach für den Schiffsbau verwendet wurde, ferner aus Schilfrohr, das wahrscheinlich für die Zwischenetagen und das Dach zu verwenden war, sowie aus Asphalt, in der Überset-

Abb. 24: a) Die Arche, wie sie nach einem Augenzeugenbericht auf dem Berg Ararat gesehen worden sein soll (nach Elfred Lee, 1985) und b) in einem Holzschnitt aus dem Jahre 1492.

zung „Pech", hebräisch *kofer*, einem Material, das in antiken Quellen unter anderem als bitumen Iudaicum auftaucht und vor allem als Dichtungsmittel verwendet wurde.

Nun könnte man natürlich versuchen, die Arche nach den angegebenen Zahlen nachzubauen, aber es ist doch völlig absurd zu meinen, damit das Original der Arche Noah zu rekonstruieren. Das scheitert zum einen schon daran, dass es sich bei dem oben angeführten Bauplan schon um eine Interpretation des Textes handelt. Es ist gar nicht sicher, ob *gofer* Nadelholz bedeutet, ob von „Schilfrohr" als Material für die Stockwerke die Rede ist oder ob man das betreffende Wort nicht mit „Zellen" wiedergeben muss, ob das Dach tatsächlich um eine Elle die Seiten überragt oder die Seiten zum Dach hin um eine Elle verkürzt sind.

Aber man scheitert beim Vorhaben „Wir bauen die Arche", noch in einem ganz anderen Sinne: Wer nämlich der Meinung ist, die Arche Noah rekonstruieren zu können, missversteht den Bibeltext gründlich. Historisch betrachtet, hat es nämlich die Arche Noah nie gegeben. Man braucht sich bloß vorzustellen versuchen, wie Noach mit Unterstützung seiner drei Söhne den Kasten von 156 m Länge gebaut haben soll, wie er und seine Söhne ein Jahr lang mit Tieren in der Arche gelebt haben sollen, von Artenkonflikten unter den Tieren und Versorgungsproblemen ganz zu schweigen, wie das Wasser auf der Erde so hoch hätte steigen können, dass die Arche auf dem über 5000 m hohen Ararat hätte stranden können, und schon hat es sich mit der Historizität der Erzählung.[27]

Die Arche Noah ist stattdessen gleichsam ein beschützendes Element eines Archetyps, der Vorstellung einer alles vernichtenden Sintflut. Schon lange weiß man, dass nicht nur in der Bibel von einer solchen Sintflut erzählt wird, sondern sich die Erinnerung an ein alles Leben auf der Welt zerstörendes Hochwasser auch in anderen Kulturen des Alten Orients erhalten hat. Der Noach der Bibel heißt im sumerischen Gilgamesch-Epos Utnapischtim, ein symbolischer Name, der „Ich habe Leben gefunden" bedeuten dürfte, in Babylonien gab es Atrachasis – alle drei sind mythische Erinnerungsfiguren ohne historischen Hintergrund.

Wenn der Stoff der Sintflut-Erzählung mythisch ist, wie sind dann die genauen Zahlenangaben zu erklären, die Gen 6,14–16 im Unterschied zu altorientalischen Parallelen bietet? – Im fragmentarischen Text des Atrachasis-Epos fehlen – möglicherweise aufgrund des Erhaltungszustandes – Größenangaben, im Gilgamesch-Epos ist dagegen bei dem gegenüber der Arche viel größeren Schiff an einen quadratischen Grundriss, die Form eines Kubus und wahrscheinlich eine Kuppelüberdachung gedacht. – Reicht es aus, wenn man wie einige Bibelwissenschaftler annimmt, dass die genaue Kenntnis der Maße der Arche damit zusammenhängt, dass es sich bei der Sintflut um kein historisches Geschehen handelt, weshalb es als tabula rasa fast völlig neu beschrieben werden konnte? Eine Erklärung wie von Rudolf Smend, „Was solchen Angaben außer der Phantasie zugrundeliegt, ist oft ganz dunkel; historischen Wert in unmittelbarem Sinne haben sie natürlich nicht",[28] lässt natürlich für die an Zahlen Interessierten einiges zu wünschen übrig.

Dass bei der Arche zahlensymbolische Deutungen ihr prinzipielles Recht haben, zeigt die Tatsache, dass der Text der Sintfluterzählung auch anderweitig überdurchschnittlich viele, scheinbar bedeutsame Zahlenangaben enthält. Die Erzählung gibt an, wie lange die Sintflut dauerte (40 Tage und Nächte: Gen 7,4. 12. 17; 8,6), wie lange das Wasser anstieg (150 Tage: Gen 7,24; 8,3), wie hoch es über den Bergen stand (15 Ellen: Gen 7,20), Angaben, aus denen man mithilfe anderer die Sinkgeschwindigkeit des Wassers, aber auch den Tiefgang der Arche berechnen kann. Das Geschehen wird in seinen Phasen mehrfach datiert: Gen 7,11: im 600. Jahr Noachs, am 17. Tag des 2. Monats; Gen 8,4: am 17. Tag des 7. Monats; Gen 8,5: am 1. Tag des 10. Monats; Gen 8,13: im 601. Jahr, am 1. Tag des 1. Monats; Gen 8,14 : am 27. Tag des 2. Monats. Hinzu kommen Wochenangaben in der Form „sieben Tage" in Gen 7,4. 10; 8,10. 12.

Und schließlich werden auch die Insassen der Arche aufgezählt, die Menschen (Gen 7,7. 13) wie die Tiere: von allen Tieren zwei nach Gen 6,19; 7,2. 9. 15 und gegensätzlich sieben Paare aller reinen Tiere und ein Paar von den unreinen nach Gen 7,2. 3.[29]

Dass in einer unhistorischen Erzählung so viele Zahlenangaben enthalten sind, kann zwar dazu dienen, die Historizität der Sintflut zu verdeutlichen in dem Sinne: Wenn man so viele Details davon weiß, dann muss es sich ja so abgespielt haben. Aber da die Autoren biblischer Zeit ein völlig anderes Geschichtsverständnis hatten als die heutigen Historiker, ist es eigentlich nicht plausibel, warum sie so vorgegangen sein sollten, denn sie waren von der Sintflut als einem wahren Geschehen in der Geschichte von vornherein überzeugt. Angesichts dessen und ohne die Möglichkeit, interkulturelle Konkurrenz in der Frage der Authentizität der Sintflut völlig auszuschließen, ist dann zu vermuten, dass die in der Sintfluterzählung angegebenen Zahlen bewusst wegen ihrer symbolischen Bedeutung verwendet worden sind.

Das gilt vor allem für die Maße der Arche: Zahlensymbolisch lassen sich die Angaben durchaus deuten. Überliefert sind als Länge 300, Breite 50 und Höhe 30 Ellen, durch das Giebeldach um 1 Elle erhöht. 50 ist die Zahl des Neuanfangs (49 + 1) und könnte symbolisch für den Neuanfang stehen, den Gott Noach und seinen Begleitern ermöglicht. Alle anderen Größenangaben, auch die Anweisung zu drei Stockwerken, basieren auf der Drei, einer außerordentlich positiven Zahl im Alten Testament. Sie begegnet bei der Beschreibung der Arche als einfache Drei, als Zehnfaches und Hundertfaches und weist damit auf endgültige Vollendung im Sinne der Überwindung eines Gegensatzes hin. Zahlensymbolisch kann in diesem Sinne die Arche so gedeutet werden, dass durch sie der Gegensatz zwischen Gott und Welt aufgehoben und ihren Passagieren ein Neuanfang von Gott her ermöglicht wird.

Gibt es darüber hinaus auch einen Bezug zum Offenbarungszelt? – Es ist schon merkwürdig, dass im gesamten Pentateuch lediglich von zwei Bauwerken Beschreibungen gegeben werden. Gibt es zwischen beiden eine Verbindung?

Das Zeltheiligtum

Bei dem Zeltheiligtum[30] – nach Martin Luther ist es als Stiftshütte bekannt – handelt es sich um ein tragbares Heiligtum, das Moses laut Ex 25–39 im Auftrag Gottes in der Wüste bauen ließ. Folgt man den Angaben des Textes (Ex 36,8–38), war das eigentliche Heiligtum ein mit Zeltdecken überdachter Bau aus Akazienholz von 30 Ellen Länge und 10 Ellen Breite und Höhe (16 m auf 5,2 m $\times$ 5,2 m). Er war durch Vorhänge in zwei Teile geteilt, einen 20 Ellen langen Vorraum, das Heilige, und das 10 Ellen lange, kubische „Allerheiligste". Gedeckt wurde der Bau durch vier übereinander gelegte Zeltdecken, eine kerubenbestickte Prachtdecke über dem Allerheiligsten, eine Ziegenhaarzeltdecke, eine Widderhaut und schließlich eine Seekuhhautzeltdecke. Im Innern wurden die Lade im Allerheiligsten, der Räucheraltar, der Schaubrottisch und der Siebenarmige Leuchter im Heiligen untergebracht.

Das Zelt stand in einem Vorhof von 100 $\times$ 50 Ellen (Ex 38,9–20). Dieser Vorhof war von einem Zaun aus 60 Pfosten und an silbernen Querstangen befestigten Feinleinenbehängen umgeben, der im Osten einen Einlass aus buntgewirkten Stoffen gewährte. Das Heilige Zelt stand in der Westhälfte, in der Osthälfte war der Brandopferaltar und ein Waschbecken für die Priester plaziert.

Nun hat es ebenso wie bei der Arche dieses Zeltheiligtum offenbar nie wirklich gegeben. Es gab zwar wahrscheinlich ein Zelt zur Aufbewahrung der Bundeslade, jenes berühmten und rätselhaften Kultgegenstandes, der in den frühen Kriegen Israels in Kanaan eine wesentliche Bedeutung gehabt zu haben scheint, aber dass dieses Zelt mit dem im Ex 38 geschilderten Bau identisch ist, ist völlig unwahrscheinlich. Wenn David laut 2 Sam 7,2 auf die Idee kam, Gott einen Tempel zu bauen, weil er selbst in einem Haus wohnte, die Lade aber *nur* in einem Zelt untergebracht war, wird es mehr als deutlich, dass hier nicht das prächtige Zeltheiligtum gemeint sein kann. Und wenn man sich schließlich vor Augen führt, dass dieses Zeltheiligtum nach dem Auszug aus Ägypten in der Wüste hergestellt worden sein soll, wird noch deutlicher, dass es sich bei dem Bau des Zeltheiligtums um eine Fiktion handelt. Wie wäre man in der Wüste an alle erforderlichen Materialien gekommen, wie an die Werkzeuge zum Bau? Wie hätte man es, auch im abgebauten Zustand, transportieren können?

Das Zeltheiligtum im Exodusbuch ist keine ehemalige mobile Kultstätte, an die man sich in späterer Zeit erinnerte, sondern sie ist ein Programm. Dieses Programm wurde nach der Zerstörung Jerusalems und des Tempels im Jahre 587 v. Chr. entworfen, und es veranschaulicht, wie eine würdige Wohnstätte Gottes „in der Wüste" auszusehen hat. Vorbild dafür ist der zerstörte Salomonische Tempel, dessen kleinerer Vorläufer durch das Zeltheiligtum dargestellt werden soll.

Ein Bezug zur Arche Noah ergibt sich nach alledem nicht. Weder Maßangaben noch Größenverhältnisse noch die Architektur machen irgendwelche beachtliche Zusammenhänge deutlich. Völlig anders ist dies beim Vergleich des Zeltheiligtums mit dem Tempel.

Der Tempel Salomos

Mit dem Tempel Salomos[31] assoziiert man wohl vor allem Größe, Pracht und Herrlichkeit. Er steht in gewisser Weise im Zentrum der biblischen Religion, und angesichts dessen ist es nicht verwunderlich, dass dieser Tempel vor allem von Späteren in den Bildern der Vorstellung viel größer und imposanter gezeichnet wird, als er tatsächlich war: Ein Bau, der zum „Himmel" reicht, war aber der Tempel definitiv nicht. Er war für die Zeitgenossen sicherlich ein imposantes Gebäude, aber vor allem im internationalen Vergleich mit Bauwerken in Ägypten und Babylonien ein durchaus bescheidener Tempel für den Hauptgott eines kleinen Staatswesens.

Wie sah dieser Tempel aus? – Ganz genau lässt sich das nicht sagen, weil es keine vollständige Beschreibung des Tempels gibt. Rekonstruktionen müssen deshalb immer auch anderweitige Zeugnisse hinzuziehen. Neben der Beschreibung des Tempels, den Ezechiel laut Ez 41 in einer Vision geschaut hat, können vor allem archäologische Kenntnisse über den kanaanäischen und phönizischen Tempelbau dafür genutzt werden.

Der Tempel, den laut 1 Kön 6,1. 37 Salomo in sieben Jahren erbauen ließ, war nämlich ein Bauwerk, das seine kanaanäischen Vorbilder, z. B. den Tempel von Hazor, keineswegs verleugnen konnte, ein Langbau, der sich in Vorhof, Heiliges und Allerheiligstes gliederte.

Abb. 25: Der Tempel Salomos

Die Vorhalle, die man von Osten an den beiden, das Tor flankierenden, frei-
stehenden Säulen Jachin und Boas vorbei, durch eine Flügeltür betrat, war
rund 5,2 m lang (10 Ellen) und 10,4 m (20 Ellen) breit, das Heilige 20,8 m (40
Ellen) lang und 10,4 m breit, das erhöht liegende, über einige Stufen zu errei-
chende Allerheiligste bei gleicher Breite kubisch ($20 \times 20 \times 20$ Ellen).
Während das Heilige mit gut 15 m Höhe im oberen Bereich der Außenwände
Lichtöffnungen hatte, war das Allerheiligste ein fensterloser, dunkler Raum.
Der Steinbau war innen völlig mit Holz ausgelegt und getäfelt, der Fußboden
bestand aus Zypressenholz, die Wandtäfelung aus Zedernholz, Wände und
Türen waren mit Blattgold überzogen. Das Inventar bestand im Heiligen aus
dem Räucheraltar, dem Schaubrottisch und zweimal fünf Leuchtern, im Allerheiligsten war die Lade unter den Flügeln von zwei große Cheruben untergebracht.

1 Kön 6,2 gibt die Gesamtmaße des Baus wie folgt an: „Der Tempel, den
der König Salomo für den Herrn errichtete, war sechzig Ellen lang, zwanzig
Ellen breit und dreißig Ellen hoch." Das ergibt folgende Verhältnisse: Länge
zu Breite 3:1, Länge zu Höhe 2:1, und Breite zu Höhe 3:2.

Der Hauptbau wurde von einem Umbau in drei Stockwerken von je 5 Ellen
Höhe umgeben, die Stockwerke in kleine Zellen geteilt. Dieser Anbau, deren
Kammern als Magazine dienten, hatte nach 1 Kön 6,8 einen separaten Anbau
im Süden. Über Treppen erreichte man die einzelnen Stockwerke. Die innere

Breite der Stockwerke nahm nach oben hin von fünf, sechs auf sieben Ellen zu, was dadurch erreicht wurde, dass die Dicke der Grund- und Seitenmauer von unten nach oben reduziert wurde.

Vor dem Hauptbau, im inneren Vorhof des Tempels, befanden sich der Brandopferaltar, das eherne Meer und zweimal fünf Kesselwagen. Der Brandopferaltar (10,4 × 10,4 × 5,2 m) war östlich des Eingangs zum Hauptbau postiert und über daran gebaute Stufen erreichbar.

Der gesamte Baukomplex war von einer großen Ringmauer umgeben, die aus drei Lagen Quadersteinen und einer darüber gelegten Lage Zedernbalken bestand.

Vergleichen wir nun das Zeltheiligtum mit dem Tempel Salomos, zeigt sich, dass das Verhältnis der beiden Heiligtümer mehrfach 1 zu 2 ist. Der Grundriss des Zeltes beträgt 30 × 10 Ellen, der des Tempels 60 × 20, das Allerheiligste des Zeltes ist ein Kubus von 10, das des Tempels ein solcher von 20 Ellen. Beim Zeltheiligtum handelt es sich demnach um den Tempel en miniature. Dass dabei die Relation 1:2 nicht durchgängig ist, wird im Blick auf den Brandopferaltar deutlich: Der Altar des Zeltes hat laut Ex 27,1; 38,1 die Maße 5 × 5 × 3 Ellen, der des Tempels 20 × 20 × 10. Hier also das Verhältnis 1 zu 4, zumindest für den Grundriss, aber wahrscheinlich sind die 3 Ellen Höhe als Rundungswert zu verstehen und auch hier an das Verhältnis 1 zu 4 gedacht. Dass gerade beim Altar ein anderes Verhältnis vorliegt, lässt sich wohl als zaghafter Versuch realistischer Darstellung deuten. Man stelle sich den Transport eines mit Bronzeblech verkleideten Holzaltars von 5 m Seitenlänge und 2,5 m Höhe – beim Verhältnis 1 zu 2 – in der Wüste vor! Aber schon die angegebenen Werte sind praktisch nicht vorstellbar.

Während die Zahlenangaben beim Zelt also wie bei der Arche für einen Gegenstand stehen, der so nie existiert hat, ergeben sich die Zahlenangaben des Zeltes doch aus einem realen Gegenstand, dem Tempel Salomos. Und die Angaben beim Tempel sind primär als Maßangaben zu verstehen, die Zahlen als Zahlen aufzufassen, die ein tatsächliches Bauwerk beschreiben. Und doch kann man auch bei diesen Zahlen als Zählwerte auf eine zugrundeliegende Symbolik zurückfragen. Dass so gebaut wurde, hat ja eine Bedeutung, ist nicht nur eine Tatsache, die man zur Kenntnis zu nehmen hat. Für die Frage nach einem Symbolgehalt der Zahlen eignen sich vor allem die Drei und die Zehn. Hinzu kommt die geometrische Form des Würfels. Die Drei ist die Gliederungszahl der Gestaltung des Hauptbaus. Die Dreigliederung in Vorhalle, Heiliges und Allerheiligstes ist zwar nicht typisch israelitisch, sondern auch in der Nachbarschaft Israels konventionell, aber auch da ist mit einer Symbolik zu rechnen. Durch die Dreiteilung des Hauptbaus wird die eigentliche Wohnstätte Gottes von der Außenwelt getrennt und abgeschirmt. Man tritt als Priester nicht direkt in die göttliche Sphäre, wenn man den Tempel betritt, sondern schrittweise kommt man diesem Göttlichen näher. Das Allerheiligste ist ohnehin tabu, nur der Hohepriester darf es und zwar einmal jährlich betreten (Lev 16). Dass der Hauptbau genau drei Räume aufweist, dürfte auf die positive Bedeutung der Drei als Vollendungszahl zurückzuführen sein. Der Ausspruch „Aller guten Dinge sind Drei" galt offensichtlich auch schon in alter Zeit.

Es handelt sich bei dieser Dreigliedrigkeit aber um einen Nebenaspekt. Wesentliche Bedeutung hat die Trennung von Wohnstätte und Außenwelt. Wie die Trennung realisiert wird, steht auf einem anderen Blatt. Das wird ja auch beim Zeltheiligtum ersichtlich, wo die Vorhalle fehlt, der „Hauptbau" also zweigeteilt ist. Es zeigt sich aber auch an anderen Typen von Tempeln, wie den Achsen- und Umlauftempeln in Ägypten.[32]

Die Zehn finden wir im Tempel Salomos bei den zweimal fünf Leuchtern und zweimal fünf Kesselwagen. Dass diese Zahl für die Anzahl der betreffenden Gegenstände gewählt wurde, hängt sicherlich mit dem Vollständigkeitsaspekt der Zehn zusammen.

Dass das Allerheiligste schließlich als Kubus gestaltet ist, steht damit in Verbindung, dass der Würfel in biblischer Zeit als ideale Form angesehen wurde. Während der Hauptbau des Tempels ein Quader und sein Grundriss das Rechteck mit dem Verhältnis 1 zu 2 ist, ist im Allerheiligsten alles gleich: 1 zu 1 zu 1.

Im Zeltheiligtum wird das durch die Grundproportionen des Baus ermöglicht, im Tempel aber wird dieses ideale Verhältnis der Seiten des Raumes durch eine Erhöhung des Bodens und eine Absenkung der Decke realisiert. Man steigt in den ideal gestalteten göttlichen Bereich, wie man es auch in den babylonischen Tempeltürmen oder in den ägyptischen Tempeln tut!

Weitere Zahlenspielereien mit den Seitenlängen oder Mauerdicken und ähnlichem sind möglich, aber nicht überzeugend. Schließlich ging es auch den Autoren, die uns ihre am Tempel Salomos orientierte Beschreibung des Zeltheiligtums hinterließen, nicht um die absoluten Längen, sondern vor allem um Proportionen.

Die Nachfolger des Salomonischen Tempels

Der Tempel Salomos wurde im Jahre 587 oder 586 v. Chr. bei der Eroberung Jerusalems durch die Babylonier zerstört. Sein Nachfolger, der sogenannte Zweite Tempel, der nach dem Babylonischen Exil im Jahre 515 v. Chr. eingeweiht wurde, erschien jenen, die den alten Tempel noch gesehen hatten, wohl eher wie eine Hütte, denn er war seinem Vorgänger vor allem in der Ausstattung völlig unterlegen. Über Baumaße erfahren wir nichts, zahlensymbolische Beobachtungen sind also nicht möglich. Das Inventar war bescheiden. Einige Kultgegenstände wie die Bundeslade und das eherne Meer waren unwiederbringlich verloren und wurden aus unterschiedlichen Gründen nicht wiederhergestellt. Statt der 10 Leuchter des Salomonischen Tempels wurde im Zweiten Tempel die Menorah, der siebenarmige Leuchter, aufgestellt, der schon im Zeltheiligtum gestanden haben soll.[33]

Auch der Herodianische Tempel, dessen Bau Herodes der Große im Jahr 20/19 v. Chr. begann und der erst um 62–64 n. Chr., kurz vor seiner Zerstörung im Jahre 70, endgültig abgeschlossen wurde, wird in der Bibel nicht beschrieben. Der Bau orientierte sich an der Dreiteilung des Salomonischen Tempels, übertraf diesen aber gewaltig an Größe und Ausstattung. Hier war die kubische Form des Allerheiligsten aufgegeben worden. Es erhob sich auf einer quadratischen Grundfläche von 10m Seitenlänge in eine Höhe von 30m.

2.4. „In 65 Jahren ...“ – Zahlen bei den Propheten

> *„Im Jahr 1999, sieben Monate wird ein großer König des Schreckens vom Himmel kommen, wiederauferwecken der große König von Angoulmois, vor – nach Mars regieren durch gute Stunde.“*
> Nostradamus, Centurien, X/72

Prophetie ist ein Phänomen, das die Menschen seit jeher, aber besonders heutzutage zu faszinieren scheint. Einen Blick in die Zukunft werfen und über seine eigene Geschichte und die der Welt etwas erfahren zu können, ist eine große menschliche Sehnsucht, die Propheten erfüllen zu können scheinen. Nostradamus boomt, jener Arzt, Prophet und Astronom des 16. Jahrhunderts, der mit seinen Centurien, gut 850 Vierzeilern über die Zukunft, der Menschheit einen rätselhaften und fragwürdigen Schatz hinterlassen hat. War er wirklich ein Seher oder ein Schwindler? Sah er wirklich zukünftige Dinge kommen? Aber was sah er tatsächlich voraus? Lassen sich aus den Centurien tatsächlich zukünftige Ereignisse erschließen oder nur aus der Sicht des Nostradamus zukünftige, aber inzwischen geschehene Ereignisse in seine Sprüche hineinlesen?[34]

Setzt man Nostradamus mit einem Propheten gleich und erschließt aus seinen Centurien die Eigenschaften von Prophetie, wird man enttäuscht sein, wenn man dieses Verständnis von Prophetie auf die Propheten des Alten Testaments überträgt. Anders als der berühmte Wahrsager haben seine biblischen Vorgänger kaum Sprüche hinterlassen, die von einer weit entfernten Zukunft handeln. Ganz selten auch sind Worte, in denen ein genaues Datum angegeben wird, wann das in der Zukunft Geschaute sich ereignen wird.

Aber man versteht die Propheten der Bibel eben grundsätzlich falsch, wenn man sie für Wahrsager hält.[35] Natürlich hat die Schau auch in die fernere Zukunft als Charakteristikum der Propheten des Alten Testaments ihr Recht, denn schon die neutestamentlichen Autoren sehen ja in den Propheten Verkündiger, die weit in die Zukunft geblickt und Christus im voraus, lange, bevor er kam, verkündet haben. Aber diese Sicht ist gegenüber dem, was als Selbstverständnis der vorchristlichen Propheten historisch erhoben werden kann, eine nachträgliche Deutung.

Diese Deutung wurde auch dadurch ermöglicht, dass die Sprüche der Propheten in der Geschichte Israels nicht einfach unverändert weitergegeben, sondern in je anderer geschichtlicher Situation ergänzt und aktualisiert worden sind.

Anders als Nostradamus haben die biblischen Propheten selbst nur Einzelworte, vielleicht kleinere Sammlungen ihrer Verkündigung, aber keine Bücher hinterlassen. Die Prophetenbücher beinhalten deshalb zumeist prophetische Verkündigung aus mehreren Jahrhunderten.

Am deutlichsten und einfachsten lässt sich das am Beispiel des Propheten Jesaja illustrieren. Das nach ihm benannte, 66 Kapitel umfassende Buch ist in Jes 1,1 als Schauung des Propheten Jesaja, des Sohnes (eines unbekannten) Amoz überschrieben und soll Worte des Propheten aus der Zeit der Könige

Ussia, Jotam, Ahas und Hiskia, also aus der zweiten Hälfte des 8. Jh. v. Chr. enthalten. In der Tat aber geht nur ein kleiner Bestandteil von Texten der Kapitel 1–39 auf diesen Propheten und seine Zeit zurück. Das Buch als Ganzes ist nicht als Werk des Propheten zu betrachten, sondern gleicht viel eher einer kleinen Bibliothek aus Worten unterschiedlicher, auch anonymer Propheten, die neben und nach Jesaja vor allem im 6. und 5. Jh. v. Chr. gewirkt haben mögen. Darüber hinaus haben auch Schriftsteller und Herausgeber ihren Teil zum Buch beigetragen, bis ins 4. oder sogar 3. Jh. v. Chr. hinein die ihnen vorgegebenen Texte bearbeitet, neue hinzugefügt und das wachsende Buch Jesajas immer wieder neu und verändert herausgegeben. So wurden auch die Kapitel 40–55 des Jesajabuches zum Buch Jesaja, des Sohnes Amoz' hinzugefügt. Sie werden nach herkömmlicher Meinung der Bibelwissenschaft Deuterojesaja, d. h. dem zweiten Jesaja, zugeschrieben, einem unbekannten Propheten aus der Zeit des babylonischen Exils (597/87–539 v. Chr.), der erwartete, dass der Perserkönig Kyros die Rückkehr der Exilierten aus Babylon ermöglichen werde. Dessen in Jes 40–55 erhaltene Heilsprophetie wurde aber als Vision des Propheten Jesaja verstanden. Wenn aber in diesen nun dem Propheten Jesaja zugeschriebenen Texten von der Zerstörung des Tempels, dem Exil in Babylon, der Hoffnung auf Kyros und die Heimkehr ins Land gesprochen wurde, bedeutete dies für spätere Leser des Jesajabuches, dass Jesaja Ben Amoz diese im 6. Jh. v. Chr. geschehenen Ereignisse und die daran anschließenden Erwartungen im 8. Jh. v. Chr. vorhergesehen hatte. Damit wurde dieser Prophet wie viele andere zu einem Seher gemacht, der angeblich weit in die Zukunft zu blicken vermochte.

Aber die biblischen Propheten sind damit natürlich nur in ihrer Wirkung erfasst, nicht in ihrer historischen Bedeutung. Diese sah anders aus. Ihre Verkündigung bezog sich vor allem auf die Gegenwart, sie blickten auf religiöse und gesellschaftliche Gegebenheiten und zogen daraus ihre Konsequenzen. Gegenwartskritik war ihre Analyse, und sie führte bei den meisten, vor allem in der Zeit vor 587 v. Chr., zu der Erkenntnis, dass der Wagen Israel, Nordreich wie Südreich in den Graben zu fahren drohte.

Sicherlich ist diese Aussage für das komplexe Phänomen der biblischen Prophetie zu rational und zu pauschal, und ebenso sicher stimmt die Verhältnisbestimmung von Analyse und daraus gezogenen Konsequenzen so nicht für alle Propheten. Beim Propheten Amos, dem ältesten Schriftpropheten, der um

die Mitte des 8. Jhs. v. Chr. im Nordreich wirkte, ist dieses Beziehungsver-
hältnis nach Ausweis der von ihm überlieferten Worte sogar umzudrehen. Zuerst war die ihm von Gott in Visionen (Am 7–9) gegebene Gewissheit vom
gottgewirkten Ende des Volkes Israel, erst dann verkündete der Prophet den
göttlichen Beschluss, und um dieses von Gott verfügte Ende Israels seinen
Hörern verständlich zu machen, zog er alle Register der Religions- und Ge-
sellschaftskritik.

Wenn die genauen Verhältnisse auch immer im Einzelfall zu klären sind[36],
so steht doch fest, dass die biblischen Propheten sich vor allem auf die Gegenwart ihrer Hörer oder Leser bezogen und keine großen Visionen für eine
fernliegende Zukunft geoffenbart haben. Eine von Gott gegebene Intuition
und der Blick für die Realitäten mögen bei ihnen zusammengekommen sein.
So sind genaue Zeitangaben für viel spätere Geschehnisse à la Nostradamus
bei den Propheten überhaupt nicht zu erwarten, und wenn solche Zeitangaben
vorkommen, dann ist es zumeist so, dass sie nicht von den Propheten selbst
stammen, sondern von späteren Überlieferern ihrer Verkündigung bzw. ihrer
Bücher.

Zeitangaben in Prophezeiungen

„O komm, o komm Emmanuel" lautet der Titel einer im 19. Jh. komponierten
Kantate, die in Gottesdiensten der Adventszeit häufig gesungen wird. In der
Zeit der Erwartung der Ankunft des Herrn wird damit die Geburt Jesu mit den
Weissagungen der alttestamentlichen Propheten in Verbindung gebracht, hier
mit der des Propheten Jesaja. Im siebten Kapitel des Jesajabuches wird der
Immanuel angekündigt, und diese Ankündigung wurde schon vom Evangeli-
sten Matthäus (Mt 1,22–23) auf die Geburt Jesu gedeutet:

> „Dies alles ist geschehen, damit erfüllt würde, was gesagt ist vom Herrn
> durch den Propheten: ‚Siehe, die Jungfrau wird empfangen und einen Sohn
> gebären, und man wird ihn Emmanuel nennen‘, was übersetzt heißt: ‚Gott
> mit uns‘.“

Aufgrund dessen wird dieser Text auch in der Liturgie der Adventszeit als Lesung verwendet, zumeist aber in abgekürzter Form, in der die zeitgeschichtli-

chen Bezüge der Verheißung des Immanuel wie V. 16–17, aber auch V. 1–9 so weit als möglich weggelassen werden.[37] Ausschnitthaftes Lesen ist eine beliebte Methode, denn sie erleichtert es, alttestamentliche Texte mit dem Neuen Testament, aber auch mit der heutigen Zeit in Verbindung zu bringen. Das gilt nicht nur für Jesaja 7, sondern z. B. auch für die Zehn Gebote, die nur in einer Kurzform als eine Art vorchristlicher Verkündigung der Menschenrechte verstanden werden können.

Zu den zeitgeschichtlichen Bezügen der Verheißung des Immanuel gehört auch Jes 7,8b.[38] Dieser Halbvers steht in einer Beauftragungsrede Jahwes an Jesaja: In der Zeit des Königs Ahas von Juda soll Jesaja im Auftrag Gottes zusammen mit seinem Sohn Schear Jaschub den König treffen und ihm eine göttliche Botschaft bringen. Angesichts einer kriegerischen Bedrohung durch Aram-Damaskus und das Nordreich Israel, im Text auch Ephraim genannt, wird der König zu Gottvertrauen aufgerufen. Um dieses Gottvertrauen zu begründen, ergeht u. a. folgende Ankündigung:

> „65 Jahre noch dauert es, da wird Ephraim zerschlagen und kein Volk mehr sein!"

Hier wird die völlige Zerstörung des Nordreiches Israel angekündigt und dies mit einer genauen Datierung des Eintreffens der Ankündigung. Was hat es mit den 65 Jahren auf sich? – Man hat in der Bibelwissenschaft viel über diese Frage gerätselt. Die Zahl selbst scheint ein Gegenbeweis für die These, dass sich die alttestamentlichen Propheten in ihren Weissagungen nicht auf genaue Zahlen festlegen lassen. Aber das Problem ist schnell gelöst, da man diesen Halbvers ohnehin dem ursprünglichen Text von Jes 7,1–17 abgesprochen hat. Die Aussage soll von einem späteren Abschreiber stammen, der beim Lesen des Jesajatextes eine Assoziation hatte und diese am Rand des Textes notierte, von wo aus sie später in den eigentlichen Text gerutscht sei. Die Zahl 65 war vielmehr in einer ganz anderen Hinsicht rätselhaft.

Wann soll der vollständige Untergang des Nordreiches geschehen? – In 65 Jahren – aber von welchem Zeitpunkt ab muss man rechnen? – Die erzählte Zeit der Begebenheit, also die Zeit, in der sich Jesaja zu König Ahas aufmachen soll, lässt sich ziemlich genau eingrenzen: Durch Jes 7,1 ist deutlich, dass es sich bei den zeitgeschichtlichen Umständen um den von Luther sogenannten syrisch-ephraimitischen Krieg, den Krieg Arams-Damaskus' und des

Nordreiches Israel gegen das Südreich Juda handelt. Weil diese Auseinandersetzung mit der Zerstörung von Damaskus durch die Assyrer unter Tiglat-Pileser III. beendet worden ist und assyrische Inschriften dazu vorhanden sind, die sich u. a. auch absolut datieren lassen, lässt sich die erzählte Zeit von Jes 7,1–17 auf die Jahre 734–732 v. Chr. eingrenzen.

Nun steht in Jes 7,8b, dass die völkische Existenz von Ephraim, dem Nordreich Israel, binnen 65 Jahren erlöschen wird. Rechnen wir 65 Jahre von der erzählten Zeit weiter, sind wir zwischen 669 und 667 v. Chr. Sollte das die Lösung sein? – Dagegen spricht ganz entschieden, dass das Nordreich Israel nicht zu diesem Zeitpunkt, sondern 722 v. Chr. untergegangen ist.

Wie ist die Zahl aber dann zu verstehen? – Einige Forscher haben den Ausweg darin gesucht, dass sie die Zahl veränderten. Statt 65 wollten die einen „6 oder 5", die anderen „6 und 5" lesen. Mit der ersten Möglichkeit kann man dann die Zahl als prophetisch verstehen, „6 oder 5" bedeutet nichts weiter als in geraumer Zeit, in mehreren Jahren, mit „6 und 5" = 11 aber hat man den Beweis, dass sich die Prophezeiung erfüllt hat, denn Jes 7,1–17 könnte ja im Jahre 733 v. Chr. entstanden sein.

Wenn wir schwierige Lösungen, die von 722 v. Chr. 65 Jahre zurückrechnen, beiseite lassen, gibt es eigentlich nur noch eine Lösung: Zur Zeit des assyrischen Großkönigs Assarhaddon wurden Deportationen vorgenommen, die auch das ehemalige Nordreich Israel betrafen. In den 60er Jahren des 7. Jh.s v. Chr., also in dem Zeitraum, der sich von der erzählten Zeit in Jes 7,1–17 zu den 65 Jahren ergibt, wurde Bevölkerung aus dem assyrischen Großreich in der Provinz angesiedelt, einheimische Bevölkerung aber in andere Gebiete des Reiches verpflanzt. Solche Umsiedelungsmaßnahmen könnten der Anlass für die 65 Jahre in Jes 7,8b gewesen sein. Der Halbvers wäre dann eine Weissagung aus der Erfüllung des Geweissagten, lateinisch ein Vaticinium ex eventu. Ein Zeitgenosse hätte danach diese Umsiedelungsmaßnahmen als das Ende des Nordreiches Israel als Volk gedeutet und dieses Geschehen als Verkündigung Jesajas formuliert. Ein Vaticinium ex eventu? – Solche Vaticinia (Plural) ex eventu gibt es in der Bibel häufiger – das ist nicht das Problem. Aber dass man viel spätere Bevölkerungsveränderungen im assyrischen Großreich als das Ende Israels als Volk angesehen haben soll, das schon. Denn das Ende war eben mit 722 v. Chr. und der Eroberung Samarias gekommen, das ist auch biblisch (vgl. 2 Kön 17) der entscheidende Wendepunkt der Geschichte. Und dass ein Zeitgenosse der Umsiedlungsmaßnahmen unter Assarhaddon dann richtig zurückgerechnet haben sollte auf die Zeit, in der die Begegnung von Jesaja mit König Ahas stattgefunden haben kann, das ist ebenfalls problematisch.

So bleibt am Ende ein großes Fragezeichen. Wir können zwar erkennen, dass die Weissagung vom Ende des Nordreiches Israel als Volk nicht aus der Zeit des Propheten Jesaja stammt, aber was der Verfasser dieser Weissagung damit ausdrücken wollte, welche Chronologie er verwendete und auf was er seine genaue Zeitangabe bezog, das bleibt sein Geheimnis.

Zahlen in symbolischen Handlungen der Propheten

Neben ihren Sprüchen sind von den Propheten auch eine Reihe von teilweise befremdlichen symbolischen Handlungen überliefert, in denen auch Jahreszahlen vorkommen. So wird von Jesaja in Jes 20 überliefert, dass er auf Gottes Geheiß drei Jahre lang ohne Untergewand und Schuhe in Jerusalem herumgelaufen sei. Die symbolische Deutung dieses Verhaltens wird in einem Gotteswort gegeben:

> „Wie mein Knecht Isaias drei Jahre lang halbnackt und barfuß einherging als ein bedeutungsvolles Vorzeichen wider Ägypten und Kusch, so wird der König von Assur die Gefangenen Ägyptens und die Verbannten von Kusch, Knaben und Greise, nackt und barfuß und mit entblößtem Gesäß wegführen, eine Schande für Ägypten." (Jes 20,4)

Warum sich Jesaja gerade „drei Jahre lang" als Vorzeichen wider Ägypten so verhalten sollte, wird nicht gesagt und ist an dieser Stelle offensichtlich auch nicht von Bedeutung. Drei Jahre lang mag bedeuten, über einen längeren Zeitraum, der zumindest etwas mehr als ein volles Jahr einschließt.[39]

Anders als in Jes 20 scheinen aber die Zahlen in einer ähnlichen Symbolhandlung, die von Ezechiel erzählt wird, eine tiefere Bedeutung zu haben. Der Prophet wird in Ez 4,4–8[40] von Gott angewiesen, sich auf seine linke Seite zu legen und die Schuld des Nordreiches Israel zu tragen. Er soll so 390 Tage liegen entsprechend der 390 Jahre der Schuld Israels. Aber damit nicht genug:

„Bist du damit fertig, dann lege dich zur Fortsetzung auf die rechte Seite und trage die Schuld des Hauses Juda vierzig Tage lang; je einen Tag für je ein Jahr bestimme ich dir. Dein Antlitz richte auf die Belagerung Jerusalems, dein Arm sei entblößt, und du sollt gegen es weissagen! Gib acht! Stricke lege ich dir an, damit du dich nicht von einer Seite auf die andere wenden kannst, bis die Tage deiner Belagerung zu Ende sind." (Ez 4,6–8)

Ezechiel verbüßt mit seiner Handlung symbolisch die Schuld des Nordreiches Israel und des Südreiches Juda. Diese Schuld wird – für uns etwas ungewöhnlich – in Jahren bemessen, für das Nordreich 390 Jahre und das Südreich 40 Jahre. Zeitlich festgesetzte Bestrafung ist ein Phänomen, das aus der Geschichte vom Auszug aus Ägypten bekannt ist. Als sich die Israeliten in der Wüste gegen Mose und Gott auflehnten, über ihre Situation murrten und das verheißene Land vor Augen nach einer Mission von Kundschaftern einiges daran auszusetzen hatten, zieht Gott die Konsequenzen und versagt ihnen die Ankunft im Lande Kanaan.

„Gemäß der Zahl der vierzig Tage, die ihr gebraucht habt, um das Land auszukundschaften – jeden Tag für ein Jahr gerechnet – sollt ihr vierzig Jahre lang für eure Verschuldungen Buße tun! Ihr sollt meine Gegnerschaft kennenlernen! Ich, der Herr, habe gesprochen: Fürwahr, so will ich handeln mit dieser ganzen bösartigen Gemeinde, die sich wider mich zusammengerottet hat; in dieser Wüste sollen sie alle umkommen und sterben!" (Num 14,34–35)

Insbesondere aufgrund der gleichen Zahlen liegt es natürlich nahe, die 40 Jahre der Strafe für Juda mit der 40jährigen Wüstenwanderung in Verbindung zu bringen. Aber für die 390 Jahre Israels ist dann leider keine entsprechende Lösung parat. So scheinen wir hier wie so oft, wenn es um symbolische Zahlenangaben geht, vor einem Rätsel zu stehen. Sicher ist, dass es sich bei den Jahren um Strafzeiten handelt. Dies kommt auch dadurch zum Ausdruck, dass im Text von Ez 4,8 Ezechiels auf Tage reduzierte symbolische Handlung Belagerungszeit genannt wird. Die Belagerung selbst – der hebräische Begriff bedeutet auch Bedrängnis – kann jedoch nur ein Bild für feindliche Bedrohung und Fremdherrschaft sein, da die Belagerung eines Reiches bzw. einer Stadt kaum über Jahrzehnte oder Jahrhunderte hinweg denkbar ist.

Erwartet Ezechiel demnach eine 40 Jahre lange Bedrängnis Judas, ein 40 Jahre langes Exil? – Das ist durchaus möglich, wenngleich an anderer Stelle 50 Jahre Exil erschlossen werden können (Ez 40,1). Aber wie verhalten sich dann wiederum die 390 Jahre für Israel zu diesen 40 Jahren?

Eine kurze historische Betrachtung gibt darüber Aufschluss: Im Jahre 722 v. Chr. wurde Samaria, die Hauptstadt Israels, von den Assyrern zerstört. Das Nordreich – schon wenige Jahre vorher auf einen Rumpfstaat reduziert – verlor seine Eigenstaatlichkeit und wurde in das Provinzsystem des assyrischen Imperiums integriert. Mit dem Nordreich, dessen Bevölkerung im assyrischen Großreich zerstreut neu angesiedelt wurde und dessen Gebiet mit Menschen aus anderen Teilen des Imperiums bevölkert wurde, erlosch der größte Teil von Gesamtisrael, nur das Südreich Juda blieb noch für gut ein Jahrhundert bestehen.

Rechnet man nun von 722 v. Chr., der Vernichtung des Nordreiches Israel und der Exilierung der Bevölkerung, 390 Jahre weiter, kommt man auf das Jahr 332 v. Chr. Das mag zwar für den einen oder anderen, der die 333 v. Chr. im Gedächtnis hat („Drei Drei Drei – bei Issos Keilerei"), eine bedeutende Jahreszahl sein, um so mehr, als im Jahr 332 v. Chr. Alexander der Große in Jerusalem gewesen sein soll. Aber lässt sich denn ein Bezug der Zahlen über Jahrhunderte herstellen, hätte Ezechiel im 6. Jh. v. Chr. schon an die hellenistische Epoche denken können und bedeutete diese denn tatsächlich das Ende der Bedrängnis für das Nordreich?

Näher liegt es da schon, die 390 und 40 Jahre im Endpunkt zu synchronisieren. Aber das ist unmöglich, ohne die Zahlen zu verändern. Doch ein Blick auf die griechische Bibelübersetzung leistet hier Abhilfe: Dort steht statt 390 eben 190 Jahre, und damit würde die Bedrängnis für Israel in der zweiten Hälfte des 6. Jh.s v. Chr. enden, und sie käme dem tatsächlichen Ende des Babylonischen Exils für Juda im Jahre 539 v. Chr. auch ziemlich nahe. Da man nicht weiß, ob der Verfasser von Ez 4 die Vernichtung des Nordreiches genau datieren konnte, könnte man also schließen, dass die symbolische Handlung des Ezechiels so zu verstehen ist, dass nach 40 Jahren der Bedrängnis nicht nur Juda die Freiheit zurückerhält, sondern zum gleichen Zeitpunkt auch das Nordreich rekonstituiert wird und auf diese Weise eine Wiederbelebung des Davidischen Großreiches möglich wird.

Aber auch diese Lösungsmöglichkeit ist zum Scheitern verurteilt. Die Symbolhandlung Ezechiels ist nämlich durch die klare Abfolge der Bußzeiten bestimmt, zuerst für Israel und dann für Juda. Dieses zeitliche Nacheinander zu synchronisieren und mit chronologischen Daten in Einklang zu bringen, mag zwar schon früh versucht worden sein – vielleicht lässt sich ja die Lesart 190 Jahre in der griechischen Übersetzung als ein solcher Versuch verstehen –, doch bei Ezechiels Symbolhandlung kommt es offensichtlich nicht darauf an, sondern auf die Gesamtsumme der Tage, die er symbolisch für Jahre der Schuld gebunden, erst auf der einen, dann auf der anderen Seite, liegt. Die Gesamtzahl lautet aber 430 Jahre. Und diese 430 ist exakt die Zahl der Jahre, die nach Ex 12,40 der Aufenthalt Israels in Ägypten gedauert hat. 430 Jahre verbrachte Gesamtisrael im Haus der Knechtschaft. Wenn dieser Bezug richtig ist, dann bedeutet die Zahl bei Ezechiel die Fülle der Bedrohung. Die Tage, die er für Jahre der Schuld liegen muss, ist also unabhängig von der tatsächlichen Schuld. Es geht nur darum, der Fülle der Schuld des Volkes die vollen Strafjahre der „Knechtschaft" zuzumessen. Die 430 Jahre in Ägypten sind dann durch den Verfasser des Textes als Strafjahre gedeutet, sie stehen symbolisch für die Fülle der Strafe für das Volk.

Von der Prophetie zur Apokalyptik

Größere Bedeutung erhalten Zeitangaben erst in der Apokalyptik, jener Geistesströmung, die mit einem Ende der Welt rechnet und dieses berechnen zu können meint. Während der alttestamentliche Prophet eher Gegenwartskritiker ist und darauf sieht, wo sich in seiner je eigenen Gegenwart der sprichwörtliche „Wurm" befindet, ist es späteren Generationen vorbehalten, sich Gedanken über die Geschehnisse des Weltendes und deren Vorboten zu machen. In der christlichen Tradition wurden diese ursprünglich unterschiedlichen Dimensionen vermischt. Das konnte deshalb passieren, weil eine klare Unterscheidung zwischen Prophetie und Apokalyptik schon in der für die Christen normativen griechischen Übersetzung der hebräischen Bibel nicht mehr getroffen wurde. Dort gibt es vier große Propheten, neben den eigentlichen Propheten Jesaja, Jeremia und Ezechiel wurde auch das apokalyptische Buch Daniel unter die Propheten gezählt. Diese Anordnung rührt wahrscheinlich daher, dass auch die Bücher der eigentlichen Propheten in fortgerückter Zeit mit apokalyptischen Ergänzungen versehen wurden und dadurch der grundsätzliche Unterschied zwischen einem Jesaja, Jeremia oder Ezechiel einerseits und einem Daniel andererseits nicht mehr deutlich wurde. Aber mit Daniel, der als Person zwar in der Zeit des Babylonischen Exils angesetzt wird, dessen Buch aber erst im 2. Jh. v. Chr. entstanden ist, sind wir gegenüber den historischen Propheten Israels tatsächlich in einer anderen Welt. In der Vorstellungswelt des Danielbuches geht es nicht mehr wie ehedem bei den Propheten um ein drohendes Ende Israels, sondern um ein kosmisch vorgestelltes Weltende, dessen Vorboten durch bestimmte Zeitangaben wie die siebzig Jahrwochen in Dan 9[41] eingesehen werden können. Das Buch Daniel konfrontiert uns mit einer Vorstellungswelt, die in der hebräischen Bibel zumeist in redaktionellen Zusätzen später Zeit vorliegt, im Neuen Testament aber in der Offenbarung des Johannes einen Nachfolger gefunden hat.[42]

Das Phänomen der Zahlensprüche

Völlig unabhängig von Zeitangaben in Prophetie und Apokalyptik bilden markante Beispiele für Zahlen in Prophezeiungen sogenannte Zahlensprüche. Im Buch des Amos aus Tekoa, des ältesten Schriftpropheten, der in der Mitte des 8. Jhs. v. Chr. im Nordreich Israel wirkte, ist eine Reihe solcher Zahlensprüche in den Kapiteln 1,3–2,16 erhalten.[43] Es handelt sich um Unheilssprüche gegen fremde Völker, die alle die gleiche Einleitung aufweisen. Ein komplettes Beispiel ist Am 1,3–5:

> „So spricht der Herr: ‚Wegen der drei, ja vier Verbrechen von Damaskus verzeihe ich es nicht: Weil sie Gilead mit eisernen Schlitten gedroschen haben, so sende ich Feuer in Hasaels Haus, daß es Benhadads Päläste verzehre. Ich zerbreche den Riegel von Damaskus, vertilge die Bewohner von Bikat-Awen und den Zepterträger von Bet-Eden.‘"

Was hat es mit diesen Sprüchen auf sich? – Der aufmerksame Leser eines solchen Textes ist wohl verwirrt: Da ist von drei Verbrechen, dann von vier Verbrechen von Damaskus die Rede, dann aber nur ein Verbrechen ausgeführt, nämlich „weil sie Gilead mit eisernen Schlitten gedroschen haben", und darauf folgt eine Unheilsansage Gottes, die das Gericht über den Stadtstaat Damaskus bzw. Aram verhängt.

Ist dem Schreiber des Textes einerlei, ob von drei oder vier oder nur von einem Verbrechen von Damaskus die Rede ist? – Wohl kaum. Bei der Nennung eines Verbrechens handelt es sich um eine exemplarische Aussage. Das ergibt sich aus Am 2,6–16, der sogenannten Israel-Strophe des Fremdvölkergedichts. Dort heißt es – Am 2,6–8:

„So spricht der Herr: ‚Wegen der drei, ja vier Verbrechen von Israel verzeihe ich es nicht: Weil sie den Gerechten um Geld verkaufen, den Armen für ein Paar Schuhe. Sie zertreten auf dem Staub der Erde das Haupt der Geringen und drängen den Elenden vom Wege ab. Sohn und Vater gehen zur selben Dirne, um meinen heiligen Namen zu schänden. Sie strecken sich aus auf gepfändeten Kleidern neben jedem Altar und trinken Wein von (schuldlos) Bestraften im Haus ihres Gottes.'"

Wie viele Verbrechen werden hier Israel vorgeworfen? – Es kommt darauf an, wie man zählt! Zählt man einfach die Vorwürfe, dann kommt man auf sieben. Ordnet man sie aber nach Themen, dann kommt man auf vier Verbrechen, die Israel zur Last gelegt werden: Schuldsklaverei, Unterdrückung von Armen, Missbrauch von Mädchen und Ausnutzung Verschuldeter. Die letztgenannte Möglichkeit ist vorzuziehen, denn sie wird einer der zentralen hebräischen Versformen gerecht, in der eine Zeile in zwei Vershälften eine Gesamtaussage bildet. Dies führt uns auf die Bedeutung der Rede von drei, vier Verbrechen: Es handelt sich um eine um 1 und 2 verkürzte Kurzzählung, bei den Zahlensprüchen also um Zählsprüche.

Solche Zahlen- oder Zählsprüche finden sich in der hebräischen Bibel häufiger, aber nicht in der prophetischen Literatur, sondern fast ausschließlich in der weisheitlichen Literatur. So lesen wir im 30. Kapitel des Buches der Sprüche:

„Drei sind es, die zu wunderbar für mich, vier, die ich nicht begreifen kann: der Weg des Adlers an dem Himmel, der Weg der Schlange über Felsen, des Schiffes Weg auf hoher See, des Mannes Weg bei einer jungen Frau."

Sprüche dieser Art verdanken sich in der Weisheit wohl der pädagogischen Absicht, dem Gedächtnis mit der Angabe der Zahl auf die Sprünge zu helfen. Aber damit ist nur ein Sonderfall der Verwendung von Zahlensprüchen angegeben. Der Ursprung dieser Zahlensprüche liegt nämlich auf einer ganz anderen Ebene, und zwar in der Rätselfrage.

Rätsel spielten im gesellschaftlichen Leben des Alten Orients eine durchaus beachtliche Rolle. Sie dienten der Unterhaltung, wurden aber auch in Situationen, wo es um Leben und Tod ging, verwendet. Die Lösung von Rätseln im letztgenannten Sinne hatte etwas mit Macht zu tun. Ein Rätsel zu stellen, bedeutete, den Befragten auf eine Machtprobe zu stellen, ein Rätsel zu lösen, bedeutete einen Machterweis. In diesem Sinne ist die Geschichte vom Besuch der Königin von Saba bei König Salomo in 1 Kön 10,1–13 zu verstehen. Der Besuch erfolgt mit dem Ziel, Salomo „durch Rätsel auf die Probe zu stellen" (V. 1). Der „weise" Salomo kann – so der Text weiter – der Königin Rede und Antwort stehen und erweist sich damit und auch angesichts seiner Schätze – Weisheit bedeutet im Alten Testament nicht nur eine geistige Begabung, sondern hat viel mit praktischer Lebensgestaltung und Erfolg zu tun – als noch weiser als von der Königin von Saba vermutet:

„und sie sprach zum König: ‚Was ich in meinem Land über deine Verhältnisse und deine Weisheit vernommen habe, entspricht der Wirklichkeit. Nur wollte ich den Gerüchten nicht glauben, bis ich selber kam und es mit eigenen Augen sehen konnte. Da fand ich, daß ich nicht die Hälfte von dem, was ich hier sah, erfahren hatte. Deine Weisheit und dein Reichtum übertreffen die Kunde, die ich vernommen habe.'"

Rätsel mit Unterhaltungswert wurden vor allem bei Festen mit freudigem Anlass gestellt, so wohl vor allem bei Hochzeitsfeiern. Ein solches Fest bildet auch den Hintergrund für den Rätselwettstreit, der zwischen Simson und Gästen bei dessen Hochzeit mit einer philistäischen Frau stattgefunden haben soll (Ri 14,12–14).

„Simson sprach zu ihnen: ‚Ein Rätsel will ich euch aufgeben: Wenn ihr mir innerhalb von sieben Tagen, solange die Hochzeitsfeierlichkeiten dauern, die Lösung sagt, gebe ich euch dreißig Leinenkleider und dreißig Festgewänder. Könnt ihr mir aber die Lösung nicht angeben, so müßt ihr mir dreißig Leinenkleider und dreißig Festgewänder geben.' Sie antworteten ihm: ‚Gib uns dein Rätsel auf, wir möchten es hören!' So sprach er zu ihnen: ‚Vom Fresser strömt Futter, vom Starken quillt Süßigkeit hervor.'"

Kein Wunder, dass die Hochzeitsgäste das Rätsel nicht selbst lösen konnten! Simson hatte gemäß Ri 14 nämlich einige Tage vorher auf dem Weg nach

Timna einen Löwen erschlagen und auf dem Rückweg im Aas des Löwen einen Bienenschwarm und Honig vorgefunden. Diese Begebenheit hatte er in ein Rätsel gekleidet. Die Hochzeitsgäste konnten es deshalb auch nicht lösen, machten sich also an die Frau des Simson heran und überredeten sie, von Simson des Rätsels Lösung zu erfragen. Simson wurde von seiner Frau solange bearbeitet, bis er ihr schließlich nachgab. Sie teilte es ihren Landsleuten mit, und diese legten nun Simson als Lösung erneut eine Rätselfrage vor – Ri 14,18:

> „‚Was ist süßer als Honig, was stärker als der Löwe?' Er aber antwortete ihnen: ‚Hättet ihr nicht mit meinem Kalb gepflügt, meine Rätsel hättet ihr nicht gelöst.'"

2.5. „Jetzt hast du aber ganz schön übertrieben!" – Unglaubliche Zahlen

> *„Der König machte in Jerusalem das Silber so häufig wie Steine, und die Zedern wie Maulbeerfeigenbäume in der Niederung."* 1 Kön 10,27

Wenn sich Verliebte in Briefen tausend Küsse schicken, wenn man es am Tag vorher hundertmal versucht hat, einen anderen telefonisch zu erreichen, wenn man tausend Dinge zu tun hat, werden auch heute Zahlen in einem völlig unmathematischen Sinn verwendet. Zahlen in solchen Zusammenhängen sind Symbole: Tausend Küsse stehen für ein Übermaß an Liebe und Zuwendung, die hundert Versuche für ihre vielfache, auch andauernde Wiederholung, die tausend Dinge für eine Steigerung des Superlativs, für extrem viele Dinge oder einfach viel zu viel. Die größeren Schwellenzahlen des Dezimalsystems werden eben nicht nur als runde Zahlen, sondern auch zur Bezeichnung des Superlativs verwendet. Und wenn man solche Zahlen als Zählwerte versteht und damit auch missversteht, dann kommt man schnell zur Gewissheit: Hier übertreibt aber einer ganz gewaltig!

Diese Art der Verwendung von Zahlen gibt es auch schon in der Bibel. Angesichts der Grenzen in der Beherrschung des Zahlenraumes werden ohnehin hyperbolische Ausdrücke begünstigt. Ausdrücke dieser Art können Bilder sein wie die Wendung „zahlreich wie der Sand am Meer". Damit wird Israel in der Verheißung Gottes als ein so zahlreiches Volk beschrieben, dass es nicht mehr zählbar ist. Aber auch Zahlen wie zum Beispiel die 10 000 mal 10 000 im Buch Daniel (Dan 7,10) und in der Offenbarung des Johannes (Offb 5,11) können die gleiche Funktion erfüllen.

Die eigentlichen hyperbolischen Zahlenausdrücke werden im Unterschied zu den Grenzbegriffen bewusst gesetzt, um durch Übertreibung etwas anderes, Wesentlicheres im jeweiligen Text zu veranschaulichen.

Man kann solche Zahlen eigentlich leicht identifizieren, ein gewisses Wissen um die jeweiligen Maßeinheiten vorausgesetzt, wenn man sich die entsprechenden Mengen vorstellt. Durch unseren zeitlichen Abstand von den biblischen Autoren und der Welt, in der sie lebten, müssen wir unserer Vorstellungskraft jedoch häufig ein wenig auf die Sprünge helfen.

Enormes Bauvorhaben oder Protzerei? – Die Zahl der Arbeiter beim Bau des salomonischen Tempels

Der Mensch hat eine gewisse Neigung dazu, Erfolge, auf die er stolz ist, etwas größer darzustellen, als sie tatsächlich waren. Mag das auch nicht auf jeden Zeitgenossen zutreffen, wohl fast jeder erwischt sich einmal dabei, wie er eine zurückliegende Begebenheit in strahlenderen Farben ausmalt und damit seinen eigenen Anteil daran in helleres Licht setzt.

Ist das in der Bibel anders? – Sehen wir uns ein Beispiel an: 1 Kön 5[44] schildert, wie unter der Regierung Salomos der Tempel in Jerusalem gebaut wurde. Neben Angaben über Bauzeit, Größe und Ausstattung finden sich auch solche über die an diesem Projekt beteiligten Arbeitskräfte.

„Der König Salomo ließ aus ganz Israel einen Frondienst aufstellen; zur Fron gehörten 30 000 Mann. Er sandte davon auf den Libanon 10 000 Mann abwechselnd jeden Monat; einen Monat waren sie also auf dem Libanon und zwei Monate zu Hause. Adoniram war Fronaufseher. Dazu hatte Sa-

lomo 70 000 Lastträger und 80 000 Steinhauer im Gebirge. Nicht einge-
rechnet sind dabei die 3600 Werkführer der Statthalter Salomos, welche die
Arbeit zu beaufsichtigen hatten. Sie führen die Leute bei der Arbeit an." (1
Kön 5,27–30)

Über die Größe des Jerusalemer Tempels wissen wir bereits Bescheid. Er war
höchstens 30 Meter lang, 10 Meter breit und 15 Meter hoch, sicherlich ein für
damalige Verhältnisse imposantes Gebäude, aber kein gigantisches Bauwerk,
zumal es schon von dem fast doppelt so großen Palast, den Salomo für sich
selbst erbauen ließ, bei weitem in den Schatten gestellt wurde. Stellen wir uns
die Gesamtzahl von 180 000 Arbeitskräften vor für einen Bau, der gerade einmal die Größe einer eher kleinen Dorfkirche in unseren Breiten hat!

Nimmt man diese Zahlen für bare Münze, lässt sich rätseln: Wo bekam man
so viele Arbeitskräfte her? Wie war ihre Versorgung zu sichern? Wie konnten
sie untergebracht werden? Was hatten so viele überhaupt zu tun, war nicht ein
großer Teil zur „Arbeitslosigkeit" verurteilt?

Die einzige Möglichkeit, die Zahlen zumindest im Prinzip als stimmig zu
erklären, besteht darin, die Tausender nicht wörtlich zu nehmen, sondern als
unbestimmt große Zahlen zu deuten.[45] Dann wäre von 30, 70 und 80 Trupps
bzw. Kolonnen die Rede. Aber dass *äläf* hier nicht wie sonst auch „tausend"
bedeuten soll, leuchtet nicht ein. Dies ist um so weniger der Fall, als die 3600
„Vorarbeiter" sich nicht in drei Trupps und 600 Mann aufteilen lassen und
außerdem die 3600 zu den 180 000 Arbeitskräften bestens passt: Auf 50 Arbeiter kommt bei diesen Zahlenangaben ein Vorarbeiter. 50er-Abteilungen
sind aber in Israel durchaus üblich, wie ein Blick auf das Heerwesen zeigt (2
Kön 1,9).[46]

Auch die Bücher der Chronik bestätigen, dass *äläf* als die Zahl „tausend"
verstanden wurde. In 2 Chr 2 sind zwar die 30 000 Arbeiter für den Libanon
weggelassen worden, womit das Verhältnis von Vorarbeitern und Arbeitern
von 1:50 dahin ist, und außerdem werden die Vorarbeiter auch aus den Reihen
der nichtisraelitischen Bevölkerung rekrutiert, aber der Chronist bietet dafür
die Gesamtsumme von 153 600 Fremdarbeitern, was aus mathematischer Perspektive eine äußerst runde Zahl ist ($3 \times 2^{11} \times 5^2$).

Wenn man aber die Zahlen der Arbeiter, die am Tempelbau mitgewirkt
haben sollen, nicht auf irgendeine Weise verkleinern kann, dann bleibt nur

eine einzige Deutungsmöglichkeit für sie übrig: Es sind weit übertriebene Zahlen.

Also ist die ganze Sache getürkt? Die Zahlen stimmen nicht, also wurde gelogen? – Wenn man diese Fragen bejaht, setzt man ein modernes und noch dazu auf Mathematik enggeführtes Zahlenverständnis voraus: Zahlen müssen stimmen! Für die Bibel und den Alten Orient stimmt aber genau diese Voraussetzung nicht. Hohe Zahlen bedeuten eben auch etwas, sie steigern die Bedeutung des Erzählten. Große Zahlen sind gleichsam Superlative.

Im Alten Orient kommt außerdem noch der besondere königliche Prunk- und Protzstil hinzu, der dazu führte, dass man übertreiben musste, um bei seinen Untertanen Gefallen zu finden. Da reichte es nicht aus, in einem Kriegszug einige Völker unterworfen zu haben, sondern es müssen so viele sein, dass man die Menschen nicht zählen konnte. Da reichte es nicht, in Ägypten eingefallen zu sein, sondern man musste ganz Ägypten unterworfen haben. Da reichte es nicht, ein anderen Regenten ebenbürtiger König zu sein, man musste der König sein, der alle anderen übertrifft.

Dass solche Protzerei auch im Alten Testament zu finden ist, zeigen die Erzählungen von Salomos Reichtum, der, wie in 1 Kön 10,23 überschwenglich berichtet wird, größer war als bei allen Königen auf Erden. Ob das so stimmt? – Wir dürfen es durchaus bezweifeln! Aus der Sicht der wirklichen Großreiche des Alten Orients dürfte das davidisch-salomonische Israel nicht, wie in der Bibel gefeiert, ein Großreich, sondern eher ein etwas vergrößerter Stadtstaat gewesen sein, und die Reichtümer eines solchen Landes vielleicht durchaus begehrenswert, aber nur, um sie als verschwindenden Bruchteil den eigenen Reichtümern hinzuzufügen.

Wenn wir also genötigt sind, die Zahl der Arbeiter am Tempelbau unter die Rubrik „Übertriebene Zahlen" abzulegen, was sollen diese Zahlen dann besagen? – Sie betonen den Aufwand für den Tempelbau, verstärken seine Bedeutung: Solch ein riesiger Aufwand für den Tempel wurde betrieben, weil er für so wichtig angesehen wurde. Gerade das Beste war gut genug, um für Gott eine würdige Wohnstätte zu schaffen. Einige Lorbeeren fallen außerdem für den ab, unter dessen Regentschaft der Tempel gebaut wurde. Salomo war es, der den Aufwand nicht scheute, mit dem Tempel seinem Jahwe-Glauben ein Denkmal zu setzen. In der Geschichte Israels hat das Verdienst Salomos, den Tempel erbaut zu haben, wesentlichen Einfluss auf seine Bewertung gehabt.

Anders als sein Vater David, der zwar viele Macken, aber nur ein wirkliches Manko hatte, nämlich den Tempel nicht erbaut zu haben, erscheint nämlich Salomo eigentlich in ungünstigem Licht. Schon historisch betrachtet war seine Regentschaft, an deren Ende die Aufspaltung Israels in Nord- und Südreich stand, problematisch gewesen. Aber dies und all seine ihm nachgesagten Eskapaden mit Frauen (1 Kön 11,1–10; vgl. Sir 47,19–22) prägten kein eindeutig negatives Salomo-Bild, denn Salomo war es eben gewesen, der dem Herrn eine würdige Wohnstätte errichtet hat:

> „Als Salomo regierte, herrschte Frieden, und Gott verschaffte ihm von allen Seiten Ruhe. Da baute er ein Haus für seinen Namen und gründete ein Heiligtum für immer." (Sir 47,13)

Die 10 000 Talente in Mt 18,23–35

Wenn einem die Schulden über den Kopf zu wachsen drohen, wünscht man sich manchmal, es müsste einen Schlag tun und alle Schulden wären weg. In Mt 18,23–35 tut es zwar keinen Schlag, aber das Ergebnis ist – leider nur vorläufig – das gleiche. Matthäus erzählt davon in einem Gleichnis Jesu über das Himmelreich zum Thema Vergebung: Bei einem König hatte ein Diener eine Schuld von 10 000 Talenten. Auf die Bitte des Schuldners, der Herr möge doch Geduld mit ihm haben, wurde ihm vom König nicht nur der erwünschte Aufschub gewährt, sondern sogar die Schuld vollständig erlassen. Als der Diener hinausging, traf er auf einen anderen Diener, der ihm 100 Denare schuldete. Von diesem forderte er die Schuld zurück, ließ sich auch durch dessen Flehen nicht erweichen und ihn ins Gefängnis werfen. Als der König davon unterrichtet wurde, stellte er den Diener zur Rede, hob seinen Schulderlass auf und ließ ihn ebenfalls verhaften.

Um den Sinn dieses Gleichnisses angemessen zu verstehen, ist auch die Kenntnis der Höhe der genannten Schuldbeträge wichtig. Schon die Zahlen 10 000 und 100 machen deutlich, dass der Unterschied zwischen der Schuld der Hauptfigur und des ihm geschuldeten Betrags erheblich ist. Aber als noch weitaus größer erweist er sich, wenn man die Recheneinheiten Talent und Denar vergleicht: Der Denar war eine Silbermünze von etwa 3 g Gewicht, die zur römischen Währung gehörte und die von Nero mit der Drachme, dem griechischen Pendant, gleichgesetzt wurde. Ein Denar oder eine Drachme war keineswegs ein Pfennigbetrag, sondern entsprach dem Verdienst des Tagelöhners für einen Tag Arbeit. So sind 100 Denar zwar keineswegs nur „Peanuts", aber im Vergleich mit den 10 000 Talenten sind sie geradezu nichts. Das Talent ist nämlich ein Gewicht, das – in der Regel auf 41 kg umgerechnet – als Einheit von 6000 Drachmen festgelegt ist. Der Diener schuldet dem König demnach die Summe von 60 Millionen Drachmen, also 600 000 mal mehr, als der andere Diener ihm selbst schuldet.

Die 10 000 Talente sind eine wahrhaft astronomische Summe, die in der Erfahrungswelt des Leser des Matthäusevangeliums wohl ähnliche Assoziationen auslöst wie die Rede von mehreren Millionen Mark. Vergleicht man nämlich die 10 000 Talente mit im ersten Jahrhundert nach Christus gängigen Beträgen, wird die Höhe des Schuldbetrags mehr als deutlich: Nach Flavius Josephus betrugen die Steuererträge der Söhne des Herodes, des Großen, der Kleinkönige Philippus 100, Herodes Antipas 200 und der des Archelaos 600 Talente.[47]

In dem Gleichnis werden die Zahlen und Maßeinheiten also verwendet, um die unvorstellbare, da unbegrenzte Vergebungsbereitschaft Gottes (im Bild: des Königs) zu veranschaulichen. Gott vergibt, er hat den Diener „erlöst", das Verhalten des Dieners aber entspricht nicht der erfahrenen Vergebung: Er ist unbarmherzig wie kleinkariert und damit der Ent-Schuldigung unwürdig. Die hyperbolisch gebrauchten 10 000 Talente verdeutlichen den alles menschliche Maß übersteigenden Erlösungswillen Gottes, dem der Mensch als Erlöster in seinem Verhalten gegenüber seinen Mitmenschen analog entsprechen muss.

Mit kleinen „Zahlen" zum Sieg

Zu den „unglaublichen" Zahlen gehören auch Angaben in Kriegsberichten, die in der Bibel vom Sieg Israels über zahlmäßig weit überlegene Feinde erzählen. Wenn wir einen unerwarteten Erfolg über einen übermächtigen Gegner metaphorisch ausdrücken wollen, verwenden wir wohl spontan ein biblisches Bild: David gegen Goliath. Goliat, der Riese, der schwerbewaffnet, aber vor allem übermenschlich, wie er war, das gesamte Heer Sauls in Schrecken versetzte, er ist Symbol für die feindliche Übermacht. David, der Dreikäsehoch mit einer lächerlichen Schleuder, die eher einem Kinderspielzeug als einer Waffe gleichkommt, steht für die vermeintliche Ohnmacht. Es ist der klassische Konflikt zwischen dem Kleinen und Schwachen und dem Großen und Starken, der zum Glück nicht immer dem Naturgesetz von der Macht des Stärkeren gehorcht. Es ist nicht nur tröstlich, dass dieser Konflikt einmal anders ausgeht, es ist auch von elementarer psychischer Bedeutung, wie sich nicht zuletzt an der Wiederkehr dieses Motivs in zahlreichen volkstümlichen Märchen wie Hänsel und Gretel, dem Däumling, dem tapferen Schneiderlein oder dem Teufel mit den drei goldenen Haaren zeigt.

Natürlich kann man die Geschichte von David und Goliath anzweifeln: Ist das nicht eine typische, idealisierte Darstellung, die nur den Nimbus des gerechten Sieges verbreiten will, obwohl es in Wirklichkeit bei diesem vermeintlichen Sieg des Kleinen über den Großen ganz anders zugegangen ist. „David hat gesiegt. Es war ein Sieg der rohen Kraft über den Geist des Friedens. Goliath – das wird kein wahrheitsliebender Mensch noch länger bezweifeln – wurde das Opfer einer schamlosen Aggression." So endet die bissige Satire „Unfair zu Goliath" von Ephraim Kishon, in der er den Siebentage-Krieg Israels auf die Schippe nimmt.[48]

Aber wie ist das in der Bibel wirklich? Da gibt es ja nicht nur die Geschichte von Davids Sieg gegen Goliath, sondern zahlreiche Kriegserzählungen, in denen eine kleine Schar den Sieg über ein zahlenmäßig weit überlegenes Heer davonträgt. Sollen solche Geschichten auch nur den Nimbus des gerechten Krieges verbreiten? Oder beruhen die Zahlen auf historischen Fakten? Oder soll damit etwas ganz Anderes ausgedrückt werden?

Zur Zeit der Richter, in jener Epoche Israels, die sich in der biblischen Geschichtsschreibung von der Landnahme bis zur Begründung des Königtums erstreckt, soll nach Ri 7[49] der Richter Gideon einen Feldzug gegen die im Lande eingefallenen Midianiter unternommen haben. Midian war ein Beduinenvolk, mit dem es zwar häufiger Spannungen gab, dem sich Israel aber verwandtschaftlich verbunden wusste. Abraham galt als Vater Midians, und auch von Moses Beziehungen zu den Midianitern weiß die biblische Überlieferung. Gideon hat laut Ri 7 alle ihm zur Verfügung stehenden Streitkräfte aus mehreren Stämmen, insgesamt 32 000 Mann, wie es später heißt, gesammelt und Stellung in der Nähe des Lagers der Feinde bezogen. Aber Gott, dem Herrn, waren die Leute Gideons zu zahlreich, und weil er verhindern wollte, dass Israel nach einem Sieg der Illusion verfalle, aus eigenen Kräften die Midianiter geschlagen zu haben, ließ der Herr Gideon all die Männer heimschicken, die Angst vor dem bevorstehenden Kampf hatten. So seltsam die Anfrage Gideons auf seine Krieger gewirkt haben mag – normalerweise versucht man ja als Heerführer, Angst überhaupt nicht erst aufkommen zu lassen und seine Männer auf den Sieg einzuschwören, aber es gibt eben eine entsprechende Bestimmung in Dtn 20,8 –, von den Kriegern outeten sich mehr als zwei Drittel, nämlich 22 000, und verließen das Heerlager. 10 000 Mann blieben. Aber damit nicht genug:

> „Dann sprach der Herr zu Gideon: ‚Noch ist das Kriegsvolk zu zahlreich; führe sie also ans Wasser hinunter, dort will ich sie dir sichten.'" (Ri 7,4)

Und jetzt wird es noch seltsamer: Gideon führte die Männer zum Wasser und ließ sie dort trinken. Nach der vorher erfolgten Bestimmung Gottes sollte er aber die, die sich zum Trinken hinknieen und das Wasser mit der Hand schöpfen würden, entlassen und nur die behalten, die das Wasser wie Hunde mit der Zunge aufleckten. Das waren gerade einmal 300 Mann.

> „Da sprach der Herr zu Gideon: ‚Mit den dreihundert Mann, die das Wasser leckten, will ich euch erretten und die Midianiter in deine Gewalt geben.'" (Ri 7,7)

Tatsächlich konnte mit dieser kleinen Schar Midian in die Flucht geschlagen werden. Ein Traum eines Midianiters von einem ins Lager rollenden Gerstenbrot kam dabei Gideon zu Hilfe. Als er mit seinem Burschen Pura das Lager der Midianiter ausspionierte, hörte er von diesem Traum, der von seinen Gegnern selbst auf die bevorstehende Niederlage gegen Israel gedeutet wurde. Wie dieser Traum von Gott kam, ohne dass dies gesagt werden müsste, so verbreitete sich beim nächtlichen Angriff der Israelitenschar, die nur mit ihren Widderhörnern Lärm machten und mit Fackeln für Beleuchtung sorgten, im Lager der Midianiter ein Gottesschrecken:

> „Als man in die dreihundert Posaunen stieß, da richtete der Herr das Schwert des einen gegen den andern im ganzen Lager." (Ri 7,22)

Dem heillosen Durcheinander folgte die Flucht aus dem Lager. Das Nachsetzen der Israeliten, bei dem dann wieder weitere Krieger beteiligt waren, war erfolgreich. Am Ende nahm Gideon mit seiner Schar die Anführer der Midianiter, die Könige Sebach und Zalmunna gefangen, indem er sich gegen den Rest der Heerschar, 15 000 Männer aus einem Heer von ursprünglich 120 000 Mann, durchsetzte.

Wenn wir uns die Zahlen ansehen, dann war Israel schon am Anfang Midian zahlenmäßig unterlegen. Auf einen Israeliten kamen knapp vier Midianiter. Nach der ersten Aussiebung war das Verhältnis 1 zu 12, beim Überfall des Lagers 1 zu 400 und beim Nachsetzen immerhin noch 1 zu 50. Mit 300 Mann wurde ein Heer aufgerieben, das – so der Text – massenhaft wie Heuschreckenschwärme, dessen Kamele nicht zu zählen war, weil sie so zahlreich waren wie der Sand am Ufer des Meeres. (Ri 7,12)

Nun spielt bei diesem Sieg unsere Frage nach einem gerechten Krieg natürlich überhaupt keine Rolle. So brutal Gideon auch im Rahmen dieser Auseinandersetzung vorgegangen sein mag, gerecht war der Krieg allemal. Mag uns das auch fragwürdig erscheinen, angesichts dessen, dass Gideon im Anschluss an den Kriegszug die Ältesten der Ortschaft Sukkot töten ließ und die Burg Penuel niederriss, weil diese ihm die Unterstützung verweigert hatten, die Gerechtigkeit des Krieges gegen Midian, zumal es ja ein Verteidigungskrieg war, steht außer Frage. Das „David gegen Goliat"-Motiv ist, wie sich am Text des Richterbuches zeigt, vielmehr religiös begründet. Es geht ausdrücklich darum, den Kriegserfolg als Geschenk Gottes darzustellen. Nicht Israel erkämpft sich den Sieg, Gott schenkt ihn.

Dass es sich bei dem in Ri 7–8 erzählten Krieg um ein historisches Ereignis handelt, ist mehr als fraglich. Natürlich gab es Kriege, in denen zahlenmäßig unterlegene Gegner die Oberhand behielten, sei es durch eine besondere Strategie oder irgendeine Kriegslist, aber die Geschichte von Ri 7–8 erinnert in ihrem Kern doch trotz konkreter Züge viel eher an eine Heldensage, denn an einen Kriegsbericht. Der Text bietet nicht Historie, sondern Heilsgeschichte, er kündet von einem Gott, der für sein Volk in die Geschichte eingreift und sich darin als mächtig am Werke erweist, von einem Gott, der für sein Volk handelt und das Selbstbewusstsein dieses Volkes bestimmt: Israel kann sich nicht seiner eigenen Erfolge rühmen, sondern nur seines Gottes. Selbstruhm ist in diesem Glauben Israels Hybris, Verkehrung der Tatsachen und Anmaßung.

Die in Ri 7–8 erwähnten Zahlen sind demnach nicht historisch zu nehmen. Mögen sie im Grunde vorstellbar sein, ihre Funktion besteht letztlich allein darin, die theologische Aussage des Textes zu unterstreichen: Eine „Hand voll" konnte sich gegen eine Masse, zahlreich wie Heuschrecken und wie der Meeressand, durchsetzen, weil es nicht auf die Leistung der wenigen ankam. Der Sieg war ein Geschenk Gottes.

2.6. Zwölf – Eine Zahl zwischen Altem und Neuem Testament

> *„Die zwölf Tore sind zwölf Perlen, jedes einzelne Tor aus einer einzigen Perle."*
> Offb 21,21

Zwölf ist Israel!

Die Zwölf spielt in der Bibel eine außerordentliche Rolle. Sie ist die Zahl, die die Vollständigkeit des Gottesvolkes ausdrückt. Israel ist in seinem eigenen Selbstverständnis ein Volk, das aus zwölf Stämmen besteht, die ihrerseits auf die zwölf Söhne Israels zurückgehen.

Von diesen zwölf Söhnen wird im Buch Genesis erzählt. Die Mutterschaftsverhältnisse sind einigermaßen kompliziert: Ruben als Erstgeborener sowie Simeon, Levi und Juda sind nämlich laut Gen 29,31–35 Söhne Jakobs und Leas, zu denen später noch Isaschar und Sebulon hinzukamen – und schließlich mit Dina auch eine einzige Tochter (Gen 30,16–21). Dan und Naphtali sind Söhne Jakobs von Bilha, der Leibmagd Rahels (Gen 30,4–8), Gad und Asser die Söhne Jakobs von Silpa, der Leibmagd Leas (Gen 30,9–13), Joseph und Benjamin schließlich die Söhne Jakobs und Rahels (Gen 30,22–24; 35,16–18). Einen Überblick dazu bietet Gen 35,22–26.

Die Geschichte um die Geburt der Nachkommenschaft ist von der Konkurrenz der Ehefrauen bestimmt. Wer steht Jakob näher? – Die „triefäugige" Lea – vergleiche dazu Gen 29,17: „Leas Augen waren matt"[50] –, die ihr Vater Laban dem Jakob in der Hochzeitsnacht untergeschoben hat, oder Jakobs Augenstern Rahel?

Söhne sind bei diesem Konkurrenzkampf von großer Bedeutung. Deshalb werden auch die Leibmägde in das Projekt Nachkommenschaft für Jakob mit eingespannt und haben stellvertretend für ihre Herrin dem Jakob Söhne zu gebären. Mag es auch befremdlich erscheinen, vorausgesetzt ist in dieser Erzählung wie in anderen Geschichten der Väter Israels eben nicht die Monogamie, sondern eine polygame Lebensform, in der der Vater der Großfamilie oder Sippenälteste ganz natürlich mehrere Frauen hatte.

Das Entscheidende an unserer Geschichte ist aber nicht die Frage nach Mono- und Polygamie, sondern die nach dem Ursprung Israels. Jakob ist der eigentliche Ursprung Israels, er ist und heißt auch Israel (Gen 32,29), und aus ihm geht Israel in zwölf Stämmen hervor. In den Geschichten, die um Jakob und seine Nachkommenschaft kreisen, beschäftigt sich Israel demnach mit der eigenen Identität als Volk, und es spielen in diese Geschichten immer auch spätere Einsichten und Verhältnisse mit hinein.

In diesem Fall sind diese Faktoren besonders erheblich. Historisch lässt sich nämlich nicht sichern, dass Israel tatsächlich als Zwölfstämme-Verband existiert hat. Beim Auszug aus Ägypten, aber auch bei der Landnahme Israels, wie sie im Buch Josua erzählt wird, ist zwar ein Zwölfstämme-Verband vorausgesetzt, aber die Verteilung des Landes funktioniert auch da nicht nach dem Zwölferprinzip. Der Stamm Levi geht leer aus, bekommt kein eigenes Stammgebiet, sondern Anteile anderer Stämme, der Stamm Josef wird in zwei Stammgebiete aufgeteilt, nach den Söhnen Josefs, Manasse und Ephraim.

Aber schon die Darstellung der Landnahme im Josuabuch ist historisch unzuverlässig, sie verlief nach gängiger wissenschaftlicher Ansicht in unterschiedlichen Phasen, und nicht alle Stämme sind aus Ägypten nach Kanaan gekommen.[51] Die Größe Israel als Einheit von zwölf Stämmen hat sich historisch wahrscheinlich erst viel später herauskristallisiert, frühestens in der Zeit Sauls und Davids. Dabei lassen die Geschichten von der Entstehung des Königtums in Israel, die im ersten Samuelbuch festgehalten sind, noch durchblicken, dass es sich bei der Zwölfstämme-Verbindung vorerst um einen Heerbann gehandelt hat. Zum Zwecke der Verteidigung gegen einen übermächtigen Gegner, nämlich die Philister, verbündete man sich, nach erfolgreicher Kriegsführung ging man wieder auseinander. Erst David hat eine Reichseinigung aus den 10 Nordreich-Stämmen und 2 Südreichstämmen

(Juda und Benjamin) herbeigeführt, die nach dem Tod seines Nachfolgers Salomo aber wieder zerbrach.

So scheint es sich bei der Konzeption Israels als Zwölfstämmevolk um eine Fiktion zu handeln, die sich nach dem Ende des davidischen Großreiches im Verlaufe der Geschichte der getrennten Reiche herausgebildet hat und nach der Zerstörung des Nordreiches im Jahre 722 v. Chr., dann aber vor allem in der Zeit des babylonischen Exils (597/587–539 v. Chr.) und danach programmatische Zielvorstellung für ein vollständiges und intaktes Israel geworden ist.

Wenn aber Israel als Zwölfstämmevolk eine Fiktion und nie historisches Faktum gewesen ist, wie ist es dann zu erklären, dass sich diese Identitätsfigur dermaßen stark etablieren konnte. Zur Erklärung des Phänomens der „Zwölf" genügt wohl kaum, dass die Vision eines vollständigen und intakten Israels eine solche Macht hatte, denn sie erklärt gerade nicht die Zwölfzahl. Es muss wohl vielmehr mit der Zwölfzahl selbst zu tun haben.

Zahlensymbolisch ist die Zwölf im Alten Orient eine durchaus wichtige Zahl. Im Sexagesimalsystem der Babylonier ist sie quasi eine Grundzahl, und ihre Bedeutung kommt ihr durch die 12 Mondmonate eines Jahres und die darin sichtbaren Sternbilder, die Tierkreiszeichen, zu. So lag es auch für Israel nahe, die Zwölf als Einheitszahl zu verstehen und vom vollständigen Ablauf eines Jahres auf die Vollständigkeit des Volkes zu übertragen.

Dass dabei astronomische Aspekte nicht ausgeschlossen werden können, zeigt eine Geschichte von Josefs Träumen, mit denen es sich Josef bei seinen Brüdern verscherzt haben soll. In Gen 37,9–11 wird von Josef erzählt:

„Er hatte noch einen anderen Traum, den er seinen Brüdern erzählte: ‚Hört, ich hatte noch einen anderen Traum: Die Sonne, der Mond und elf Sterne haben sich tief vor mir verneigt.' Da er dies seinem Vater und seinen Brüdern erzählte, schalt ihn sein Vater und sagte zu ihm: ‚Was hat das zu bedeuten, was du träumtest? Sollen etwa ich, deine Mutter und deine Brüder herankommen und uns vor dir auf den Boden werfen?' Seine Brüder wurden auf ihn eifersüchtig; es merkte sich aber sein Vater die Sache."

Jakob weiß sofort, wie der Traum seines Sohnes zu deuten ist, und ist erbost, denn in diesem Traum ist die Ordnung auf den Kopf gestellt. Josef ist eben auch nur ein Stern, nicht Sonne und Mond. Im Traum Josefs sind die das Jahr betreffenden astronomischen Konstellationen offenkundig vorausgesetzt und auf Jakob, seine Frau und die zwölf Söhne übertragen. Die zwölf Söhne können für zwölf Sterne – und das sind naheliegend die Tierkreiszeichen – stehen. Dies geschieht gegen jede Logik im Rahmen der Erzählungen des Genesisbuches. Denn die Rede vom Mond als der Mutter passt auf die Konstellation zwischen Jakob, Josef und den elf Brüdern Josefs in zweifacher Hinsicht nicht: Sie haben weder eine einzige Mutter – sondern vier verschiedene –, noch könnte Josefs Mutter vor ihrem Sohn niederfallen – sie ist schon verstorben (Gen 35,19). Wenn man auch nicht so weit gehen will, aus dem Jahreskreis die Zwölfzahl Israels zu erklären, zeigt sich an diesem Beispiel doch, dass die Zwölf und damit auch die Zwölfzahl Israels mit der Zwölf als Zahl des Jahres und des Sternenhimmels in Verbindung gebracht wurde.

Wird Israel erst einmal als Ganzheit aus zwölf Stämmen verstanden, dann ist es nur naheliegend, dass die Zwölfzahl in anderen Zusammenhängen immer wieder auf Israel bezogen wird. So wird in Jos 4,1–9 (vgl. 4,20) erzählt, wie beim Durchzug durch den Jordan bei der Landnahme auf göttliche Anweisung von Josua zwölf Männer ausgewählt wurden, die zwölf Steine über den Jordan bringen sollten, die dieser anschließend als Mazeben, Gedenksteine, aufstellte. Der Abschnitt ist von der Zwölf als Zahl für Israel geprägt, wie V. 4–5 verdeutlichen:

„Josua berief die zwölf Männer, die er aus den Israeliten bestellt hatte, einen aus jedem Stamm, und sprach zu ihnen: ‚Schreitet vor der Lade des Herrn, eures Gottes, mitten in den Jordan hinein und hebt euch jeder einen Stein auf seine Schulter gemäß der Anzahl der Stämme Israels!‘"

Eine ähnliche Episode findet sich auch in Ex 24: Im Anschluss an die Gabe der Zehn Gebote und des Bundesbuches (Ex 20–23) am Berg Sinai, wird in Ex 24,4 erzählt:

„Moses schrieb alle Worte des Herrn auf. Am frühen Morgen des anderen Tages baute er einen Altar am Fuß des Berges und zwölf Gedenksteine für die zwölf Stämme Israels."

Bei diesen Erzählungen, die von der Zwölfzahl handeln, kann es sich zwar durchaus um solche handeln, in denen sie schon von vornherein im Blick auf die zwölf Stämme Israels ihre Bedeutung entfaltet, aber möglich ist fast immer auch, dass die Zwölfzahl in solchen Begebenheiten in der Bibel erst nachträglich auf Israel interpretiert wurde. Nehmen wir an, es hätte in vorisraelitischer Zeit am Jordan ein Heiligtum mit zwölf Mazzeben gegeben, so war dies ursprünglich wohl wahrscheinlicher ein Heiligtum, das vergleichbar mit der berühmten Kultstätte Stonehenge mit dem Jahreskreis zusammenhing und später – nach der israelitischen Vereinnahmung – als Heiligtum des Zwölfstämmevolkes Israel verstanden wurde.

Ähnliches ist auch für das Brustschild des Hohenpriesters zu vermuten, das in Ex 28,9–12 beschrieben wird:

„Nimm dann zwei Karneolsteine und schneide darauf die Namen der Söhne Israels ein. Sechs Namen auf den ersten Stein und die anderen sechs Namen auf den zweiten Stein nach der Reihenfolge ihrer Geburt. So wie der Steinschneider Gravierungen auf Siegeln herstellt, so sollst du beide Steine mit den Namenszeichen der Söhne Israels versehen, umrahmt von Goldeinfassungen. Setze die beiden Steine auf die Schulterstücke des Ephod als Steine der Erinnerung an die Söhne Israels. Aaron soll ihre Namen auf seinen beiden Schulterstücken vor dem Herrn zum Gedächtnis tragen."

Auch hier ist zu fragen, ob dieses Brustschild ursprünglich ein Schmuckstück mit Bezug zum Tierkreis war, das später auf Israel bezogen worden ist. Und Entsprechendes ist für die Darstellung, die Ex 28,15–30 (vgl. Ex 39,8–21) von der Verfertigung der Lostasche bzw. dem Brustschild Aarons gibt, sogar überaus wahrscheinlich. Dieses quadratische Stück Stoff soll mit zwölf, in Gold gefassten Edelsteinen in vier Reihen besetzt werden, nämlich in der 1. Reihe Rubin, Chrysolith und Smaragd, in der 2. Türkis, Lasurstein und Jaspis, der 3. Hyazinth, Achat und Amethyst, und schließlich in der 4. Reihe Tarsis, Karneol und Nephrit. Daraufhin heißt es in V. 21:

„Die Steine sollen die Namen der Söhne Israels tragen, zwölf entsprechend ihren Namen. Siegelstecherarbeiten mit den entsprechenden Namen sollen es sein nach den zwölf Stämmen."[52]

Da die Zwölf häufig im AT in Bezug zum Zwölfstämmevolk Israel verwendet wird – über die genannten Stellen hinaus siehe u. a. Gen 42,13: 32; 49,28; Lev 24,5; Num 1,44; 7,84–88; 17,17. 21; Dtn 1,23; 1 Kön 18,31; 2 Kön 4,7 – scheint es nur folgerichtig zu sein, dass in der nachbiblischen Tradition viele

Stellen, die die Zwölf auch ohne eindeutigen Israel-Bezug bieten, mit der Zwölfzahl der israelitischen Stämme in Verbindung gebracht wurden. So wurde z. B. die jeweils fast identische, kurze Notiz in Ex 15,27 und Num 33,9 über eine Station der Wüstenwanderung wegen der Zwölf mit Israel in Verbindung gebracht:

> „Sie brachen von Mara auf und gelangten nach Elim; in Elim aber gab es zwölf Wasserquellen und siebzig Palmbäume; sie lagerten dort." (Num 33,9)

Ob die zwölf kleinen Propheten, die zwölf Rinderfiguren, die das eherne Meer, einen Kultgegenstand des salomonischen Tempels, getragen haben sollen (siehe 1 Kön 7,44; Jer 52,20; 2 Chr 4,4. 15),[53] ob die zwölf Schaubrote in Lev 24,5, die zwölf Löwen zu beiden Seiten der sechs Stufen zum Thron Salomos (1 Kön 10,20; 2 Chr 9,19), ob die zwölf Gespanne, mit denen Elischa nach 1 Kön 19,19 gepflügt hat, oder die zwölf Stiere, die in Num 29,17 als Brandopfer vorgeschrieben werden, – alles kann und wurde mit der Zwölfzahl Israels als Volk in Zusammenhang gebracht.

Sachgemäß ist das aber nicht in allen Fällen, weil die Zwölf neben der Bedeutung als Zahl Israels eben auch noch andere Bedeutungen hat, vor allem in Bezug auf den Kalender und die Zwölfstundeneinteilung des Tages. Gerade deshalb ist die Zwölf auch eine landläufige Maßzahl: Militärische Einheiten basieren vielfach auf der Zwölf und ihren Vielfachen (vgl. 2 Sam 2,15; und unten Kap. 5 zu den Zahlen 12000; 24000; 120000), und häufig wird politischen Gebilden die Zwölfzahl zugeordnet: So verfügten die Stämme Benjamin und Sebulon nach Jos 18,24 und 19,15 über jeweils zwölf Städte, und auch den Nachkommen Meraris aus dem Stamm Levi wurden zwölf Städte zugeordnet (Jos 21,7. 40; vgl. 1 Chr 6,48). Ismael, dem mit seiner Mutter Hagar in Ungnade gefallenen und ausgestoßenen Sohn Abrahams wird in Gen 17,20 zugesagt, dass seine Nachkommenschaft aus zwölf Fürsten bestehen wird, eine Verheißung, die durch Gen 25,16 als erfüllt betrachtet werden kann. Dass es sich dabei nicht um eine biblische Eigenheit handelt, zeigt die Parallele in der griechischen Welt, wo die Dodekapolis, die Zwölfstädte-Einheit offensichtlich eine bestimmende Einheitsgröße gewesen ist.[54]

Die Übersetzung der Siebzig

Doch kehren wir nun zur Zwölf als Zahl für Israel zurück: Nicht nur biblische Belege der Zwölf werden in der späteren Rezeption der Bibel mit der Zwölf als Zahl Israels in Verbindung gebracht, es bilden sich vielmehr auch eigenständige Traditionen in nachalttestamentlicher Zeit. Eine besonders bekannte, noch vorchristliche Tradition der Zwölf als Zahl Israels verbindet sich mit der griechischen Übersetzung der Thora, die unter dem Namen Septuaginta, Übersetzung der Siebzig, bekannt ist.

Für die Entstehung der Septuaginta ist der Aristeasbrief, eine nicht dem biblischen Kanon zugehörige Schrift aus dem 2. Jh. v. Chr., die älteste verfügbare Quelle.[55] Es handelt sich um einen Brief, den ein gewisser Aristeas, ein Offizier der Leibwache des Königs Ptolemaios II. Philadelphos (285–247 v. Chr.), an seinen Bruder geschrieben haben soll. Darin wird berichtet, dass der König auf Vorschlag von Demetrius von Phaleron eine Übersetzung der Thora ins Griechische veranstalten lassen wollte. Er wendete sich deshalb an Eleaser, den Hohenpriester von Jerusalem. Aristeas kam daraufhin mit Andreas in die heilige Stadt, um die Vorlage zu beschaffen. Man wählte dort 6×12 sachkundige Männer, aus jedem Stamm sechs, also zusammen 72 aus. Sie wurden nach Alexandrien geschickt und erhielten dort einen ehrenvollen Empfang durch den König in Alexandrien, wobei sie den Anlass nutzten, Kostproben ihrer Weisheit zu geben. Auf der Insel Pharos wurde für die 72 ein Gebäude errichtet. Dort stellten sie in 72 Tagen einen Einigungstext her, der von Demetrius von Phaleron aufgezeichnet und dann von Vertretern der jüdischen Gemeinde bestätigt wurde. Am Ende wurden die Männer durch den König ehrenvoll entlassen.

Das Ganze basiert nicht auf harten Fakten, sondern ist eine Legende. Sie will nicht nur erzählen, wie die griechische Übersetzung der Thora entstanden ist, sondern gleichzeitig die Bedeutung des Judentums unterstreichen und zudem die Übersetzung selbst legitimieren. Letzteres geschieht dadurch, dass die Übersetzung als ein Werk beschrieben wird, das von allen zwölf Stämmen Israels, also von ganz Israel, mitgetragen wurde, weshalb die Übersetzung dann auch für ganz Israel akzeptabel sein kann. Genau hier spielt die Zahl 72 als Vielfaches der Zwölf bzw. die abgerundete 70 dann eine entscheidende Rolle. Schon durch den Titel Übersetzung der Siebzig kommt zum Ausdruck, dass die Septuaginta die griechische Übersetzung des gesamten Zwölfstämmevolkes für ganz Israel ist.

Und wie es mit Legenden zu geschehen pflegt, sie werden weitererzählt und dabei auch verändert, ausgestaltet. So finden wir eine ausführliche Nacherzählung bei Flavius Josephus in seinen Jüdischen Altertümern (Buch XII, 2,2ff), Weiterentwicklungen bei Philo und schließlich im Talmud: Dort wird im Traktat Megilla 9a/9b erzählt:

„Es wird gelehrt: Einst geschah es, daß der König Ptolemäus zweiundsiebzig Älteste zusammenführte und sie in zweiundsiebzig Häuser brachte. Er entdeckte ihnen aber nicht, weswegen er sie zusammengeführt hatte. Er ging zu jedem einzelnen hinein und sagte zu ihnen: Schreibt mir die Weisung Moses, eures Meisters! Da gab der Heilige, gelobt sei er, Rat in das Herz jedes einzelnen, so daß sie alle in derselben Erkenntnis übereinstimmten und für ihn schrieben.“[56]

Auch bei den Kirchenvätern findet sich diese Legendentradition, dazu ausgeweitet auf das ganze Alte Testament. Pseudo-Justin will sogar noch im 3. Jh. n. Chr. die Ruinen der Zellen gesehen haben, in denen die Übersetzer streng abgesondert arbeiteten.

Aber: Der Aristeas-Brief selbst ist schon legendarisch. Kein Heide, wie der Text es vorgibt, sondern ein Jude hat den Text verfasst und zwar wohl 100 Jahre später als in der erzählten Zeit. Auch die Deutung ist falsch: Weder wurde die Septuaginta, was auch für die Übersetzung der Thora allein gilt, auf Veranlassung eines Königs verfertigt, noch durch das palästinische Judentum.

Wir haben uns die Entstehung der Septuaginta vielmehr wie folgt vorzustellen: Die jüdische Diaspora in Unterägypten, die sich in der nachexilischen Zeit gebildet hatte, hatte Griechisch zur Muttersprache und konnte Hebräisch nicht einmal mehr lesen. So wurden Transkripitionen des hebräischen Textes in griechischen Buchstaben schon im 3. Jh. v. Chr. üblich. In dieser Zeit hat man sich wohl auch an die Übersetzung der Thora gemacht. Wer die Übersetzer waren, ist nicht mehr auszumachen, dass die Übersetzung in der legendarischen Tradition aber an 72 Männern haftet, ist nach dem Dargestellten nicht verwunderlich.

Der Zwölferkreis Jesu

Auch im Neuen Testament spielt die Zwölf als Zahl der Einheit des Gottes-volkes eine wichtige Rolle. Wie eng hierbei die Verbindung mit dem Alten Tes-tament ist, wird aber selten beachtet. Mit der Rede von zwölf Aposteln ergeben sich wohl zumeist ganz andere Assoziationen als bei der von den zwölf Stäm-men Israels. Die zwölf Apostel als der enge Kreis der Anhänger Jesu, als der exklusive Kreis von Männern, die als Augenzeugen von Jesus mit besonderen Aufgaben und Vollmachten betraut wurden, werden zumeist als etwas Neues der jesuanischen und der christlichen Bewegung gesehen. Und doch ist schon die Bezeichnung Zwölfapostel irreführend. So schreibt Paulus vom Tod und der Auferstehung Christi im 15. Kapitel des 1. Korintherbriefes (1 Kor 15,3–8):

> „Denn ich übergab euch zuvörderst, was ich auch empfangen habe: Chris-tus starb für unsere Sünden, den Schriften gemäß; er wurde begraben und auferweckt am dritten Tage, den Schriften gemäß. Er erschien dem Kephas und danach den Zwölfen. Hierauf erschien er mehr als fünfhundert Brüdern zugleich; von ihnen sind die meisten bis jetzt noch am Leben; einige aber sind entschlafen. Danach erschien er dem Jakobus, danach allen Aposteln. Als letztem von allen, der Fehlgeburt vergleichbar, erschien er auch mir."

Paulus verwendet in diesem Zusammenhang die Begriffe „Zwölfe" und „Apostel", aber nicht in Verbindung. Das, was landläufig als Zwölfapostel verstanden wird, bezeichnet Paulus als *Dodeka*, die Zwölf oder Zwölferkreis, während der Apostelbegriff auf andere Personen angewendet wird. Auch sich selbst zählt Paulus zu den Aposteln (z. B. Gal 1,1), obwohl er nie zu den Zwöl-fen gehört hat, versteht also unter dem Begriff Apostel etwas anderes. Apos-tel ist für Paulus eine Person, die durch ihre Botschaft des Evangeliums Ge-meinden gründet. So kann es viele Apostel geben, wahrscheinlich sogar auch Apostelinnen (siehe dazu Röm 16),[57] auch die *Dodeka* sind dazu zu zählen, aber die *Dodeka* sind mit den Aposteln eben nicht deckungsgleich.

Ganz anders sieht es in der Apostelgeschichte des Lukas aus: Nach Christi Himmelfahrt – so erzählt Apg 1,15–26 – schlägt Petrus bei einer Versamm-lung von 120 (!) Brüdern die Nachwahl des durch den Tod Judas frei gewor-denen Platzes im Zwölferkreis vor. Die Notwendigkeit der Nachwahl wird al-legorisch mit einem Zitat von PS 109,8 begründet: „sein Amt erhalte ein anderer!" Dieser Satz wird in Apg 1,20 als Gebot für die Nachwahl des Zwölferkreises angeführt. Petrus fährt fort:

> „So muß denn aus den Männern, die mit uns zusammen waren in der
> ganzen Zeit, da der Herr Jesus ein- und ausging unter uns, von der Taufe des
> Johannes an bis zu dem Tag, an dem er von uns weg aufgenommen wurde,
> einer mit uns Zeuge seiner Auferstehung werden, und zwar einer von die-
> sen hier." (Apg 1,21–22)

Daraufhin werden mit Joseph Justus und Matthias zwei Kandidaten aufge-stellt, und dann beten die Anwesenden um Gottes Entscheid:

> „Herr, du kennst die Herzen aller; zeige an, welchen von diesen beiden du
> erwählt hast als den, der die Stelle dieses Dienstes und Apostelamtes erhal-
> ten soll, von dem Judas ausgeschieden ist, um hinzugehen an seinen Ort.'
> Und sie legten Lose für sie ein, und das Los fiel auf Matthias, und er wurde
> hinzugerechnet zu den elf Aposteln."

In der Apostelgeschichte sind drei Aspekte beachtenswert: 1. Der Zwölfer-kreis ist ein Gremium, das über den Tod Jesu hinaus bleibende Funktion hat und dessen Mitglieder deshalb im Falle des Ausscheidens des Judas nachzu-wählen sind. 2. Die Glieder des Zwölferkreises sind durch bestimmte Eigen-schaften, nämlich die lückenlose Augenzeugenschaft über die Wirksamkeit Jesu, ausgezeichnet und bekleiden ein Amt, einen Dienst und ein Apostelamt. 3. Dieser Kreis besteht aus zwölf Aposteln.

Also doch! Die Gleichsetzung von den *dodeka*, dem Zwölferkreis, und den Aposteln scheint also doch berechtigt. Aber was ist dann mit Paulus? – Klärung können wir nur über die Einsetzung des Zwölferkreises durch Jesus, wie sie in den Evangelien erzählt wird, erhoffen. Im Markusevangelium ist le-diglich von der Berufung und Aussendung der Zwölf die Rede. Sie werden eingesetzt, um bei Jesus zu sein, damit er sie aussende zur Predigt und schließ-lich damit sie die Vollmacht hätten, böse Geister auszutreiben.

In Matth 10,1–4 ruft Jesus seine zwölf Jünger zu sich, gibt ihnen die glei-che Vollmacht und sendet sie aus. Sie werden ausdrücklich Apostel genannt. Und schließlich gibt Lukas in Lk 9,1–6 dasselbe Geschehen wieder, ohne dass dabei das Stichwort Apostel fällt, das freilich im Zusammenhang vorausge-setzt ist (vgl. Lk 9,10). Sowohl bei Matthäus als auch bei Lukas ist nun der

Zwölferkreis als Größe schon vorausgesetzt, bevor es zur Bestellung der Zwölf kommt. Besonders deutlich ist dies in Lk 9,1:

„Er rief die Zwölf zusammen und gab ihnen Macht und Gewalt über alle Dämonen und zum Heilen von Krankheiten."

Damit ist, obwohl gerade Lukas eigentlich eine andere Konzeption verfolgt, nämlich die Identifikation von Aposteln und Zwölferkreis, der Zwölferkreis als offensichtlich ältere Konzeption gegenüber den Zwölf Aposteln noch greifbar. Der Zwölferkreis und die Apostel sind also ursprünglich nicht deckungsgleich, und aufgrund dessen ist es wahrscheinlich, dass dieser Zwölferkreis ursprünglich eine andere Funktion und Bedeutung hatte, als es die Zwölf Apostel in der Welt der frühen Kirche hatten.

Und damit sind wir wieder bei Paulus, dessen älteste Briefe ja die ältesten Schriften des Neuen Testaments überhaupt bilden und somit am nächsten an die Zeit Jesu heranführen. Paulus unterscheidet ganz grundsätzlich zwischen den *Dodeka* und den Aposteln, und diese Unterscheidung dürfte auch den ursprünglichen Gegebenheiten entsprechen. Die Gleichsetzung von *Dodeka* und Aposteln ist demnach späteren Ursprungs und das Ergebnis späterer Interpretation.

Wenn aber die *Dodeka* ursprünglich nicht die Funktion von Aposteln erfüllten, was hat es dann mit diesen *Dodeka* auf sich? – Es verhält sich wohl so, dass dieser Zwölferkreis von Jesus eingesetzt worden ist. Die Funktion dieses Kreises dürfte darin bestehen, dass er symbolisch die Erneuerung Israels, die mit Jesus begonnen hat, zur Darstellung bringt. Damit ergibt sich als Fazit, dass der Zwölferkreis und damit die nachmalige Zwölfzahl der Apostel auf der Zwölf als Symbol für Israel als Volk basiert.

Wenn diese historische Rekonstruktion richtig ist, zeigt sich bei der Zahl Zwölf im Neuen Testament im Blick auf den Zwölferkreis etwas ganz Bedeutendes für die Zahlensymbolik: Wie schon dargelegt, wird mitunter das Entweder-oder von Zahlensymbolik und historischer Rekonstruktion behauptet. Es erweist sich beim Zwölferkreis als ungenügend. Denn in diesem Fall führt Zahlensymbolik zur historischen Setzung. Da die Zwölf für die Vollständigkeit Israels steht, kann Jesus dieses Symbol aufgreifen und einen Zwölferkreis etablieren, der für das neue oder eigentliche Israel steht, das mit Jesus begonnen hat.

2.7. „Auferstanden am dritten Tag – nach der Schrift" – Die Rezeption von biblischen Zahlen im Neuen Testament

> *„Ihr Unverständigen und Schwerfälligen im Herzen, um all das zu glauben, was die Propheten sagten! Mußte nicht der Messias dies leiden und so eingehen in seine Herrlichkeit?' Und ausgehend von Moses und allen Propheten, zeigte er ihnen, was in allen Schriften sich bezieht auf ihn."* Lk 24,25–27

An den Sederabenden des Passahfestes werden in den jüdischen Familien gerne volkstümliche Lieder und Texte vorgetragen. Dazu gehört auch „Eins, wer weiß es?",[58] ein lehrreiches Stück, das vor allem die Kinder mit biblischen Grunddaten vertraut macht. Der Text handelt in 13 Strophen von den Zahlen Eins bis Dreizehn, deren Bedeutung in der Bibel erfragt wird. „Eins, wer weiß es? – Eins, ich weiß: Eins ist unser Gott, der im Himmel und auf Erden." So beginnt der Text, setzt sich dann fort über die Zwei für die Tafeln des Bundes, die Drei für die Väter Israels, die Vier für die Mütter Israels usw., bis am Ende mit der Dreizehn für die Eigenschaften Gottes der Kreis geschlossen wird.

Wie in diesem Text Zahlen als biblische Symbole verwendet werden, so war es auch schon in der Zeit Jesu. Die ersten Christen lebten aus der Bibel, vor allem der griechischen Übersetzung der hebräischen Bibel. Das und nur das war ihre Heilige Schrift und eine wesentliche Quelle ihres Glaubens, aus der sie schöpften. Und dies gilt auch für die Zahlen der Bibel. Bei einer Zwei im biblisch-religiösen Kontext assozierten sie wohl zuerst die zwei Tafeln des Bundes, bei der Fünf die fünf Bücher Mose, bei der Zehn die Zehn Gebote usw.

Wenn sich im Neuen Testament bedeutungsvolle Zahlen finden, dann haben sie meist einen biblischen, aus unserer Sicht alttestamentlichen, Hintergrund. Einige der bedeutsamen Zahlen, die im Neuen Testament verwendet werden, stehen nun nicht nur ganz allgemein in der Tradition israelitisch-biblischer Zahlentradition, sondern werden verwendet, um auf alttestamentliche Texte direkt Bezug zu nehmen und durch die Verwendung auf sie anzuspielen. Insofern dienen sie der Auslegung der Heiligen Schrift durch die neutestamentlichen Schriftsteller. Von den zahlreichen Belegen dieser Verwendung geprägter Zahlen will ich zwei Beispiele geben: Die Auferstehung Jesu am dritten Tag und die 30 Silberlinge als Lohn des Judas. Hinzu kommt als drittes Beispiel die Geschichte von der wunderbaren Brotvermehrung nach Mk 6,37–44. Hier werden zwar nicht Zahlen aufgenommen, aber Konstellationen, in denen Zahlen eine wichtige Rolle spielen.

Die Auferstehung Jesu am dritten Tag

Sieht man sich den Ablauf der Karwoche an, kommt man ins Grübeln. Die Kreuzigung Jesu wird am Karfreitag nachmittags begangen, in der Nacht zum Sonntag aber wird die Auferstehung gefeiert. Wenn es nun in der neutestamentlichen Überlieferung unisono heißt, Jesus sei nach drei Tagen bzw. am dritten Tage von den Toten auferstanden, sind dann diese anderthalb Tage zwischen Karfreitag und Osternacht quasi drei Tage in einem liturgisch bedingten Zeitraffer? – Oder haben sich die, die die heiligen Zeiten festsetzten, gar verzählt?

Drei Tage sind im biblischen Verständnis kein Zeitraum, der rechnerisch als Spanne von circa oder exakt 72 Stunden erfasst wird, und der dritte Tag, von dem nach rationalem Verständnis erst beim Anbrechen der 49. Stunde die Rede sein kann, wird eben auch anders verstanden. Drei Tage sind vielmehr ein Zeitraum, der in drei Kalendertage hineinreicht. Die kleinste Zeiteinheit für die Bezeichnung drei Tage oder dritter Tag ergibt sich für ein Geschehen, das an einem Tag unserer Zeitrechnung kurz vor 6 Uhr abends, d. h. vor Beginn des neuen Tages nach jüdischer Tageszeit, beginnt und am folgenden Tag unserer Zeitrechnung kurz nach 6 Uhr abends, d. h. kurz nach Beginn des nächsten Tages, endet. Ein Zeitraum von etwas mehr als 24 Stunden erstreckt sich dann über drei Kalendertage.

Aber gegenüber einem solchen Rechenexempel ist eine andere Frage doch viel entscheidender: Warum wird von der Auferstehung Jesu gesagt, sie habe sich nach drei Tagen bzw. am dritten Tag ereignet?

So heißt es ja nicht nur übereinstimmend in den Evangelien, sondern auch schon viel früher in einem urchristlichen Bekenntnis, das Paulus in seinem ersten Brief an die Galater zitiert:

„Christus starb für unsere Sünden, den Schriften gemäß; er wurde begraben und auferweckt am dritten Tage, den Schriften gemäß." (1 Kor 15,3–4)

Wenn die Auferweckung Christi am dritten Tage schriftgemäß sein soll, wo ist dann der alttestamentliche Fundort dafür? – Anders als bei anderen Schriftbeweisen gestaltet sich die Antwort als schwierig. Es lässt sich nämlich keine Stelle im Alten Testament angeben, die genau auf die Auferweckung Jesu am dritten Tage passen würde. Und doch gibt es einige Stellen, die zumindest eine Erklärung des Schriftbeweises von 1 Kor 15,4 ermöglichen.

Im Buch Jona wird erzählt, dass der Prophet, der seinem Auftrag, in Ninive für Jahwe verkündigend tätig zu werden, nicht nachkommen wollte, auf einer Schiffahrt nach Tarschisch von einem großen Fisch verschlungen wurde.

„Der Herr jedoch bestellte einen großen Fisch, der Jonas verschlingen sollte. So war denn Jonas drei Tage und Nächte lang im Bauch des Fisches." (Jon 2,1)

Auf ein Klagegebet des Jonas hin aber befiehlt Gott dem Fisch, Jonas wieder auszuspeien. Diese wunderbare, märchenhafte Geschichte wird im Neuen Testament auf Jesu Tod und Auferstehung bezogen. So lässt Matthäus auf die Forderung eines Zeichens durch einige Schriftgelehrte und Pharisäer Jesus in Mt 12,39–40 antworten:

„Ein böses und ehebrecherisches Geschlecht verlangt ein Zeichen, aber es wird ihm kein Zeichen gegeben werden als das Zeichen des Propheten Jonas. Denn wie ‚Jonas drei Tage und drei Nächte im Bauch des Ungetüms war', so wird auch der Menschensohn drei Tage und drei Nächte im Herzen der Erde sein."

Nun wird hier anders als in der Tradition von der Auferweckung / Auferstehung Jesu am dritten Tage bzw. nach drei Tagen wirklich mit einem Zeitraum von drei vollen Tagen im Grab gerechnet. Im Hinblick auf die Suche nach unserem Schriftbeweis ist aber vor allem deutlich, dass nur ein Vergleich zwischen Jonas Aufenthalt im Fisch und dem von Jesu im Grabe geboten wird. Die Stelle Jon 2,1 ist also nicht im Sinne eines Schriftbeweises verwendet.

So bleibt nur ein weiterer alttestamentlicher Text als Referenz für den Schriftbeweis in 1 Kor 15,4 übrig, nämlich Hos 6,2.

Hos 6,1–3 ist ein merkwürdiger Text.[59] Der Prophet Hosea, der in der zweiten Hälfte des 8. Jh.s. v. Chr. im Nordreich Israel wirkte, scheint darin ein Bußlied des Volkes zu zitieren, in dem das Volk angesichts von göttlichen Gerichtsschlägen Besserung gelobt, Umkehr verspricht und auf Gottes Heilshandeln hofft. Für diesen Text ist ein überaus problematisches Gottesbild charakteristisch, das zur Ablehnung dieses Bußliedes durch Hosea in den folgenden Versen (Hos 6,4–6) führt: Der Gott, der im Bußlied des Volkes angerufen wird, ist nämlich ein Gott, der mit dem personalen Jahwe nur noch den Namen gemein hat. Es ist ein Gott, der mit einer Naturkraft, dem Fruchtbarkeit spendenden Regen gleichgesetzt wird.

Dieser Regen ist aber im Kanaan biblischer Zeit Attribut und Wirkungsweise des Ba'al, jenes Gottes, der seit der Landnahme israelitischer Stämme Gegenspieler des Gottes der Israeliten war.

Die beiden ersten Verse dieses Bußliedes, das jegliches Schuldeingeständnis vermissen lässt und die Sicherheit des göttlichen Heils im Sinne eines Heilsautomatismus beschwört, lauten so:

„Wohlan, laßt uns zurückkehren zum Herrn! Denn er hat verletzt, und er wird uns auch heilen; er hat geschlagen und wird uns auch verbinden. Nach zwei Tagen wird er uns neu beleben, am dritten Tage uns auferstehen lassen, daß wir leben vor ihm.“

Diese Verse sind der einzige alttestamentliche Beleg, der als Schriftbeweis für eine Auferstehung am dritten Tage herangezogen werden kann. Für den Bibelwissenschaftler ist es dabei höchst befremdlich, dass damit ein durchaus theologisch problematischer Text zu einem Garanten der Schriftgemäßheit des Leidens, Sterbens und der Auferstehung Jesu wird. Darüber hinaus ist alttestamentlich der Bezug von Hos 6,2 zur Auferstehung ohnehin fraglich. Im Kontext von Hos 6,1 lässt sich 6,2 nicht im Sinne einer Auferstehung von den Toten deuten, vielmehr geht es um Erneuerung der Lebensenergie. Von einem Tod der Sprecher ist nirgends die Rede, eine Auferstehungshoffnung im Alten Testament überhaupt erst spät bezeugt, und überdies muss Hos 6,2 anders als oben in exakter Übersetzung wie folgt wiedergegeben werden:

„Nach zwei Tagen, am dritten Tage wird er uns aufstehen lassen, daß wir leben vor ihm.“

Damit ist in Hos 6,2 das Bild des Krankenlagers, das in Vers 1 in den Vorstellungen von Gott als Arzt, der, nachdem er geschlagen hat, nun verbindet und heilt, implizit war, in Vers 2 weitergeführt.

Und doch ist der Hiatus, der wissenschaftlich zwischen der alttestamentlichen Aussage und seiner neutestamentlichen Rezeption festgestellt wird, nicht so tief, wie es scheint. Die griechische Übersetzung des Alten Testaments, die Septuaginta, hat nämlich das hebräische Wort für „Aufstehen" in Hos 6,2 mit einem Begriff übersetzt, der zwar auch „aufstehen" bedeutet, gleichzeitig aber „auferstehen" (z. B. Mk 8,31), auch im Sinne von „Aufstehen von den Toten" (z. B. Mk 9,9). Genau dieses Wort sagt auch Jesus in einer Vorankündigung seines Leidens, Sterbens und seiner Auferstehung in Mk 9,31:

> „Der Menschensohn wird überliefert in die Hände von Menschen, und sie werden ihn töten; aber drei Tage nach seinem Tod wird er auferstehen."

Vergleichen wir Mk 9,31 und Hos 6,2 auf griechisch:

Mk 9,31:   *„kai apoktanteis meta treis hemeras anastesetai"*
           „kai apoktanteis te trite hemera anastesetai"
Hos 6,2:   *„ev te hemera te trite anastesometa",*

zeigt sich die Übereinstimmung der Aussagen überaus deutlich. Zugleich ist bei den Textzeugen auch eine gewisse Uneinigkeit festzustellen: Ist nun Jesus am dritten Tage oder nach drei Tagen von den Toten auferstanden bzw. auferweckt worden?

Diese Unsicherheit hängt möglicherweise damit zusammen, dass im Markusevangelium in den drei (!) Leidesankündigungen Jesu immer von seiner Auferstehung nach drei Tagen die Rede ist (Mk 8,31; 9,31; 10,34), während sie laut Matthäus und Lukas, die ebenfalls jeweils drei Leidensankündigungen bieten, am dritten Tage geschehen soll (Mt 16,21; 17,23; 20,18; Lk 9,22; 18,33; vgl. 24,7. 46).

Aber vielleicht wurde das Schwanken zwischen drei Tagen und drittem Tag auch durch andere Texte verursacht, die ursprünglich gar nichts mit Jesu Tod und Auferstehung zu tun hatten. Es handelt sich um das von Johannes erzählte Zeichenangebot Jesu an die Juden, den Tempel in drei Tagen wiederaufzubauen (vergleiche dazu in anderem Zusammenhang Mt 26,61; 27,40). In Joh

2,18 fordern die Juden nämlich ein Zeichen von Jesus als Legitimation dafür, dass er den Tempel reinigen darf, wie er es laut Joh 2,13–17 getan hat.

> „Jesus antwortete ihnen: ‚Brechet diesen Tempel ab, und in drei Tagen will ich ihn aufrichten.' Da sagten die Juden: ‚Sechsundvierzig Jahre wurde an diesem Tempel gebaut, und du willst in drei Tagen ihn aufrichten?' Er aber redete vom Tempel seines Leibes." (Joh 2,19–21)

Aber ob nun drei Tage oder dritter Tag, am Ende ist das gar nicht so entscheidend. Zumindest bei Matthäus scheint zwischen beiden Angaben kein Unterschied zu bestehen. So erzählt er, dass eine Bewachung für Jesu Grab vom Hohen Rat vorgesehen wurde, weil Jesus gesagt habe, er wolle nach drei Tagen auferstehen (Mt 27,63), während in den drei Leidensankündigungen jeweils vom dritten Tage die Rede ist.

Findet demnach der Schriftbeweis für die Auferstehung Jesu am dritten Tage sein Ziel in Hos 6,2, dann zeigt sich uns hier ein ziemlich brachialer Umgang der neutestamentlichen Autoren mit der Heiligen Schrift. Er mag zwar durch die Septuaginta gemildert sein, aber die Art, wie hier ein Text für eine Glaubenswahrheit benutzt wird, erhält von uns kein Gütesiegel, es sei denn mit dem Prägestempel „die Fünf gerade sein lassen".

Aber mit einem solchen Urteil missverstehen wir die Verfasser der neutestamentlichen Schriften und werden ihnen nicht gerecht. Wir legen bei ihrer Bewertung unsere eigenen Maßstäbe für einen Beweis an, und an diesen müssen sie scheitern, denn es sind nicht die ihren. Stattdessen sollten wir ihre eigenen Maßstäbe zu Hilfe nehmen und versuchen, ihre Aussagen auf dem Hintergrund ihrer Lebenswelt zu verstehen.

Und da ändert sich dann das Urteil entscheidend: Das Grunddatum des Christentums ist auf die Formel Jesus Christus ist der Herr zu bringen. Sie ist das zentrale urchristliche Bekenntnis (Phil 2,11). Es heißt nicht der Herr Jesus ist der Christus, der Gesalbte, der Messias, sondern es bedeutet Jesus, der gelitten und gestorben ist, er ist der Christus, der auferstandene Herr. In diesem grundlegenden Glaubensbekenntnis kristalliert sich die österliche Glaubenserfahrung der Auferstehung des Herrn. Will man nun dem Auftrag des Herrn entsprechend diesen Jesus als den Messias und auferstandenen Herrn verkündigen, dann reicht es nicht, die Formel einfach zu wiederholen. Vielmehr ist es nötig, diese Formel den Hörern begreifbar und einsichtig zu machen. Dazu dient der Schriftbeweis. Ist Jesus der Christus, der Messias, dessen Kommen in der Heiligen Schrift erwartet wird, dann müssen die biblischen Aussagen über den Messias zu Jesus passen. Das Problem, das sich dabei einstellte, war, dass ein leidender Messias zur Zeit Jesu eher ein Außenseiter-Modell war. In der Bibel wird vor allem ein Davidide erwartet, eine königliche Gestalt aus dem Hause Davids, der ein Reich des Heils und des Friedens schaffen wird. Für Leiden und Tod war da kein Platz. So suchte man über die Texte vom Kommen des Messias hinaus nach weiteren Texten, die den messianischen Anspruch Jesu unterstreichen könnten, und wurde zum Beispiel in Jes 52,13–53,12, einem Text, der von einem leidenden Gerechten handelt, fündig.

Entsprechendes gilt auch für Tod und Auferstehung Jesu. Die Auferstehungszeugen wussten, dass Jesus an einem Freitag gestorben war und an einem Sonntag von den Toten auferweckt worden war: Er war auferstanden am dritten Tage oder nach drei Tagen. Also suchten sie nach Texten in der Bibel, in denen von drei Tagen und von Tod und Aufleben die Rede ist. Und sie fanden Jona im Walfisch und Hos 6,2. Diese Texte bestätigten, was sie im Glauben wussten, und sie zeigten ihnen, dass das, was mit Jesus geschehen war, sein Leiden und Sterben, nicht sein Scheitern bedeutete und auch nicht zufällig war, sondern von Gott im voraus durch die Propheten verkündigt worden war. Es geschah alles nach Gottes Ratschluss!

Was uns im Blick auf Hos 6,2 befremdlich erscheint, löst sich auf, wenn wir die neutestamentlichen Texte nach genau derselben Methode zu verstehen versuchen. Dann wird deutlich, dass sie unbefangener mit der Schrift umgegangen sind, eine andere Methodik der Schriftauslegung hatten. Sie mag nicht die unsere sein, aber über ihre Qualität haben wir nicht zu befinden. Auf jeden Fall ist für die neutestamentlichen Autoren nicht die Art ihrer Schriftauslegung zentral, sondern das, was erst zur Schriftauslegung führt, die Glaubenserfahrung, das Bekenntnis „Jesus Christus ist der Herr".

Die 30 Silberlinge

Wenn das Stichwort 30 Silberlinge fällt, weiß man sofort, um was es geht: Judas! Seltsam eigentlich, denn in der Bibel selbst ist die Summe von 30 Silberlingen gar nicht auf den Verräter des Herrn einzuschränken. Wie bei der

Auferstehung am dritten Tage wird sie vielmehr auf ein biblisches Zitat zurückgeführt, wenn auch auf indirektere Art, nämlich als Erfüllungsbeweis für den Ankauf des „Blutackers" durch den Hohen Rat.

Judas Ischariot, einer aus dem Zwölfkreis Jesu, ist eine schillernde Gestalt, die von jeher höchstes Interesse auf sich gezogen hat. Geldgier, Radikalismus, Verrat des Herrn, Selbstmord – das ist Stoff genug, aus dem Legenden über ihn gestrickt werden konnten. Seine nachbiblische Prominenz hat ihn gegenüber der schon negativen Beurteilung in der Bibel noch schwärzer werden lassen, er gilt geradezu als Ausbund des Teuflischen. Und ein Judas genannt zu werden, ist auch heute noch eine ziemlich heftiger Vorwurf.

Aber nicht das Phänomen Judas, sondern die 30 Silberlinge interessieren uns in diesem Zusammenhang. Der Evangelist Matthäus erzählt in Mt 26,14–16[60] das Ereignis so:

> „Da ging einer von den Zwölfen, der Judas Iskariot hieß, zu den Hohenpriestern und sagte: ‚Was wollt ihr mir geben, und ich werde ihn euch verraten?' Sie setzten für ihn dreißig Silberlinge fest. Von da an suchte er eine Gelegenheit, ihn zu verraten."

Dass Judas diese Gelegenheit fand, ist bekannt. Nach der Verhaftung Jesu – so greift Matthäus in Mt 27,3–10 den Faden auf – versuchte der Verräter, vom Gefühl der Reue übermannt, Jesus wieder freizubekommen. Doch sein Vorhaben scheiterte. Das Geld den Priestern vor die Füße werfend ging er seines Weges. Matthäus erzählt daran anschließend, dass die Priester von dem Geld einen Begräbnisplatz für Fremde kauften, der Blutacker genannt wurde. Es wird hinzugefügt – V. 9–10:

> „So erfüllte sich, was gesagt worden ist durch den Propheten Jeremias: ‚Sie nahmen die dreißig Silberlinge, den Schätzwert für ihn, wie er von den Söhnen Israels eingeschätzt worden war und gaben sie für den Acker des Töpfers, wie mir der Herr befohlen hat.'"

Beim Propheten Jeremia findet sich nun leider nicht der entsprechende Text, vielmehr scheint dieses Zitat drei alttestamentliche Stellen kombiniert zu haben, von denen zwei bei Jeremia in Jer 18,2–3 und 32,8–9, und eine bei Sacharja in Sach 11,12–13 steht. Von diesen kommt die Stelle bei Sacharja am nächsten, weil nur dort von dreißig Silberlingen die Rede ist und ein direkter

Bezug von den 30 Silberlingen zu Gott vorliegt. In Sach 11 wird nämlich der Prophet von Gott zu einer symbolischen Zeichenhandlung aufgefordert. Er soll sich als Hirte für Schlachtvieh verdingen. Nach einiger Zeit reicht es dem Propheten, und er verlangt von den Händlern eine Bezahlung nach ihrem Belieben. Sie geben ihm 30 Silber(schekel), etwa 350 g Silber. Daraufhin ergeht das Wort des Herrn an Sacharja:

> „Wirf ihn dem Silbergießer hin, diesen herrlichen Preis, den ich ihnen wert bin!' Da nahm ich die dreißig Silberlinge und warf sie im Haus des Herrn dem Silbergießer hin."

In dieser symbolischen Handlung agiert Sacharja also stellvertretend für Gott als Hirte. Seine hier als zu niedrig eingeschätzte Bezahlung ist im Sinne der Stellvertretung auch der Preis, den Jahwe den Schafhändlern wert ist. Hält man sich vor Augen, dass Jahwe Sacharja dazu auffordert, dieses Geld im Tempel den Silbergießern hinzuwerfen, im neutestamentlichen Text aber die Priester, denen Judas die gleiche Summe vorwirft, mit Verweis auf die daran haftende Blutschuld nicht in den Tempelschatz legen wollen, empfindet man den ironischen Kontrast zwischen beiden Texten. Durch das Zitat in Mt 27,9–10 wird Jesus zumindest mit Sacharja, wahrscheinlicher aber auch mit Gott, dem Herrn in Beziehung gesetzt.

Aber es wird noch krasser: Die 30 Silberlinge, die Judas für den Verrat an Jesus erhält, kosten Jesus das Leben. Auch in der Erzählung des Matthäus ist das schon vorausgesetzt, wenn die 30 Silberlinge als Blutgeld bezeichnet werden. Das Ergebnis des folgenden Prozesses ist also schon sicher. Die 30 Silberlinge als Blutgeld wecken weitere Assoziationen: In der Gesetzessammlung in Ex 21 werden einige Fälle des Totschlags behandelt, darunter auch solche, in denen Vieh den Tod von Menschen herbeiführen. Unter diesen kasuitistischen Rechtssätzen findet sich auch der folgende – V. 32:

> „Wenn das Rind aber einen Sklaven oder eine Sklavin stößt, dann hat der Besitzer an ihren Herrn dreißig Silberstücke zu bezahlen, das Rind aber werde gesteinigt."

Ob nun bei der Zahl von 30 Silberlingen im Matthäus-Evangelium auf diese Stelle angespielt wird oder nicht, der Verrat Jesu kostet den Priestern so viel, wie der Tod eines Sklaven nach einem Gebot der Thora dem Besitzer eines

Rindes kostet, das jenen gestoßen hat! Wer die Bücher des Mose gut genug kennt, kann diese Beziehung ohne weiteres herstellen.[61]

Die wunderbare Brotvermehrung

Nicht nur einzelne Zahlen wie im Fall der 30 Silberlinge, sondern auch Anspielungen auf ganze Geschichten werden vom Alten ins Neue Testament übertragen. Eine dieser Geschichten ist die von der wunderbaren Brotvermehrung, die in unserem Zusammenhang vor allem wegen der in ihr verwendeten Zahlen interessant ist.[62] Im Kontext der Geschichte heißt es – Mk 6,37–44:

„Er aber antwortete ihnen: ‚Gebt ihr ihnen zu essen!‘ Da sagten sie zu ihm: ‚Sollen wir hingehen und für zweihundert Denare Brot kaufen und ihnen zu essen geben?‘ Er aber sprach zu ihnen: ‚Wie viele Brote habt ihr? Geht hin und seht nach!‘ Sie stellten es fest und sagten: ‚Fünf und zwei Fische.‘ Da befahl er ihnen, es sollten alle sich niederlassen, nach Eßgemeinschaften verteilt auf dem grünen Rasen. Und sie ließen sich nieder in Gruppen zu hundert und zu fünfzig. Er aber nahm die fünf Brote und die zwei Fische, blickte zum Himmel auf, sprach den Segen, brach die Brote und reichte sie den Jüngern zum Austeilen an sie; auch die zwei Fische verteilte er unter alle. Und alle aßen und wurden satt, und sie hoben an abgebrochenen Stücken zwölf volle Körbe auf, auch von den Fischen. Es waren derer, die von den Broten gegessen hatten, fünftausend Männer.“

Fünf Brote und zwei Fische für fünftausend Männer und zwölf Körbe Reste, – eines der ganz besonders eindrucksvollen Wunder Jesu! Es steht aber nicht für sich, sondern hat in der hebräischen Bibel einen Vorläufer – 2 Kön 4,42–44:

„Einst kam ein Mann von Baal-Schalischa und brachte dem Gottesmann in seinem Brotbeutel Brot aus Erstlingsfrüchten. Es waren zwanzig Brote von Gerste und dazu Jungkorn. Elisäus befahl: ‚Gib es den Leuten zu essen!‘ Doch sein Diener erwiderte: ‚Wie soll ich das hundert Leuten vorsetzen?‘ Er aber wiederholte: ‚Gib es den Leuten zu essen; denn also spricht der Herr: Essen wird man und noch übriglassen!‘ Er setzte es ihnen vor. Sie aßen und ließen noch übrig, wie der Herr gesagt hatte.“

In dieser Geschichte um den Propheten Elischa ist eine Hungersnot vorausgesetzt. Um den Gottesmann haben sich deshalb viele Menschen geschart. Da kommt ein Mann und bringt ihm Gaben, die Gott und seinen Priestern als Abgabe zu leisten sind (vgl. Lev 2,14; 23,17–20): 20 Brote. Diese Anzahl ist, wie der Diener Elischas durch seinen Einspruch deutlich macht, entschieden zu wenig für die hundert Menschen, die es zu speisen gilt. Der Prophet aber beharrt auf seiner Meinung und bringt zur Geltung, dass nach Gottes Spruch auch noch von dem Brot übrig bleiben wird, was dann auch geschieht.

Diese Geschichte hat durchaus parallele Züge zur Version der Brotvermehrungsgeschichte bei Markus. Auch die Jünger haben Einwände angesichts des Befehls Jesu, die Menschenmenge zu speisen, jedoch in anderem Zusammenhang. Auch hier übersteigt die Anzahl der zu Speisenden die zur Verfügung stehenden Nahrungsmittel. Auch hier bleibt von der begrenzten Menge noch etwas übrig.

Die Erzählung von der Brotvermehrung ist demnach in ihren Grundelementen der Geschichte von Elischa entsprechend, und es ist angesichts der Analogien wohl wahrscheinlich, dass sie davon oder einer ähnlichen Geschichte beeinflusst ist.

Daneben ist die Erzählung von der Brotvermehrung aber auch in ihrem Wundergehalt wesentlich gegenüber der alttestamentlichen Geschichte überhöht. Dort 20 Brote für 100 Leute, hier 5 Brote und 2 Fische für 5000 Leute; dort ein Rest, hier 12 Körbe voll.

Beachtet man, dass sich in der Geschichte des Königsbuches 5 Menschen, in Mk 6 aber 1000 Menschen ein Brot teilen müssen, wird deutlich, in welchen Dimensionen das Wunder gedacht wird. Und sieht man noch das Missverhältnis von 5 Broten und 2 Fischen als den Nahrungsmitteln und den 12 Körben voll Essensresten, werden diese Dimensionen nur noch deutlicher.

Man mag sich nun vorstellen, dass einige der 5000 Menschen etwas zum Essen dabei hatten und es beisteuerten, und aus der Geschichte die Moral erheben „Wenn jeder gibt, was er hat, dann werden alle satt!". Oder man wird auf die Notwendigkeit zu teilen hinweisen, die es ermöglicht, dass jeder etwas bekommt, aber von alledem ist nirgends die Rede, es geht vielmehr um Jesu Wirken in Vollmacht, um den Segen, den er über Brote und Fische herabruft, und das Brotbrechen. Mit Jesus beginnt die Endzeit, er ist mehr als ein Prophet, und dies zeigt sich in der Geschichte, denn er vermag auch mehr als ein Prophet.

Anders als bei den Beispielen vom dritten Tag und den 30 Silberlingen differieren bei diesem Beispiel die Zahlenwerte, und so stellt sich die Frage, was in Mk 6 die verwendeteten Zahlen leisten. Dienen sie lediglich dazu, das Wunder zu erhöhen oder haben sie zudem auch symbolischen Sinn? – Bei den zwölf Körben scheint eine symbolische Deutung im Sinne der Sammlung aus den zwölf Stämmen Israels bzw. der Zwölf als Symbol für das neue Israel, die Kirche naheliegend zu sein, und dies gilt auch für die fünf Brote und zwei Fische. Nun ist es natürlich kaum sinnvoll, die Anzahl von Broten und Fischen zusammenzuzählen, weil das doch ganz deutlich unterschiedene Größen sind, aber man kann einen Symbolcharakter von Brot und Fisch unterstellen. Das Brot weist, vor allem auch durch das Brotbrechen Jesu, auf das Abendmahl und damit auf Jesus selbst hin, und der Fisch ist urchristlich ein wichtiges Symbol für den Herrn: *ichthys*, „Fisch", ergibt sich, wenn man den griechischen Titel „Jesus Christus, Gottessohn und Retter" in Abkürzung mit den Anfangsbuchstaben der Wörter schreibt.

Darf man angesichts dessen doch die Zahlen summieren, kommt man auf Sieben, die Zahl der göttlichen Vollendung. Sie ist in den Nahrungsmitteln präsent und auf Jesus hin ausgerichtet.

2.8. „Wer Verstand hat ..." – Zum Phänomen versteckter Zahlen

> *„Wir glauben, daß nichts in den Heiligen Büchern unbedeutend, nebensächlich oder gar zwecklos ist. Nur fehlt uns der Einblick in die herrliche Harmonie und den überschwenglichen Reichtum der Gottesgeheimnisse."* Adolf Heller

„Muss ich dir denn alles x-mal sagen!" – Wohl kaum jemand hat noch nie einen solchen Satz gesagt. Da hat man sein Gegenüber zu irgendetwas aufgefordert, was ohne Wirkung blieb, man hat es wiederholt – keine Reaktion, und schließlich in einem weiteren Anlauf zählt man zusammen.

Um solche Phänomene vor dem Zusammenzählen geht es jetzt, um Zahlen, die nicht als Zahlwörter in Texten stehen, aber trotzdem da sind, um Zahlen in und als Strukturen von Texten. Beim schnellen Lesen der Bibel werden sie nicht deutlich, und deshalb könnte man in gewisser Weise von Geheimnissen reden, aber diese zahlenmäßig erfassbaren Strukturen sind natürlich nicht verschlüsselt, sondern liegen den Texten zugrunde und sind deshalb auch für jeden Leser erkennbar. Voraussetzung dafür ist freilich, dass man die Texte nicht einfach nur durchliest, sondern immer und immer wieder liest oder aber ganz bewusst nach der Gestaltung des Textes fragt.

Die Zehn Gebote

Auch die Zehn Gebote der Bibel gehören zu diesen versteckten Zahlen. Weder im Text von Ex 20, noch von Dtn 5, den beiden Stellen, an denen sich der Dekalog findet, ist ausdrücklich von zehn Geboten die Rede. Diese Zahl kommt nur in der Überschrift von Übersetzungen wie der Lutherbibel oder der Einheitsübersetzung vor.

Numerierungen wie im Beichtspiegel des Kirchengebetbuches Gotteslob fehlen in der Bibel jedoch, und man muss von Ex 20 schon bis Ex 34,28 weiterlesen, um erstmals von Zehn Worten zu hören (vgl. Dtn 4,13; 10,4). Wenn wir nicht wüssten, dass die Anzahl der Gebote zehn ist, oder durch eine entsprechende Überschrift darauf hingewiesen würden, müssten wir die Gestaltung dieses Abschnitts erst einmal genau ansehen, müssten zählen, wieviel Ge- und Verbote darin enthalten sind. Und genau das verstehe ich unter versteckten Zahlen.

Wenn wir uns die Zehn Gebote aber genauer ansehen, sind wir vielleicht irritiert. Beim Versuch, die Gebote in Ex 20 zu zählen, stellen wir fest, dass es gar nicht so einfach ist, auf das richtige Ergebnis zu kommen. Obwohl wir wissen, dass doch eigentlich Zehn herauskommen muss, zählen wir doch eher elf oder zwölf Ge- und Verbote:

Fremdgötterverbot
Bilderverbot
(Verbot der Verehrung der Bilder)

Verbot der nichtigen Erhebung des Gottesnamens

Sabbatgebot

Elterngebot

Tötungsverbot

Ehebruchsverbot

Diebstahlverbot

Verbot des falschen Zeugnisses

Verbot des Begehrens des Hauses des Nächsten

(Verbot des Begehrens der Frau, des Sklaven etc. des Nächsten)

In christlicher Lesung wächst das Erstaunen vielleicht sogar noch, wenn wir den Dekalog der Bibel mit den uns vertrauten Zehn Geboten vergleichen. Da gibt es im biblischen Text mit dem Bilderverbot ein Verbot, das in der christlichen Fassung der Zehn Gebote fehlt, da findet sich das Verbot, die Frau des Nächsten zu begehren, nicht mit dem Ehebruchsverbot, sondern mit dem Verbot, nach dem Eigentum des Nächsten zu verlangen, verbunden.

Solche Beobachtungen am Text führen zur Frage, ob der Dekalog überhaupt aus Zehn Geboten besteht, und diese Frage wird auch in der Bibelwissenschaft diskutiert.[63] Es gibt Exegeten, die zu beweisen versuchen, dass das, was wir Dekalog nennen, ursprünglich einmal ein Dodekalog, eine Einheit aus zwölf Geboten, war. Das wäre prinzipiell durchaus möglich, denn in der Bibel gibt es neben Zehner- (Ex 34; Lev 18) auch Zwölferreihungen von Geboten (Dtn 27,15–26). Man kann aber auch so zählen, dass genau zehn Gebote herauskommen, und diese Zählweise ist auch die, die die hebräische Bibel selbst präsentiert, wenn es etwa in Ex 34,28 heißt, Mose habe die zehn Worte auf die zweiten Tafeln geschrieben.

In zahlenmystischer Sicht kann es natürlich keine Frage sein, dass die grundlegende Zusammenfassung dessen, was in Israel geglaubt werden soll, in zehn Worten besteht. Die Zehn Worte sind durch ihre Anzahl Zehn eine ideale Einheit. Die Zehn ist darüber hinaus eine Dreieckszahl, die sich aus der Summe der vier Grundzahlen Eins bis Vier ergibt. Aber die Zehn gewinnt ihre Bedeutung nicht nur aus Zählkonventionen oder Zahlenspekulationen, sondern ihre Bedeutung liegt „auf der Hand", besser auf den beiden Händen. Zehn ist die Zahl der menschlichen Finger, der ersten Rechenmaschine, die der Mensch zu verwenden gelernt hat.

Wenn es von den grundlegenden Geboten für Israel heißt, dass sie Zehn an der Zahl sind, stellt sich also sofort die Assoziation auf die zehn Finger ein. Man kann sie mit den Fingern abzählen, kann sie sich dadurch leichter merken. Die Zehn ist eine Gedächtnishilfe, sie hat – mit anderen Worten – mnemotechnische Funktion.

Aber ist das nicht zu primitiv assoziert? Kann man denn den Zehn Worten die gleiche Funktion zusprechen wie bestimmten Fingerabzähliedern, seien es die „Zehn kleinen Zappelmänner", die meine Kinder im Kindergarten erlernten, das heute verpönte Lied von den „Zehn kleinen Negerlein", das ich noch selbst lernte oder dessen Vorgänger wie das jüdische Lied von den zehn Brüdern oder Nachfolger wie die „Zehn kleinen Jägermeister" der deutschen Punkband „Die Toten Hosen"?

Ja und Nein! – Nein deshalb, weil man anhand der Zehn Gebote, in denen keine Zahlen vorkommen, ja nicht zählen lernen sollte und weil es sich bei den Zehn Worten um ein ganz anderes Textgenre handelt. Ja aber deshalb, weil sich auch die trivialen Lieder die mnemotechnische Funktion der Zehn nutzbar machen und sich dabei teilweise ausdrücklich auf die zehn Finger des Menschen beziehen.

Kinder lernen mit den Fingern zählen, und die Zehn bildet eine magische Grenze, schließt einen Zahlenraum elementarer Beherrschung des Zählens und dann Rechnens ab, der unzweifelhaft mit der Anzahl der Finger von zwei Händen zusammenhängt. Wir können eine Menge von zehn Dingen leicht erfassen und strukturieren, weil wir immer schon aufgrund unserer eigenen Hände ein Verständnis für die Zehn haben.

Es kommt deshalb wohl nicht von ungefähr, dass auch die ersten zehn Zahlen in Zahlenmystik und Numerologie eine herausragende Bedeutung haben. Diese ersten zehn Zahlen bilden das „Einmaleins" der Zahlen, wie sich an dem dunklen Hexen-Einmaleins aus Goethes Faust ganz deutlich zeigt, auf das Faust mit dem berühmten Wort „Mich dünkt, die Alte spricht im Fieber" antwortet:

„Du mußt versteh'n!
Aus Eins mach' Zehn,
und Zwei laß gehn,
und Drei mach' gleich,

So bist du reich.
Verlier die Vier!
Aus Fünf und Sechs,
So sagt die Hex',
Mach' Sieben und Acht,
So ist's vollbracht:
Und Neun ist Eins,
Und Zehn ist keins.
Das ist das Hexen-Einmaleins!"[64]

Einfache Strukturen

Von den sogenannten versteckten, strukturellen Zahlen der Bibel sind die sogenannten Dreier-Gruppierungen ganz leicht erkennbar. Sie beziehen sich auf die Dreigliedrigkeit von Erzählungen, aber kommen auch in Gebeten oder Segensworten vor. Schon das Dreimal-Heilig der Engel in der Vision des Propheten Jesaja in Jes 6,3 ist dafür ein ganz einfaches und damit auch ohne zielgerichtetes Lesen erkennbares Beispiel.

„Heilig, heilig, heilig ist der Herr der Heerscharen, die Fülle der ganzen Erde ist seine Herrlichkeit."

Zu diesen einfachen Strukturen gehören aber auch die sieben Bitten des Gebets, das Jesus seine Jünger gelehrt hat, des Vater Unsers. Auf die Zahl kommen wir, wenn wir die Imperative im Text von Mt 6,9–13 zählen:

„Geheiligt werde dein Name"
„Dein Reich komme"
„Dein Wille geschehe"
„Unser tägliches Brot gibt uns heute"
„Vergib uns unsere Schuld"
„Führe uns nicht in Versuchung"
„Erlöse uns von dem Bösen"

Bei Lukas gibt es das Vater Unser auch, aber bei ihm (Lk 11,2–4) bietet es lediglich fünf Bitten. Das zeigt, dass das Gebet nicht von vornherein buchstäblich festgelegt war. Dass der Version bei Matthäus später der Vorzug gegeben wurde, hängt sicherlich damit zusammen, dass sich das Gebet bei Matthäus schöner liest und betet, aber wahrscheinlich auch, weil es abgerundeter ist. Zu dieser Abrundung gehört auch die Siebenzahl der Bitten, denn die Sieben ist biblisch die Zahl der Fülle und Vollständigkeit.

Als letztes Beispiel für einfache Strukturen seien die acht Seligpreisungen der Bergpredigt (Mt 5,3–9) erwähnt! Wenn wir das Wort „Selig" in diesem Abschnitt zählen, kommen wir zwar auf neun, aber da sich die neunte Seligpreisung in Mt 5,9 erstmals in der 2. Pers. Pl. an die Hörer oder aber an die Jünger richtet, während die ersten acht ohne Anrede sind, hat man sie nicht mitgezählt. Auch hier ist der Unterschied zu Lukas ganz erheblich: In Lk 6,20–22 wird das *makarios*, „selig", lediglich viermal geboten.

Komplexere Strukturen

Dass solche auf Zahlen aufgebauten Strukturen den biblischen Autoren bewusst waren, zeigt z. B. Matthäus. Er beginnt sein Evangelium mit einem Stammbaum Jesu, der die in der folgenden Tabelle dargestellte Gliederung aufweist.[65]

Von Abraham bis David	Von David bis zum Babylonischen Exil	Vom Exil bis zu Jesus
Abraham	Salomo	Jojachin
Isaak	Rehabeam	Schealtiël
Jakob	Abija	Serubbabel
Juda	Asa	Abihud
Perez	Joschafat	Eljakim
Hezron	Joram	Azor
Aram	Usija	Zadok
Amminadab	Jotam	Achim
Nachschon	Ahas	Eliud
Salmon	Hiskija	Eleasar
Boas	Manasse	Mattan
Obed	Amos	Jakob
Isai	Joschia	Josef
David	Jojachin	Jesus

Abb. 26: Der Stammbaum Jesu nach Mt 1,2–16

Und er selbst kommentiert seinen Stammbaum in Mt 1,17:

„Insgesamt also sind an Geschlechtern: von Abraham bis David vierzehn
Geschlechter, von David bis zur Wegführung nach Babylon vierzehn Ge-
schlechter und von der Wegführung nach Babylon bis Christus vierzehn
Geschlechter.“

Die dreimal 14 Generationen sind natürlich kein Zufall für Matthäus, zumal
die Sache ja auch nicht vollständig aufgeht, weil Jojachin zweimal genommen
werden muss, um auch eine vollständige dritte Reihe zu erhalten. Aber das
zeigt, dass diese Struktur für Matthäus symbolische Bedeutung hat. Aber welche? – Gewöhnlich werden die dreimal 14 Generationen auf Jesu messianischen Anspruch bezogen. Die Genealogie Jesu als Ganzes, obwohl sie schon
bei Abraham ansetzt, soll ja Jesus als Sohn Davids und damit als Messias, der
aus dem Hause Davids erwartet wurde, erweisen. Aber ist das auch bei den
dreimal 14 Generationen der Fall? – Einige Exegeten bejahen diese Frage und
verweisen darauf, dass der Name David, auf hebräisch *DWD*, den Zahlenwert
14 hat, wenn die Buchstaben als Zahlen verwendet werden.[66] So steht es sogar
in einer Anmerkung zur Einheitsübersetzung der Bibel.

Zwar ist die Rechnung völlig richtig, aber fraglich ist eben, ob Matthäus in
seinem Stammbaum Jesu solche Hintergedanken zu unterstellen sind, da er
seinen Stammbaum ja gerade nicht bei David beginnt, und warum er, obwohl
er die Struktur seines Stammbaums erklärt, nicht auf David als 14 eingeht, zumal er bei seinen Lesern nicht voraussetzen kann, dass sie die 14 in hebräische
Buchstaben umsetzen.

Ich denke, die dreimal 14 sind einfacher zu erklären: Mit Jesus schließt die
sechste Generationenwoche ab (6×7), mit ihm beginnt die Sieben. Auf dem
Hintergrund der Verkündigung Jesu vom nahen Gottesreich ist damit die
Struktur des Stammbaumes ein Hinweis auf die „Fülle der Zeit“. Jesus als der
Messias kommt in der Fülle der Zeit, er muss genau zu diesem Zeitpunkt kommen, wo die sechste Generationen-Woche seit Abraham und der Verheißung
zu Ende geht, damit die siebte, alles vollendende Woche Gottes anbrechen
kann.[67]

Sublime Zahlenstrukturen

Im Gegensatz zum Stammbaum Jesu bei Matthäus werden zahlenmäßig er-erfassbare Strukturen von biblischen Texten und Büchern zumeist nicht von den Verfassern der Texte selbst kommentiert. Das erschwert nicht nur die Suche nach solchen Zahlenstrukturen erheblich, sondern lässt auch vielfach unge-klärt, ob ein bestimmter aus der Textstruktur erhobener Zahlenwert überhaupt dem Verfasser des Textes bewusst war bzw. ob er diese Zahl als Gliederungs-funktion seines Textes verwendet hat. Bei solchen Fragen bewegen wir uns in einem Grenzbereich, wie sich am Beispiel von Siebenergruppierungen deut-lich machen lässt.

Die Sieben ist in vielen biblischen Texten eine Füllezahl. Entsprechend der siebentägigen Woche ist eine Anzahl aus sieben Gliedern eine vollständige Größe. Dass dies auch für die Gestaltung von Texten gilt, hat Georg Braulik in einem Aufsatz zu den Siebenergruppen im Buch Deuteronomium gezeigt.[68] Ausgehend von Einzelbegriffen und Formeln ermittelt er eine Fülle von Bei-spielen, die von der Siebenzahl bestimmt sind. So findet er z. B. in Dtn 9,1–6 sieben Wörter, die aus dem Verbum *jarasch*, „in Besitz nehmen", gebildet sind, in Dtn 30,1–10, einem Text, der „das Herzstück deuteronomistischer Umkehrtheologie" (S. 65) bildet, sieben Mal das Verbum *schuw*, „umkehren", oder im Moselied von Dtn 32,1–43 sieben Mal den Begriff *sur*, „Fels" als Be-zeichnung für den Gott Israels. Diese und weitere Beispiele zeigen, dass die Autoren auf die zahlenmäßig orientierte Gestaltung ihrer Texte achteten.

In ähnlicher Weise kann man auch Siebenerrhythmen feststellen, die z. B. eine Abfolge von Handlungen schildern, die in der siebten ihren Höhe- oder Wendepunkt erreichen. Ein Beispiel dafür ist die Erzählung von der Auffin-dung des in einem Schilfkörbchen ausgesetzten Mose in Ex 2,5–6.[69]

> „Da kam die Tochter des Pharao herab, um im Nil zu baden. Ihre Dienerin-nen gingen am Ufer des Nils auf und ab. Sie sah das Kästchen im Schilf und ließ es durch ihre Leibmagd holen. Sie öffnete es, sah das Kind, und siehe da, ein weinendes Knäblein!"

Aus der Perspektive der Tochter des Pharao ergibt sich unter Zugrundele-gung des hebräischen Textes folgender Handlungsablauf: 1. Sie steigt hinab zum Nil; 2. Sie will im Nil baden; 3. Sie sieht das Kästchen; 4. Sie schickt ihre

Dienerin; 5. Sie lässt das Kästchen holen; 6. Sie öffnet es – 7. Sie sieht das Kind.

Aber wie weit geht eine solche Gestaltung? Bezieht sie sich nur auf einzelne Texte oder auch auf größere Abschnitte oder gar auf ganze Bücher? – Ulrich Dahmen hat das Problem im Blick auf die Siebenergruppierungen im Buch Deuteronomium einmal so formuliert: „Sie sind teilweise so sublim und subtil, daß man fragen muß, ob sie für den Leser (…) überhaupt noch wahrnehmbar sind (waren), ob sie also ihre angezielten ‚literarische(n) und aussageorientierte(n) Funktionen‘ tatsächlich erfüllen (konnten).“[70]

Ich würde erst einmal anders herum fragen, ob diese Siebenergruppierungen überhaupt eine solche Funktion haben. Denn wenn es stimmt, dass sie für den Leser nicht mehr erkennbar sind, dann stellt sich eben auch die Frage, ob der jeweilige Autor mit weit auseinanderliegenden und versteckten Belegen für ein Wort oder eine Formel überhaupt eine funktionale Aussage machen wollte. Der Exeget als Wortstatistiker kann zwar nahezu unendlich viele Zahlenkonstellationen in der Bibel finden, aber ob diese Zahlen irgendeine Bedeutung für den Verfasser und seine Leser hatten, wird je unwahrscheinlicher, je differenzierter die Analysemethode angewendet wird. Gegenüber sublimen und subtilen Gruppierungen, die nur mithilfe von Konkordanzen zu ermitteln sind, Instrumenten also, die den Zeitgenossen der Texte nicht zur Verfügung standen, sollte man auf die Phänomene achten, die für Leser auch ohne Hilfen erkennbar sind, und da gibt es noch mehr als genug. Zu solchen Strukturierungsmerkmalen, die zeigen, dass der Inhalt von Texten nicht alles war und ist, sondern die äußere Form von Texten auch eine Bedeutung hat, gehören u.a. die akrostichischen Psalmen.

„Etwas für's Auge" – Das Akrostichon

Blickt man in alte Evangeliare, sieht man auf den ersten Blick, dass mit diesen Büchern nicht nur der Geist angeregt werden sollte, sondern sie auch etwas für das Auge bieten wollten. Kunstvoll gestaltete Illuminierungen machen das Lesen auch rein optisch zum Genuss, Bilder veranschaulichen die in Sprache gefasste Botschaft. Dass die Ästhetik der Bibeltexte nicht erst bei nachchristlichen Abschreibern der Bibel Bedeutung hatte, zeigen schon einige alttestamentliche Texte, die in der Form des Akrostichons gebildet sind.

Unter Akrostichon versteht man in der Bibel einen poetischen Text in Versen, deren Anfangskonsonanten von oben nach unten gelesen, ein Wort oder das Alphabet ergeben. Solche Akrosticha sind gar nicht so selten: Wir finden sie vor allem in den Psalmen (Ps 9/10; 25; 34; 37, 111; 112; 119; 145), aber auch in Klgl 1–4; Spr 31,10–31; Nah 1,2–8 und Spr 24,1. 3. 5; Sir 51,13–29. Dazu kommen Beispiele aus Qumran (1QPs^{a}Zion) sowie einer von fünf syrisch überlieferten alttestamentlichen Psalmen (SyrPs III). Bei weitem am bekanntesten ist aber Ps 119, der mit 176 Versen bei weitem längste Psalm des Psalters. Jeweils acht Verse darin sind zu einer Strophe zusammengefasst, die immer mit dem gleichen Anfangsbuchstaben beginnen, die ersten acht mit *Alef*, die nächsten acht mit *Bet* und so weiter, das ganze hebräische Alphabet mit seinen 22 Buchstaben hindurch, 22 × 8, eben 176.

Solche Texte beweisen nicht nur nebenbei, dass es ein hebräisches Alphabet in der überlieferten Reihenfolge gegeben hat, sondern sind vor allem deshalb interessant, weil sie Lesetexte darstellen, die also anders als die meisten biblischen Texte keine Vorlesetexte waren. Im Unterschied zu vielen Gebeten, die aus dem Gottesdienst Israels erwachsen und im Psalter Aufnahme gefunden haben, sind die Akrosticha deshalb als Schreibtischtexte zu beurteilen. Der Formzwang, dem sich ihre Verfasser unterzogen haben, brachte es mit sich, dass diese Psalmen wie auch die akrostichischen Texte außerhalb des Psalters zumeist weniger wie zusammenhängende Texte, als vielmehr wie Zusammenstellungen von Einzelphrasen wirken. Dieser Eindruck stellt sich am deutlichsten beim Psalm 119 ein, den ein Interpret einmal als das inhaltsloseste Lied des gesamten Psalters bezeichnet hat.[71]

Auch wenn in diesem Psalm die Zahlen keine ausgesprochene Bedeutung haben, so zeigt doch die gleichmäßige Gliederung des Textes in achtversige Strophen, dass die zahlenmäßige Regelmäßigkeit bei seiner Gestaltung eine wesentliche Rolle gespielt hat. Es sind eben immer acht Verse, nicht ein Mal acht, dann fünf, dann neun usw., und durch diese Regelmäßigkeit wird der Text als architektonisches Werk konstruiert, das der Ordnung des hebräischen Alphabets in jeweils acht Versen den Inhalt des Gebets selbst unterordnet.

Grenzen der Deutung struktureller Zahlen

Nun ist Ps 119 eher eine Ausnahme, eben ein Werk auf der Grenze zwischen Form und Inhalt, in dem der Inhalt in die äußere Form gepresst worden zu sein scheint. Bei den meisten Texten ist aber die Grenze des Textinhalts nicht zu überschreiten. Was ist damit gemeint? – Es gibt Autoren, die die Zahlenstrukturen von Texten dermaßen komplex analysieren, dass dadurch der Text selbst als Aussage praktisch keine Bedeutung mehr hat. Das wird zwar nicht gesagt, aber es ergibt sich als Folge dieser Überinterpretation. Der Text wird durch diese Verfahren leicht zu einem Zahlengebäude, in dem alles „mathematisch" gegliedert und wohl geordnet ist.

Nehmen wir an, dass die Verfasser ihre Texte quasi zahlenarchitektonisch entworfen haben, stellt sich die Frage, ob über die formale Ebene hinaus noch mit einem eigentlichen Textinhalt zu rechnen ist. Das gilt nicht für die Darstellung der Zahlenstrukturen von Texten schlechthin, sondern nur für die Fälle, wo durch Übertreibung des Verfahrens die Zahlenstruktur gegenüber der Textaussage das Übergewicht oder gar ausschließliches Gewicht bekommt. Es kann schon damit beginnen, dass man in einem Text Wörter zählt und Wortstatistik betreibt, um daraus Schlüsse für das Textverständnis zu ziehen.

Gerhard Salomons Werk über die Zahlen der Bibel ist ein Beispiel für diese Vorgehensweise.[72] Salomon stellt z. B. fest, dass sich das griechische Wort *hina*, „dass, damit" im Neuen Testament 663mal findet. Und auf die Kapitel des Neuen Testaments bezogen hat er herausgefunden, dass das Wort ca. 2,5mal pro Kapitel vorkommt. In Joh 17 aber steht es 19mal, also mehr als siebenmal so häufig im Durchschnitt (S. 10).

Hat diese Häufung der Konjunktion irgendeine andere Bedeutung als die, dass das Hohepriesterliche Gebet, wie Joh 17 genannt wird, ein Gebet ist und Bitten enthält, die auf etwas abzielen? Ist nicht allein durch den Inhalt die Form bestimmt und damit die Häufung des „dass, damit"? – Mir scheint eine Wortstatistik in diesem Fall völlig überflüssig und nichtssagend zu sein. Dies gilt um so mehr, als das Verhältnis 2,5mal pro Kapitel auf keiner klaren Basis beruht. Was besagt denn eine Zählung der Kapitel, da sie doch unterschiedliche Textumfänge beinhalten? Müssten nicht die Worte oder gar Buchstaben gezählt werden, um einen Datenbestand zu beschreiben, der dann in Verhältnis zum Vorkommen eines Wortes gesetzt werden könnte?

Ein weiteres Beispiel aus Salomons Feder: „Es ist höchst aufschlußreich, dass Begriffe aus dem Wortfeld ‚Taufe/taufen‘ in der Apostelgeschichte an zehn Stellen mehr (nämlich 27mal) vorkommen als in allen Paulusbriefen zusammen (17mal)." (S. 11) – Auch hier fragt man sich, was daran denn höchst aufschlussreich sein soll. Zum einen werden „Appel und Ei" verglichen: Apostelgeschichte und alle Paulusbriefe, Größen, die im Textumfang ganz wesentlich differieren. Anstatt einfach zu sehen, dass Paulus eher selten von der Taufe schreibt, wobei noch zu unterscheiden wäre, welche Briefe der Apostel tatsächlich geschrieben hat, wird daraus eine „aufschlussreiche" Rechnung gemacht.

Wie vordergründig eine solche Vorgehensweise ist, zeigt sich an einem unverfänglichen Beispiel: Die Erzmutter Sara kommt mit dem Namen Sara 37mal, mit dem Namen Sarai 17mal im Buch Genesis vor. Im Jesajabuch kommt sie aber nur einmal vor. Das bedeutet – wortstatistisch formuliert –, dass Sara im Buch Genesis 54mal häufiger vorkommt als im Buch des Propheten Jesaja. Nun ist Jes 51,2 aber die einzige Stelle außerhalb der Genesis, an der sich Sara findet. Das bedeutet, dass Sara 54mal häufiger im Buch Genesis vorkommt als in der übrigen hebräischen Bibel.

Was hat es damit auf sich? – Natürlich ist es beachtlich, dass der Name Sara nur ein einziges Mal außerhalb des Buches Genesis vorkommt, aber ein Zahlenvergleich wie „54mal häufiger" ist völlig nichtssagend. Es handelt sich um 54 Belege von Sara im Buch Genesis und einen einzigen Beleg außerhalb des Buches. Warum Sara im Buch Genesis so häufig vorkommt, ist auch ohne Berechnung klar: Über Sara, die Frau Abrahams, wird in Gen 11–25 (vgl. 49,31) erzählt, nicht mehr und nicht weniger. In der übrigen hebräischen Bibel jedoch wird sie mit Ausnahme von Jes 51,2 nicht erwähnt.

2.9. „Apocalypse Now" – Zahlensymbolik in der Apokalypse des Johannes

> *„Danach erblickte ich in den Nachtgesichten ein viertes Tier, furchtbar und schrecklich und außerordentlich stark."*
> Dan 7,7

Unter Apokalypse versteht man heute die Darstellung eines endzeitlichen Infernos. Ein solches Szenario finden wir natürlich auch in der Apokalypse des Johannes, aber Apokalypse selbst meint etwas ganz anderes: die Aufdeckung von Verhülltem, die Mitteilung von Geheimnissen. Und bei diesem Verhüllten, den Geheimnissen geht es um die Zukunft, die letzten Dinge, um die Geschehnisse des Weltendes und in der Himmelswelt.

Das letzte neutestamentliche Buch, die Apokalypse des Johannes,[73] zu Deutsch – nach dem Anspruch seines Verfassers – Offenbarung (Offb), ist gerade momentan wieder „in", da man angesichts des Jahrtausendwechsels Visionen von einem drohenden Weltuntergang hat. Aber Papier ist bekanntlich geduldig. Und so hat die Apokalypse schon viele Weltuntergänge überlebt, die auf der Grundlage ihrer Visionen berechnet worden sind, und sie wird auch im dritten Jahrtausend, zumindest noch eine Zeitlang nach dem Jahrtausendwechsel, ihren Lesern geduldig den Stoff für deren Träume liefern.

Die Apokalypse des Johannes ist aber auch im Hinblick auf die biblischen Zahlen höchst interessant, sie ist eine Schrift, die wie kein anderes biblisches Buch von Zahlensymbolik geprägt ist. Dieses Spätwerk des Neuen Testaments, frühestens am Ende des ersten Jahrhunderts entstanden, bietet eine Fülle von symbolischen Zahlen und zeigt uns dabei auch, wie die Zahlenwelt der Hebräischen Bibel unter dem Einfluss des Hellenismus in frühchristlicher Zeit in neue Gewänder gehüllt wurde. Wer etwas über das biblische Einmaleins bis Zehn erfahren will, der lese in der Apokalypse des Johannes! Wer etwas über die Zwölf und ihre Vielfachen 24, 144, 1260, 12000, 144000 wissen will, er findet es hier. Und wer Vorliebe für hohe runde Zahlen und Zahlenäquivalente wie 1000, 1000 mal 1000, vieltausendmal 1000 und 10000 mal 10000 hat, auch dem hat die Apokalypse des Johannes etwas zu bieten. Selbst Brüche wie ½, ⅓, ¼, ⅟₁₀ kommen vor, und auch das ist noch nicht alles!

Bei der Fülle von Zahlen in der Apokalypse des Johannes muss ich mich im folgenden auf zwei Beispiele beschränken, die ich aber nicht als Gegensätze verstanden wissen will. Die Beispiele sind die von der Zwölf dominierte Vision vom neuen Jerusalem in Offb 21 sowie das ewige Rätsel 666 als Zahl des Tieres.

Die Vision vom neuen Jerusalem

Eine der großartigsten und wirkungsvollsten Texte der Apokalypse des Johannes stellt die Vision vom neuen Jerusalem dar.[74] In Offb 21,9–22,5 wird geschildert, wie Jerusalem, die Braut des Lammes, in der Endzeit als Stadt, „die von Gott aus dem Himmel herniederstieg" (21,10) aussehen wird. Das endzeitliche, überaus prachtvolle, ja goldene Jerusalem ist von Lichtglanz umstrahlt. Die Stadt wird von einer mächtigen, hohen Mauer umgeben, „mit zwölf Toren, und auf den Toren zwölf Engel und Namen daraufgeschrieben; dies sind die Namen der zwölf Stämme der Söhne Israels." (21,12) Die Dicke der Mauer beträgt 144 Ellen nach Menschenmaß.

Jeweils drei Tore weisen in eine Himmelsrichtung. Diese „zwölf Tore sind zwölf Perlen, jedes einzelne Tor aus einer einzigen Perle." (21,21)

„Die Mauer der Stadt hat zwölf Grundsteine, und auf ihnen die zwölf Namen der zwölf Apostel des Lammes." (21,14) Diese Grundsteine sind vom ersten bis zum zwölften mit jeweils unterschiedlichen Edelsteinen geschmückt, mit Jaspis, Saphir, Chalzedon, Smaragd, Sardonyx, Sardion, Chrysolith, Beryll, Topas, Chrysopras, Hyazinth und Amethyst (21,19–20).

Der Grundriss der Stadt ist quadratisch, 12 000 Stadien werden bei der Stadt gemessen (21,16), eine Aussage, die nicht ganz klar ist, aber wohl so zu verstehen ist, dass Jerusalem sich über eine Länge, Breite und Höhe von jeweils 2 400 km erstrecken wird – wahrhaft gigantische, kosmische Ausmaße! Einen Tempel gibt es im endzeitlichen Jerusalem offensichtlich nicht, denn – wie es in 21,22 heißt:

„Ihr Tempel ist der Herr, Gott, der Allherrscher, und das Lamm. Die Stadt bedarf weder der Sonne noch des Mondes, dass sie scheinen in ihr; denn die Herrlichkeit Gottes erleuchtete sie, und ihre Leuchte ist das Lamm."

Die Anwesenheit Gottes garantiert einen ungetrübten und stets erleuchteten Heilszustand für die Stadt (21,24–27; 22,3–5). Es gibt keine Bedrohung mehr durch Feinde, so dass die Tore Jerusalems immer geöffnet bleiben können, die Völker kommen gleichsam als Wallfahrer oder um ihre Kostbarkeiten nach Jerusalem zu bringen. Auch eine Bedrohung durch Frevler ist ausgeschlossen, weil in die Stadt nur noch die Erwählten hineinkommen.

Wahrscheinlich sind auch die in 22,1–5 geschilderten Throne Gottes und des Lammes inmitten Jerusalems vorgestellt. Dort kommt ein Strom mit Wasser des Lebens hervor, und dort steht der Baum des Lebens, „der zwölfmal Früchte trägt, jeden Monat gibt er seine Frucht, die Blätter des Baumes aber dienen zur Heilung der Völker.

In dieser großen Abschlussvision der Apokalypse des Johannes werden zahlreiche endzeitliche Vorstellungen des Alten Testaments gebündelt. Das Gesamtbild der Stadt hat der Verfasser weithin aus der Vision vom neuen Israel in Ez 40–48 übernommen und mit zahlreichen, verstreuten Motiven der alttestamentlichen Eschatologie, vor allem aus Jes 40–66 ausgeschmückt: z.B. die Vorstellung, dass kein Unreiner mehr Jerusalem betritt (vgl. Jes 35,8; 52,1), oder jene, dass Völker in ihrem Lichte einhergehen (Jes 60,3), oder das Motiv von den Kostbarkeiten, die von den Völkern nach Jerusalem gebracht werden (Jes 60,5. 11; 65,12), oder das von den immer geöffneten Toren (Jes 60,11), oder die Vorstellung vom Bau Jerusalems aus Edelsteinen (Jes 54,11–12) oder die von der endzeitlichen Heilsgemeinde, die aus Knechten Gottes besteht (Jes 65,13–16), die den Namen Gottes auf ihrer Stirn tragen (vgl. Jes 44,5, dort aber in bezug auf die Hand), – fast alle Motive des Textes haben ihr Pendant in den eschatologischen Texten des Alten Testaments.

Zahlensymbolisch ist der Aufbau der Vision vom endzeitlichen Jerusalem ganz einfach. Die ganze Stadt ist auf der Zwölfzahl aufgebaut: die zwölf Tore, zwölf Engel und Namen, zwölf Stämme Israels, zwölf Perlen; die zwölf Grundsteine, zwölf Namen der zwölf Apostel des Lammes, zwölf Edelsteine in den Grundsteinen; zwölftausend Stadien Größe; 144 Ellen Mauerdicke; der Baum des Lebens, der zwölfmal Früchte trägt.

Die Zwölf ist vor allem als Zahl für Israel und das neue Israel in den zwölf Aposteln verwendet: Das endzeitliche Jerusalem ist damit in seinem Bau als Stadt des neuen Israels ausgewiesen, es entspricht auch in seiner Architektur

Israel und ist damit auch von seinen Maßen her wahrhaftiges Zentrum des Volkes der Erlösten.

Daneben schwingen aber auch andere symbolische Bedeutungen der Zwölf mit. Bei den Stadttoren ist der Bezug zu den vier Himmelsrichtungen und damit zum Gesamt des Erdkreises über die Anordnung der Tore in Dreiergruppen erreicht, und die Vier äußert sich ja auch im quadratischen Bauplan der Stadt und vollendet sich in der Form des Kubus. Dazu kommt der Bezug zum Tierkreis: Wie schon weiter oben gesehen,[75] steht die Zwölf in elementarem Verhältnis zum Tierkreis. Dies ist in Offb 21 besonders deutlich an den Edelsteinen in den Grundsteinen zu erkennen, die nicht erst in der späteren Tradition des Textes auf den Tierkreis bezogen worden sein dürften.[76] Der Zusammenhang mit dem Jahreskreis zeigt sich noch deutlicher beim Baum des Lebens: Zwölfmal trägt der Baum Früchte, also durch das ganze Jahr hindurch, immer. Hier deutet sich für die Endzeit das Ende schöpfungsmäßiger Gegebenheiten an: Der natürliche Jahreskreislauf, die Abwechslung der Jahreszeiten, ist ebenso durchbrochen wie der Tageslauf, der Wechsel von Tag und Nacht. Es ist immer Licht, von Gott ausgehend, selbst Sonne und Mond sind nicht mehr nötig. Damit wird durch die bleibende Anwesenheit des einen und einzigen Gottes in seiner heiligen Stadt, zu dem jedoch immer das Lamm hinzutritt, der Gegensatz der Zwei, Tag und Nacht, Licht und Finsternis, Heil und Unheil, ein für alle Mal aufgehoben werden. Dies gilt auch für die Gegensätzlichkeit unter den Menschen, zumindest teilweise: Der Gegensatz zwischen Israel und den Völkern, der vor allem im Alten Testament noch vielfach, aber auch in der Apokalypse des Johannes selbst bezeugt und häufig zur Vorstellung von der Vernichtung der Völker als Bedingung für das endzeitliche Heil für Israel ausgestaltet ist, ist überwunden: Die Völker partizipieren am Heil Jerusalems, ohne, wie es in einschlägigen Texten des Alten Testaments zumeist vorkommt, in irgendeine dienende Stellung gegenüber Israel gebracht zu werden. Doch der Gegensatz zwischen den Erlösten und den „Gemeinen", denen, die Greuel und Lüge begehen (21,27), bleibt bestehen. Die Frevler haben im endzeitlichen Jerusalem keinen Platz, sie bleiben außen vor (vgl. Jes 66,22–24).

666 – Die Zahl des Tieres

Die Zahl 666 darf man sicherlich als eine der am stärksten wirksamen biblischen Zahlen bezeichnen. Sie kommt zwar im Neuen Testament nicht häufig vor, ganz im Gegenteil, nur ein einziges Mal, nämlich in der Offenbarung des Johannes, aber da sie für einen dem Teufel zugeordneten Menschen steht, dessen Identität sie aber nicht enthüllt, sondern in ein Zahlenrätsel fasst, wird seit Jahrhunderten viel über den mit der Zahl 666 bezeichneten Menschen gerätselt und die Zahl 666 ganz der satanischen Sphäre zugeordnet. Selbst Horrorfilme bedienen sich des Symbolcharakters der Zahl 666. Der Spielfilm „Das Omen", in dem das teuflische Kind Damian unter den Haaren die Zahl 666 eingebrannt hat, ist dafür nur ein Beispiel.

In Offb 13,18 findet sich diese Zahl in einer leider oder glücklicherweise undeutlichen Formulierung. Leider für den Exegeten als Wissenschaftler, der den vom Autor in den Text investierten Sinn möglichst eindeutig bestimmen will, glücklicherweise aber für die Wirkungsgeschichte dieses Textes, zu der magische Zugänge und Aberglauben genauso gehören wie die Numerologie.[77]

Doch sehen wir uns zuerst den Text an: Im 13. Kapitel der Offenbarung des Johannes lauten die Verse 16–18:

> „Die Kleinen und die Großen, die Reichen und die Armen, die Freien und die Sklaven, alle zwang es, auf ihrer rechten Hand oder ihrer Stirn ein Kennzeichen anzubringen. Kaufen oder verkaufen konnte nur, wer das Kennzeichen trug: den Namen des Tieres oder die Zahl seines Namens. Hier braucht man Kenntnis. Wer Verstand hat, berechne den Zahlenwert des Tieres. Denn es ist die Zahl eines Menschennamens; seine Zahl ist sechshundertsechsundsechzig."

Hier handelt es sich doch schlichtweg um eine Einladung zur Gematria oder Isopsephie! – Und dieser Einladung sind die Bibelwissenschaftler, aber nicht nur sie, auch bereitwillig gefolgt.

In diesem Zusammenhang soll noch nicht von den Zahlenspielereien späterer Generationen bis in die heutige Zeit die Rede sein, sondern vielmehr lediglich jene Lösungsvorschläge betrachtet werden, die die Zahl 666 einem Menschen zuzuordnen versuchen, den der Verfasser der Offenbarung des Johannes intendiert haben könnte. Es geht also um historisch-kritische Rekonstruktion, um die Frage, wie wollte der Erfinder des Rätsels, der Verfasser der Apokalypse, sein Rätsel gelöst wissen?

Wenn man systematisch vorgeht, kann man das Rätsel der 666 ohne weiteres eingrenzen. Denn von dem Tier mit den zehn Hörnern und sieben Köpfen, das den Namen mit dem Zahlenwert 666 hat, ist in der Offenbarung auch an anderen Stellen die Rede. Es ist nicht der Teufel selbst, der große Drache, aber es steht mit diesem in Beziehung.

Offb 17 gibt über die Identität dieses Tieres genauere Aufschlüsse. In diesem Kapitel schaut der Verfasser der Apokalypse die große Hure Babylon als eine Frau, die auf dem Tier sitzt. Diese Vision wird ihm von einem Engel, der ihn dorthin entrückt hat, erklärt – Verse 7–11:

„Warum wunderst dich? Ich will dir das Geheimnis des Weibes sagen, und auch des Tieres, das es trägt, das sieben Köpfe hat und zehn Hörner: Das Tier, das du sahst, es war und ist nicht. Es wird heraufsteigen aus dem Abgrund und ins Verderben fahren. Staunen werden die Bewohner der Erde, deren Namen nicht eingeschrieben sind im Buch des Lebens seit Grundlegung der Welt, wenn sie nach dem Tiere blicken, das war und nicht ist und wieder dasein wird. Hier zeigt sich der Verstand, der Einsicht besitzt: die sieben Köpfe sind sieben Berge, auf denen das Weib sitzt; auch sind es sieben Könige. Fünf sind gefallen, einer ist da, und der andere ist noch nicht gekommen. Und wenn er kommt, soll er nur kurze Zeit bleiben. Das Tier, das war und nicht ist, ist selber der achte; er kommt aus den sieben und geht ins Verderben."

Aus der Deutung – andere Stellen der Offb bestätigen dies ohnehin – geht eindeutig hervor, dass die große Hure Babylon eine Chiffre für Rom ist. Die Deutung der sieben Köpfe als sieben Berge führt zwangsläufig auf jene Stadt, von der sprichwörtlich gesagt werden kann, dass sie auf sieben Hügeln erbaut worden ist. Da die sieben Köpfe aber auch sieben Könige symbolisieren, von denen fünf schon abgetreten sind, der sechste gerade regiert, wird die Deutung auf die Könige Roms, die Cäsaren, eingeschränkt. Nun heißt es, dass ein Siebter kommen wird, dann aber einer der Fünf als Achter wiederkommen wird, nämlich das Tier. Der Verfasser der Apokalypse sieht also das Tier mit der 666 als einen der ersten fünf Cäsaren. Jetzt ist natürlich die Frage, ab wann man die römischen Kaiser zählen muss. Soll man ganz am Anfang anfangen? Wenn man Cäsar selbst mitrechnet, handelt es sich um Cäsar, Augustus, Tiberius, Caligula, Claudius und Nero, wenn nicht, kommt entweder einer der drei Kaiser im Drei-Kaiser-Jahr 68/69 n. Chr. Galba, Otho oder Vitellius, oder Vespasian hinzu. Je nach dem, für wie alt man die Apokalypse hält und wie man zählt, kann man dann noch ein paar Kaiser hinzunehmen, aber spätestens mit Hadrian ist dann Schluss, denn um 130 n. Chr. war die Offenbarung des Johannes bereits dem Papias von Hierapolis bekannt, wie Eusebius in seiner Kirchengeschichte bezeugt.

Wir haben also, Titus, Domitian, Nerva, Trajan und Hadrian mitgezählt, allerhöchstens fünfzehn Namen nach dem Zahlenwert 666 zu untersuchen. Nichts leichter als das, sollte man meinen, aber offensichtlich ist das Rätsel von Offb 13,18 doch etwas schwieriger zu lösen.

Es fängt schon damit an, dass man nicht weiß, welches gematrische System dem Rätsel um die 666 zugrundeliegt. Der Verfasser der Apokalypse schreibt auf Griechisch und für griechisch sprechende Leser, und so liegt es nahe, es bei den Entschlüsselungsversuchen mit dem griechischen Zahlenalphabet zu versuchen. Andererseits ist er auch ganz deutlich ein in den jüdischen Traditionen stehender Christ, und von daher die Verwendung des hebräischen Systems auf keinen Fall von vornherein auszuschließen.

Dass die Lösung des Rätsels sehr früh in Vergessenheit geriet, lässt sich an zwei Beispielen zeigen. Zum einen nimmt der Kirchenvater Irenäus (2. Jh. n. Chr.) in seinem Werk „Gegen die Irrlehrer" dazu Stellung. Er bietet mehrere, wenig befriedigende Lösungsmöglichkeiten: *Evanthas* als leicht abgeänderter Name für Dionysos, *Lateinos* für die Römer und schließlich „*Teitan*", Titan, was wiederum eine Symbolbezeichnung wäre. Dadurch gibt er schon deutlich zu erkennen, dass er zwar viel mit der 666 anzufangen, die Lösung aber eigentlich nicht mehr weiß. Zum anderen ist da eine antike, unter dem Sigel C bekannte Texthandschrift, der Codex Ephraemi Rescriptus, der in Offb 13,18 statt der 666 die Zahl 616 bietet.

Zufall? – Wohl kaum, eher Methode! Die Zahl 616 lässt sich nämlich relativ einfach auf einen der erforderlichen Cäsaren beziehen, nämlich auf Caligula (37–41 n. Chr.). Nach dem griechischen Titel – Caligula ist ein „Spitzname" und bedeutet so viel wie „Soldatenstiefelchen"– heißt dieser König Gaios Kaisar (lat. Gaius Cäsar).

Γ	α	ι	ο	σ		Κ	α	ι	σ	α	ρ
3	1	10	70	200		20	1	10	200	1	100

Gaios Kaisar

616

Griechischer Buchstabe	Name	Zahlen-wert	Griechischer Buchstabe	Name	Zahlen-wert
Aα	Alpha	1	Ξξ	Xi	60
Bβ	Beta	2	Oo	Omikron	70
Γγ	Gamma	3	Ππ	Pi	80
Δδ	Delta	4	(ϛ)	Koppa	90
Eε	Epsilon	5	Pϱ	Rho	100
(ϛ)	Stigma	6	Σσ	Sigma	200
Zζ	Zeta	7	Tτ	Tau	300
Hη	Eta	8	Yυ	Ypsilon	400
Θθ	Theta	9	Φφ	Phi	500
Iι	Jota	10	Xχ	Chi	600
Kκ	Kappa	20	Ψψ	Psi	700
Λλ	Lambda	30	Ωω	Omega	800
Mμ	My	40	(ϡ)	Sampi	900
Nν	Ny	50			

Abb. 27: Das griechische Zahlenalphabet

Doch abgesehen davon, dass nicht recht einzusehen ist, weshalb in der fort-geschrittenen Zeit, als die Apokalypse entstand, gerade Caligula mit dem Tier gleichgesetzt und seine Wiederkunft erwartet werden sollte, scheitert diese Deutung am Handschriftenbefund. Alle anderen bedeutenden Handschriften des Neuen Testaments bieten in Offb 13,18 die 666, und gerade weil mit der 616 das Rätsel ziemlich einfach zu lösen ist, kann man davon ausgehen, dass diese Lesart nicht die ursprüngliche ist, sondern mit ihrer Hilfe das Problem der 666 bewusst zu beheben versucht wurde. Wir bleiben also fürs Erste bei der 666.

Favorit für das Tier ist seit jeher Nero, jener Kaiser, unter dem Rom in Flammen aufging und die Verfolgung der Christen ihren ersten Höhepunkt er-reichte. Dass auch die „Apostelfürsten" Petrus und Paulus unter Nero den Märtyrertod erlitten hatten, mag zur fragwürdigen Berühmtheit dieses Kaisers in christlichen Kreisen noch beigetragen haben.

Will man Nero aber als Zahl 666 lesen, kommt man in Schwierigkeiten. Der Name ergibt in der konventionellen griechischen Schreibung einen wesentlich höheren Wert:

N	ε	ρ	ω	ν
50	5	100	800	50

N e r ō n

1005

Eine andere Schreibung des Namens, nämlich neron = 275, ist aber unmöglich. So ist mit der Zeit der Ausweg darin gesucht worden, dass man annahm, der Verfasser der Apokalypse habe dem Leser ein hebräisches Zahlenrätsel aufgegeben. Das ist deshalb nicht unwahrscheinlich, weil er auch sonst Begriffe aus dem Hebräischen übernimmt (Offb 16,16), und weil er in Offb 13,18 deutlich macht, das Weisheit und Einsicht erforderlich seien, um das Rätsel zu lösen. So hat sich der Vorschlag, das griechische Neron Kaisar (Cäsar Nero) ins Hebräische umzusetzen, weithin durchgesetzt.

ר	ס	ק		ן	ו	ר	נ
200	60	100		50	6	200	50

n r w n   q s r

666

Hebräischer Buchstabe	Name	Zahlen-wert	Hebräischer Buchstabe	Name	Zahlen-wert
א	Alef	1	ל	Lamed	30
ב	Bet	2	מ	Mem	40
ג	Gimel	3	נ	Nun	50
ד	Dalet	4	ס	Samech	60
ה	He	5	ע	Ajin	70
ו	Waw	6	פ	Pe	80
ז	Zajin	7	צ	Sade	90
ח	Chet	8	ק	Qof	100
ט	Tet	9	ר	Resch	200
י	Jod	10	ש	Schin	300
כ	Kaf	20	ת	Taw	400

Abb. 28: Das hebräische Zahlenalphabet

195

Problematisch ist diese Deutung vor allem deshalb, weil der griechische Königstitel *Kaisar* hebräisch eigentlich mit einem zusätzlichen *Jod* wiederzugeben ist und der Name Nero entsprechend auf hebräisch üblicherweise *neiron* lautet. Dann erhielte man jedoch die Zahl 686. Andererseits ist es schwer zu erklären, warum der Erfinder des Rätsels, wenn er schon durch die Verwendung der hebräischen Sprache die Lösung erschwert hat, es auch noch durch eine unkonventionelle oder gar falsche Schreibung verkompliziert haben sollte.

Die Spur, Nero mit dem Tier zu identifizieren, scheint aber die richtige zu sein. Der Verfasser der Apokalypse vermittelt den Eindruck, als ob er allenthalben bei der Rede von dem betreffenden Tier einen Nero redivivus, einen wiedergeborenen Nero, im Auge habe, dessen Wiederkunft er erwartet. Wenn er einen Nero redivivus erwartet, wie könnte er diese Vorstellung im Hebräischen ausdrücken? Wäre dann nicht „zweiter Nero" oder „Nero – ein zweites Mal" naheliegend? – Das könnte man mit *neron sch^eni* wiedergeben und erhielte dann:

י	נ	ש		ן	ו	ר	נ
10	50	300		50	6	200	50
	n	*r*	*w*	*n*	*sch*	*n*	*j*
			666				

Natürlich muss man sich bei einer solchen Entdeckung fragen, warum bisher noch niemand darauf gekommen ist, obwohl sich schon so viele Gelehrte über bald zwei Jahrtausende hinweg um des Rätsels Lösung bemüht haben. Vielleicht liegt es schlichtweg daran, dass man zumeist nicht mit einem hebräischen Rätsel gerechnet hat und außerdem nach der Lösung *Neron Qaisar* auf Hebräisch nicht mehr ernsthaft nach weiteren hebräischen Möglichkeiten gesucht hat. Überdies: Welcher Bibelwissenschaftler beschäftigt sich schon heute noch mit Gematria? – Zumeist wird historisch-kritische Bibelauslegung durchaus rationalistisch betrieben, und zu einer so verstandenen Exegese scheinen Wort-Zahlen-Spielereien nicht zu gehören. Aber in diesem Fall irrt die Exegese. Denn wenn sie sich auch rational mit den Texten der Bibel beschäftigt, so muss sie doch ihrem Gegenstand gerecht werden, der eben nicht in gleicher Weise rational ist: Die Verfasser der Schriften glaubten an Wunder, und zumindest der Autor der Apokalypse betrieb auch Gematria.

Aber die ganze Sache hat immer noch einen Haken. Auch bei dieser Lösung muss man tricksen, nämlich hebräisch *Neron* statt *Neiron* schreiben. Und vorbei ist es mit all der Herrlichkeit!

Aber so schnell lassen wir uns nicht entmutigen. Wenn es richtig ist, dass Nero das Tier mit der ominösen Zahl ist, bleiben immer noch zwei weitere hebräische Möglichkeiten. Zum einen könnten wir – entgegen unserer vorher festgelegten Maxime – zur Zahl 616 zurückkehren und aus dieser Nero, Kaiser Roms bilden, indem wir den Namen auf hebräisch mit *Neiron* und die Worte Kaiser Roms als Abkürzungen *Q* und *R* wiedergeben. Dann ergibt sich:

ר׳	ק׳	ן	ו	ר	י	נ
200	100	50	6	200	10	50

$$n\ j\ r\ w\ n \quad 'q \quad 'r$$
$$616$$

Und noch schöner und stimmiger wird es, wenn wir die Metaphorik der Apokalypse aufnehmen, die das Tier ja mit Rom als der großen Hure Babylon in Verbindung bringt. Wir schreiben *Q* für *qaisar*, Cäsar bzw. Kaiser, dann *Neiron* und fügen hinzu *mäläch babel ha-zoneh ha-gᵉdola*, König von Babel, der großen Hure, und erhalten folgendes:

ה	ל	ו	ד	ג	ה		ה	נ	ו	ז	ה		ל	ב	ב		־ך	ל	מ		ן	ו	ר	י	נ		ק
5	30	6	4	3	5		5	50	6	7	5		30	2	2		20	30	40		50	6	200	10	50		100
	53								73					34			90					316				100

$$'q \quad n\ j\ r\ w\ n \quad m\ l\ ch \quad b\ b\ l \quad h\ s\ w\ n\ h \quad h\ g\ d\ w\ l\ h$$
$$666$$

Angesichts der komplexen, immerhin 23 Buchstaben beinhaltenden Wendung wäre es, wenn es denn des Rätsels Lösung wäre, keineswegs verwunderlich, wenn sie bisher nicht gefunden wurde. Sie ist aber zumindest ebenso möglich wie selbst die in der Bibelwissenschaft vorgeschlagenen Möglichkeiten, vielleicht sogar, da sie ohne ungewöhnliche Transkriptionen auskommt, wahrscheinlicher als das momentan wohl oder übel akzeptierte *Neron Qaisar*.

Am Ende soll der Text selbst noch einmal zur Sprache kommen. Schauen wir uns noch einmal den Wortlaut von Offb 13,19 an:

„Hier braucht man Kenntnis. Wer Verstand hat, berechne den Zahlenwert des Tieres. Denn es ist die Zahl eines Menschennamens; seine Zahl ist sechshundertsechsundsechzig."

So lautet der Text in Übersetzung, aber eben nur in einer möglichen Übersetzung. Er besagt, dass man Kenntnis und Verstand braucht, um den Zahlenwert des Tieres zu berechnen. Was ist damit gemeint? – Wir versuchten doch einen Menschennamen zu finden, der die Zahl 666 ergibt. Hier ist aber davon die Rede, dass man den Zahlenwert des Tieres berechnen soll. Wie soll man das denn, wenn man nicht weiß, wie das Tier heißt? – Oder waren wir die ganze Zeit auf der falschen Fährte? Soll der zweite Satz vielleicht folgendes bedeuten: Wer Verstand hat, berechne den Zahlenwert von „Tier", griechisch *therion*? – Versuchen wir es zuerst mit dem griechischen Zahlenalphabet:

θ	η	ρ	ι	ο	ν
9	8	100	10	70	50

th e r i o n

247

Das geht also nicht! Wie sieht es aus, wenn wir therion einfach in hebräischen Konsonanten wiedergeben.

ן	ו	י	ר	ת
50	6	10	200	300

t r j w n

666

Es passt! Und auf einmal wird uns klar, warum man Kenntnis und Verstand braucht, um überhaupt auf das naheliegende zu kommen. Der Verfasser hat aber seine Leser nicht allein gelassen, sondern wie in Offb 17,7–11, wo er schon einmal an den Verstand appelliert, die Lösung mitgegeben.

Jetzt könnte der Einwand lauten, dass es so einfach nicht sein kann. Außerdem ist das ins Hebräische übertragene *therion* doch kein Menschenname. Doch ein solcher Einwand ist sehr leicht auszuräumen: Vergleicht man die Übersetzung mit dem griechischen Text, dann fällt auf, dass dort statt der

„Zahl eines Menschennamens“ wörtlich „Zahl eines Menschen“ steht. Das muss aber gar nicht heißen: Die Zahl ist die Zahlensumme des Namens eines Menschen, sondern kann auch heißen, dass die Zahl, die nach der Berechnung herauskommt, eine menschliche, menschlich fassbare Zahl ist, und zwar im Unterschied zu den astronomisch hohen, endzeitlichen Zahlen, die die Apokalypse des Johannes sonst bietet. Dass dies nicht an den Haaren herbeigezogen ist, zeigt Offb 21,17, wo die Mauer Jerusalems mit 144 Ellen nach dem Maß eines Menschen, also nach Menschenmaß gemessen wurde.

Aber wer weiß? – Vielleicht ist ja auch bei des Rätsels Lösung noch ein kleines Geheimnis geblieben. Die hebräische Form von *therion* kann nämlich in der Konsonantenschrift auch anders vokalisiert werden, nämlich *traiwan*. Und das ähnelt im Klang dem Namen eines römischen Kaisers, der etwas später herrschte und den man deshalb bisher kaum auf der Rechnung hatte. Ist die Apokalypse des Johannes vielleicht gar nicht so alt, wie man in der Regel meint?[78]

„666 für den Teufel!“ – Ein nicht ganz ernst gemeintes Zwischenspiel

Betrachtet man die Geschichte der Auslegung des Menschennamens mit der Zahl 666, so ist eine Tendenz ganz deutlich: Sie wird auf Menschen bezogen, die im Sinne eines menschlichen Antichristen als Feinde der Wahrheit angesehen werden. Nun stellt sich eigentlich nur noch die Frage nach der jeweiligen Seite, die in einer Auseinandersetzung um die Wahrheit dieselbe für sich reklamierte, und schon ist klar, wessen Namen die Zahl 666 ergibt. Dass die Auslegung der 666 tatsächlich in dieser Weise gehandhabt wurde, zeigt sich nicht erst am schon genannten Irenäus, sondern auch in zahlenmystischen Interpretationsversuchen im Rahmen der Reformation.[1] Da war es nur naheliegend, das Tier mit einem Protagonisten der Auseinandersetzung in Beziehung zu setzen, also den jeweiligen Namen auf die 666 zu bringen. Auf „katholischer“ Seite verfiel man auf die Idee, die Zahl 666 auf Martin Luther anzuwenden. Volltreffer! – Der Name Martin Luthers ergibt in lateinischer Wiedergabe 666:

M	A	R	T	I	N	L	U	T	E	R	A
30	1	80	100	9	40	20	200	100	5	80	1

666

Buchstabe	Zahlen-wert	Buchstabe	Zahlen-wert	Buchstabe	Zahlen-wert
A	1	I	9	R	80
B	2	K	10	S	90
C	3	L	20	T	100
D	4	M	30	U	200
E	5	N	40	V	300
F	6	O	50	X	400
G	7	P	60	Y	500
H	8	Q	70	Z	600

Abb. 29: Das lateinische Zahlenalphabet

Luther war – so Petrus Bungus – also der in der Offenbarung des Johannes angekündigte Antichrist!

Aber die Gegenseite war um eine Antwort nicht verlegen. Zum einen verteidigte man Luther, indem man die Lateinisierung seines Namens als willkürlich ablehnte, zum anderen ging man in die Offensive über und nahm sich den Titel des Papstes vor. „Vicarius filii Dei" – „Stellvertreter des Sohnes Gottes" prangte auf der Tiara, der Papstkrone. Und wenn man die Buchstaben des Titels, die zugleich römische Ziffern waren, zusammenzählte, ergab sich ebenfalls 666:

V	I	C	a	r	I	V	s	f	I	L	I	I	D	e	I
5	1	100			1	5		1	50	1	1		500		1

666

Drei Dinge gilt es bei diesen Zuweisungen zu berücksichtigen. Zum einen besteht immer ein Spielraum für die Willkürlichkeit bei der Zahlenwertbestimmung eines Namens, je nach dem in welcher Sprache man ihn wiedergibt; zum Zweiten kommt es immer darauf an, ob man alle Buchstaben oder wie im

Beispiel von Vicarius Filii Dei nur bestimmte zählt, was ebenfalls, wenn man die Methoden unterschiedlich anwendet, willkürlich ist; und zum Dritten ist es ausschlaggebend, was für ein System der Buchstaben-Zahlen-Analogie man verwendet.

Solche Buchstaben-Zahl-Zuordnungstabellen wurden in der Geschichte in rauhen Mengen entwickelt, und sie sind anders als die Systeme der Zahlenalphabete willkürlich. Ein Zahlenalphabet drückte nämlich Zahlen durch Buchstaben aus und musste deshalb konventionell sein. Nur wenn man ein eingeführtes System hat, das in einem bestimmten Gesellschafts- und Sprachsystem eindeutig festgelegt ist und Geltung hat, kann es auch funktionieren. Wenn dagegen eine gewisse Anzahl von Zahlen-Buchstaben-Zuordnungstabellen zur Auswahl stünden, wäre bei bestimmten als Zahlen markierten Buchstabenkombinationen immer erst zu fragen, welches System der betreffende Text verwendet – für eine klare Zahlenbestimmung eine völlig undenkbare Vorstellung.

Bei den Systemen der Zahlenmystiker ist das anders. Hier kommt es ja gerade darauf an, bestimmte Zahlenwerte zu erzielen, z. B. ein Wort wie „Liebe" mit „Gott" in Zusammenhang zu bringen. Und damit wird sehr schnell die ganze Rechnerei zu einer Spielerei. Man vermittelt den Anschein, als würde man rechnen – schließlich tut man ja auch nichts anderes als Zahlenwerte von Buchstaben zusammenzurechnen –, man geht also überprüfbar vor, aber die Grundlage für diese Berechnungen wählt man selbst aus, um zum überprüfbaren Ergebnis zu gelangen.

Diese Spielereien werden besonders bei der Zahl 666 gepflegt, und zwar bis in die heutige Zeit. Underwood Dudley hat in seinem Buch dazu zahlreiche Beispiele gesammelt.[2] Ob Bill Clinton, Hitler, Luther, ob Bill Gates, Ronald Reagan, George Bush, Michael Dukakis, jeder Name lässt sich gematrisch auf die 666 bringen oder aber zumindest mit der 666 verbinden. So braucht man bei Ronald Wilson Reagan nur die Buchstaben der drei Namen zusammenzählen und kommt auf 6 – 6 – 6. Und ähnliche Beobachtungen kann man auch am UPC-Strichcode, jenem Zahlencode, der heute auf fast allen Produkten, die man kaufen kann, sichtbar ist, machen. Eine Kirche in Chicago soll in den 90er Jahren eindringlich davor gewarnt haben, zumal sie in Erfahrung gebracht haben wollte, dass „die US-amerikanische Regierung und die europäischen Regierungen beabsichtigen, diese Zeichen mittels Laser auf den Stirnen oder rechten Händen der Bevölkerung anzubringen". (S. 69) Damit hätte man dann aber „das Zeichen des Tieres" nach Offb 13,18 auf der Stirn, was zwar bargeldlosen Einkauf ermögliche, aber dafür Höllenqualen einbrächte.

Da sich Dudley vor allem mit der amerikanischen Kultur und US-Größen beschäftigt hat, können hier noch einige weitere, „deutsche" Beispiele angeführt werden, die zeigen können, wie man auf die richtige Zahl kommt.

Nehmen wir den Namen des amtierenden Bundeskanzlers, Gerhard Schroeder, und berechnen seine Wortzahl nach dem Einer-/Zehner-/Hunderter-System im Deutschen Alphabet,

A	1	J	10	S	100
B	2	K	20	T	200
C	3	L	30	U	300
D	4	M	40	V	400
E	5	N	50	W	500
F	6	O	60	X	600
G	7	P	70	Y	700
H	8	Q	80	Z	800
I	9	R	90		

Abb. 30: Das Einer-/Zehner-/Hundertersystem eines deutschen Zahlenalphabets

so ergibt sich:

G	E	R	H	A	R	D		S	C	H	R	O	E	D	E	R
7	5	90	8	1	90	4		100	3	8	90	60	5	4	5	90

570

Nun ist 570 natürlich nicht 666, aber da die Differenz 96 ist und der Name Gerhard Schroeder aus 16 Buchstaben besteht, ist eine Lösung 666 trotzdem möglich. Es sind dazu lediglich alle Zahlen um „6" zu erhöhen ($6 \times 16 = 96$), also müssen wir folgendes System anwenden:

A	7	J	16	S	106
B	8	K	26	T	206
C	9	L	36	U	306
D	10	M	46	V	406
E	11	N	56	W	506
F	12	O	66	X	606
G	13	P	76	Y	706
H	14	Q	86	Z	806
I	15	R	96		

Abb. 31: Das Einer-/Zehner-/Hundertersystem eines deutschen Zahlenalphabets, um 6 erhöht.

Damit ergibt sich:

```
G    E    R    H    A    R    D         S     C   H    R    O    E    D    E    R
13   11   96   14   7    96   10        106   9   14   96   66   11   10   11   96
                                        666
```

Und damit haben wir das erwünschte Ergebnis – man beachte: weil wir es erzielen wollten!

Ein weiteres Beispiel: Nehmen wir den Namen des Altbundeskanzlers nach dem System 1 bei Gerhard Schroeder,

```
H    E    L    M    U    T         K    O    H    L
8    5    30   40   300  200       20   60   8    30
                    701
```

ergibt sich 701. Der Vor- und Zuname besteht aus 10 Buchstaben, die Differenz zu 666, nämlich 45, lässt sich also nicht wie bei Gerhard Schroeder ganzzahlig in ein anderes System umwandeln. Nun gut, dann müssen wir es etwas anders anstellen. Nehmen wir nur den Nachnamen:

```
K    O    H    L
20   60   8    30
     118
```

Da die Differenz von 666 und 118 durch 4 teilbar – Ergebnis: 137 – ist, etablieren wir ein weiteres System, das zu den Werten des Systems I 137 addiert:

A	138	J	147	S	237
B	139	K	157	T	337
C	140	L	167	U	437
D	141	M	177	V	537
E	142	N	187	W	637
F	143	O	197	X	737
G	144	P	207	Y	837
H	145	Q	217	Z	937
I	146	R	227		

Abb. 32: Das Einer-/Zehner-/Hundertersystem eines deutschen Zahlenalphabets, um 137 erhöht.

Daraus ergibt sich:

K O H L
157 197 145 167
666

Das Problem könnte man natürlich auch anders lösen. Wir nehmen wiederum den Nachnamen und ein Buchstaben-Zahl-System, das die Einer von 1 bis 26 durchzählt:

A	1	J	10	S	19
B	2	K	11	T	20
C	3	L	12	U	21
D	4	M	13	V	22
E	5	N	14	W	23
F	6	O	15	X	24
G	7	P	16	Y	25
H	8	Q	17	Z	26
I	9	R	18		

Abb. 33: Das deutsche Stellenwert-Zahlenalphabet

Dann ergibt sich:

```
K   O   H   L
11  15   8  12
        46
```

Die Differenz von 666 und 46 ist wiederum durch 4 teilbar – Ergebnis: 155 –,
so dass wir zu den Werten 155 addieren müssen:

A	156	J	165	S	174
B	157	K	166	T	175
C	158	L	167	U	176
D	159	M	168	V	177
E	160	N	169	W	178
F	161	O	170	X	179
G	162	P	171	Y	180
H	163	Q	172	Z	181
I	164	R	173		

Abb. 34: Das deutsche Stellenwert-Zahlenalphabet, um 155 erhöht.

Dann ergibt sich:

```
K    O    H    L
166 170  163  167
        666
```

Quod erat demonstrandum! Aber machen wir es uns noch etwas schwerer und
nehmen uns den bayerischen Ministerpräsidenten Edmund Stoiber vor. Das ist
wirklich eine harte Nuss, denn weder der Nachname mit 7 Buchstaben, noch
der Gesamtname mit 13 Buchstaben ist für das Ergebnis 666 günstig.

Aber wenn man nur lange genug sucht, wird man am Ende doch fündig.
Man muss nur den Namen Dr. Edmund Stoiber ins Hebräische umsetzen und
dann nach dem Stellenwertsystem im Atbasch berechnen.

א	22	ט	14	פ	6
ב	21	י	13	צ	5
ג	20	כ	12	ק	4
ד	19	ל	11	ר	3
ה	18	מ	10	ש	2
ו	17	נ	9	ת	1
ז	16	ס	8		
ח	15	ע	7		

Abb. 35: Das hebräische Stellenwert-Zahlenalphabet im Atbasch

Dann ergibt sich Folgendes:

```
ר ע ב י ו ט ס    ד נ ו מ ד ע    ר ″ ד
3  7 21 13 17 14 8   19 9 17 10 19 7   3     19
        83                81              22
        Dr.  E d m u n d   S t o i b e r
                    186
```

Da 480 auf 666 bei 15 Buchstaben fehlen, müssen wir jeden Buchstaben um 32 erhöhen:

א	54	ט	46	פ	38
ב	53	י	45	צ	37
ג	52	כ	44	ק	36
ד	51	ל	43	ר	35
ה	50	מ	42	ש	34
ו	49	נ	41	ת	33
ז	48	ס	40		
ח	47	ע	39		

Abb. 36: Das hebräische Stellenwert-Zahlenalphabet im Atbasch, um 32 erhöht.

ר	ע	ב	נ	ו	ט	ס		ד	נ	ו	מ	ד	ע		ר	"	ד
35	39	53	45	49	46	40		51	41	49	42	51	39		35		51

307   273   86

Dr. Edmund Stoiber

666

Solche Operationen, so sehr sie den Anschein erwecken mögen, dass sie noch systematisch sind, sind nichts weiter als wahllose und völlig willkürliche Spielereien. Denn es wird ja kein bestimmtes gegebenes System mehr angewendet, sondern vielmehr ein System erfunden, mit dem das gewünschte Ergebnis erzielt werden kann.

Doch wie gesagt, mit solchen Spielereien hat die Gematria ursprünglich nichts zu tun. Sie hat zwar sicherlich auch mit der Lust am Spielen zu tun, vor allem aber will sie verborgene Weisheiten durch die Zahlenbestimmung von Wörtern und ihren Vergleich erkennen. Zugrunde liegt die Vorstellung, dass die Welt geordnet ist. Da der Mensch aber seine Welt vor allem mithilfe der Zahlen ordnet, geht er davon aus, dass die Ordnung der Dinge auch einer Zahlenkonstellation entspricht. In diesem Sinne kann man sagen, dass für derartige Zugänge die Zahlen Alles sind, weil alles in Zahlen ausdrückbar ist und sich das Wesen der Dinge durch ihre Zahlen enthüllt.

Insbesondere im Blick auf numerologische Zugänge, in denen ja auch Wortzahlenberechnungen eine Rolle spielen – wie käme man sonst auf seine Namenszahl? –, scheint es mir aber durchaus angebracht, auch hier auf die Grenzen hinzuweisen. Abgesehen davon, dass unterschiedliche Numerologien verschiedene Zahlenalphabete verwenden,[3] sollte nicht übersehen werden, dass diese Zahlenalphabete auf Konventionen beruhen. Zumindest im Deutschen sind erst die Buchstaben da, dann werden diesen Buchstaben Zahlen zugeordnet. Eine Namenszahl ist immer etwas Sekundäres und Nebensächliches gegenüber dem Namen, den Eltern ihren Kindern geben. Namens- und Geburtsnamenzahlen, Vokal- und Konsonantenzahlen und ähnliche sind nur scheinbar rationale Phänomene. Man kann sie berechnen, kann mit ihnen spielen, aber mehr auch nicht. Von solchen, willkürlich errechneten Zahlen hängt auf keinen Fall die Existenz ab.[4]

III.
Die Bibel und die „Rechner" –
Ein Ausblick

„Die Weisheit aber –, wo findet man sie,
und wo ist die Stätte der Einsicht?"
Ijob 28,12

Nach unserem Blick in die Zahlenwelt der Bibel dürften rechnerische Zugänge zur Bibel nicht mehr ganz befremdlich erscheinen. Dass sich selbst Mathematiker im eigentlichen Sinn mit ursprünglich biblischen Problemen befasst haben, ist ohnehin bekannt. Man denke nur an Karl Friedrich Gauss, der zwar durch die nach ihm benannte Einheit der magnetischen Feldstärke berühmt geworden ist, aber nebenbei auch eine Formel entwickelt hat, die es ermöglicht, den Osterfesttermin für jedes mögliche Jahr zu berechnen.[1]

Bibel und Rechnen, eingegrenzt auf das Zählen, scheint aber in einer anderen Weise sogar fast selbstverständlich zu sein. Das hebräische *SPR*, das als Partizip den Schreiber, später den Schriftgelehrten bezeichnet, bedeutet eigentlich „zählen", *sefär* ist das Schriftstück, das Buch, das Substantiv *mispar*, das ebenfalls aus *SPR* gebildet wird, aber ist die Zahl. Und von den Abschreibern der Heiligen Schriften, den *Soferim*, weiß man, dass sie nicht nur „schrieben", sondern auch die Buchstaben der jeweiligen Bücher „zählten". Irgendwie scheint Schreiben und Zählen zusammenzugehören.

Im Folgenden will ich diesen Phänomenen nachgehen. Trotz der Überschrift „Die Bibel und die Rechner" sollte nicht das Missverständnis entstehen, dass die nun zu besprechenden Zugänge allesamt auf einem primär rechnerischen Interesse beruhen. Das mag auf einzelne Gematriker zutreffen, auch – von der Methode her – auf den Bibelcode, auf keinen Fall aber auf die Kabbala, in der die gematrischen Wortzahlenberechnungen bestenfalls ein Vehikel zur Verdeutlichung von wesentlichen Anschauungen sind. Trotzdem ist die Kabbala hier nicht fehl am Platz, denn sie wird in aktuellen Numerologien, die sich teilweise explizit kabbalistisch nennen, eifrig rezipiert. Und diesbezüglich scheinen mir einige Klarstellungen erforderlich zu sein.[2]

3.1. „Mit wem wollt ihr mich vergleichen?" – Zu Gematria und Kabbala

> *„Nach dem, was dir entrückt, forsche*
> *nicht, und nach dem, was dir verborgen,*
> *suche nicht. "* Sefär ha-Sohar, II, 42b

Bereits mehrfach war in diesem Buch von einer berechnenden Methode die Rede, die Gematria oder Gematrie genannt wird, die Kunst, Buchstaben, Worte und Wendungen in Zahlen umzusetzen und diese mit anderen Worten und Wendungen gleichen Zahlenwerts zu vergleichen. In der Geschichte der Auslegung der Bibel hat sich diese Methode ganz unterschiedlich ausgewirkt. Zum einen gibt es in entsprechenden Ansätzen einiges, was immer wiederkehrt, Konstantes und Gleichbleibendes, zum anderen ganz außergewöhnliche Extreme, an denen sich zeigt, wie groß die Gefahr ist, dass einseitige Anwendungen von Methoden zu deren Pervertierung führen.

Variationen zu den Gottesnamen

Zu den Konstanten gehören im Bereich jüdischer und davon beeinflusster Gematria jene Zahlenspekulationen, die sich mit den biblischen Namen Gottes beschäftigen.[3] Der Name JHW"H, das Tetragramm, hat hier eine prominente Bedeutung. Im hebräischen Zahlenalphabet hat das Tetragramm den Zahlenwert 26.

Entsprechend der Auffassung, dass sich in Zahlen Wesenheiten und Wahrheiten ausdrücken, ist damit jedes Wort, das die Zahl 26 in sich trägt, irgendwie mit Gott verbunden. Aber das ist nicht alles. Man kann mit dem Tetra-

$$\text{ה} \quad \text{ו} \quad \text{ה} \quad \text{י}$$
$$5 \quad 6 \quad 5 \quad 10$$
$$j \quad h \quad w \quad h$$
$$26$$

grammaton auch weitere Zahlenspekulationen betreiben und z. B. seinen großen Wert oder Füllewert ermitteln. Dieser wird durch stufenweisen Aufbau des Namens erzielt. So erhält man als Füllewert des Tetragramms JHWH die Zahl 72.

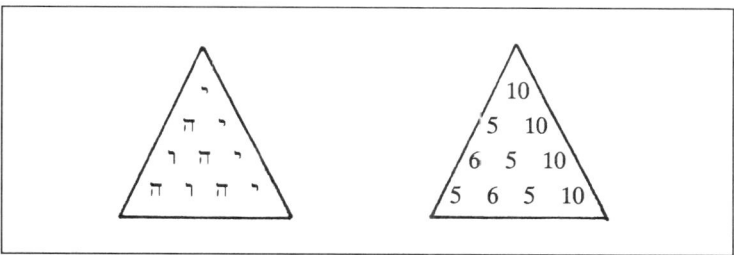

Abb. 37: Der Füllewert des JHWH-Namens

Die Buchstaben des Tetragramms werden darüber hinaus auch potenziert, um auf die „Allmachts"zahl Gottes zu kommen: $10^2 + 5^2 + 6^2 + 5^2 = 186$. Und schließlich spielt auch die Kurzform des Tetragramms, nämlich Jah (= 15), bei gematrischen Spekulationen eine ausgezeichnete Rolle.

Solche Verfahren wurden auch auf andere Namen Gottes, Gottesbezeichnungen und Prädikationen angewendet, im christlichen (vor allem gnostischen) Bereich auch auf Jesus, dessen Name im griechischen Zahlenalphabet die berühmte Zahl 888 ergibt. Das kürzeste Glaubensbekenntnis Israels „Jahwe ist einzig", hebräisch *JHW"H ächad* (Dtn 6,4), hat den Zahlenwert 39 (26 + 13), die Gottesbezeichnung Elohim ist 86, ihre Kurform El 31, das hebräische Adonaj, Herr, 65 und so weiter.

In gematrischen Zahlenspekulationen ist dann z. B. 60 die Zahl des in alle Weltrichtungen wirkenden Gottes (4 × 15) oder 15066 als Produkt der potenzierten Zahlenwerte von Jahwe (186) und *ächad* (81) die Entfaltung der Allmacht Gottes. 23 ist der Füllewert von *ächad*, einzig, 147 der potenzierte

211

Füllewert desselben Wortes, 173 der Füllewert von *JHW"H ächad*. Den Spekulationen sind keine Grenzen gesetzt. Man arbeitet mit allen vier Grundrechenarten und verwendet darüber hinaus pythagoräische Vorstellungen wie die Dreiecks- und Quadratzahlen, um den zahlenmäßigen Strukturen der Heiligen Schrift auf die Spur zu kommen.

Eine Zahl, und sonst keine!

Gegenüber solchen Konstanten gematrischer Untersuchungen, die je nach Anwendung unterschiedliche Komplexität aufweisen, gab und gibt es aber auch immer wieder Deutungsversuche der biblischen Botschaft, die auf einer ganz besonderen Zahl aufbauen. So hat beispielsweise Oskar Fischer[4] die Primzahl 127 zur alle Welt bestimmenden Größe erkoren. Er fand sie überall, in unterschiedlichen Sprachen und Kulturen, indem er – gemessen an der Logik wahllos oder assoziativ, aber jedenfalls nirgendwo methodisch begründet – Wörter zusammenstellte:

Die Summe von Shamash (ein mesopotamischer Gott) und Gilgamesch (ein legendärer König aus Uruk) ergibt auf Hebräisch 1016 (= 8 × 127). Der Hauptgott Babylons, Marduk, hat auf Griechisch den Zahlenwert 635 (= 5 × 127), Ormuzd + Ahriman, Gott und Teufel bei Zarathustra, ergeben auf Griechisch 1905 (15 × 127). Aber es gibt auch biblische Fälle der 127: Isaak, Sohn Abrahams, ergibt auf Hebräisch 508 (= 4 × 127). El Schaddaj (eine Gottesbezeichnung im Buch Genesis), Abraham, Isaak, Jakob und Josef zusammen 1143 (= 9 × 127). Im Jahre 2667 nach der biblischen Zählung fand der Exodus statt (= 21 × 127). So geht es munter weiter bis ins Neue Testament: „Jesu Auferstehung" ergibt auf Griechisch 1651 (= 13 × 127) und die Summe von Jesus Christus und der Sibylle auf Griechisch ist 3048 (= 24 × 127).

Wenn man in so vielen Worten und Wortverbindungen die 127 findet, dann muss es mit der 127 eine ganz außerordentliche Bewandtnis haben. Fischer hielt sie für den Ausdruck von Licht und Auferstehung und nannte sie Kreislauffaktor. Fast alles ist 127, sowohl Zauberworte als auch die Bundeslade, Aron Berit Jahwe, *'RN BRJT JHW"H* (889 = 7 × 127). Salomo ist der größte Zauberer aller Zeiten, weil sein Name nämlich 381 ist (3 × 127).

Bei solchen und ähnlichen Spekulationen über die Bedeutung einzelner

Zahlen handelt es sich keineswegs um Erkenntnisse, sondern um Spielereien. Denn wenn man einmal eine alles erklärende Zahl gefunden hat, findet man sie auch immer wieder, sei es, dass man Wörter in bestimmter Weise gruppiert, um zum gewünschten Ergebnis zu kommen, sei es das man Wörter leicht verfremdet, um ein Vielfaches der Zahl zu erreichen. Zumindest bei Fischer ist Letzteres sowohl, was die Bundeslade als auch Salomo betrifft, der Fall. Denn die Bundeslade kommt, obwohl es in der Bibel zahlreiche Wendungen dafür gibt, in der von Fischer vorgestellten Form nie vor, sondern nur als *'RWN BRJT JHW"H* = 895 oder *'RWN HBRJT JHW"H* = 900), und Salomo wird in der Bibel durchwegs *SchLMH* = 375 geschrieben.

Die hier beispielhaft an Fischer gezeigte Art der Zahlenspekulation ist ein überaus weit verbreitetes Spiel. Zumeist nimmt man sich aber einfachere Zahlen vor und findet dann in der Bibel entweder lauter Dreier, auch Dreieckszahlen, Siebener oder Dreizehner.[5] Die Methoden sind immer ähnlich. Man meint den Zahlenschlüssel zum Verständnis der Bibel gefunden zu haben und wendet ihn so an, dass er ins Schloss passt, oder sägt am Schloss herum, damit der Schlüssel hineinpasst. Setzt man Gematria als Methode biblischer Auslegung voraus, kann es aber angesichts der Komplexität der biblischen Überlieferung keine einzelne Zahl geben, die eine durchgehende und grundlegende Bedeutung hat, es sei denn die Eins oder Einheit, die man in allen Zahlen wiederfinden kann. Aber was wäre das für eine Zahlenspekulation, die die Eins als grundlegende Zahl der Bibel nachweisen wollte? – Da gäbe es doch keine Rätsel und keine sensationellen Erkenntnisse, denn dass die Eins in jeder Zahl steckt und sie immer Eins bleibt, egal, ob man sie potenziert, radiziert oder als Dreieckszahl darstellt, weiß doch ohnehin jeder.

Zur Kabbala und Kabbalistik

Die Gematria ist neben anderen Methoden der Bibelauslegung wie der abkürzenden Schreibung (Notarikon), der Buchstabenvertauschung (Temurah) und ähnlichem vor allem in einem Traditionskreis wirksam geblieben, der mit den Stichworten Kabbala[6] oder Kabbalistik umschrieben wird. Diese Begriffe bezeichnen ein komplexes und vielschichtiges Phänomen, das nicht ohne Weiteres mit wünschenswerter Klarheit in seine Einzelbestandteile aufzugliedern ist.

Das zeigt sich schon an einer aktuellen Definition der „Kabbala", die Will Parfitt gibt: „Die Kabbala, das Herz der westlichen Mysterientradition, ist ein Weg zu persönlicher Entwicklung und Selbstverwirklichung, der auf einer Bewußtseinslandkarte beruht, die man den Baum des Lebens nennt."[7] Wer eine solche Definition liest, wird meinen, die Kabbala sei eine Hilfe zur Selbsterfahrung. Mag sie das auch durchaus sein, Kabbala ist damit in einem Sinn verwendet, der reichlich wenig mit der eigentlichen Kabbala zu tun hat. Kabbala kann erst als Herz der westlichen Mysterientradition bezeichnet werden, wenn man andere Mysterien, Okkultismen sowie esoterische Richtungen wie u. a. das Tarot in die Kabbala integriert, wie es Parfitt, aber auch die aktuelle kabbalistische Numerologie tut.

Kabbala im eigentlichen und ursprünglichen Sinn ist dagegen nichts weiter als die jüdische Mystik des Spätmittelalters, eine spekulative Richtung des Judentums, die auf einer von neuplatonischen Ideen durchsetzten Emanationslehre basiert.

Doch Kabbala wird eben vielfach ganz anders gesehen. Zumeist meint man, es handle sich genuin um einen jüdischen Traditionsstrom, der noch in biblischer Zeit ansetzte, im 13. Jh. von Südfrankreich, dann Spanien aus zur Blüte kam und in der Folgezeit über das Judentum hinauswirkte, mit der Emanzipation der Juden im 19. Jh. aber weitgehend als eigenständige jüdische Richtung verschwand und in jüngster Zeit vor allem als esoterische Richtung wieder auflebt.

Dass man Kabbala so sieht, hängt einerseits mit dem Begriff selbst zusammen: Unter Kabbala, von hebräisch *qabal/qibbel*, also Überlieferung, verstand man ursprünglich sowohl die schriftlich vorliegenden Bücher der hebräischen Bibel mit Ausnahme der Thora, als auch die mündliche (Lehr-) Überlieferung. Erst im 12. Jh. wurde der Begriff zur Bezeichnung einer Geheimlehre, der jüdischen Mystik und einer damit verbundenen wie daran anknüpfenden religionsphilosophischen Anschauung.

Andererseits hängt das komplexe Bild, das man sich von der Kabbala macht, damit zusammen, dass die Kabbalisten es meisterhaft verstanden, ihre eigenen Ideen in ihnen vorgegebenen Traditionen wiederzufinden. Durch Kommentare biblischer Bücher und älterer jüdischer Schriften und die Verwendung von älteren Vorstellungen, Motiven und sprachlichen Ausdrucksweisen in ihren eigenen Werken erweckten sie den Eindruck, als sei das, was sie zu lehren hatten, viel älter, gleichsam von jeher da gewesen. So wurden ältere Traditionen gleichsam kabbalisiert. Beispielsweise gilt dies vom *Sefär Jesirah*, dem Buch über die Schöpfung oder Gestaltwerdung, das mit der Zeit als Werk der Kabbala angesehen wurde, obwohl es ursprünglich damit überhaupt nichts zu tun hatte. Es ist nach Johannes Maier[8] vielmehr einer von zahlreichen Bausteinen, aus denen das System der Kabbala errichtet wurde.

Schließlich hat zum landläufigen Bild von der Kabbala auch beigetragen, dass die Kabbalisten versucht haben, ihre eigene Lehre als alte Offenbarung zu präsentieren und ihr dadurch Geltung zu verschaffen. Im Rahmen einer Offenbarungsreligion war dies eine Notwendigkeit. Wie Gerschon Scholem in Bezug auf die Kabbala ausgeführt hat,[9] haben die Offenbarungsreligionen ein ganz einfaches Geschichtsverständnis: Am Anfang steht die Grundoffenbarung, je näher eine weitere Offenbarung zeitlich an diesem Ursprung liegt, für um so bedeutender wird sie gehalten. Man vergleiche – unter Ausklammerung der Lehrautorität des Papstes und der Kirche im katholischen Sinn – das Christentum im Blick auf die göttliche Offenbarung in Jesus: Erste Priorität kommt Jesu Offenbarung zu, dann kommen absteigend die zeitgenössischen Augenzeugen, dann die Kirchenväter usw. Will man also eine spätere Offenbarung als bedeutende Wahrheit legitimieren, dann muss man sie vordatieren. In dieser Weise ging man auch beim zentralen Werk der Kabbala, dem *Sefär ha-Sohar*, dem Buch vom Glanz, vor. Obwohl es höchstwahrscheinlich erst im 13. Jh. von Rabbi Mose ben Schemtob de Leon verfasst worden ist, wurde es von diesem als am Ende des ersten Jhs. n. Chr. verfasstes Werk des Rabbi Simeon ben Jochai (ca. 80 n. Chr.) ausgegeben. Und mit dem *Sefär Jesirah*, den die Kabbala für sich vereinnahmte, kam man noch wesentlich weiter in der Zeit zurück. Obwohl es erst im 7. Jh. verfasst sein dürfte, wurde es quasi als eine Uroffenbarung angesehen, die noch vor der Verkündigung der Zehn Gebote durch Mose angesetzt wurde. Es stammt – so die Legende – aus der Zeit Abrahams, und Abraham soll nach einer Version das Buch aufgrund der Offenbarung Gottes aufgeschrieben, nach einer anderen Version dieses von Melchisedek (Gen 14) erhalten haben. Ja, mitunter wird es sogar mit Adam in Verbindung gebracht.

Es gibt wohl einige moderne Kabbalisten, die diesen Legenden aufsitzen, und dann Kabbala als Uroffenbarung, ursprüngliche Geheimlehre und in Mysterienschulen über Jahrtausende bewahrte Wahrheit beurteilen. Und selbst wenn sie es besser wissen,[10] so mischen sich Legende und Geschichte trotzdem zu einem Samusurium, aus dem das helle Licht der kabbalistischen Ur-offenbarung immer noch hervortritt.

Das ist bei den populären Verbreitern der ursprünglichen Geheimlehre natürlich nichts weiter als eine Methode, denn eine Uroffenbarung, ein Jahr-tausende lang verborgenes Urwissen lässt sich besser verkaufen. Parfitt meint zwar, es sei gleichgültig, wie alt die Kabbala sei, „wichtig ist, welche Bedeu-tung die Kabbala in unserer modernen Welt für uns hat". (S. 28). Grundsätz-lich hat er zwar Recht: Wäre denn Parfitts moderne Kabbalistik salonfähig, wenn man sie, was sie meiner Ansicht nach ist, als Mixtur aus neueren esote-rischen Inkredienzen auf älterem Kaffeesatz bestimmen würde? Liegt die An-ziehungskraft der Kabbala nicht darin, dass sie ein ganzheitliches Urwissen zu bieten scheint, ursprüngliches Wissen, das lange Zeit verschüttet war, aber heute wieder zugänglich ist? – Der Anspruch der belangvollen Wahrheit wird durch ein hohes Alter auf jeden Fall unterstützt, er schafft Vertrauen.

Abgesehen davon ist eine klare Unterscheidung auch deshalb von Interesse, weil gerade moderne Kabbalistik und kabbalistische Numerologie die Be-stätigung für ihre Methoden ja nicht nur in der Kabbala selbst, sondern auch in der Bibel wiederfinden, die, wenn man im Extremfall die Kabbala in bibli-scher Zeit ansetzt, durchaus kabbalistische Züge aufweisen kann.

Der Sefär Jesirah

Entsprechendes gilt vom Sefär Jesirah, dem nach der Bibel wahrscheinlich wichtigsten Grundlagenbuch für die Kabbala.[11] Neben zahlreichen Vorstel-lungskomplexen wie den im Judentum üblichen Gottesnamen-Spekulationen, kulttheologischen Vorstellungen und Schöpfungsspekulationen, in denen die Entsprechung zwischen Makrokosmos (Welt der Schöpfung) und Mikrokos-mos (Mensch) bedacht worden war, hat die jüdische Mystik vor allem aus die-sem Buch Stoff für ihre Lehre bezogen.

„In zweiunddreißig verborgenen Bahnen der Weisheit zeichnete Jah Jahve Sebaoth, der Gott Jisraëls, der lebendige Gott und König der Welt, der all-mächtige, barmherzige und gnädige Gott; hoch und erhaben ist er und ewig wohnend in der Höhe heilig ist sein Name, erhaben und heilig ist er; er schuf seine Welt durch drei Zählprinzipien: Zahl, Zähler und Gezähltes."[12] So beginnt dieses wahrscheinlich erst im 7. Jh. entstandene Buch, das eine Summe kosmologischer und sprachspekulativer Traditionen des Judentums talmudischer Zeit bietet. Es basiert auf einer Schöpfungsordnung, die in drei sich entsprechenden Stufen gedacht ist, der kosmologisch-astronomischen, der astronomisch-zeitlichen und der anthropologisch-anatomischen Stufe, bietet eine entwickelte Thoratheologie und verbindet beides mit einer ausgesprochenen hebräischen Sprach- und Buchstabenmystik.

Das Buch beschreibt die Erschaffung der Welt und zwar – die zehn Sefirot, die zehn Ur- und Grundprinzipien allen Seins, kommen nur im ersten Kapitel vor – in Analogie zu den 22 Buchstaben des hebräischen Alphabets. Die Buchstaben sind „die eigentlichen Aufbauelemente, die Steine, aus denen der Bau der Schöpfung errichtet wurde."[13] Sie werden in drei Gruppen eingeteilt, drei Mütter (Aleph, Mem und Shin), sieben doppelte Buchstaben, nämlich jene, die im Hebräischen sowohl harte als auch weiche Aussprache haben (Bet, Gimel, Dalet, Kaph, Pe, Resh und Taw) und die übrigen zwölf, die einfache Buchstaben genannt werden. Diese Aufteilung ermöglicht Bezüge zu kosmologischen Gegebenheiten, die sieben doppelten entsprechen den sieben Planeten, die zwölf einfachen den zwölf Tierkreiszeichen. Jeder einzelne Buchstabe steht für einen Bereich der Welt, der seine Entsprechung in einem Glied des Körpers des Menschen hat.[14]

Das Buch hat möglicherweise schon ursprünglich magischen Charakter und wurde in späterer Tradition für die Erschaffung des Golem, jenes menschlich-unmenschlichen Wesens, das durch magische Mittel zum Leben gebracht werden kann, verwendet.

Das Buch von der Schöpfung wurde in der eigentlichen Kabbala vor allem wegen seiner zehn Sefirot, die im Buch selbst nicht weiter erläutert wurden, wichtig. Diese zehn Sefirot bilden die Lösung einer Frage, die die Kabbalisten besonders beschäftigt hat.

Der Sefirot-Baum

Wie wirkt Gott in der Welt? – Das ist als die zentrale Frage der Kabbala zu bestimmen. Als die Kabbala im Spätmittelalter entstand, sah man auf dem Hintergrund eines neuplatonischen Weltbildes Welt und Gott als völlig geschieden und getrennt an. Gott, der Eine, ist der Verborgene und absolut Jenseitige – er ist (oder ist im) En Sof, der Unendliche (im Unendlichen). Er ist Oben, getrennt vom Unten, von der Welt der Schöpfung und vom Menschen. Aber dieser absolut jenseitige Gott wirkt irgendwie auf das Unten ein, und das Unten, in der Kabbala dann näherhin Israel in seinem Thora-Gehorsam, kann seinerseits die Wirkungsweisen Gottes beeinflussen. Wie funktioniert das?

Die spekulative Lösung, die die Kabbala entwickelt hat, bestand im Modell der zehn Wirkungskräfte und -weisen Gottes, der zehn Sefirot. Zehn Sefirot – das bedeutet ursprünglich nichts weiter als zehn Zahlen oder Zehnerzählung. Sie haben ursprünglich nichts mit Sphären zu tun, vor allem nichts mit den Sphären der damals zeitgenössischen Philosophie, die unterschiedliche Wirklichkeitsbereiche bezeichneten.[15] Die Zehn Sefirot sind vielmehr nichts weiter als die Weisen, wie der All-Eine wirkt, sich in die Welt der Schöpfung emaniert. Sefirot heißen diese Wirkungsweisen auch deshalb, weil die emanatorischen Wirkungsweisen Gottes eine Abfolge von Oben nach Unten zum Ausdruck bringen.

Vor allem interessierte die Kabbalisten die Hierarchie der Wirkungskräfte Gottes, ihre jeweilige Zuordnung und ihr Zusammenspiel. Sie sind im sogenannten Sefirot-Baum zur Darstellung gebracht. Die Kenntnisse über diese Sachverhalte ermöglichten es den Mystikern, die über die materielle Welt hinaus in die höheren Stufen aufzusteigen vermochten, einerseits die Einflussnahme auf diese Wirkungen Gottes von Unten, andererseits aber die Erkenntnis des verborgenen Gottes.

Der Sefär ha-Sohar, das Buch des Mose ben Schemtob de Leon, der 1305 gestorben ist,[16] hat dieses geheime Wissen zusammengestellt und, in das Bild des Sefirot-Baumes gefasst, ergibt sich folgende Darstellung.

Die einzelnen Sefirot bedeuten in aufsteigender Reihenfolge:

X   Malkut, Königsherrschaft, das Reich Gottes als geistiges Menschenreich

IX   Jesod, Fundament, als der Grund aller wirkenden und zeugenden Kräfte Gottes.

VIII Hod, Schönheit, als die Majestät Gottes

VII   Näzach, Sieg, die beständige Dauer Gottes

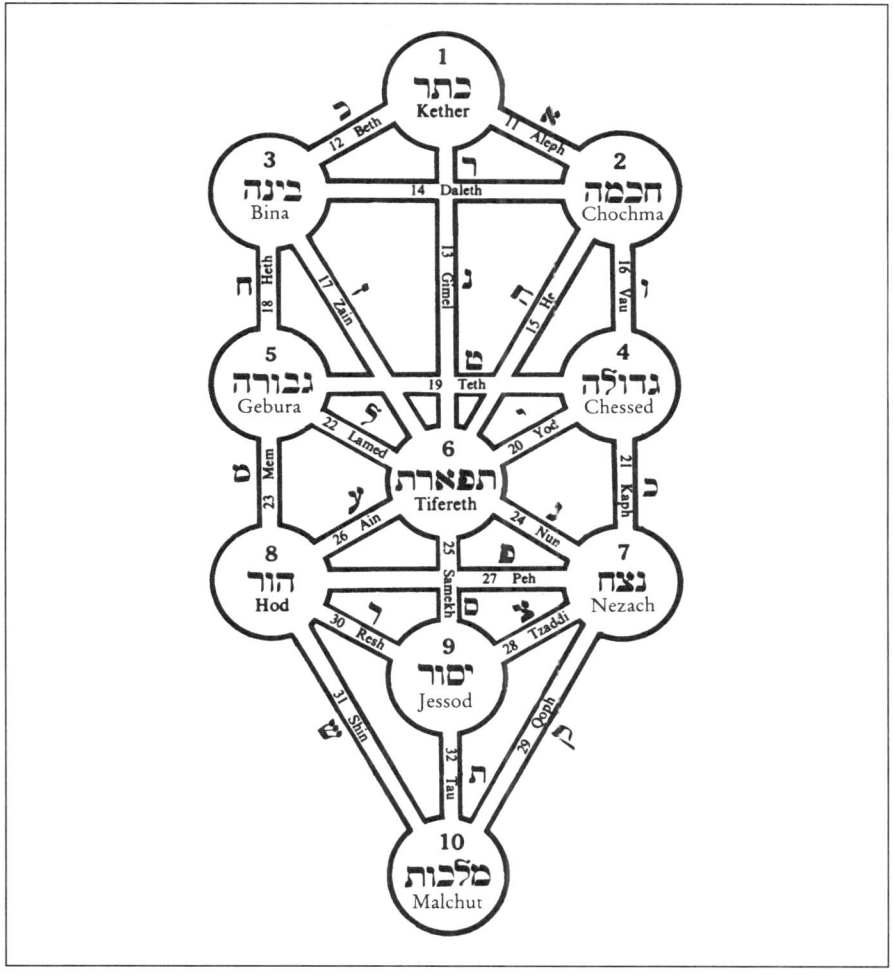

Abb. 38: Der Sefirot-Baum nach dem Sohar

VI   Tifärät, Pracht, als die Herrlichkeit Gottes, das Herz des Himmels

V   Geburah, Stärke, als die Macht Gottes

IV   Chäsäd, Liebe, als die göttliche Liebe

III   Binah, Einsicht, als unterscheidende Vernunft

II   Chokmah, Weisheit, als die Weisheit im urschöpferischen Sinn

I   Kätär, Krone, als die höchste Krone Gottes

Die Bezeichnungen für die einzelnen Sefirot stammen ausschließlich aus der Bibel, werden aber systemimmanent und ohne eigentlichen Bezug zu den biblischen Stellen verwendet. Vor allem das Gebet Davids in 1 Chr 29,10–19, vor allem Vers 11, hat auf die Bezeichnung der Sefirot eingewirkt:

> „Dein, o Herr, ist die Größe, die Stärke, der Ruhm, der Glanz und die Majestät; denn alles im Himmel gehört dir!"

Von den zehn Sefirot sind in diesem kurzen Textabschnitt vier enthalten: Geburah, Tifärät als „Ruhm", Näzach als „Glanz" und Hod.

Das durch den Sefirot-Baum veranschaulichte System ist keineswegs statisch und unveränderlich. Die Möglichkeit der Beeinflussung der göttlichen Wirkungsweisen führt dazu, dass sich einzelne Sefirot verschieben können, wodurch das Gleichgewicht der Wirkungskräfte gestört wird.

Wegen der Zehnzahl der Sefirot hat man in der Bibelauslegung vor allem der Zahl Zehn besonderes Interesse entgegen gebracht. An vielen Stellen wurde eine biblische Zehn auf die zehn Sefirot bezogen. Prominent sind die Bezugnahmen auf den ersten Schöpfungsbericht in Gen 1,1–2,4a mit seinen zehn Schöpfungsworten Gottes, und dann vor allem die Zehn Gebote vom Sinai (Ex 20; Dtn 5).

3.2. „Verstehst du auch, was du liest?" – Moderne gematrische, kabbalistische und numerologische Symboliken der biblischen Zahlen

> *„Wißt ihr es nicht, hört ihr es nicht,*
> *ward es euch nicht kund von Anbeginn*
> *an, habt ihr es nicht seit Gründung der*
> *Welt erfaßt?"* Jes 40,21

Die Rezeption biblischer Aussagen in Gematria, Kabbala und Kabbalistik, wird vielfach als Schlüssel zum Verständnis der Bibel selbst herangezogen. Dieser Sprung von den späteren Lesern zu den Autoren der Bibel wird, was die Gematria betrifft, berechtigt gezogen, denn gematrische Verfahren lassen sich in den aus hellenistischer Zeit stammenden Schriften der Bibel vermuten, zumindest aber in der Offenbarung des Johannes auch sicher nachweisen. Und doch ist es ein ungeschichtliches Missverständnis, wenn man die Gematria und bestimmte ihrer weiterentwickelten Spielarten zum Schlüssel für ein authentisches Verständnis der Bibel als Ganzer erhebt.

In dieser Weise funktionieren, wenn auch in Details und Schwerpunktssetzung je unterschiedlich, einige der aktuellen Werke der Zahlensymbolik, die in ihrer Art beeindruckende Zahlensymbolik von Friedrich Weinreb, die kabbalistische Bibelinterpretation mit Buchstabenmystik im Sinne einer Hieroglyphik verbrämt,[17] die übereinstimmende Zahlensymbolik in Ilias und Bibel, die Martha Ida Freese vorgelegt hat,[18] schließlich auch die Symbolik der biblischen Zahlen und Zeiten von Hans A. Hutmacher, den wir schon mehrfach erwähnt haben.

Zur Zahlensymbolik von H. A. Hutmacher

Wenn man Hutmachers Buch liest, vermittelt er zwar einleitend den gegenteiligen Eindruck, er stehe für eine ausgewogene biblische Zahlensymbolik, weil er anfangs ganz entschieden vor der Übertreibung zahlensymbolischer Spielereien warnt und behauptet, seine Symbolik ersetze nicht die wissenschaftliche Exegese, sondern ergänze sie.[19] Liest man aber weiter, so entpuppt sich sein Buch als nicht anderes als ein Standardwerk der Gematria, zumal er die Begriffe Zahlensymbolik und Gematria offensichtlich gleichsetzt (ebd.). Grundlegend ist die Voraussetzung, dass schon in biblischen Zeiten die hebräischen Buchstaben als Zahlen dienten. Das sei eine Tatsache, die nachgewiesen werden kann (S. 7 und 6). Ein Nachweis unterbleibt aber, und ist nach dem, was ich dargelegt habe, auch gar nicht möglich.

Und dann legt Hutmacher mit Zahlenspekulationen los, dass einem die Ohren schlackern: Das Verhältnis von Ägypten und Kanaan sei 2:1, Moses beim Auszug aus Ägypten 80, er lebte noch 40 Jahre – 2:1, 430 Jahre dauerte der Aufenthalt in Ägypten, die Patriarchen Israels lebten aber vorher 215 Jahre in Kanaan – 2:1, Babel hat den Zahlenwert 34, aber 17 Völker zählt Lukas im Pfingstgeschehen auf – 2:1: „Die Zerstreuung wird in die Einheit des Geistes zurückgeführt." (S. 10) Hutmacher zieht (fast) alle gematrischen Register: Da ist von Dreieckszahlen, von Füllewerten, von potenzierten Zahlenwerten die Rede, und man gewinnt den Eindruck, als ob die anfängliche Warnung vor Übertreibung zahlensymbolischer Spielereien nichts weiter als eine salvatorische Floskel war.

Zahl, Zeichen, Wort – Friedrich Weinreb

Da geht Friedrich Weinreb doch behutsamer mit den Zahlen um. Zwar betreibt auch er biblische Zahlensymbolik im Sinne von Gematria, doch verwendet er anders als Hutmacher die Buchstaben nicht als mehr oder minder reines Zahlenmaterial. Die Gematria ist gleichsam in Zucht genommen durch die Buchstabenmystik, die ihr Vorbild im *Sefär Jesirah* haben dürfte, aber darüber hinaus dem Bildcharakter der hebräischen Buchstaben größere Beachtung schenkt. Die hebräischen Buchstaben sind nämlich, obwohl dies in der üblichen Quadratschrift nicht mehr sichtbar ist, schematisierte Hieroglyphen, also Bilder, die Gegenstände abbilden. Diese Bilder und ihre Aussagen holt Weinreb wieder in das Bewußtsein zurück, aus dem sie durch die Formalisierung der Schrift verdrängt worden sind, und verbindet sie mit einer Zahlen- und Buchstabensymbolik, wie sie vom *Sefär Jesirah* aus auch auf die Kabbala Einfluss ausgeübt hat. Insofern kann man sie im weiten Sinne als kabbalistische Zahlensymbolik bezeichnen. Die Hieroglyphen der hebräischen Buchstaben zeigt die folgende Abbildung.

Wenn man Wörter bildet, dann kombiniert man also nicht allein Buchstaben, sondern zugleich Zahlen und Bilder miteinander. Und wenn man Zahlen verwendet, dann stehen in ihrem Hintergrund die dafür verwendeten Buchstaben und ihre Bilder. Ein Beispiel:[20] *Nun* ist der 14. Buchstabe im hebräischen Alphabet und ist als Zahl 50. Die Hieroglyphe ist nach Weinreb ein (schlangenartiger) Fisch. *Nun* steht also sinngemäß hinter dem Buchstaben *Mem*, der als Bild das Wasser und als Zahl 40 ist. Mit *Nun* beginnt – so Weinreb – etwas Neues. Nach den 40 Jahren der Wüstenwanderung erfolgt die Landnahme unter Josua, dem Sohn des *Nun*. „50 ist also eine Zahl, die nach der Zeit kommt. Alles, was noch Zeit in sich hat, fällt noch unter den Begriff der 40 (der bis 49 reicht). Dann beginnt eine andere Welt." (S. 69) Auch wenn ich

Hieroglyphe (sinaitisch)	Deutung	Hebräisch	Name
 𓃾	Rinderkopf	א	Alef
⬜	Haus	ב	Bet
?		ג	Gimel
 🐟	Fisch	ד	Dalet
🧍	Betender	ה	He
?		ו	Waw
?		ז	Zajin
▦	Zaun?	ח	Chet
?		ט	Tet
?		י	Jod
✋	Handfläche	כ	Kaf
𓏲	Ochsenstachel	ל	Lamed
 〰	Wasser	מ	Mem
 ➰	Schlange	נ	Nun
?		ס	Samech
 👁	Auge	ע	Ajin
🪃	Wurfholz	פ	Pe
⚓	Blüte	צ	Sade
 ∞	?	ק	Qof
𓁶	Haupt	ר	Resch
 ⌣	Bogen	ש	Schin
+	Kreuz	ת	Taw

Abb. 39: Die hebräischen Buchstaben als Hieroglyphen
(nach dem protosinaitischen Alphabet, um 1500 v. Chr., nach E. Würthwein)

Weinreb darin nicht folgen kann, dass sich die Bedeutung der 50 aus der Hieroglyphe des Buchstabens *Nun* ergeben hat, entspricht seine Interpretation der Zahl 50 meines Erachtens doch dem biblischen Befund, soweit die Zahl 50 symbolisch verwendet wird. 50 ist, wie auch Weinreb ausführt, die Zahl nach der endgültigen Vollendung, die in der 49 als der Zahl von sieben mal sieben Wochen oder Jahren als Ausdruck für einen abgeschlossenen Zeitraum, erreicht ist.

Numerologische Konzepte

Gegenüber einer solchen Symbolik fallen die neueren esoterischen Werke zur Numerologie, die u. a. auch einen Schlüssel zum authentischen Verständnis der Bibel postulieren, doch erheblich ab. Zwar scheint die Bibel bis auf Ausnahmen gegenwärtig etwas in den Hintergrund numerologischer Herkunftsbestimmungen zu rücken, aber dafür ist gerade deren Rezeption durch die Kabbala ein Renner. So schreiben Faith Javane und Dusty Bunker in ihrer Zahlenmystik: „Wenn man im Alten Testament, in der Tora, der Kabbala und anderen heiligen hebräischen Schriften liest, merkt man, wie die Hebräer mit der Wissenschaft der Namen und Zahlen mit ihrem Zahlen-Buchstaben-Code umgingen. Mit seiner Hilfe wollten sie die geheimen Bedeutungen dieser Schriften vor den Uneingeweihten schützen und gleichzeitig den Eingeweihten enthüllen."[21] Mit solchen Aussagen werden Altes Testament (Die hebräische Bibel heißt *Tanach*, das Alte Testament ist eine christliche Bezeichnung und umfasst auch Bücher, die ursprünglich griechisch verfasst sind), Thora (die ersten fünf Bücher Mose als Bestandteil sowohl der hebräischen Bibel als auch des Alten Testaments!), Kabbala und andere heilige, hebräische Schriften in einen Topf geworfen – eine völlig ungeschichtliche Vorgehensweise, die Texte aus mehr als zwei Jahrtausenden miteinander in Beziehung bringt. Das Alte Testament als Teil dieser Schriften wird darüber hinaus als eine beabsichtigt verschlüsselte Botschaft verstanden, eine Auffassung, die ohne Weiteres in die Fiktion einer israelitischen Mysterienreligion vorchristlicher Zeit eingebaut werden kann und im Bibelcode gerade seine logische Konsequenz gefunden hat.

Solche Zugänge sind nämlich relativ häufig und beziehen sich nicht nur auf gematrische bzw. kabbalistische Interpretationen der Bibel, sondern auch auf die weiter unten zu besprechenden Thesen zur Verschlüsselung der biblischen Botschaft im Sinne des Bibelcodes: Hat man den richtigen Schlüssel, enthüllt die Bibel ihre übernatürlichen Geheimnisse – so lautet die Voraussetzung.

Der Ertrag solcher neokabbalistischer Interpretationen, wenn man sie noch so nennen will, ist in der Regel gering, die Argumentation zumeist ohne Anhalt am eigentlichen Text.

Sehen wir uns ein Beispiel an: „Die Geschichte von Kain, der seinen Bruder Abel ermordet," – so erneut Faith Javane und Dusty Bunker – „dreht sich beispielsweise um die Rivalität zwischen zwei Brüdern. Der Name ‚Kain' jedoch bedeutet Körper und materialistische menschliche Begierden, während Abel für die Seele und die idealistische menschliche Natur steht. Diese Gestalten wurden so genannt, um davor zu warnen, daß der Materialismus spirituelle Ideen tötet, folglich sagte man, daß Kain Abel umgebracht hat (Genesis 4:8)." (S. 168)

Aus der Sicht des Bibelwissenschaftlers und das heißt in diesem Fall des Literaturhistorikers sind solche Aussagen Unsinn. Die Bedeutung der beiden Namen ist zwar unsicher – Kain wird in Gen 4,1 mit *qana*, kaufen, in Zusammenhang gebracht, bedeutet ursprünglich vielleicht Schmied, und Abel hängt möglicherweise mit *häbäl*, Windhauch, zusammen. Aber Kain als Körper steht nicht einmal zur Diskussion. Auch der Gegensatz von Körper und Geist bzw. Materie und Idee ist kein Problem biblischer Lebenserfahrung. In der Sicht der Exegese stehen Kain und Abel zwar auch für zwei unterschiedliche Bereiche, aber nicht für Materialismus und Idealismus, sondern für die Lebensformen Ackerbau und Viehzucht. In der Geschichte vom Brudermord wird der Übergang von der einen zur anderen Lebensform mythisch erklärt und typisiert.

Jedoch ist es natürlich auch so, dass die Bibelwissenschaft als rationale Interpretationsweise dazu neigt, bestimmte Erfahrungs- und Wirklichkeitsbereiche von vornherein für das Verständnis der Bibel auszuschließen. Ein solcher Ausschluss von Möglichkeiten ist natürlich auch methodisch bedingt, führt aber mitunter zu weit, nämlich zu einer Art Scheuklappen-Mentalität, in der bestimmte Phänomene von Texten gar nicht mehr erkannt werden können. Angesichts dessen hat man bei der Frage nach einer sachgerechten Interpretation der Heiligen Schrift mitzubedenken, dass die Bibel nicht nur ein einmal und einmalig verschriftetes „Buch" ist, sondern seine rund 2000 Jahre betragende Interpretationsgeschichte hat, die einen enormen Bedeutungsüberschuss der biblischen Texte hervorgebracht hat.

3.3. Wie man auf die Zahl der Engel kommt – Pseudomathematische Anordnungstechniken

> *„Jetzt aber, da ihr Gott kennt, besser noch, da ihr erkannt wurdet von Gott, wie könnt ihr wieder zurückkehren zu den schwachen und armseligen Elementen, in der Absicht, ihnen wieder von neuem zu dienen?"* Gal 4,9

Neben der Gematria im eigentlichen Sinn, die aus Worten Zahlenwerte gewinnt, die mit anderen Worten gleichen Zahlenwerts verglichen werden, gibt es auch eine Spielart, die auf einer stärker formalisierten Ebene betrieben wird, z. B. so, dass die Zahlenwerte von Anfangsbuchstaben von Versen zusammengezählt und mit anderen Worten gleichen Zahlenwerts in Beziehung gesetzt werden. Dass eine solche Methode grundsätzlich berechtigt ist, gibt schon die hebräische Bibel selbst zu erkennen. Vor allem in der poetischen Literatur lässt sich eine Kunstform nachweisen, die Akrostichon genannt wird. Um was es dabei geht, wurde schon am Beispiel des berühmten Psalmes 119 deutlich.[22] Dieser Psalm beginnt jede Verszeile bewusst und schematisch mit ganz bestimmten Buchstaben. Die ersten acht Verse haben Alef als Anfangsbuchstaben, die Verse 9–16 Bet, die Verse 17–24 Gimel, und so geht es fort bis zu Taw als dem Anfangsbuchstaben der Verse 169–176. Der Psalm ist also hinsichtlich der Anfangsbuchstaben der Verse im hebräischen Alphabet gegliedert, jeder der 22 Buchstaben steht achtmal am Anfang eines Verses – macht insgesamt 176 Verse.

Diese Kunstform des Akrostichons ist nicht nur im alphabetisierenden Stil überliefert, sondern dient vielfach dazu, bestimmte Wörter durch die Zeilenanfänge darzustellen. Für diese Form bieten jüdische Grabinschriften überaus zahlreiche Beispiele.

Mit solchen formalen Kriterien gibt sich aber weder Zahlenmagie noch Numerologie nicht zufrieden. Sie erkennt wesentlich sublimere Anordnungstechniken, die mit Ps 119 zusammenhängen. So behauptet Jules Silver, dass der 119. Psalm das längste Kapitel der Bibel und durch den Ps 118 mit dem kürzesten Kapitel des Bibel, nämlich Ps 117 verbunden sei. „Es kann kein Zufall sein, daß in diesem verbindenden Mittelstück im ‚Buch der Bücher‘ der mittlere zentrale Vers (8. Vers des 118. Psalms) enthalten ist." (S. 109)

„Besser ist es, auf den Herrn zu bauen, als auf Menschen zu vertrauen."

So lautet dieser Vers, und er trifft auch auf Silver selbst zu. Er will nämlich seinen Lesern weismachen, dass es eine Bedeutung habe, dass dieser Vers, Ps 118,8, zusammengefasst 1188, die Mitte der Bibel deshalb bilde, weil sie von Ps 118 abgesehen 1188 Kapitel aufweise. Doch damit nicht genug: Ps 117 sei das 595. Kapitel der Bibel, stelle also nach der Kapitelzählung die eigentliche Mitte der Bibel dar, weil man egal, ob man von vorn oder von hinten zählt, bei diesem Psalm immer auf die Zahl 595 komme. „Diese Zahlenmysterien der Bibel" – so Silver weiter – „zeigen deutlich, daß die ordnende Hand eines all-mächtigen Schöpfers in das herrschende Chaos eingriff, um sein göttliches Gesetz zu verkünden". (S. 110)

Solche Erwägungen sind ein Ausbund von Dummheit und noch dazu völ-lig wahllos. Es gibt nämlich nicht nur eine Bibel, sondern verschiedene Ka-nontypen mit unterschiedlicher Kapitelanzahl – den hebräischen Kanon, den Kanon der Septuaginta, den katholischen und protestantischen Kanon –, und von der Mitte in Bezug auf die Gesamtkapitelanzahl der Bibel auf göttliches Wirken zu schließen, verkennt völlig, dass die Einteilung der Bibel in Kapitel nicht von Gott gegeben ist, sondern erst im Mittelalter entstanden ist. Bei spä-teren Überlieferern hinsichtlich der Kapiteleinteilung auf einen zentralen Ge-halt zu schließen, setzt etwas voraus, was einfach nicht vorauszusetzen ist, Lust am verschlüsselnden Gliedern von Einheiten nach einem Code, den nur Eingeweihte, in diesem Fall die Numerologen, knacken können. Denn auch diese späteren Überlieferer orientierten sich weitgehend an überkommenen Gliederungssignalen, im hebräischen Text an Petucha und Setuma, waren also nicht frei beim Bestimmen der Kapitelgrenzen.

Wenn man solche Zufälligkeiten ernst nimmt, also meint, die Texte der Bibel seien kapitelmäßig angeordnet und ihre Bedeutung codiert, sollte man bei den eigenen Werken vorsichtig sein. Wendet man nämlich seine Kapitel-Spekulationen über die Bibel auf die Seiten des Werkes von Silver an, erhält man eine wunderbare, vielsagende Botschaft. Das Buch von Silver hat 263 Seiten, die Seite 132 ist also die Mitte des Buches, und sie ist eine Leerseite.

Doch zurück zu ernsteren Themen: Zur Gematria wird das Anordnungsverfahren mit den Anfangsbuchstaben von Versen, wie wir es in Ps 119 beobachten, erst, wenn die Zahlen dieser Buchstaben zusammengezählt werden. In der Tradition wird dazu auf die biblische Stelle Dtn 32,1–6 verwiesen. Diese Verse bilden den Anfang des berühmten Liedes des Mose, das zu den Abschiedsreden im Schlussteil des Pentateuchs gehört. Zählt man die Anfangsbuchstaben der ersten sechs Verse nach der gewöhnlichen Buchstaben-Zahlenwert-Tabelle zusammen, ergibt sich folgendes:

ה י כ ה ש ה

5   300   5   20   10   5

h j k h sch h

345

Die Anfangsbuchstaben der ersten sechs Verse des Mose-Liedes ergeben damit eine Zahl, die exakt der Zahl des hebräischen Namens des Mose entspricht:

מ ש ה

5   300   40

m sch h

345

Für die meisten mag diese Koinzidenz der Buchstabenzahlen auf Zufall beruhen, hinter der Sache scheint aber mehr zu stecken. Der erste Buchstabe in Dtn 32,6 erscheint im hebräischen Text nämlich in einer für die hebräische Bibel ganz ungewöhnlichen, einzigartigen Form als ein *He* mit folgendem Bindestrich. Was hat es mit diesem Unikum auf sich? Ist es nur zufällig so erhalten oder hat es einen bestimmten Sinn? – Berücksichtigt man, dass die Zahlenwertsumme der Anfangsbuchstaben der ersten sechs Verse von Dtn 32,1–6 den gleichen Wert ergeben wie der Name Moses, dann könnte es sich doch so verhalten, dass mit der in der Bibel einzigartigen Form des Anfangsbuchstabens des sechsten Verses dem Leser gleichsam ein verschlüsselter Hinweis auf das kryptographische Akrostichon gegeben werden soll. Er findet hier gleichsam ein Ausrufezeichen, das ihm signalisiert, dass im Textzusammenhang noch eine andere Dimension als die des fortlaufenden Lesetextes zu berücksichtigen ist.

Wann dieses kryptographische Akrostichon markiert wurde, lässt sich nicht mehr erkennen. Naheliegend scheint es zwar, dass erst mit der (späten) Einführung der Verszählung ein solches Phänomen überhaupt betrachtet werden konnte, aber da es sich beim Mose-Lied um einen poetischen Text handelt, der schon früher zeilenweise in Versform geschrieben worden sein dürfte, zumindest aber von vornherein im Versmaß gelesen wurde, ist der Ursprung des Akrostichons keineswegs auf ganz späte Zeit festzulegen. Abhängig ist die Entscheidung vor allem davon, ab wann man mit einer Zuordnung von Zahlenwerten zu den Buchstaben im hebräischen Schrifttum rechnen darf.

Die an einigen Beispielen des Akrostichons dargestellte formale Interpretation von Bibelstellen ist in der Tradition bedeutend weiterentwickelt worden. Dabei wurden nicht nur gematrische, sondern auch anderweitige Methoden in entsprechende Beobachtungen miteinbezogen.

Ein imposantes Beispiel dieser entwickelten Art von formalem Textverständnis bildet die Ableitung der Namen Gottes und später der Zahl und der Namen der Engel aus der Bibelstelle Ex 14,19–21. Diese Verse lauten in deutscher Übersetzung wie folgt:

> „Da wechselte der Gottesengel, der vor dem Wanderzug Israels einherging, seinen Platz und zog hinterher; auch die Wolkensäule brach von der Spitze auf und stellte sich hinter sie.
>
> Sie zog zwischen dem Heer der Ägypter und zwischen dem Heer der Israeliten, und sie verdunkelte auf der einen Seite und erhellte auf der anderen Seite die Nacht; niemand konnte während der ganzen Nacht an den anderen herankommen.
>
> Moses streckte seine Hand aus über das Meer. Der Herr aber ließ mit einem starken Ostwind die ganze Nacht hindurch das Meer zurücktreten und legte so das Meer trocken. Da spalteten sich die Wasser."

Wahrscheinlich hat die Rede vom Engel Gottes in V. 19 dazu geführt, sich mit diesen Versen zu beschäftigen und ihnen geheimes Wissen abzugewinnen. Auf jeden Fall fand man zuerst heraus, dass die drei Verse im Hebräischen eine identische Buchstabenanzahl aufweisen: Alle drei Verse bestehen aus 72 Konsonanten. Wenn man nun vom ersten Vers den 1. Buchstaben, vom zweiten den letzten und vom dritten wiederum den ersten nimmt, hat man den ersten Namen Gottes, Vehu. Wenn man entsprechend beim zweiten Buchstaben vorgeht, hat man Jeli als zweiten Namen Gottes. Bei den 72 Engeln geht man genauso vor, hängt aber an die drei Buchstaben entweder das theophore Element „jah" oder „el". So erhält man als Namen des ersten Engels Vehuja, für den zweiten Engel Jeliel.

Abb. 40: Die 72 Namen Gottes nach Athanasius Kirchner
(Oedipus Aegyptiacus, Roma 1652).

	Vehuiah		Leuuiah		Aniel		Mebahiah
	Jeliel		Pahaliah		Haamiah		Poiel
	Sitael		Nelchael		Rehael		Nemamaih
	Elemiah		Ieiaiel		Ihiazel		Ieilael
	Mahasiah		Melahel		Hahahel		Harahel
	Lelahel		Hahuiah		Michael		Mizrael
	Achaiah		Nithhaiah		Vevaliah		Umabel
	Cahethel		Haaiah		Ielahiah		Iahhel
	Haziel		Ierathel		Sealiah		Annauel
	Aladiah		Seehiah		Ariel		Mehekiel
	Lauiah		Reiiel		Asaliah		Damabiah
	Hahiah		Omael		Mihael		Meniel
	Ieiazel		Lecabel		Vehuel		Eiael
	Mebahel		Vasariah		Daniel		Habuiah
	Hariel		Iehuiah		Hahaziah		Rochel
	Hakamiah		Lehahiah		Imamiah		Ilbamiah
	Leviah		Chavakiah		Nanael		Haiaiel
	Caliel		Monadel		Nithael		Numiah

Abb. 41: Die Namen der 72 Engel nach Francis Barrett (London 1801).

Solche und weitere Anordnungstechniken haben aktuell mit Hilfe des Computers einen phänomenalen Quantensprung gemacht.

3.4. „Take a look to the other side" – Der Bibelcode

„Der im Himmel thront, lacht!" Ps 2,4

Zu den Zugängen der Rechner zur Bibel gehört auch der Bibelcode, der als Werk des Journalisten Michael Drosnin in den vergangenen Jahren großes öffentliches Aufsehen erregt hat.[24] Aber wenn der Begriff Rechner nun in einem anderen Sinn verwendet wird, hat dieser Zugang zur Bibel doch teilweise den bisher geschilderten zahlensymbolischen, aber vor allem numerologischen Ansätzen als verwandt zu gelten, denn es geht hier auch darum, einen Schlüssel – eben den Bibelcode – zum Verständnis der geheimen Botschaften der

Bibel zu entdecken. Michael Drosnin hat seiner Überzeugung nach diesen Schlüssel gefunden, er hat entdeckt, dass die Bibel, näherhin die Thora, auch unter der Bezeichnung Pentateuch bekannt – ein phänomenales Computerprogramm ist, das vor 3000 Jahren von einer höheren Macht codiert worden sein soll: Sie enthält zuverlässige Voraussagen über die Geschichte der Welt bis in unsere Gegenwart und unsere Zukunft, die zu entschlüsseln uns erst in diesem Jahrhundert durch die Erfindung des Computers möglich geworden ist.

Was sagt der Bibelwissenschaftler zu einer solchen Entdeckung? Natürlich ist er skeptisch! – Mag sein, dass das dem in der Öffentlichkeit wohl bekannten Vorurteil gegen die unerleuchteten, da esoterischem Wissen unzugänglich erscheinenden Wissenschaftler entspricht und diese Meinung schon von daher abgewertet wird. In diesem speziellen Fall lässt sich aber wie auch in anderen Fällen von sensationellen Enthüllungen, die sich um die Bibel drehen – man denke beispielsweise an Baignents und Leighs Verschlusssache Jesus zur absurden Theorie einer vatikanischen Verschwörung bei der Veröffentlichung der Qumran-Texte –, die These von der Existenz eines Bibelcodes mit sehr guten und völlig unterschiedlichen Gründen widerlegen.

Konstante Buchstabenfolgen im Buch Genesis

Aber zuerst zur Sache selbst: Wie sieht dieser Bibelcode denn überhaupt aus? – Der Bibelcode basiert grundsätzlich auf einem wissenschaftlichen und damit nachprüfbaren Experiment. Der Mathematiker Eliyahu Rips hat gemeinsam mit Doron Witztum und Yoav Rosenberg in der Zeitschrift *Statistical Science* das Ergebnis dieses Experiments vorgelegt. 1994 erschien der Beitrag „Konstante Buchstabenfolgen im Buch Genesis".[25]

Ausgangspunkt für die dort behandelte Fragestellung ist die von älteren Bibelgelehrten wie Rabbi Weissmandel[26] gemachte Beobachtung, dass in bestimmten Büchern der Bibel neue Begriffe gefunden werden können, wenn man eine gewisse Anzahl von Buchstaben überspringt. Ein Beispiel hierzu: Nimmt man den sechsten Konsonanten in Gen 1,1, lässt dann je 50 Konsonanten aus, ergibt sich nach der dritten Auslassung das Wort Thora *TWRH* (t = der 6.; w = der 56.; r = der 106.; h = der 156. Konsonant). Das gleiche Wort ergibt sich auch in Exodus 1,1, wenn man ab dem 4. Buchstaben mit demselben Procedere beginnt (t = 4.; w = 54.; r = 104.; h = 154.) sowie in Numeri 1,1, dort aber erscheint *TWRH* in umgekehrter Reihenfolge, nämlich *HRWT* (h = 14, r = 64; w = 114; t = 174).

Solche und ähnliche Beispiele kursierten zuhauf, als sich Eliyahu Rips daran machte, diesem Phänomen wissenschaftlich auf den Grund zu gehen. Dazu verwendete er den Textus receptus, die für das Judentum grundlegende Textform der hebräischen Bibel in einer Version, in der sämtliche Wortzwischenräume und Vokalisierungshilfen getilgt waren. Er ließ den Computer dann im Buch Genesis nach vorher bestimmten Begriffen als konstanten Buchstabenfolgen mit Überspringungsfaktoren von 1–10 000 suchen.

Bei dem Experiment wurde nach den Namen von 32 jüdischen Persönlichkeiten, denen in der Encyclopaedia of Great Men in Israel 1,5 bis 3 Textspalten gewidmet sind, sowie nach deren Geburts- oder Sterbedaten gesucht. Es stellte sich heraus, dass die Daten dieser Personen in nächster Nähe zu ihren Namen auftauchen. Wie ist das zu verstehen? – Wenn man einen gesuchten Begriff gefunden hat, kann man um diesen Begriff, der vertikal oder diagonal gestellt wird, den Bibeltext gruppieren.

Beispiel: Wenn ich den Text, den ich gerade schreibe, nach einer konstanten Buchstabenfolge durchsuche und feststelle, dass eine solche bei zwanzig Überspringungen (–20) für den Begriff See vorliegt, kann ich den Text – um

```
W e n n i c h d e n T e x t d e n i c h
g e r a d e s c h r e i b e n a c h e i
n e r k o n s t a n t e n B u c h s t a
b e n f o l g e d u r c h s u c h e u n
d f e s t s t e l l e d a s s e i n e s
o l c h e b e i z w a n z i g u e b e r
s p r i n g u n g e n f u e r d e n B e
g r i f f T e e v o r l i e g t k a n n
i c h d e n T e x t u m d i e W o r t a
b s t a e n d e u n d S a t z z e i c h
e n r e d u z i e r t i n e i n e m Z w
a n z i g e r r a s t e r d a r s t e l
l e n
```

Abb. 42: Buchstabengitter I

die Wortabstände und Satzzeichen reduziert – in einem Zwanzigerraster darstellen:[27]

Diese Anordnung kann man sich auch durchlaufend vorstellen wie bei einer Helix. Der Text wäre dann quasi fortlaufend wie auf eine Litfasssäule geschrieben, immer zwanzig Buchstaben pro Umlauf.

Wichtig daran ist, dass dadurch die Zuordnung anderer Daten als in der Nähe befindlich sichtbar gemacht werden kann, obwohl sie auf einem anderen Überspringungsfaktor beruhen können. Suche ich z. B. im gleichen Textausschnitt nach den Begriffen Esel und Ente, so finde ich „Esel" bei einer Überspringung von 19 Buchstaben weiter entfernt, Ente aber viel näher bei einer Überspringung von 21 Buchstaben, wie „See" in der Reihenfolge von unten nach oben, was man mit dem Überspringungsfaktor –21 angibt.

```
W e n n i c h d e n T e x t d e n i c h
g e r a d e s c h r e i b e n a c h e i
n e r k o n s t a n t e n B u c h s t a
b e n f o l g e d u r c h s u c h e u n
d f e s t s t e l l e d a s s e i n e s
o l c h e b e i z w a n z i g u e b e r
s p r i n g u n g e n f u e r d e n B e
g r i f f S e e v o r l i e g t k a n n
i c h d e n T e x t u m d i e W o r t a
b s t a e n d e u n d S a t z z e i c h
e n r e d u z i e r t i n e i n e m Z w
a n z i g e r r a s t e r d a r s t e l
l e n
```

Abb. 43: Buchstabengitter 2

Ein minimaler Abstand läge dann vor, wenn sich Suchbegriffe im Raster überschneiden würden. Das ist bei „Tee" für den Begriff „Esel" der Fall, der mit dem Überspringungsfaktor 20 den Begriff Esel (19) schneidet, aber für „Ente" und „See" gibt es auch ein passendes Wort, nämlich – wie sollte es anders sein! – ein „im", das mit dem Überspringsfaktor –6 beide Begriffe schneidet.

```
W e n n i c h d e n T e x t d e n i c h
g e r a d e s c h r e i b e n a c h e i
n e r k o n s t a n t e n B u c h s t a
b e n f o l g e d u r c h s u c h e u n
d f e s t s t e l l e d a s s e i n e s
o l c h e b e i z w a n z i g u e b e r
s p r i n g u n g e n f u e r d e n B e
g r i f f S e e v o r l i e g t k a n n
i c h d e n T e x t u m d i e W o r t a
b s t a e n d e u n d S a t z z e i c h
e n r e d u z i e r t i n e i n e m Z w
a n z i g e r r a s t e r d a r s t e l
l e n
```

Abb. 44: Buchstabengitter 3

Anders als in dem gerade gegebenen Beispiel, das lediglich das System erklären soll, haben Rips und seine Mitarbeiter nach vorher festgesetzten Begriffen gesucht und festgestellt, dass sich die zugeordneten Begriffe (Namen und Daten) in minimalen Abständen in der Genesis finden. Die Gegenprobe wurde auch nicht versäumt, und der gleiche Versuch in veränderten Genesis-Versionen und einem Textausschnitt aus Dostojewskis Krieg und Frieden in hebräischer Übersetzung durchgeführt. Sie war nach Auskunft der Wissenschaftler negativ. Ihr Ergebnis hielt auch einigen neutralen Nachprüfungen stand, Fazit: Es gibt das Phänomen konstanter Buchstabenfolgen im Buch Genesis in bezug auf die 32 ausgewählten jüdischen Persönlichkeiten. Was ist nun mit diesem mathematisch-statistischen Ergebnis anzufangen? Was bedeutet es und welche Schlussfolgerungen lässt es zu? – Diese Fragen scheinen von Michael Drosnin und seinem Bibelcode beantwortet zu sein.

Der Bibelcode von Michael Drosnin

Wie schon anfangs bemerkt, stammt laut Michael Drosnin der Bibelcode von einer höheren Intelligenz, die den Text der Bibel verschlüsselt und darin Informationen eingespeist hat, die als zukünftige Vorankündigungen mindestens bis in unsere Zeit hineinreichen. Dieser Code ist eine Bibel in der Bibel (S. 26), ein Computerprogramm (S. 18 und 26), das – mit einer Art Zeitschloss versehen (S. 21) – erst im Computerzeitalter zu knacken ist, aber immer noch unsere derzeitigen technischen Möglichkeiten übersteigt. So schreibt Drosnin: „Möglicherweise ist der Bibelcode als Reihe von Enthüllungen aufzufassen, die auf die Technologie der jeweiligen Zeit abgestimmt ist. Er könnte Informationen beinhalten, die wir heute noch nicht in vollem Umfang zu begreifen imstande sind und die uns ebenso seltsam erscheinen, wie ein Computer vor 3000 Jahren den Wüstennomaden erschienen wäre." (S. 50) Er stellt es sich so vor, dass die Bibel als Bibelcode vielleicht dreidimensional konzipiert war und die Gestalt eines Hologramms hatte. Selbst die leistungsfähigsten Computer unserer Zeit in Serienschaltung seien zu schwach, um den Code so zu codieren, wie er ursprünglich kreiert worden sei.

Wie funktioniert dieser Bibelcode? – Obwohl Drosnin das Konzept von Rips imitiert, sieht das Verfahren doch ein wenig anders aus:

Er wählt ein Schlüsselwort und sucht nach diesem Wort als konstanter Buchstabenfolge im Pentateuch (Überspringungen von 1–10 000). Dann richtet er den Text am Schlüsselwort aus, das entweder vertikal oder diagonal erscheint, und sucht in dem Buchstabengitter weitere Begriffe, die mit dem Schlüsselwort in Zusammenhang stehen.

Anders als bei Rips und seinen Mitarbeitern scheint der Computer also lediglich Hilfsmittel für die Erstellung eines Buchstabenrasters zu sein, das dann weiter analysiert wird. Zudem legt Drosnin den Schwerpunkt auf den Aspekt der Voraussage künftiger Ereignisse, die er mit dem Code zuhauf gefunden zu haben meint: die Ermordung Jitzhak Rabins sei ebenso verschlüsselt wie der atomare Holocaust, die Watergate-Affäre, die Weltwirtschaftskrise, das Dritte Reich sowie in unserer Zukunft ein Erdbeben in Los Angeles im Jahre 2010.[28]

Nun zeigen schon einige seiner Beispiele wie zum atomaren Holocaust in Israel, den er erstmals – für das Jahr 1996 durch eine libysche Aktion vom Pisgagebirge aus drohend – verschlüsselt fand, das Problem, das offensichtlich Ereignisse im Code enthalten sind, die nicht eintreffen. Das bereitet Drosnin natürlich Schwierigkeiten, aber die sind nicht unüberwindlich. Der Bibelcode – so Drosnin – sei keine Kristallkugel – „ohne gezielte Suche läßt sich nichts entschlüsseln". (S. 30) Es kann etwas passieren, muss aber nicht! (S. 44) Und trotzdem: Wenn wir erst einmal den Bibelcode genauer kennen, besteht die Hoffnung, dass sich die Unschärferelationen als Fehlinterpretationen ergeben. „Möglicherweise läßt sich noch nicht einmal das scheinbar unerschütterliche Prinzip der Unschärferelation auf den Code anwenden." (S. 45) Ohnehin bestünde der Hauptzweck des Bibelcodes nicht darin, unabwendbare Zukunft vorherzusagen, sondern die Menschen zu warnen: ‚Es steht im Bibelcode, aber ich weiß nicht, ob es passieren wird! Wir sollen es als Warnung sehen!' (vgl. S. 69)

Fragen wir, was Drosnins Bibelcode wert ist, ist die Antwort aus zahlreichen Gründen negativ. Anders als bei den konstanten Buchstabenfolgen, die Rips, Witztum und Rosenberg nachgewiesen haben, geht nämlich Drosnin keineswegs wissenschaftlich vor. Mag er sich auch auf Rips berufen, letztlich macht er nichts anderes als ein Spieler, der ein Buchstabenrätsel vor sich hat. Hat er sein Schlüsselwort-Raster, fängt er an, darin nach passenden Worten zu suchen. Um konstante Buchstabenfolgen oder einen nachprüfbaren Versuchsaufbau geht es da nicht mehr, vielmehr wird sowohl der fortlaufende Text der Bibel, teilweise gegenüber dem eigentlichen Wortlaut verzerrt, als Wortgeber miteinbezogen, als auch die Konstanz in den Buchstabenfolgen mitunter aufgehoben (z. B. S. 63).

Bei dieser wahllosen Vorgehensweise bleiben auch regelrechte Dummheiten nicht aus. Beispielsweise findet Drosnin (S. 63) das Schlüsselwort: „Der nächste Krieg" und bezieht dieses auf den nächsten Krieg nach dem Tod Jitzhak Rabins. Der Name Jitzhak Rabins findet sich aber in der Nähe seiner Stelle nicht, sondern nur der Name Isaak im eigentlichen Bibeltext und die von Drosnin erschlossene Wendung „Es wird nach dem Tod des Ministerpräsidenten geschehen". Welcher Ministerpräsident ist gemeint? Ist überhaupt ein Ministerpräsident gemeint, da im Text, wie ihn Drosnin liest, nur eine Abkürzung steht: *RHM*, wohl für *R'Sch HMMSchLH*? Aus welcher Perspektive heraus ist hier vom nächsten Krieg die Rede, da der Code ja schon 3000 Jahre alt sein soll?

Jeffrey Satinovers verborgene Botschaft der Bibel

Angesichts der klar ausweisbaren Defizite des Buches von Drosnin und der harschen Kritik ist es nur zu verständlich, dass die Anhänger des Bibelcodes – und es scheint deren viele zu geben –, über die Publikation Drosnins nicht gerade erbaut waren. Eliyahu Rips hat sich energisch von Drosnin distanziert, aber für die Bibelcode-Esoteriker reicht das natürlich nicht aus. Noch im Jahre 1997 kam ein zweites Buch auf den amerikanischen Markt, das mittlerweile auf Deutsch veröffentlicht worden ist: Jeffrey Satinover „Die verborgene Botschaft der Bibel. Der Code der Bibel entschlüsselt".[29] Im Epilog des Buches, einem „Bericht von der Front", wird klar, dass es sich beim Bibelcode nicht um die Privatangelegenheit von Einzelpersonen zu handeln scheint, sondern eine Bewegung Interesse an diesem Phänomen hat. Satinover setzt sich in diesem Nachwort vor allem mit Drosnins Buch auseinander und kritisiert den Autor, weil er den Bibelcode ungünstig als Instrument routinemäßiger Zukunftsvoraussage dargestellt hat. „Es besteht die Gefahr," – so Satinover weiter – „daß es die ganze ernsthafte Forschung diskreditiert, ohne sich mit dieser auch nur andeutungsweise befaßt zu haben." (S. 371)

Satinover geht in seinem Buch diesbezüglich viel vorsichtiger vor. Wie Drosnin von den konstanten Buchstabenfolgen nach Rips und Mitarbeitern ausgehend, entwirft er ein gegenüber Drosnin ausgereifteres Gesamtbild vom Bibelcode, das vor allem eine Schwäche Drosnins überwunden hat, nämlich die durch Buchstabenrätsel gewonnene Voraussage zukünftiger Ereignisse: „Die Codes sind gewaltig, aber auch subtil und nicht so ganz einfach zu verifizieren." (S. 44) Durch diese Zurückhaltung macht der Autor einen wesentlich gediegeneren, wissenschaftlichen Eindruck, doch der Eindruck täuscht, wie so oft.

Zwar sei der Code kein Instrument zur Zukunftsvorhersage, weil sich – in Anlehnung an die Quantenmechanik – zukünftige Möglichkeiten nie einlinig, sondern in gewisser Streuung realisieren (z. B. S. 56), aber trotzdem ist dieser Code ganz gewaltig, das Interesse an ihm ist geradezu global. Die Suche nach dem Bibelcode bestimmt nach Satinover die gesamte Geschichte der Bibelinterpretation. Wo auch immer von geheimen Bedeutungen in der Bibel, vor allem der Thora, die Rede ist, bringt Satinover diese Bemerkungen mit dem Bibelcode nach Eliyahu Rips in Verbindung. So schreibt er: „Rabbi Weissmandel war sich bewußt, daß einige erlauchte Geister aus jüngerer Zeit" – er nennt Moses Cordevaro und den Gaon von Wilna – „von den Codes wußten und sich auf sie bezogen hatten." (S. 115) Aber nicht erst damals soll nach den Codes gesucht worden sein, sondern vielmehr soll schon im Mittelalter eine Hauptphase dieser Bewegung um R. Solomon Ben Abraham Adret (1254–1310) aktiv geworden sein.[30]

Aber noch mehr: In einer geradezu „kosmischen" Konstellation bringt Satinover die moderne Computer-Technik sowie die Statistik über die Kryptologie, die Wissenschaft von der Entschlüsselung von Geheimschriften mit der jüdischen Tradition der Kabbala, in kongeniale Verbindung: Alles ist Bibelcode!

Die Zielrichtung Satinovers ist eine andere als die Drosnins. Geht es Letzterem um spektakuläre Zukunftsenthüllungen, so will Satinover einen mathematisch-statistischen Gottesbeweis liefern.

Der mathematisch-statistische Gottesbeweis

Schon Drosnin (S. 55) schreibt, dass Elijahu Rips die Existenz des Bibelcodes für einen Gottesbeweis halte, während für Drosnin selbst nur feststünde, dass durch den Bibelcode die Existenz einer weiteren intelligenten Lebensform, die zumindest zur Zeit der Niederschrift (!) existierte, bewiesen sei. Man ist es jetzt schon gewöhnt, dass Drosnin in seinen Ansichten schwankend ist – Stichwort: Unschärferelation –, und so wundern wir uns deshalb nicht, dass er eine Seite weiter schreibt, der Bibelcode lehre uns, dass wir nicht allein sind, eben jemand da ist, der uns warnen will.

Satinover ist hier klarer und offensichtlich auch wissenschaftlich stringenter. Es geht ihm eindeutig darum, dass die Existenz des Bibelcodes die Existenz Gottes beweist.

Wissenschaftlich stringenter wirkt er aber vor allem deshalb, weil er nicht müde wird, die Wissenschaftlichkeit des Codes zu unterstreichen: So legt er auch Wert darauf, dass die Ergebnisse der Code-Forscher in einer „hochseriösen", „wissenschaftlichen" Zeitschrift für mathematische Statistik veröffentlicht wurden, „deren Beiträge vor der Veröffentlichung stets von objektiven Fachwissenschaftlern auf diesem Feld geprüft wurden". (S. 278) Er schreibt darüber hinaus ständig von der subtilen Methodologie der Bibelcode-Forschung – worin aber die Subtilität bestehen soll, leuchtet mir nicht ein. Es geht doch letztlich nur darum, in der Thora durch Überspringung von gleichen Buchstabenmengen von 1–10 000 Wörter zu finden, die man vorher auswählt, um zu schauen, ob bestimmte Wörter, die man als zusammengehörig erachtet, in einem Buchstabengitter in unmittelbarer Nähe plaziert sind.

Die Wissenschaftlichkeit, die man Eliyahu Rips und seinen Mitarbeitern nach wie vor zubilligen kann, ist zumindest bei Drosnin dahin. Er arbeitet unsauber und mutet dem Leser eine gehörige Menge an Anstrengung zu – man kann auch freundlich von den einen oder anderen Unüberprüfbarkeiten sprechen. Zum Beispiel schreibt er (S. 67) zu Gaddafi: Er „war im letzten Buch der Bibel an einer Stelle codiert, die folgendermaßen lautete: ,Der Herr wird von ferne eine Nation gegen dich heranführen, die wie ein Geier auf dich hinabstürzen wird.'" Wo ist das? – Das letzte Buch der hebräischen Bibel ist 1/2 Chronik, dort findet sich diese Aussage nicht. Der mit Drosnin vertraute Leser weiß, dass er es mit den Begriffen nicht so ernst nimmt, und sucht im letzten Buch des Pentateuch nach. Und man findet tatsächlich die Stelle in Dtn 28,49. Gadafi findet man freilich nicht, weil man nicht weiß, welcher Überspringungsfaktor anzusetzen ist und wo zu beginnen ist.

Wahrscheinlich klingen die Ausführungen von Drosnin für viele Ohren durchaus überzeugend. Hier werden doch mit nachprüfbaren Kriterien – und die Unbestechlichkeit des Computers steht außer Frage – Ergebnisse erzielt, die die Existenz eines solchen Bibelcodes tatsächlich beweisen: Da muss doch etwas dran sein! Sieht man genauer hin, entpuppt sich jedoch das Ganze als ausgeklügelter Gag eines Schlitzohres.

Die Widerlegung der Existenz des Bibelcodes kann auf unterschiedlichen Ebenen erfolgen, nämlich auf der Ebene der Textgeschichte des Alten Testaments, auf der der Entstehungsgeschichte des Alten Testaments, aber auch auf der Ebene des Bibelcodes selbst. Und auch wenn die bibelwissenschaftliche Position dem einen oder anderen verpönt sein sollte, soll mit diesen Ebenen begonnen werden.

Der Bibelcode und der Text des Alten Testaments

Alle Bibelcode-Forscher brauchen für ihren Bibelcode eine Textgrundlage, die niet- und nagelfest ist: einen Text der hebräischen Bibel, der buchstäblich über alle Zweifel erhaben ist. Eliyahu Rips und seine Mitarbeiter setzen für ihre Codeforschung am Buch Genesis den Textus receptus, die im Judentum kanonisierte, d.h. gültige und verwendete Textgestalt des Alten Testaments, voraus. Michael Drosnin und Jeffrey Satinover tun dem gleich, weiten aber die

Textgrundlage aus, Drosnin offensichtlich auf die gesamte hebräische Bibel, Satinover zumindest auf den Pentateuch.

Was hat es mit diesem Textus receptus auf sich? – Wie der Name schon sagt, ist es ein rezipierter Text. Es ist also nicht der Text der hebräischen Bibel aus dem letzten Jahrtausend vor Christi Geburt, sondern ein traditioneller Text, der sich im nachchristlichen Judentum stabilisiert hat und um 1000 n. Chr. endgültig feststand.

Der Einwand von Jeffrey Satinover lautet, dass der Text zwar erst handschriftlich um 1000 n. Chr. bezeugt sei, aber die Tradition der Bibelüberlieferung sei so konstant gewesen, dass sie in den 2000 Jahren nicht ein Jota am Bibeltext verändert habe.

Verwiesen wird dabei sogar auf die neutestamentliche Überlieferung: Jesus selbst hat doch das Wort gesagt, dass an der Schrift kein Jota zu ändern sei (Mt 5,18).[31] Aber was besagt es? – Jesus greift hier ja auch schon eine Tradition auf, und diese Tradition ist schon biblisch bezeugt. So heißt es in Dtn 13,1 (vgl. 4,2) in Bezug auf göttliche Gebote:

> „Alles, was ich euch heute befehle, sollt ihr genau befolgen, nichts hinzutun und nichts davon wegnehmen!"

Wenn man genauer hinschaut, dann sind solche Verbote, etwas am Text zu ändern, aber gar nicht mit einem Wissen um einen Code zu verbinden, sondern vielmehr ein Vorgehen, wie es im Alten Orient, besonders im persischen Reich, üblich war.[32]

Aber auch ohne diese Charakterisierung ist die These von einem von Anfang an buchstäblich konservierten Bibeltext mehr als hinfällig. Der Textus receptus oder Masoretische Text ist nicht *der* Text der Bibel, sondern *eine* Textform der Bibel, die zwar schon früh nachzuweisen ist, aber erst im Mittelalter ihre Bedeutung erhalten hat, die ihr heute zuerkannt wird. In der Zeit vor der Vereinheitlichung der Textüberlieferung gab es dagegen eine größere Anzahl unterschiedlicher Texttypen.[33]

Das gilt nicht nur für die auf jeden Fall vorchristliche Übersetzung der Thora ins Griechische, die unter dem Namen der Septuaginta in die Geschichte eingegangen ist – man könnte ja wiederum einwenden, dass sie handschriftlich auch erst später bezeugt ist und zudem als Übersetzung keine direkte Rückfrage auf den kodierten hebräischen Text zulässt, was aber nicht stimmt –, sondern vor allem und als direktes archäologisches Zeugnis für die Bibeltexte, die ab 1947 in Qumran gefunden worden sind und die zeigen, dass es eine wortwörtlich bewahrte, originale Fassung der Thora wie anderer Teile des hebräischen Alten Testaments auf keinen Fall gab.[34] Es gibt nicht den Text der Bibel – im Sinne der Bibelwissenschaft die eine Endgestalt des biblischen Textes –, sondern verschiedene Versionen des Textes, die zwar inhaltlich kaum, aber vom Konsonantenbestand um so mehr differieren.

Die letzte Aussage gilt überdies nur für den Pentateuch und die hebräischen Textzeugen der Bibel sowie für die davon direkt abhängigen Versionen. Sie gilt aber beispielsweise nicht für bestimmte Bücher der griechischen Bibelübersetzung „Septuaginta". In dieser Übersetzung gibt es Bücher, die auch inhaltlich weniger oder gar mehr bieten, z. B. im Jeremia-Buch, wo die griechische Textfassung rund ein Achtel weniger Text bietet als der Masoretische Text, oder für das Buch Daniel, wo sie gegenüber MT einen deutlichen Überhang hat.

Der festgelegte, unveränderliche Konsonantenbestand des Textes der hebräischen Bibel ist aber eine Grundvoraussetzung für den Bibelcode. Nur wenn es diesen festgelegten Konsonantenbestand gibt, funktioniert auch die Abfrage nach Konsonanten-Konstellationen, die Voraussagen wie über den Tod Jizchak Rabbins oder den atomaren Holocaust ermöglichen sollen. Ist aber genau dieser unveränderliche Konsonantenbestand spätestens durch die Funde von Qumran ad absurdum geführt, dann ist der Bibelcode eben nicht der Schlüssel zu einem neuen Verständnis der Bibel im Sinne eines Computerprogramms gigantischen Ausmaßes, sondern nichts weiter als Science-Fiction à la Stargate und damit zwar unterhaltsam, aber keineswegs historisch korrekt. Im Genre des Romans wäre das Buch vielleicht ein Hit – man müsste es dann nur etwas unterhaltsamer schreiben –, als historische These ist es Unsinn wie so vieles, das im Namen der Wahrheit sensationsjournalistisch aufgearbeitet wird.

Dass es bei der über Jahrtausende hinweg konstanten Textgrundlage für die Codes nicht um einen wissenschaftlichen Nachweis geht, sondern die Autoren einer Fiktion aufsitzen, zeigt sich an der Unverfrorenheit, mit der sie nachweisen wollen, dass der Textus receptus von Gottes Hand stammt. So schreibt Drosnin: „Der Bibelcode wurde in der hebräischen Originalversion des Alten Testaments entdeckt, also in der ersten Niederschrift der Bibel, jenes Buches, das heute in alle Sprachen übersetzt, die Grundlage sämtlicher westlicher Religionen bildet." (S. 19) Was bedeutet „erste Niederschrift der Bibel"? Haben wir diese erste Niederschrift, da doch die älteste erhaltene Handschrift der kompletten hebräischen Bibel aus dem 11. Jh. nach Christus stammt? Und was bedeutet erste Niederschrift der Bibel im Blick darauf, dass die Bibel nach Michael Drosnin erst von Gott bzw. einer höheren Intelligenz in Stein geritzt, dann handschriftlich auf Pergamentrollen festgehalten und schließlich in Buchform gedruckt wurde? (S. 26) Nach Drosnin war die Originalversion der Bibel (wahrscheinlich des Pentateuchs, denn da nimmt er es ja nicht so genau) in Stein gemeißelt. Diese Originalversion ist nun keineswegs entdeckt worden, womit die oben zitierte Aussage Drosnins schon als Unsinn erwiesen ist.

Woher kommt die Fiktion von der in Stein gemeißelten Thora? – Sie ist rein legendarisch und spät bezeugt, aber nicht ohne biblischen Bezug. Diese Fiktion beruht schon ihrerseits auf einer weiteren Fiktion, nämlich der, dass Moses die Zehn Gebote in Stein gemeißelt von Gott empfangen habe. Davon ist in Ex 31,18 die Rede:

„Als der Herr seine Reden mit Moses auf dem Berge Sinai vollendet hatte, überreichte er ihm zwei Gesetzestafeln, steinerne Tafeln, die vom Finger Gottes beschrieben waren."

Nun hat Moses diese Tafeln laut Ex 32,19 angesichts des Treibens des Volkes um das Goldene Kalb eigenhändig zerschmettert. Er erhielt darauf den Auftrag zwei neue Tafeln zu verfertigen. Nach 40 Tagen Aufenthalt auf dem Berg Sinai bei Gott hat Moses diese Tafeln beschriftet.

„Er schrieb auf die Tafeln die Bundesworte, die zehn Gebote." (Ex 34,28)

Die Erzählungen, Reden und Gebotssammlungen in Ex 20–34 sind nicht so eindeutig und einlinig, wie es wünschenswert wäre. Insbesondere, was die Tafeln anbelangt, finden sich auch unterschiedliche Aussagen, die nicht zusammenpassen. Denn nach Ex 34,28 beschreibt Moses selbst die beiden Tafeln und zwar mit den Zehn Worten, obwohl vorher bei der Beauftragung des Mose, zwei Tafeln zurecht zu hauen, Gott dem Mose sagt, er werde darauf die Worte schreiben (Ex 34,1).

Aber wesentlich ist in diesem Zusammenhang, dass es sich bei den zwei nach Ex 32,15–16 beidseitig beschrifteten Tafeln gemäß Ex 34,28 um die Niederschrift der Zehn Gebote, des Dekalogs im Sinne einer Bundesurkunde handelt und es keinerlei Anhaltspunkte dafür gibt, dass die Tafeln den Pentateuch oder gar die Bibel enthalten. Das ist überdies von der Logik der Erzählungen her ein völlig abstruser Gedanke – wie könnte die Thora auf den Tafeln stehen, die ja auch nach Ex 34 ihre Fortsetzung findet, so dass die Beteiligten wie Moses erst später erleben würden, was sie schon vorher lesen könnten? – Aber es gibt auch explizite Gründe gegen eine solche Auffassung. In Ex 24,4 wird berichtet, dass Moses alle Worte des Herrn aufgeschrieben hat. Es handelt sich dabei wohl um die Worte, die Moses auf dem Berg erfahren hat, das sogenannte Bundesbuch in Ex 21–23. Fazit: Die Meinung, die Thora geschweige denn die Bibel, sei in Stein gemeißelt von Gott dem Mose übergeben worden, geht am Textbefund der Sinaierzählung völlig vorbei.

Wissenschaftlich ist aber schon die Erzählung von den in Stein gehauenen Zehn Worten als Fiktion zu betrachten. Die Zehn Gebote in Ex 20, die im Exodusbuch als Worte des Bundes, als Bundesurkunde progapiert werden, stammen in dieser Zusammenstellung keineswegs aus der Zeit des Mose, sondern sind wohl frühestens im 8. Jh. v. Chr., wahrscheinlich sogar erst im 6. Jh. v. Chr. entstanden. Sie bilden eine Summe des israelitischen Ethos und basieren auf älteren Gebotssätzen und -reihen, aus denen sie zu einer neuen Einheit zusammengefasst worden sind. Um sie als göttliche Grundforderungen an sein Volk zu legitimieren, wird diese Gebotsreihe mit der Geburtstunde Israels in Verbindung gebracht: Von Anfang an, von Moses am Berg Sinai an, – so die Intention der Autoren, die den Dekalog an dieser Stelle integrierten – galten für die Israeliten die Zehn Worte. Sie sind von Anfang an Gottes gültige Satzung für Israel, und ihre besondere Qualität wird noch dadurch unterstrichen, dass sie als eigenhändig von Gott, in der Schrift Gottes (Ex 32,16) abgefasst dargestellt werden.

Mit diesen Überlegungen sind wir aber schon wieder einen Schritt weiter. Neben der Frage nach dem Text des Alten Testaments spielt hier nämlich schon die weitere Frage nach der Entstehung der biblischen Bücher mit hinein.

Der Bibelcode und die Entstehung des Alten Testaments

Ebenso wichtig wie der unveränderte Konsonantenbestand der Thora ist für die Existenz des Bibelcodes im Sinne einer Verschlüsselung durch eine höhere Macht das hohe Alter sowie die einheitliche Verfasserschaft dieses Werkes.

Beide Voraussetzungen sind in der Bibelwissenschaft schon seit Jahrhunderten falsifiziert, ja, man kann sagen, dass schon vor ihrem Beginn diese Voraussetzungen hinfällig waren, denn dass Moses der Verfasser des Pentateuchs gewesen sein soll, ist schon lange vor der Begründung der alttestamentlichen Wissenschaft vertreten worden. Entscheidend ist ein durch religiöse Autoritäten jedoch lange und auch noch heute partiell behinderter rationaler Zugriff auf die Schriften der Bibel. Wie lange glaubte man an eine historisch wahre Aussage im Schöpfungsbericht von Gen 1 hinsichtlich des Sieben-Tage-Schöpfungswerkes und stellte damit einen Gegensatz zu naturwissenschaftlichen Erkenntnissen her? Wie lange meinte man die Theorie der Abstammung des Menschen vom Affen mit Hinweis auf Gen 1 falsifizieren zu können? Wie lange meinte man, gegen die These eines heliozentrischen Weltbildes mit Verweis auf Gen 1 die Erde als Zentrum des Universums erweisen zu können? Wie lange glaubte man, die zehn Gebote seien von Gott selbst geschrieben und dem Moses nach dem Auszug aus Ägypten übergeben worden? – Diese ausgewählten Beispiele zeigen, wie der Zugriff auf die Bibel über Jahrhunderte hinweg festgelegt war: Die Bibel ist Gottes Wort im wahrsten Sinne des Wortes und über jegliche menschliche Begrenztheit, auch in zeitlicher Hinsicht, hinaus. Die Bibel bietet Wahrheit im vollen Sinne, über jegliche menschliche, perspektivischen Beschränkungen hinaus. Katholischerseits musste erst das zweite Vatikanische Konzil kommen, um mit solchen Ungeschichtlichkeiten aufzuräumen. Erstmals wurde in der Konstitution Dei Verbum in höchster kirchlicher Autorität deutlich gemacht, dass es auch einen menschlichen Anteil am Wort der Schrift gibt, der zu erforschen notwendig ist, um die Absicht der Hagiographen vollständig zu erfassen.

Wenn man bedenkt, dass die katholische Kirche mit diesem Dokument erstmals und mit einer Verspätung von bald 50 Jahren die zum Zeitpunkt der Abfassung der Konstitution schon exegetisch veraltete Gattungsforschung gut hieß, ist der häufig erhobene Vorwurf der Rückständigkeit der katholischen Kirche nur zu verständlich. Noch flauer wird einem als Wissenschaftler, der mit entsprechenden Texten umgeht, wenn man erfährt, dass man noch im 18. Jh. für wissenschaftlich vertretene Thesen ins Gefängnis wandern konnte, wie dies einem Pfarrer mit Namen Isenbiehl geschah, weil er den „Immanuel" in Jesaja 7,14 nicht auf Christus, sondern auf einen Sohn des judäischen Königs Achas hin gedeutet hatte.

Vielleicht fragt sich der eine oder andere Leser, warum diese Themen im Zusammenhang mit dem Bibelcode angeschnitten werden. Die Antwort ist einfach: Weil der, der meint, am Bibelcode sei etwas dran, genau in die gleiche ungeschichtliche, fundamentalistische Auffassung von der Entstehung der Bibel zu kommen droht, wie sie über Jahrhunderte hinweg, aber – das gelte es zu beachten! – in einer anderen Zeit mit völlig anderen Fragestellungen und anderen Begriffen von Wissenschaft von der Kirche vertreten wurde.

Wie die Bibel wirklich entstand, ist jedoch auch in der alttestamentlichen Wissenschaft eine Frage, die nicht eindeutig beantwortet wird. Es gibt völlig unterschiedliche Thesen dazu, jedoch eins scheint sicher zu sein. Die Bibel ist nicht ein vom Himmel gefallenes, von Gott diktiertes Buch, sondern vielmehr eine Sammlung von Schriften unterschiedlicher Zeit und unterschiedlicher Situation, die von Menschen für Menschen verfasst worden sind, von Menschen jedoch, die sich auf göttliche Offenbarung berufen oder zumindest auf ihre Verfasser so gewirkt haben, als beruhten ihre Schriften auf dieser göttlichen Offenbarung. Die Bibel ist demnach nicht ein göttliches Wunderwerk ohne menschliches Zutun, sondern eher ein menschliches Wunderwerk unter göttlichem Beistand.

Und diese Bibel ist nicht auf einen Schlag da. Wie es zwei große Teile in der christlichen Bibel gibt, so gibt es viele Einzelteile, Einzelschriften, die erst zusammengefügt werden mussten, um die Bibel = das Buch zu bilden. Dass die Bibel Bibel ist, hängt nicht am Buch- oder Werkbegriff, sondern vielmehr daran, dass bestimmte religiöse Gemeinschaften bestimmte Bücher als „kanonisch" anerkannten, d. h. sie als Heilige Schriften bestimmten, sie auch für die Lesung im Gottesdienst zuließen. Für die Juden sind das die Schriften der hebräischen Bibel, für die Christen die Schriften des hebräischen und/oder griechischen Alten Testaments sowie des Neuen Testaments, für die Mohammedaner wiederum die Bücher der hebräischen Bibel. Aber auch wenn wir nach der Bezeichnung Bibel ein Buch vermuten, müssen wir uns doch darüber klar sein, dass die Bibel ursprünglich kein Buch war, sondern eine Kollektion von verschiedenen Schriften. Es gab kein Buch mit den biblischen Texten, sondern verschiedene Schriftrollen, die nach einem Urteil der religiösen Autoritäten den Bestand der kanonischen Schriften bildeten.

Auch die einzelnen biblischen Schriften sind keine vom Himmel heruntergefallenen göttlichen Werke, sondern sind zutiefst mit der jeweiligen Religionsgemeinschaft verbunden. Sie sind keine Werke von Autoren in unserem Sinne, sondern in den meisten Fällen Erzeugnisse der religiösen Gruppen Israels und später der Christen. Insbesondere das Alte Testament stellt ein Stück Traditionsliteratur dar: Anders als ein antiker Brief auf einem Papyrus, der irgendwo und irgendwann zufällig im Wüstensand gefunden wird und der ursprünglich den Zweck hatte, in einer einmaligen Situation eine bestimmte Funktion zu erfüllen, und sei es nur, eine historisch einmalige Einladung auszusprechen, sind die Schriften der Bibel an Überlieferungsgruppen gebunden, die ein Interesse daran hatten, die ihnen überkommenen Texte weiter zu tradieren. Die entsprechenden Prozesse der Tradierung laufen dabei primär nicht auf eine Konservierung des Überlieferungsmaterials hinaus, sondern vielmehr auf Neuinterpretation und Aktualisierung.

Ein Beispiel: Ein zeitgebundenes prophetisches Wort, das in eine bestimmte geschichtliche Situation gesprochen wurde, wurde mit der Zeit unbedeutend, wenn seine Relevanz für eine spätere Situation nicht deutlich gemacht wurde. Mitunter mag ein solches Wort in einer anderen geschichtlichen Situation einfach anders verstanden worden sein, obwohl es den gleichen Wortlaut hatte, mitunter war es aber aufgrund einer gewandelten geschichtlichen Situation auch nötig, das Wort umzugestalten, es anders auszusprechen. Diese Funktion soll heute im kirchlichen Bereich die Predigt übernehmen. In der Zeit der Entstehung des Alten wie des Neuen Testaments geht aber das, was heute Predigt tut, in die Schrift mit ein – man formulierte den Glauben neu, sprach alte Texte anders und bezog sie auf die spätere aktuelle Situation der Glaubensverkündigung.

Die biblische Wissenschaft geht damit von einer geschichtlichen Hypothese für die Entstehung der alt- und neutestamentlichen Schriften und des Kanons aus: Der „Kanon" ist ebenso eine geschichtlich gewachsene Größe wie die meisten der biblischen Schriften selbst. Dies gilt insbesondere für die Thora, die fünf Bücher Mose: Abgesehen davon, dass sie nicht aus der Zeit Mose stammen, sind sie aus unterschiedlichen Traditionen heraus zu ihrer Endgestalt angewachsen. Dieser Prozess, der früher mit der klassischen Quellenscheidung erklärt wurde, nach der ursprünglich eigenständige Erzählstränge sukzessiv in einem Werk vereinigt worden sind, wird in der Forschung neuerdings redaktionsgeschichtlich erklärt: Verschiedene Tradentenkreise haben ihre je eigenen Traditionen durch verschiedene redaktionelle Bearbeitungen in die Bücher des Mose eingebracht.

Die Konsequenzen, die sich aus dieser wissenschaftlichen Sicht auf den Bibelcode ergeben, sind ebenso bedeutend wie bei der Frage nach der Textgestalt der Thora. Wenn man nämlich wie Drosnin oder Satinover davon ausgeht, dass der stabilisierte Text der Thora von einer höheren Macht stammt, die darin bestimmte Vorhersagen verschlüsselt hat, dann muss man – will man die Thesen der alttestamentlichen Wissenschaft nicht von vorneherein als falsch deklarieren – diese Verschlüsselung für die letzte redaktionelle Bearbeitung der Thora annehmen.

Aber genau das ist nicht möglich, denn eine solche Endredaktion hat zwar sicherlich den Konsonantenbestand verändert, aber keine grundlegende Neukonzeption des Textes der Thora mehr vorgenommen. Ist es aber möglich und vorstellbar, dass die in Bezug auf das vorliegende Material wenigen Federstriche der Endredaktion zu einem durchgängigen Bibelcode führten? Müsste man, wenn man von einem solchen Bibelcode überzeugt ist, nicht annehmen, dass spätere Tradenten in Unkenntnis dieses Bibelcodes die Codierung zumindest partiell zerstört haben?

Noch leichter kann man den Bibelcode erledigen, wenn er auf andere Schriften der Bibel ausgedehnt wird. Zumindest für seinen Nachweis, dass der nächste Weltkrieg im Jahr 2000 droht (S. 132–133) und dass Shoemaker-Levy am 8. Ab (16.7.994) auf dem Jupiter einschlagen würde, bemüht Drosnin u. a. das Jesaja-Buch. Wer ist für den Code im Jesaja-Buch verantwortlich? Ist auch das Jesajabuch dem Mose von Gott am Sinai auf den Steintafeln übergeben worden? – Wer solches behaupten wollte, hätte nun endgültig jeglichen Boden unter seinen Füßen verloren, und zwar nicht nur, was die Bibelwissenschaft betrifft, sondern selbst was die frühesten Traditionen betrifft. Nirgendwo und niemals wird das Jesajabuch mit dem Sinai-Geschehen in Verbindung gebracht oder als ein vom Himmel gefallenes, in Stein gemeißeltes göttliches Werk betrachtet. Dieses Buch wird sogar durch die frühere jüdische Tradition nicht einmal allein auf den Propheten Jesaja zurückgeführt, sondern vielmehr auch eine Beteiligung der Männer des Königs Hiskias angenommen, der am Ende des 8. Jh. v. Chr. über Juda regierte. So heißt es zumindest im babylonischen Talmud, Traktat Baba Bathra 14b.

Ohne hier die wesentlich komplexere Entstehungsgeschichte, die das Jesajabuch gemäß der Auffassung der Bibelwissenschaft durchlaufen hat, auch nur in Ansätzen darzustellen, ist schon nach dem Zeugnis der frühen Tradition ein Phänomen wie der Bibelcode für das Jesajabuch völlig ausgeschlossen.

Der göttliche Code – Wie Gott wohl codiert hat?

Nach dieser bibelwissenschaftlichen Kritik am Bibelcode der Prägung Drosnins und Satinovers ist es aber auch sinnvoll und vielleicht für den einen oder anderen Leser auch überzeugender, den Bibelcode auch unter Voraussetzung seiner Existenz, also intern einer Kritik zu unterziehen. Dazu will ich als erstes die Frage stellen, wie denn Gott, wenn er einen Bibelcode als Subtext der Bibel geschaffen hätte, überhaupt codiert hätte.

In Beispielen für den Bibelcode werden immer wieder Datumsangaben gefunden. Lassen wir das Problem beiseite, dass Gott aller Wahrscheinlichkeit nach den Bibelcode vor der Einführung des heute gültigen Kalenders codiert hat, stellt sich die Frage, wie Gott das jeweilige Datum hätte angeben sollen. Die Beispiele für den Bibelcode, die bislang erhoben worden sind, bieten verschiedene Datumsformate, wie sie in der folgenden Abbildung für Tages- und Monatsangabe veranschaulicht werden.

Datumsformat	Form 1	Form 2	Form 3
Tag (X) und Monat (MN = Monatsname)	X + MN	„Am" X + MN	X „im" MN

Abb. 45: Datumsformate im Bibelcode

Diese Datumsformate wurden auch dem Ausgangsexperiment von Rips, Witztum und Rosenberg zugrundegelegt.[35] Sucht man nach einer Jahreszahl, richtet man sich nach der jeweiligen Buchstabenfolge im Jüdischen Kalender, die man entweder in Langform (unter Einschluss des Tausenders) oder in der kleinen Zählung ohne die Tausender sucht. Das ist im hebräischen Zahlenalphabet durchaus praktisch, denn viele runde Jahreszahlen in dem Drosnin interessierenden Zeitraum zwischen 1900 und 2000, jüdisch 5660–5760, bestehen in der Kurzform aus lediglich drei Konsonanten und lassen sich deshalb sehr häufig finden.

Das Problem der Schreibung lässt sich aber nicht nur an den unterschiedlichen Datumsformaten ablesen, sondern vor allem auch an Namen und Begriffen. Hier ist primär wie bei den Datumsformaten zu berücksichtigen, dass im Bibelcode der Konsonantentext ohne die Vokalisierungshilfen des fortlaufenden Textes der Bibel geboten und ausgewertet wird. D. h. obwohl der fortlaufende Bibeltext ganz bestimmte Vokale zwischen den Konsonanten fordert, werden die Worte des Bibelcodes ohne Rücksicht auf diese geforderte Vokalisierung gelesen. Dieser Konsonantentext erleichtert Übertragungsversuche übrigens ganz erheblich. Bei vokalisierten oder auch deutschen Texten hätte man wesentlich mehr Schwierigkeiten mit der Wörterfindung. Dabei ist jedoch zu beachten, was von den Kritikern des Bibelcodes mitunter übersehen wird, dass auch die hebräische Konsonantenschrift Halbvokale bietet.[36]

Hinzu kommt, dass viele Namen und Begriffe, die der Bibelcode auffindet, nicht auf dem biblischen Hebräisch, sondern auf dem Ivrith, dem modernen Hebräisch, beruhen. Man hat sich das in etwa so vorzustellen, wie wenn in einem früh- oder mittelhochdeutschen Text Codes in heutigem Deutsch gesucht werden würden.

Ein wesentliches Problem der Codierung betrifft die Schreibung anderssprachiger Namen. Es gibt zwar Konventionen für die Übertragung, aber auch Spielräume dabei, so dass es nicht nur eine Möglichkeit gibt, einen Namen ins Hebräische zu übertragen. Die Vielfalt der Möglichkeiten zeigt sich bei der Umsetzung deutscher Namen in hebräischen Grabsteininschriften überaus deutlich. Wie hätte die intelligente höhere Macht bestimmte anderssprachige Namen codieren sollen? – Drosnin gibt wieder interessante Beispiele: Macbeth (von Shakespeare) wird z. B. (S. 52) ohne Rücksicht auf das *th* mit *MQBT* (auf deutsch bestenfalls: Mekbet) wiedergegeben, die Brüder Wright ohne Rücksicht auf das „ei" mit *'ChIM RIT* (auf deutsch Achim = Brüder Rit). Lassen wir außer Betracht, dass die unvokalisierten Wörter zumeist auch ganz andere Vokalisierungen zulassen, z. B. *MQBT* am ehesten Makebet, wird hier die Fragwürdigkeit der Code-Wörter schon deutlich genug. Sie steigert sich da, wo statt der Wörter Abkürzungen verwendet sein sollen, wie z. B. *LWB*, das Drosnin für Libyen hält (S. 70).

Beispiele für Begriffe: Michael Drosnin findet in der Bibel die Paarung

Clinton und Präsident (S. 34). Präsident ist die neuhebräische Übersetzung des bibelhebräischen Begriffs *NSJ'*. Dieses Wort steht im fortlaufenden Text der Bibel und bedeutet ursprünglich soviel wie „Fürst". Es dient alttestamentlich z. B. als Bezeichnung für David, ist aber nicht auf einen König, allgemeiner: Staatsführer einzuschränken. Vom biblischen Hebräisch her ist also die Gleichsetzung von *NSJ'* und Präsident nicht gefordert, es könnte sich auch um einen Gouverneur oder Ministerpräsidenten oder ähnliches handeln.

Auch die große Depression von 1929 findet Drosnin als Bibelcode (S. 35). Sein Begriff lautet *MSchBR*. Im Bibelhebräisch und Ivrith bedeutet dieses Wort: Brandung, sich brechende Wellen nach dem zugrundeliegenden Wort *SchBR*, brechen, zerbrechen. Dazu gibt es ein anders vokalisiertes Wort gleichen Konsonantenbestandes, das im Bibelhebräisch Muttermund, im Ivrith Krise bedeutet. Auch hier ist also die von Drosnin bevorzugte Bedeutung Depression keineswegs die naheliegende, und es wächst der Eindruck, dass bei den Spielereien von Drosnin eben immer das gefunden wird, was man gesucht hat, aber man eben nicht aus dem Text liest, was er bietet.

Geradezu gegen den eigentlichen Text der Bibel geht Drosnin vor, wenn er den fortlaufenden Text in anderem Sinn verwendet. So findet er in einem Buchstabengitter (S. 58) die Wendung „sein gesamtes Volk im Krieg" und in einem anderen (S. 63) „es wird nach dem Tod des Ministerpräsidenten geschehen" im fortlaufenden Bibeltext. Der Bibeltext bietet jedoch im letztgenannten Fall: „und es geschah nach dem Tod Abrahams". Drosnin gewinnt seinen Text durch die wahllose Auslassung von drei Konsonanten des vorgegebenen Textes, nämlich des ersten Buchstabens des Satzes und der zwei ersten Buchstaben von Abraham. Dann bleibt nämlich statt der Konsonanten *'BRHM* nur *RHM* stehen, was Drosnin als Abkürzung für „Ministerpräsident" versteht. Ähnliches passiert auch bei den Voraussagen des Bibelcodes zu Richard Nixon (S. 35). Im eigentlichen Text der Bibel nach dem entsprechenden Raster findet Drosnin: „Wer ist er? – Präsident, doch er wurde hinausgeworfen. Der biblische Text, Num 3,23–24, lautet jedoch: Die Sippen der Gerschoniter lagerten hinter der Wohnstätte gegen Westen *und Anführer der Großfamilie* der *Gerschoni*ter war Eljasaf, der Sohn Laels. In Kursiv erscheint der Abschnitt, aus dem Drosnin seine Frage und Antwort herauszaubert, ja, zaubert, denn mit Textverständnis scheint dieser Taschenspielertrick nichts mehr zu tun zu haben.

Nun muss sich mit ähnlichen Phänomenen des Bibelcodes nicht nur Drosnin auseinandersetzen, sondern auch Jeffrey Satinover verbindet Bibelcode und Quantenmechanik in der Weise, dass selbst Gott nicht alles vorhersagen kann, weil die menschliche Freiheit klaren Vorhersagen eine Grenze setzt. Es gibt immer ein Spektrum von Möglichkeiten. Und wenn man ein solches Spektrum anerkennt, dann kann eine Intelligenz natürlich auch auf die zu erwartende Streuung im vorhinein reagieren und z. B. auch verschiedene Datumskonventionen vorsehen. Das Problem, vor dem Satinover, ohne es zu merken, mit seinem Plädoyer für die menschliche Freiheit aber steht, ist, dass dann letztlich der Bibelcode ad absurdum geführt ist. Gibt es diese menschliche Freiheit und hat sie Bedeutung für die Entwicklung von Welt und Geschichte, dann lässt sich diese menschliche Freiheit nicht auf bestimmte Inhalte reduzieren, die einem in den Kram passen. Die Liste der 32 Namen der Gelehrten mit ihren Geburts- und Sterbedaten, die als Erstexperiment nach Satinover den Bibelcode, damit aber auch die Existenz Gottes beweisen, ist dann Makulatur, denn die Verfasser der *Encyclopaedia of Great Men* hätten in diesem System eben auch Freiheit, nämlich die, bestimmte Personen in das Werk aufzunehmen und andere nicht – die Liste könnte also auch völlig anders aussehen und Gott hätte es nicht voraussehen können.

Auch den Eltern der 32 Gelehrten ist diese Freiheit nicht vorzuenthalten, und wo könnte sich diese Freiheit eher und nachdrücklicher äußern als in der Namengebung für die Söhne. Nimmt man die Quantenmechanik und die Streuungsfaktoren, die Satinover für seinen Bibelcode bemüht, wirklich ernst, dann ist der Bibelcode undenkbar.

Die „rigorosesten und schärfsten wissenschaftlichen Methoden" auf dem Prüfstand

Die Wissenschaftlichkeit des Bibelcodes ist ein weiteres Thema, das es klarzustellen gilt. Es wurde schon darauf hingewiesen, dass der Versuchsaufbau von Rips, Witztum und Rosenberg meines Wissens bislang nicht falsifiziert ist, also das Ergebnis als richtig zu erachten ist. Diese Feststellung bedeutet indes nicht, dass damit der Bibelcode, wie er in den Büchern von Drosnin und Satinover dargestellt wird, als richtig anzuerkennen ist.

Was Drosnin betrifft, so besteht ein immenser Unterschied zwischen der Vorgehensweise von Rips und seinem eigenen Verfahren. Wie schon Thiede ausgeführt[37] und sich bei den Beispielen zu Drosnins Methode gezeigt hat, handelt es sich bei Drosnins Bibelcode um nichts weiter als Computerspielerei, die sich nicht einmal an die eigenen methodischen Richtlinien hält und auch Worte bildet, die keine konstanten Buchstabenfolgen darstellen, also mit Hilfe des Computers gar nicht zu finden sind!

Entsprechendes gilt für die gigantischen Zahlen, die Drosnin aus dem Ärmel schüttelt, um die Zufälligkeit des Bibelcodes zu widerlegen. Wenn er schreibt: „Die Wahrscheinlichkeit, Rabins vollständigen Namen nicht gemeinsam mit der Ankündigung seiner Ermordung zu finden, stand 3000 zu eins" (S. 29), stellt sich sofort die Frage: Woher hat Drosnin diese Zahl? Und selbst wenn sie stimmt – und hier ist Thiede im Recht –, wo ist denn eigentlich die Ankündigung der Ermordung Rabins? Es steht im Text und zwar im lesbaren Text der Bibel ohne Überspringung: Mörder, der mordet, nicht mehr und nicht weniger. Hier leitet also schon die Interpretation des Befundes den sagenhaften statistischen Wert!

Apropos statistische Zahlen: Wenn man eine Konstellation in einem Text vorfindet, kann man sich immer überlegen, wie wahrscheinlich sie ist. Es mag sein, dass sie höchst unwahrscheinlich ist, aber sie ist ja schon da. Es macht einen grundlegenden Unterschied, ob ich ein Ereignis voraussage, für das es etliche andere Möglichkeiten gibt, oder ob ich ein schon vorliegendes Ergebnis nach seiner Wahrscheinlichkeit untersuche.

Neue Voraussagen des Bibelcodes

Wie willkürlich man durch die Überspringungsmethode zu beachtlichen Ergebnissen kommen kann, lässt sich auch an schon von den Bibelcode-Anhängern vorgeführten Beispielen zeigen.

Sehen wir uns beispielsweise das Rabin-Raster an, in dem Drosnin nicht nur Jitzchak Rabbin, sondern auch Mörder, der morden wird, und den Namen des Attentäters, Amir, gefunden hat, ergeben sich durchaus Möglichkeiten zu weiteren Voraussagen. In der folgenden Abbildung sind weitere Wörter eingetragen, die ich, nach der Methode des Buchstabengitter-Rätsels vorgehend

– gefunden habe. Es gibt noch wesentlich mehr davon in diesem Text, wer will und kann, mag weiterrätseln!

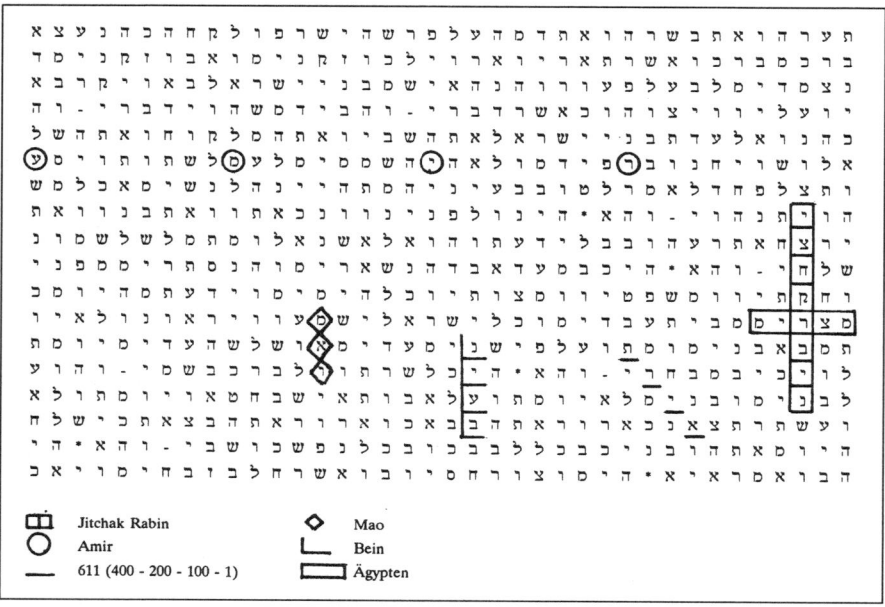

Abb. 46: Ein Bibelcode-Raster Drosnins, erweitert

Wir haben also Mao, Bein, die Jahreszahl 611 und „Ägypten" und könnten jetzt das Interpretationsspiel beginnen. „Ägypten" kreuzt „Jitzchak Rabin", muss also eine ganz außergewöhnliche Bedeutung haben. Hat Ägypten das Attentat initiiert oder der etwas weiter entfernte Mao oder war es ein deutscher Geheimdienstler mit dem Codenamen Bein? – Und die Jahreszahl? Das Jahr 611 ist nach der kleinen Zählung, die die Tausender weglässt, das Jahr 1850/51, 850/51 usw. Im günstigsten Fall hätte sich, wenn wir diese Jahreszahl wahrnehmen, Gott bei der Zeitberechnung des Attentats Rabins um gut 140 Jahre getäuscht!

Das Ganze ist ein wenig makaber, aber Ziel dieser Ausführung ist es zu zeigen, wie willkürlich vorgegangen werden kann. Die Daten des Bibelcodes liegen nicht einfach da, es gibt selbst in kleinen Rastern eine Unmenge von Da-

254

ten, man kann zahlreiche Wörter finden, und die Frage ist, welche man finden will. Ein Student hat mir neulich ein Computerprogramm zur Verfügung gestellt, mit dessen Hilfe er herausgefunden hat, dass ich ein Priester sei, weil sich mein Nachname im Pentateuch mit dem Begriff „Priester" schneidet. Scheinbar bin ich also meiner Bestimmung nicht nachgekommen.[38]

Brauchen wir einen solchen Gottesbeweis?

Am Ende noch ein paar nachdenkliche Worte. Der Bibelcode als Beweis der Existenz Gottes? Brauchen wir einen solchen Gottesbeweis? – Das Gottesbild, das hinter dem Bibelcode steckt, ist doch einigermaßen fragwürdig. Was wäre das für ein Gott, der nach der Ansicht der Codeforscher Zeitgenossen des Mose Texte übergeben hat, die erst 3000 Jahre später Lebende verstehen können? Was wäre das für ein Gott, der Wissen um zukünftige Ereignisse in Texte verschlüsselt, die zwar eintreffen können, aber nicht eintreffen müssen? Braucht vielleicht Gott einen Gottesbeweis? Oder sind es nur die, die existentiell verunsichert nach Sicherheiten verlangen? – Man tut sich schwer mit einem Gott, dessen Wege und Pläne erst jetzt durch einen Bibelcode ein Stück weit durchschaubar geworden sein sollen. In einem Buch wie der Bibel, in der es Texte gibt, die von der Undurchschaubarkeit Gottes, seiner Unbegreiflichkeit und Unfassbarkeit für den Menschen handeln (z.B. Ijob 38–41; Jes 40,12–17), ist ein codierender und sich damit selbst beweisender Gott meiner Ansicht nach fehl am Platz. Glauben bedeutet immer auch eine Entscheidung. Als Christ weiß man das, denn Jesus war keineswegs ein Deus ex machina, der die Puppen tanzen ließ. An ihm schieden sich die Geister, weil Jesus selbst vor die Entscheidung stellte, zu glauben oder nicht zu glauben.

Aber es ist nur natürlich, dass man nach Beweisen für die Existenz Gottes sucht. Sich auf Gott einzulassen, hat mit Vertrauen zu tun, aber Kontrolle gehört zum Menschen eben auch dazu. Ein Thomas konnte und durfte sie – so das Johannesevangelium im 20. Kapitel – haben. Auch uns gilt das Wort des Auferstandenen an ihn:

> „Weil du mich gesehen hast, hast du geglaubt; selig, die nicht sahen und doch glaubten."

IV.

Von Eins bis hundert Millionen

Biblische Zahlen und ihre
Bedeutungen – Ein Kompendium

*„Dreizehn, wer weiß es? Dreizehn, ich sag' es! Dreizehn
Eigenschaften hat Gott (Ex 34,6f), zwölf Stämme gibt's in
Israel, elf Sterne sah Josef im Traum, zehn Worte ließ Gott
Israel hören, neun Monate bis zur Geburt, acht Tage bis zur
Beschneidung, sieben Tage, am Ende der Schabbat, sechs
Ordnung hat die Mischna, fünf sind die Bücher der Thora,
vier ist die Zahl uns'rer Mütter, drei ist die Zahl uns'rer
Väter, zwei Tafeln bezeugen den Bund, der Himmel und die
Erde machen Gottes Einheit kund."*
„Ächad mi jodea", Hebräisches Zahlenlied in deutschen
Ausgaben der Pesach-Haggada

Die folgende Darstellung über die einzelnen Zahlen in der Bibel ist nicht als
vollständiges Lexikon biblischer Zahlen gedacht. Vielmehr wird versucht, an
Beispielen den Symbolgehalt der Zahlen in der Bibel in der Tradition der jüdischen und christlichen Bibelinterpretation zu veranschaulichen.[1] Bibelstellen, in denen Zahlen ohne symbolische Bedeutung wie vielfach z. B. in Zeit-
und Maßangaben, verwendet sind, werden nur in Einzelfällen behandelt. Sind
bestimmte Zahlen und Texte schon in den voranstehenden Kapiteln bespro-
chen worden, so wird auf die entsprechenden Passagen mit Angabe der Sei-
tenzahl verwiesen. Dadurch ist dieses Kompendium gleichzeitig als Register
über die biblischen Zahlen verwendbar.

1 Eins gilt in der Bibel als die Zahl der Einheit, vor allem als Zahl der Einheit Gottes und damit Zahl Gottes. Eins ist die Grundzahl, das Gegebene, und aus der Einheit ist alles geworden. Bedingung für diese auf Gott bezogene Bedeutung der Eins ist der Monotheismus, der Glaube an den einen Gott. Von ihm zeugt einer der Grundtexte des Glaubens Israels, das Schma Jisrael in Dtn 6,4: „Höre, Israel, der Herr, unser Gott, ist *āchad* – einer, einzig" (vgl. auch Sach 14,9). Dieser Glaube an Gott als den Einzigen, der ein wesentliches Charakteristikum der biblischen Religionen darstellt, entspringt keiner Uroffenbarung, sondern ist das Ergebnis eines geschichtlichen Prozesses, der von der besonderen Verehrung eines Gottes unter vielen über die Anerkennung Jahwes als Gott Israels zum Bekenntnis seiner Einzigkeit als Weltschöpfer und -gestalter führte. Auch wenn die Bibel den Anschein eines Monotheismus von Anfang an erweckt, hat sich der Monotheismus in Israel doch erst im Babylonischen Exil (597/87–539 v. Chr.) in Auseinandersetzung mit dem Polytheismus (Vielgötterglaube) der Siegermacht Babel herausgebildet. Ein Gott, und keiner sonst, das ist eine der wesentlichen Botschaften des Exilspropheten Deuterojesaja (Jes 43,11; 45,21). Dieses Bekenntnis trifft eine wesentliche Unterscheidung zwischen dem einen Gott und den vielen „Göttern". Nur der Eine, der Schöpfergott und in der Schöpfung weiterhin wirkende, geschichtsmächtige Gott ist wirklich, die anderen Götter aber nichts. Aus ihm ist alles geworden, und wird auch weiterhin alles werden, selbst das, was wir als das Böse bezeichnen und gewöhnlich dem Teufel zuerkennen: „Ich bin der Herr und sonst keiner! Das Licht bilde ich und erschaffe die Finsternis; ich bewirke das Heil und schaffe das Unheil! Ich, der Herr, bin es, der all dieses wirkt." (Jes 45,6–7). Der eine Gott, der alles macht (Jes 44,24), er ist auch der, auf den Israel sein Vertrauen setzen kann, weil nur von ihm allein Hilfe und Rettung erwartet werden kann.

Der Vorstellung des allmächtigen, ausschließlichen, einzigen Gottes entspricht die Bezeichnung Gottes als des Ersten und des Letzten (Jes 41,4; 44,6; 48,12). Gott als der Erste und der Letzte unterstreicht die Einzigkeit Gottes, denn diese Bezeichnung bedeutet auch, wie es in Jes 43,10 ausgelegt wird, dass vor ihm kein Gott war und nach ihm keiner sein wird.

Dieser Glaube an den einzigen Gott ist bekanntlich auch der des Neuen Testaments. Das bringen u. a. Gal 3,20; Mt 19,17 zum Ausdruck, ganz dezidiert in Bezug auf den Vater-und Führer-Begriff Mt 23,9–10: „Auch als Vater sollt ihr niemand von euch anreden; denn einer ist euer Vater, der im Himmel. Auch nicht als Führer laßt euch anreden; denn einer ist euer Führer, Christus." Auch die Bezeichnung Gottes als Ersten und Letzten ist im Neuen Testament aufgenommen: Offb 1,17; 2,8; 22,13. Eine andere Ausdrucksweise für denselben Sachverhalt ist das Bild Gottes oder Jesu als Alpha und Omega (Offb 1,8; 21,6; 22,13). Alpha als der erste und Omega als der letzte Buchstabe des griechischen Alphabets weisen auf den hin, der alles umfasst, auf den Ersten und den Letzten, der von Anfang an und bis zum Ende wirkt.

Obwohl sich der Monotheismus, der Ein-Gott-Glaube historisch in Auseinandersetzung mit dem Polytheismus, dem Glauben an die Vielheit der Götter, entwickelt hat, liegt in seiner Konsequenz das Denken der Einheit vor der Vielheit. Gott, der Schöpfer, bildet ein Zweites, nämlich die Schöpfung, aber dieses Zweite, die Vielheit der Schöpfung, kommt aus der Einheit Gottes, die vor der Schöpfung ohne ein solches Zweites, also Einheit war.

Von dieser Einheit vor der Vielheit ist die schöpfungsmäßige Einheit aus der Vielheit deutlich unterschieden. Während die Einheit Gottes unveränderbar ist, setzt die Einheit aus der Vielheit als Vereinigung immer schon Gegensätze voraus. Die Bibel weiß um eine solche Einheit in der Schöpfung und weiß sie von jeher als bedroht: Sie zerfällt nach Gen 3 schon im Sündenfall in Gut und Böse, Mann und Frau, Leben und Tod, die Einheit der Sprache in Gen 11 nach dem Turmbau zu Babel. Einheit wieder zu gewinnen und damit den Gegensatz der Zwei aufzuheben, ist eine menschliche Sehnsucht, die sich in der biblischen Geschichte immer wieder artikuliert hat. Im NT wird diese Einheit als durch Jesus ermöglicht dargestellt: Die trennenden Unterschiede der Menschen sind nach Paulus durch die Taufe aufgehoben, Gal 3,28: „Da gilt nicht mehr Jude und Hellene, nicht Sklave und Freier, nicht Mann und Frau; denn alle seid ihr eins in Christus Jesus." Die Apostelgeschichte schildert diese Einheit als Merkmal der pfingstlichen Urgemeinde, Apg 4,32: „Die Gesamtheit der Gläubigen war ein Herz und eine Seele, und nicht ein einziger nannte etwas von dem, was er besaß, sein eigen, sondern sie hatten alles gemeinsam." Die Aufhebung des Gegensatzes ist Kennzeichen des anbrechenden Reiches Gottes.

Innerhalb der Zahlenspekulationen ist die Sonderstellung der Eins mehr als deutlich. Eins ist eigentlich keine Zahl, sondern die Einheit, aus deren Teilung alle Zahlen geworden sind.

Im hebräischen Zahlenalphabet ist die Eins als Buchstabe Alef. Der Buchstabe geht auf einen Rinderkopf zurück, und so bedeutet Alef als Hieroglyphe Haupt, Fürst, Haupt des Stieres (vgl. die ägyptische Hieroglyphe für *wpt* Stirn). Im Sefär Jesirah ist Alef der erste Mutterbuchstabe, der Wind, aus dem die Luft geschaffen wurde, das Gemäßigte und entspricht dem Leib des Menschen. In der Kabbala ist Eins die Einheit, das En-Sof, der Geist des lebendigen Gottes, aus dem alles geworden ist. Die erste Sefirah ist Kätär, die Krone, das göttliche Selbst. Der erste Pfad im Sefirot-Baum ist der zwischen Kätär (I) und Chokmah (II).

2 Die Zwei ist ambivalent, sie ist gleichzeitig die Zahl des (negativen) Gegensatzes und die der Ergänzung zur Einheit. Diese beiden Dimensionen überlagern sich vielfach. Das Bild des Zwillings macht dies besonders deutlich: Der Zwilling ist eine aufeinander bezogene Einheit aus Zwei, aber das Verhältnis der Zwei kann durchaus spannungsreich sein. Beim ersten Zwillingspaar der Bibel, Esau und Jakob, steht die Zwietracht, der Zwist, die Entzweiung und die Konkurrenz im Vordergrund: „Zwei Völker sind in meinem Leib" – diese Worte der Mutter Rebekka in Gen 25,23 deuten das künftige Spannungsverhältnis schon vor der Geburt an.

Die Zwei als Gegensatzbegriff ergibt sich aus elementaren, polaren Größen, die der Mensch immer schon als solche empfunden hat: Tag und Nacht (Gen 1,5), Licht und Finsternis (Gen 1,4–5), die Zweiheit der Hauptgestirne Sonne und Mond (Gen 1,16), Hitze und Kälte, süß und sauer, rechts und links, oben und unten usw. Religiöser Dualismus dürfte auf solchen, verabsolutierten Gegensätzen beruhen und interpretiert sie grundlegend im Gegensatz von Gott und Teufel sowie von Gut und Böse. Ansätze zu einem solchen Dualismus, der sich dann vor allem in der gnostischen Tradition auswirkte, sind auch schon biblisch zu erkennen. Zentral sind vor allem die paulinischen Gegensätze zwischen Gesetz und Verheißung.

Die Zwei im Sinne der Ergänzung zur Einheit hat im Begriff des Paares ihren vollendeten Ausdruck gefunden. Eine auf die Einheit bezogene Zweiheit sind vor allem Mann und Frau (Gen 1,27; 2,24; Mt 19,6), neben den Paaren zweigeschlechtlicher Tiere (Gen 6,19 u. ö.) das Paar schlechthin. Paarweise vorkommende Dinge sind aber auch die Hände, Füße, Augen, Nasenlöcher, Flügel des Vogels usw. Solche Zweiheiten haben zum Dual, der Zweizahl in der Numerusbezeichnung in alten Sprachen geführt. Die Vorliebe für Zwei als Paar zeigt sich in der Bibel nicht nur in solchen grundlegenden Paaren, sondern auch in den zwei Tafeln des Gesetzes (Ex 31,18; 34,1–4) in den zwei Säulen, Jachin und Boas, vor dem Salomonischen Tempel (1 Kön 7,15–22) oder in den zwei Cherubim-Figuren, die nach 1 Kön 6,23 im Allerheiligsten des Tempels standen.

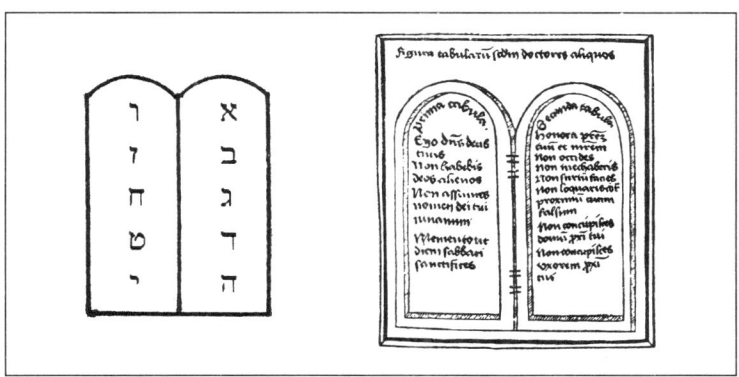

Abb. 47: Die zwei Gesetzestafeln (konventionell und spätmittelalterlich)

Jesus schickte die Jünger nach Mk 6,7 in Paaren aus und fasste das Gesetz in zwei Hauptgebote zusammen (Mt 22,40). Die Ergänzung der Zwei zur Einheit zeigt sich auch im Blick auf die christliche Gemeinde: „Wenn zwei oder drei in meinem Namen versammelt sind, bin ich mitten unter ihnen." (Mt 18,20)

Aus Zweien Eins zu machen, Entzweiung aufzuheben, Einheit herzustellen, ist eine fundamentale biblische Sehnsucht. Sie bezieht sich vor allem auf die Einheit Israels, die durch die (ungleiche) Zweiteilung in Nord- und Südreich verlorengegangen war (Ez 37,22), später auf die Einheit der christlichen Gemeinde: „Jedes Reich, das entzweit ist mit sich selbst, wird verwüstet werden; und jede Stadt oder Hausgemeinschaft, die mit sich selbst entzweit ist, wird nicht bestehen." (Mt 12,25) Andererseits bezeichnet sich gerade Jesus als Entzweier, der nicht Frieden, sondern das Schwert bringt, der zur Entscheidung ruft (Mt 10,34–36).

Gemäß den zwei Grundrichtungen links und rechts, zwischen denen man auf einem Weg zu wählen hat, ist die Zwei ganz natürlich die Zahl der Entscheidung. Und diese Bedeutung ist dem Alten Testament durchaus vertraut, vor allem aber im Neuen Testament zentral: Es gibt zwei Tore und Wege, zwischen denen sich die Gläubigen entscheiden müssen (Mt 7,13), „niemand kann zwei Herren dienen" (Mt 6,24), und wenn der Menschensohn wiederkommt, um Gericht zu halten, entspricht das Urteil der vorher vom Menschen getroffenen Entscheidung: Von zwei auf einem Felde wird der eine angenommen, der andere verworfen. „Zwei werden mahlen auf der Mühle; eine wird angenommen, und die andere wird verworfen werden." (Mt 24,40–41)

Die Alternative von zwei Möglichkeiten, zwischen denen man sich zu entscheiden hat, wird auch erzählerisch umgesetzt. Beispiele hierfür sind die Erzählungen vom Pharisäer und Zöllner in Lk 18,10–14 und vom verlorenen Sohn (Lk 15,11–32).

Der Entscheidungscharakter der Zwei ist auch im Bild vom zweischneidigen Schwert präsent, sofern es für das Wort Gottes oder Jesus Christus steht (Hebr 4,12; Offb 1,16; 2,12). Im Alten Testament deutet es die Unberechenbarkeit an (Spr 5,4). Dem verwandt ist das Bild von der zweizüngigen Rede (1 Tim 3,8). Unberechenbar und verwerflich handelt auch der, der mit zweierlei Maß misst (Dtn 25,13).

Zwei ist auch die Zahl der „einfachen" Wiederholung: Jakob hat Esau zweimal überlistet (Gen 27,36), zweimal schlug Mose beim Wasserwunder in der Wüste mit seinem Stab auf den Felsen (Num 20,11), Petrus verleugnete Jesus dreimal, ehe der Hahn zweimal krähte. Häufig redet oder erscheint Gott oder ein Engel zum zweiten Mal (1 Kön 9,2; 1 Kön 19,7) oder noch einmal (Gen 22,15 u.ö.).

Zwei ist die Grundeinheit von Verdoppelung und Halbierung. So ist in Jer 2,13 von zweifacher Sünde die Rede. Nach Jer 16,18 ist Sünde zweifach zu sühnen, wofür in anderen Texten (Jes 40,2) „doppelt" verwendet wird. Wer genötigt wird, einen anderen eine Meile weit zu begleiten, soll nach der Bergpredigt (Mt 5,42) doppelt so weit, nämlich zwei Meilen mit ihm gehen. Nach 1 Tim 5,17 soll den Ältesten, da sie in Wort und Lehre tätig sind, zweifache Ehre entgegengebracht werden. Nach Lk 3,11 soll, wer zwei Röcke hat, einen dem geben, der keinen hat. Wenn von zwei Teilen die Rede ist (Dtn 21,17; 2 Kön 2,9), sind dagegen einfach zwei Drittel gemeint.

Eine besondere Bedeutung hat die Zwei in der Vorstellung vom „zweiten Tod" in der Offenbarung des Johannes (Offb 2,11; 20,6. 14; 21,8). Der zweite

Tod ist der endgültige, ewige Tod, der das Tor zum Leben in der Neuen Welt auf immer verschließt, eine jüdische Vorstellung aus der zwischentestamentlichen Zeit.

Trotz der negativen Festlegung der Zwei in der pythagoräischen Tradition, wo sie als gerade, weibliche Zahl mit schwach, links, böse verbunden ist, hat sich in der christlichen Tradition die ambivalente Bedeutung der Zwei erhalten. Sie ist Ausdruck der Vereinigung der Gegensätze (zwei Naturen in Christus, zwei Gesetzestafeln, Bibel als Einheit von Altem und Neuem Bund). Sie ist aber – und zwar vor allem – auch Zahl des Gegensatzes: Licht und Finsternis, Juden und Christen, Altes und Neues Testament, Kirche und Synagoge, Mann und Frau im Sinne der Unreinheit, Sonne und Mond, Tag und Nacht.

In der jüdischen Tradition ist die Zwei als Buchstabe Bet. Die Hieroglyphe stellt den Grundriss eines Hauses dar. Im Sefär Jesirah ist Bet der erste Doppelbuchstabe, die Weisheit. Aus Bet geht als Stern der Saturn, als Tag der Sonntag, der erste Tag der Woche, als Körperteil das rechte Auge hervor. In der Kabbala ist die zweite Sefirah Chokmah, die Weisheit. Bet ist im Sefirot-Baum der Pfad zwischen Kätär (I) und Binah (III).

3 Die Drei ist in der Bibel und nicht nur dort eine sehr positiv besetzte Zahl. Sie ist die Zahl der höheren, neuen Einheit. Mit späterer Begrifflichkeit kann man Drei die Zahl der Synthese nennen: Aus These und Antithese geht die Synthese hervor, aus der Einheit und dem Gegensatz der Zwei, der Entzweiung, geht die Drei hervor. Sie ist nicht einfach die Aufhebung der Gegensätze, die Wiederherstellung der Einheit, sondern der Gegensatz der Zwei wird auf eine höhere Stufe emporgehoben.[2] Wenn zwei eins werden, geht die Drei als ein Neues hervor. Diese Bedeutung der Drei geht wohl auf die menschliche Grunderfahrung der Weitergabe des Lebens zurück: Drei ist primär die Zahl der Familie, die sich aus Vater, Mutter und Kind zusammensetzt und in dieser Dreiheit eine neue Einheit bildet: Wenn zwei eins werden, Mann und Frau sich vereinigen (Gen 2,24), erwächst daraus die Drei. Diese Einheit der Drei in der Familie wirkt sich naturgemäß in der Religion aus, in der Umwelt Israels schon früher vor allem in der Vorstellung von Götterfamilien, von Triaden, wie sie in Mesopotamien, z. B. Sin (Mond) – Schamasch (Sonne) – Ischtar (Venus), oder auch in Ägypten, z. B. Osiris – Isis – Horus begegnen. Da im biblischen Monotheismus die Vorstellung unmöglich ist, dass Gott Frau und

Kinder hat, ist die Vorstellung der Götterfamilien in der Bibel zwar nicht bezeugt, aber trotzdem wurde sie nicht vergessen: In ihrer Tradition steht die christliche Darstellung der heiligen Familie: Maria, Josef und das Kind. Aber auch der Glaube an die göttliche Trinität, der sich erst in nachbiblischer Zeit voll entfaltet hat, hat trotz seiner weit höheren Abstraktion gewisse Ähnlichkeiten mit den alten Göttertriaden.

In der christlichen Tradition ist die Drei vor allem im Blick auf die Dreieinigkeit Gottes wichtig. Der dreieine Gott, auf den die christliche Taufformel verweist (Mt 28,19), wird in der Tradition schon auf das Alte Testament bezogen und z. B. in Gen 18,2 gefunden, wo drei Männer – Gott und zwei Engel – in Mamre bei Abraham zu Besuch sind. So wird die Drei mit der Zeit zur Zahl des Heiligen schlechthin, und menschliches Leben gilt dann als heilig, wenn die drei religiösen Grundtugenden Glaube, Hoffnung und Liebe beachtet werden (1 Kor 13,13).

Abb. 48: Darstellung der Dreieinigkeit

Drei ist aber auch die Zahl der Zeit, die Vergangenheit, Gegenwart und Zukunft ist (Offb 1,8), und damit der Vollkommenheit. In dem späteren Sprichwort „Aller guten Dinge sind Drei" zeigt sich noch etwas von der frühen Anschauung der Vollkommenheit der Drei, wozu auch gehört, dass man bestimmte Handlungen dreimal ausführen muss, um die erwünschte Wirkung zu erzielen. Dies gilt für die Magie beim Aufsprechen von Zaubersprüchen ebenso wie für die kultische oder liturgische Anrufung der Gottheit. Besondere Bedeutung kommt diesbezüglich in der Wirkungsgeschichte dem Dreimal Heilig aus dem Mund der Cherubim im Rahmen der Vision Jesajas in Jes 6,3 zu: „Heilig, heilig, heilig ist der Herr der Heerscharen, die Fülle der ganzen Erde ist seine Herrlichkeit." Dieser Ruf ist bekanntlich in das Sanctus der christlichen Liturgie eingegangen, wurde aber auch schon innerbiblisch, nämlich in Offb 4,8 aufgenommen. Dreimalige Handlungen finden sich auch sonst in der Liturgie: das dreifache, von dreimaligem Klopfen an die Brust begleitete Mea Culpa „durch meine Schuld" im Bußakt, der dreifache Ruf Kyrie eleison, „Herr, erbarme dich", das dreifache Agnus Dei „Lamm Gottes". Im Bereich der persönlichen Frömmigkeit gehört das dreimalige Gebet am Tage ebenso zum Vollkommenheitscharakter der Drei wie die dreifache Bekreuzigung, wenngleich diese zudem die Trinität Gottes zum Ausdruck bringt.

Die Bedeutung der Drei als Vollkommenheit ist in der Bibel vielfach bezeugt, z. B. im dreifachen Segen des Aaron in Num 6,24–26, in der Dreizahl der hohen Feste (Ex 23,14), Passa – Wochenfest – Laubhüttenfest (christlich: Ostern – Pfingsten – Weihnachten), in der Dreimaligkeit des jährlichen Erscheinens vor Gott (Ex 34,23) und des täglichen Gebets (Dan 6,11), im dreifachen Opfer, in der Vorliebe für die Darbringung von drei Opfertieren und von dreijährigen Opfertieren (Gen 15,9).

Das Grundprinzip der vollkommenen Drei zeigt sich auch in der Tatsache, dass sich Israel als Volk versteht, das drei Erzväter, Abraham, Isaak und Jakob, hatte. Drei Söhne hatten Adam und Noach, und Noach, Daniel und Hiob gelten laut Ez 14,14 offensichtlich als sprichwörtlich gerechte Menschen.

„Aller guten Dinge sind Drei" gilt aber auch für Erzählungen. Viele Geschichten der Bibel sind auf der Drei aufgebaut, sei es, dass drei Personen oder Personengruppen die Hauptfiguren darstellen, Personen in Dreier-Gruppen auftreten oder das Handlungsschema dreiteilig ist:

Drei Hauptfiguren haben z. B. folgende Geschichten: Das Gleichnis von den Talenten mit dem König, seinem Schuldner und dessen Schuldner, das Buch Esther mit Esther, Haman und Ahasver. Dreiergruppen von Personen sind z. B. die drei Freunde Ijobs (Ijob 2,11), die drei Jünglinge im Feuerofen, Schadrasch, Meschach und Abednego in Dan 3,1–30, die drei Magier, in der Volksfrömmigkeit die Heiligen Drei Könige (Matth 2,1), die drei Jünger Petrus, Jakobus und Johannes, die in Getsemane bei Jesus sind (Mt 26,37–45). Zum dreiteiligen Handlungsschema gehören beispielsweise die Erzählung von der dreifachen Verleugnung Jesu durch Petrus (Mt 26,34. 75; Joh 13,38) wie auch die dreifache Frage Jesu an Petrus, ob er ihn liebe (Joh 21,15–17). Auch in der Getsemane-Geschichte ist die Dreizahl strukturell von Bedeutung: Jesus betet dreimal und kehrt dreimal zu den schlafenden Jüngern zurück (Mt 26,36–46).

Die Drei ist von jeher ein beliebtes Element in Erzählungen und ist es auch geblieben. Dazu genüge ein Hinweis auf Märchen wie „Der Teufel mit den drei goldenen Haaren" oder „Tischlein, deck dich", sowie auf das Motiv der „Drei Wünsche", die man frei hat.

Dreiheit als strukturelle Kategorie prägte auch den salomonischen Tempel, der aus Vorhof, Heiligtum und Allerheiligstem bestand, (siehe Kapitel 2.3., S. 127–130) und man findet sie vielfach auch im Kirchenbau (Längs-, Querschiff, Apsis). Zur Dreizahl in den Zeitangaben „drei Tage" und ähnlichem siehe oben Kapitel 2.7., S. 165–170.

Die Drei ist jedoch auch schon in der Bibel nicht einfach die Zahl des Positiven und Vollständigen schlechthin. Auch sie kann mit Negativem in Verbindung gebracht sein, wie bei der Verleugnung Jesu durch Petrus mit der Vollständigkeit der Absage des Petrus von Jesus. Drei Tage währte nach Ex 10,22–23 die Finsternis in Ägypten, dreimal wurde Jesus vom Teufel versucht (Mt 4,1–11), drei Tage lang war Paulus nach seinem Berufungserlebnis mit Blindheit geschlagen (Apg 9,9). Das Tier aus dem Meer in der Apokalypse ist dreigestaltig, Offb 13,2: „Das Tier, das ich sah, glich einem Panther; seine Füße waren wie die eines Bären und sein Maul wie das Maul eines Löwen." Dass Jesus nach Mk 15,25 um die dritte Stunde gekreuzigt wurde, ist dagegen sicherlich nicht symbolisch, sondern als Zeitangabe zu verstehen (9:00 Uhr morgens).

Bei den Pythagoräern ist die Drei die perfekte Zahl, weil sie Anfang, Mitte und Ende hat. In der Mathematik gilt vielfach Drei als erste Zahl überhaupt, weil sie nämlich aus zwei weiteren Zahlen zusammengesetzt ist (1 + 2), durch sich selbst und die Einheit teilbar ist. Mit der Drei beginnt die Geometrie: Das Dreieck als Verbindung von drei Punkten ist die einfachste Fläche. Das Dreieck ist deshalb vielfach symbolisch bezeugt, sei es als Form von Amuletten gegen den Bösen Blick in Ägypten oder als Symbol für die Dreieinigkeit. Übertragen steht die Drei für den Raum, die Dreidimensionalität.

Im hebräischen Zahlenalphabet hat der Buchstabe Gimel den Zahlenwert Drei. Im Sefär Jesirah ist es der 2. Doppelbuchstabe, der Reichtum, aus dem als Stern Jupiter, als Tag, der Montag, der zweite Tag der Woche und als Körperteil des Menschen das linke Auge hervorging. Drei ist die Anzahl der Mütter, der drei Grundbuchstaben Alef, Mem und Schin. Im Sefirot-Baum ist die Drei Binah, das Verständnis, die spirituelle Liebe, und bezeichnet den Pfad zwischen Kätär (I) und Tifärät (VI).

4 Die Vier ist die Weltzahl, die Zahl der kosmischen Ganzheit. Sie bildete sich im Alten Orient als solche heraus aus der allgemeinen Vorstellung von vier Himmelsrichtungen, vier Weltgegenden oder -enden, vier Winden und vier Elementen (Feuer, Erde, Luft und Wasser). Dazu kam die übliche Einteilung des Jahres in vier Jahreszeiten, auch wenn diese nicht überall gilt – in Ägypten gab es nur deren drei, im Islam zeitweise sogar sechs. In der Bibel ist die Vier Symbol für die von Gott erschaffene Welt. Deshalb wurde der Garten Eden von vier Paradiesströmen gespeist, die die Seitenarme eines in der Mitte des Paradieses entspringenden Flusses bilden (Gen 2,10). Es gibt vier Himmelsrichtungen, vier Weltgegenden, vier Weltränder (Ez 7,2) vier Winde (Sach 2,6; Dan 11,4), vier Jahreszeiten. Wenn in Ez 1,4–14 vier Cherubim dargestellt werden, die nach allen Seiten eilen, wird damit Gottes Allmacht über die sich in vier Richtungen erstreckende Welt zum Ausdruck gebracht. Und wenn in Jer 15,3 von vier Strafen, die der Herr über sein Volk verhängt, die Rede ist, ist auch hier an eine Totalität der Bestrafung gedacht. In ähnlicher Weise wird wahrscheinlich auch das All oder die Himmelsrichtungen durch die vier Altarhörner im Tempel symbolisiert.[3]

Die Bedeutung der Vier als kosmische Totalität ist auch neutestamentlich gegeben: Mit der Wiederkunft Christi verbindet sich die folgende Erwartung an den Herrn: „Und dann wird er die Engel aussenden und seine Auserwählten ‚zusammenführen von den vier Winden‘ (Zach 2,6), ‚vom Ende der Erde bis zum Ende des Himmels‘ (5 Mos 30,3f).“ (Mk 13,27)

Diese apokalyptischen Vorstellungen finden in der Offenbarung des Johannes ihre Weiterführung und Ausgestaltung. Da ist in Anklang an alttestamentliche Visionen (u. a. Ez 1,4–14!) von vier Lebewesen am Thron Gottes die Rede, die symbolisch für die erschaffene Welt stehen (Offb 2,4), vom Werk des Teufels in der Welt „bis zu den vier Enden der Erde“ (Offb 20,8), von vier apokalyptischen Reitern, die nach der Öffnung des vierten Siegels des Buchs mit den sieben Siegeln die Erde heimsuchen werden (Offb 6,1–8; vgl. schon Sach 1,8).

Die Vier ist aber nicht nur Zahl des Kosmos, also der Welt, als welche sie natürlich auch der göttlichen Schöpfungsordnung entspringt und so in Beziehung zum Schöpfer steht, sondern hat auch direkter mit Gott zu tun, denn der Name Gottes JHW"H, das Tetragramm, ist aus vier Konsonanten gebildet.

8	1	6
3	5	7
4	9	2

S	A	T	O	R
A	R	E	P	O
T	E	N	E	T
O	P	E	R	A
R	O	T	A	S

Abb. 49: Magische Quadrate: Magisches Quadrat der neun Grundzahlen und Sator-Arepo-Palindrom

Dazu kommen die geometrischen Formen des Quadrats und des Kubus. Das Quadrat hat schon seit jeher fasziniert und ist ganz unterschiedlichen Zusammenhängen verwendet worden. Besonders bekannt sind die magischen Quadrate. Quadrat und Kubus werden aber schon biblisch offensichtlich als vollendete Formen angesehen: Die Grundfläche des Tempelareals war nach Ez 41–42 ein Quadrat, das Allerheiligste des salomonischen Tempels ein Kubus (Siehe Kapitel 2.3., S. 128), und in der Offenbarung des Johannes hat das gigantisch große, neue Jerusalem ebenfalls die Form eines Kubus (siehe Kapitel 2.9., S. 188–190).

In der späteren, christlichen Tradition spielt die Abkürzung INRI, Jesus von Nazareth, König der Juden, eine ähnliche Rolle wie im Judentum das Tetragramm für den Symbolgehalt der Vier. Daneben gewinnt die Vierzahl der Evangelien Symbolcharakter: „Wie die Paradiesströme Eden bewässerten, so tragen die vier Evangelisten das Wasser der Offenbarung in alle Weltgegenden."[4] Die Vierer-Gruppen wurden in der nachbiblischen Zeit immer beliebter. So bildete sich z. B. die Tradition von vier großen alttestamentlichen Propheten in Nachahmung der vier Evangelisten, aber in der Abfolge als Vorbild gedacht: Jesaja, Jeremia, Ezechiel und Daniel. Diese Vorstellung wurde durch die von den Christen verwendete griechische Übersetzung, die sogenannte Septuaginta, begünstigt, die diese Abfolge der Propheten bietet. In der hebräischen Bibel wird das Buch Daniel dagegen nicht zu den Propheten, sondern zu den Schriften, also zum dritten Teil der Bibel, gerechnet.

In der Tradition der Bibel, vor allem in der Kunst werden die vier Evangelisten zu einem wichtigen Symbol. Ihrer Vierzahl gemäß werden sie mit ursprünglich fremden Symbolen in Verbindung gebracht. Hier ist vor allem die Zuordnung der Bildsymbole Stier, Löwe, Mensch und Adler zu nennen. Diese Bildsymbole sind schon in Ez 1,10 bezeugt als vier Gesichter der tetramorphen Cherubim, wo sie möglicherweise ursprünglich astrologische Bedeutung haben. Auf die Evangelisten wurden sie wie folgt übertragen: Matthäus wird als Mensch (Wassermann) dargestellt, Markus als Löwe, Lukas als Stier, Johannes als Adler (ursprünglich wohl Skorpion). Diese vier Symbole werden jeweils geflügelt dargestellt, was ein Hinweis darauf sein könnte, „daß sich in ihnen kosmische Urkräfte manifestiert haben."[5] Diese Symbole sind möglicherweise im Ezechielbuch nicht originell, sondern basieren auf der ägyptischen Vorstellung der Sphinx, jenes Wesens mit Menschenkopf, Löwenkörper und den Flügeln eines Adlers (auch Schwanz eines Stiers?). Mit diesen symbolischen Zuweisungen wurden zahlreiche esoterische Spekulationen verbunden. Nach einer Version steht Matthäus für das Wissen, Markus für das Wollen, Lukas für das Wagnis und Johannes für das Schweigen, wodurch die vier

Abb. 50: Traditionelle Evangelisten-Symbole

Evangelien als Text gelesen die Grundanweisung Wisse, Wolle, Wage, Schweige geben. Auch im Tarot sind die vier Evangelisten-Symbole präsent. Auf der 21. Karte mit dem Namen „Die Welt" flankieren sie einen Kranz um eine junge Frau und werden nicht nur in Bezug auf die astrologische Bedeutung, sondern auch als Elemente (Luft, Feuer, Erde, Wasser), Jahreszeiten, Himmelsrichtungen und Winde gedeutet.

Schließlich ist die Vier auch in der Form des Kreuzes enthalten. Darauf hat schon Hieronymus hingewiesen, als er fragte: „Und selbst die Gestalt des Kreuzes, was ist sie anderes als die quadratische Form der Welt?" Trotz der gewaltigen Wirkungsgeschichte der christlichen Kreuz-Symbolik, die hier nicht zu entfalten ist, hat sich das Kreuz auch, ganz nebenbei und selten, ohne symbolische Bedeutung erhalten, z. B. im Brötchen mit Kreuzschnitt, dessen Ursprung sicherlich weit vor dem Kreuz Jesu anzusetzen ist. Im Griechischen gibt es eine Bezeichnung für Brot, *tetratryphos*, die „das Viergeschnittene" bedeutet.

Im hebräischen Zahlenalphabet ist die Vier dem Buchstaben Dalet zugeordnet, der hieroglyphisch einen Fisch darzustellen scheint. Im Sefär Jesirah ist es der 3. Doppelbuchstabe, der Samen, dem als Stern der Mars, als Tag der Dienstag, der 3. Tag der Woche, und als Körperteil des Menschen das rechte Ohr zugeordnet ist. In der Kabbala wird das Gesamtuniversum als in vier Teile gegliedert vorgestellt: Aziluth (Welt der Emanation), Briah (Welt der Schöpfung), Jesirah (Welt der Ausgestaltung), Asia (Welt des Sichtbaren). Im Sefirot-Baum ist die vierte Sefirah Chäsäd, die Gnade, Liebe, der Archetyp von Liebe und Bewusstheit, der vierte Pfad der zwischen Chokmah (II) und Binah (III).

5 Die Fünf ist in Babylon die Symbolzahl für Ischtar, das Fünftage-Schema als $5 \times 12 = 60$ Doppelstunden dort ebenfalls eine wichtige Größe und das Pentagramm, der fünfstrahlige Stern, darüber hinaus ein uraltes Schutzzeichen.

In der Bibel jedoch, zumal dort eine babylonische Fünftage-Einteilung nicht übernommen wurde, scheint die Fünf von geringer symbolischer Bedeutung zu sein. Man denkt zwar dabei sofort an die fünf Finger einer Hand, aber ob die Fünf biblisch tatsächlich als die kleinste runde Zahl im Sinne von einer Handvoll verwendet wurde, ist gar nicht sicher. Am ehesten ist dies der Fall bei den fünf Steinen, die David vor dem Kampf mit Goliath gesammelt haben soll (1 Sam 17,40), denn von diesen fünf, von dieser Handvoll, wenn es

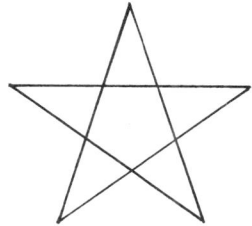

Abb. 51: Das Pentagramm

denn so verstanden wurde, kam lediglich einer zum Einsatz, und der traf ins Schwarze. Ähnlich ist der Ausspruch des Paulus zu verstehen, dass es besser ist, fünf verständliche Worte zu reden als 10 000 in Engelszungen (1 Kor 14,19). Ein Bund von fünf Städten, die sogenannte Pentapolis, war in biblischen Zeiten eine häufiger bezeugte Größe (Jos 13,3; Ri 3,3; 1 Sam 6; Jes 19,18; Weish 10,6; Lk 19,19), und diese Zahl bei Städtevereinigungen dürfte auf die Bedeutung der Fünf als Einheitszahl zurückgehen.

Bei vielen anderen biblischen Angaben der Fünf kann man sich streiten, ob damit eine runde Zahl oder ein Zählwert angegeben wird, besonders dann, wenn es um fünf Kinder eines Vaters geht (z. B. 2 Sam 21,8; 1 Chr 2,4. 6 u. a.). Als halbe Zehn (Num 11,19; vgl. Mt 25 von den fünf törichten und fünf klugen Jungfrauen) hat die Fünf zwar eine Bedeutung für Proportionen, so beim Zeltheiligtum (Ex 26–27; 36; 38) und beim Tempel (1 Kön 6–7; Ez 40–42) (siehe Kapitel 2.3. S. 126–130), aber das ist noch keine Symbolik. Auch dass laut Num 7 je fünf Widder, Böcke und einjährige Schafe von den Stämmen als Einweihungsopfer für das Zeltheiligtum dargebracht werden, ist noch kein sicherer Hinweis auf den biblischen Symbolgehalt der Fünf. Zwar wird diese Stelle vielfach so gedeutet, aber viel näher liegt doch die Annahme, dass es im Text auf die Gesamtzahl der Opfergegenstände ankommt, die je Stamm 24, also 2×12, betragen, für ganz Israel also $2 \times 12 \times 12 = 288$. Ähnliches gilt für Num 18,16: Die Auslösung von ein Monat altem Nachwuchs beträgt demnach 5 Schekel Silber, die – als Gera, ca. 0,6 g – 100 Gera betragen.

Interpretationen der Fünf als Zahl des Lebens zwischen Bedrohung und Gottes Schutz in der Aufteilung 3 („Gottes Gegenwart") und 2 („in der Geschichte")[6] überzeugen kaum. Bezieht man dies auf die nach zwei Jahren noch deren fünf währende Hungersnot in Gen 45,11, dann liegt ein Symbolcharakter bestenfalls in der Aufteilung der Sieben in Zwei und Fünf, nicht aber in der Fünf selbst.

Symbolische Bedeutung erhält die Fünf vor allem durch die Fünfzahl der Bücher Mose. Der Pentateuch, das fünfbehältrige Buch, die aus fünf Schriftrollen bestehende Thora, dürfte schon in biblischer Zeit eine gewisse symbolische Bedeutung der Fünf hervorgerufen haben. Zumindest zeigt sich das Ideal der Fünf in einer ähnlichen Fünfteilung des Psalters nach dem Vorbild des Pentateuchs.

Größere symbolische Wertigkeit erhielt die Fünf jedoch erst in nachbiblischer Zeit und vor allem in der christlichen Tradition: Einerseits hängt dies damit zusammen, dass auf Maria Vorstellungen über Ischtar, Venus, übertragen wurden – „Meerstern, ich dich grüße" lässt grüßen –, andererseits aber damit, dass die Fünf im Leben Jesu eine gewisse Rolle spielte: Fünf Brote dienten 5 000 Menschen zur Nahrung (Mk 6,38–44 parr.; siehe dazu Kapitel 2.7., S. 173–175), Fünf war auch die Zahl seiner Wundmale.

Im hebräischen Zahlenalphabet ist der Buchstabe He als fünfter Buchstabe des Alphabets die Fünf. He ist in der hieroglyphischen Schreibung ursprünglich wohl ein betender Mensch mit erhobenen Armen. Im Sefär Jesirah ist He der erste von zwölf einfachen Buchstaben und steht für die Sprachfähigkeit des Menschen. Als Sternzeichen ist ihm der Widder, als Monat der Nisan, als Körperteil die rechte Hand zugeordnet. In der Kabbala heißt die fünfte Sefirah Geburah, die Stärke, der fünfte Pfad ist der zwischen Chokmah (II) und Tifärät (VI).

6   Die Sechs ist bei den Pythagoräern eine vollkommene Zahl. Sie ist sowohl Summe als auch Produkt ihrer Divisoren: $6 = 1 + 2 + 3$, also auch eine Dreieckszahl – so schon Augustinus[7] –, und $6 = 1 \times 2 \times 3$. In frühen Kulturen spielt sie kaum eine besondere Rolle, gilt aber als kosmische Zahl, weil sie den sechs Richtungen entspricht, den vier Himmelsrichtungen sowie Oben und Unten.

Biblisch und in den sich darauf beziehenden Traditionen ist für die Bedeutung der Sechs die Erschaffung der Welt in sechs Tagen (Hexaëmeron = Sechstagewerk) von größter Bedeutung (siehe Kapitel 2.1, S. 92–94). Damit steht die Sechs einerseits für Vollkommenheit – Gott hat an diesem Tag sein Schöpfungswerk vollendet –, andererseits aber für menschliche Unvollkommenheit – der Mensch ist am sechsten Tag erschaffen, der siebte Tag aber ist als Höhepunkt der Schöpfungsgeschichte und als Abschluss der Schöpfungswoche Gott zugeordnet; die Sechs ist in der Siebentage-Woche defizitär.

Weil Gott die Welt in sechs Tagen erschaffen hat und am siebten Tage ruhte, dürfen auch der Mensch, das Geschöpf des sechsten Tages, und mit ihm die von ihm eingesetzten Nutztiere nur sechs Tage in der Woche arbeiten (Ex 20,9–10). Dieses Wochenschema mit dem siebten Tag als Ruhetag, Sabbat für den Herrn, wird auch auf Feste angewendet. So heißt es in Dtn 16,8 zum Passa-Fest: „Sechs Tage lang sollst du ungesäuerte Brote essen. Am siebten Tage ist Feiertag zu Ehren des Herrn, deines Gottes; da sollst du keinerlei Arbeit verrichten." Dieses Schema wird biblisch aber auch schon auf größere Zeiträume übertragen: So gilt für den Ablauf im Großen der Jahre dieselbe Regel wie im Kleinen der Woche: „Sechs Jahre lang sollst du deinen Boden besäen und seinen Ertrag ernten; aber im siebten Jahre sollst du ihn brach und unbestellt liegen lassen." (Ex 23,10f)

Wie die Sechs bei der Schöpfung der Welt zur Geltung kam, so wird sie – nach der Vorstellung der Apokalypse des Johannes – auch das Weltende bestimmen: Sechs Posaunen leiten den Untergang der Welt ein, mit der siebten Posaune aber ist das Ende da (Offb 11,15–19; vgl. 10,7).

Angesichts dessen, dass der Mensch am sechsten Tag erschaffen wurde, ist die Sechs in besonderer Weise eine Zahl des Menschen als Geschöpf. In sechs Werken wird menschliche, auf den Leib bezogene Barmherzigkeit in Mt 25,35–37 beschrieben. Es ist eine der ansonsten ganz seltenen Sechser-Reihen.

Die auf den Menschen bezogene Komponente der Sechs gilt auch für die Zahlen, die aus der Sechs gebildet werden, wie auch für 666 als Zahl des Tieres in Offb 13,18 (siehe Kapitel 2.9, S. 191–199).

Spätere Tradition sieht in der Sechs eine wesentliche Bestimmung des Menschen: Das Leben des Menschen durchläuft nach einer längere Zeit gebräuchlichen Einteilung sechs Lebensabschnitte: infantia, pueritia, adolescentia, iuventus, virilitas und senectus. Im christlichen Mittelalter wird in Anlehnung an Mt 1,17 die Menschheitsgeschichte in sechs Stadien eingeteilt: von Adam bis Noach, von Noach bis Abraham, von Abraham bis David, von David bis zum babylonischen Exil, vom babylonischen Exil bis zur Menschwerdung Christi, und schließlich von der Menschwerdung Christi bis zum Jüngsten Tag.

Neben dieser Bedeutung der Sechs in bezug auf Schöpfung und Mensch gibt es noch einige Belege für die Sechs, wo die Zahl entweder nur zufällig oder mit anderer symbolischer Bedeutung verwendet wird. Die Cherubim haben laut Jes 6,2 sechs Flügel. Nach der Überlieferung haben die hebräischen Frauen in Ägypten Sechslinge zur Welt gebracht. Jesus verwandelte bei der Hochzeit zu Kana das Wasser in sechs Steinkrügen zu Wein (Joh 2,6). Ein Riese, den Jonathan, der Neffe König Davids, erschlagen haben soll, hatte sechs Finger an jeder Hand und sechs Zehen an jedem Fuß (2 Sam 21,20–21).

Dass der Würfel sechs Flächen hat, dürfte zur Bedeutung der Sechs beigetragen haben. Würfel oder Quader waren die am einfachsten zu handhabenden Bauformen, überdies war der Würfel als Spielstein seit alters her bekannt.

Schließlich ist auf die geometrische Figur des Hexagramms hinzuweisen, eines Sternes, der aus zwei ineinandergeschobenen, zumeist gleichseitigen Dreiecken gebildet ist. Dieser Stern, der *Magen David*, Davidsstern oder Davidsschild, genannt wird und der heute auf der Staatsflagge Israels dargestellt ist, ist ursprünglich keineswegs typisch israelitisch. Auch wenn die spätere Überlieferung vom Stern oder Schild Davids (scutum Davidis) und gar von dem Salomos (Sigillum Salomonis) berichtet, weiß die Bibel selbst nichts davon. In nachchristlicher Zeit, nämlich von Bar Kochba, ist diese Sternform als jüdisch verwendetes Symbol überliefert, hatte aber keineswegs die Bedeutung als das Symbol Israels. Als solches etablierte es sich erst in der Neuzeit, wahrscheinlich, nachdem es die bedeutende Prager Judengemeinde in ihr Wappen aufgenommen hatte. Im Verlauf des 19./20. Jahrhunderts wurde der Davidsstern dann zum Symbol für das gesamte Judentum, wie nicht zuletzt seine seither häufige Verwendung auf Grabsteinen bis in unsere Zeit zeigt.

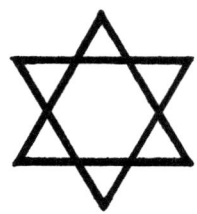

Abb. 52: Das Hexagramm

Das Hexagramm ist schon im Alten Orient bezeugt und hat vor allem als magisches Zeichen in Alchemie und Kabbala Bedeutung erlangt. Das Hexagramm diente daneben auch – also völlig unjüdisch – als Bierzeiger, Zaigerl, an Brauerhäusern sowie an Bierkrügen (Fürstliches Brauhaus Wallerstein). Als Firmenlogo soll es noch bei der Hirschenbrauerei in Untersteinbach geführt werden.

Im hebräischen Zahlenalphabet ist Waw die Zahl Sechs, ein Buchstabe, der auf die hieroglyphische Schreibung eines Hakens, Verbindungshakens zurückgehen könnte. Im Sefär Jesirah ist Waw der 2. einfache Buchstabe, ihm ist das Denken, als Tierkreiszeichen der Stier, als Monat der Ijar und als menschlicher Körperteil die linke Hand zugeordnet. Im Sefirot-Baum heißt die sechste Sefirah Tifärät, die Pracht, zwischen Chokmah (II) und Chäsäd (IV) verläuft der sechste Pfad.

7   Die Sieben ist sicherlich die wichtigste Zahl der biblischen Zahlensymbolik. Wie die Eins ist sie der göttlichen Sphäre zugeordnet, die Zahl der Wochentage, vor allem aber die Ordinalzahl des Sabbat, des siebten Tages. Die Bedeutung der Sieben als heilige Zahl hat sich freilich nicht aus dem ersten Schöpfungsbericht in Gen 1,1–2,4a mit dem siebten Tag als Tag der Ruhe Gottes entwickelt, sondern ist dort schon vorausgesetzt. Die Bedeutung der Sieben muss also älter sein und hängt möglicherweise, auch wenn die Rechnung nicht aufgeht, wie die Wocheneinteilung in sieben Tage mit den vier Mondphasen zusammen (siehe Kapitel 2.1., S. 95–100).

Schon in der babylonischen Astronomie war die Gesetzmäßigkeit der Mondphasen erkannt worden. Und auch wenn dort die Woche nicht in sieben Tage eingeteilt war, hatte die Sieben doch eine großen Stellenwert, der sich z. B. in der Baukunst, u. a. im babylonischen Tempelbau in sieben Stufen oder mit sieben Portalen ausdrückt. Die Sieben war auch dort der göttlichen Sphäre zugeordnet.

Aber andere Aspekte können darüber hinaus zur Bedeutung der Sieben beigetragen haben. Man kannte im Altertum, schon bei den alten Babyloniern, fünf Planeten, unter Einschluss von Sonne und Mond also sieben Wandelsterne. Diese sind noch heute in den Namen unserer Wochentage präsent. Man erkannte sieben Farben im Regenbogen und baute später im Abendland die Tonleiter auf sieben Stufen auf. Auch dauert der Menstruationszyklus der

Frau durchschnittlich 28 (4 × 7) Tage. Die Beziehung zwischen 7 und 28 ließ sich auch spekulativ erhärten. Das Dreieck mit der Basis 7 ergibt die Dreieckszahl 28, und Sieben als Summenzahl (1; 1 + 2; 1 … + 7) ergibt 84, also 3 × 28. In der mystischen „Mathematik" ist die Primzahl Sieben vor allem als Summe von 3 und 4, weniger häufig von 5 und 2, aber auch als 6 + 1 interessant.

Wegen ihrer Bedeutung als Heilige Zahl hat die Sieben schon in der Bibel unterschiedliche Bedeutungen erhalten. Sie ist vor allem die Zahl der Fülle und Vollständigkeit. Sieben ist die Maßzahl der Woche, die am 7. Tag ihren Höhepunkt hat, die Zahl für einen abgeschlossenen Zeitabschnitt, eine runde oder vollständige Größe, und Sieben ist die Zahl Gottes, die die menschliche Begrenztheit in der Sechs vollendet, Zahl der von Gott gewollten Totalität. Durch ihren Bezug zur Wochenordnung und zu Gott kann gleichsam „aller guten Dinge sind sieben" für die Bibel gelten (Ps 119,64; 2 Kön 5,10. 14).

Viele Siebener der Bibel stehen mit der Siebentage-Woche und dem Sabbat als siebten Tag in Beziehung (Gen 1,1–2,4a), teilweise im Sinn der Ganzheit der Woche, teilweise nur als runde Zahl. Dies gilt ebenfalls für die Übertragung der Woche auf die Jahrwoche im sogenannten Sabbatjahr (Dtn 15,12). Die Vollständigkeit eines Zyklus von sieben Tagen zeigt sich bei sieben Tage langen Festen (Ex 12,15; Lev 23,6. 33 u. ö.), aber auch bei der Trauer um Verstorbene: Josef betrauerte den Tod Jakobs nach Gen 50,10 sieben Tage, sieben Tage fastete man anlässlich des Todes Sauls (1 Sam 31,13), sieben Tage und Nächte nahmen die drei Freunde am Schicksal Hiobs schweigend Anteil (Ijob 2,13). Und noch heute heißt die Trauerzeit im Judentum *Schiwa*-Sitzen, wörtlich „Sieben-Sitzen".

Im Sinne des vollständigen Zeitraums sind beispielsweise auch die sieben fetten und sieben dürren Jahre in der Josephsgeschichte zu verstehen (Gen 41,2–3) sowie die zweimal sieben Jahre, die Jakob bei Laban um dessen Töchter diente (Gen 29).

Der Fülle-Aspekt kommt aber auch ohne den Zeitaspekt in zahlreichen Wendungen zum Tragen: in der siebenfachen Rache oder Vergeltung (Gen 4,14; Ps 79,12; Sir 35,13) und Verzeihung (Lk 17,4), im Opfer von sieben Tieren (z. B. Lev 23,18), der siebenfachen kultischen Reinigung (z. B. Lev 4,6; 14,7), in den sieben Altären Bileams (Num 23,1), in den sieben Bitten des Vater Unsers (Mt 6,9–13), zu denen das Siebenbittgebet im Judentum zu vergleichen ist, in der Vorstellung vom siebenfachen Heiligen Geist, sowie schließlich in den meisten Siebenern der Apokalypse des Johannes, wo die Sieben geradezu inflationär verwendet wird.

Da ist von sieben Gemeinden, sieben Lampen, sieben Geistern, sieben Posaunen, dem Lamm mit sieben Hörnern und sieben Augen, den sieben Hörnern des Tieres, den sieben Schalen des Zornes, schließlich vom Buch mit den sieben Siegeln die Rede. Der Aspekt der Vollständigkeit ist beherrschend: Sieben Gemeinden (Offb 1) bedeutet die gesamte Christenheit, sieben Posaunen (Offb 15) das vollständige Gericht Gottes, sieben Schalen des Zornes die Fülle des Zornes, und wenn das Buch siebenfach versiegelt ist (Offb 5,1), so bedeutet das, es ist vollständig versiegelt.

Eine Häufung der Sieben wie in der Offenbarung des Johannes ist nicht außergewöhnlich, schon im Alten Testament gibt es eine ausgesprochene Siebener-Szene: Bei der Eroberung Jerichos sollen nach Jos 6,6–20 sieben Priester sieben Tage lang mit der Bundeslade die Stadt umrundet haben, am 7. Tag aber bei der siebten Umrundung der Stadt in die sieben Widderhörner geblasen haben, worauf die Mauern der Stadt einstürzten.

Zu den der Siebenzahl der Bitten des Vater Unsers entsprechenden Siebenergruppierungen in der Bibel siehe Kapitel 2.8., S. 179–183.

Auch der siebenarmige Leuchter, die Menorah als Leuchter im Tempel und späteres Symbol für Israel und das Judentum bringt diese Bedeutung der Sieben zum Ausdruck. Eine spätere Interpretation sieht darin ein Symbol für die Treue Gottes: Die sechs Arme symbolisieren die Geschichte Israels, die vom Schaft gehalten werden – das Zeichen der Treue. Ursprünglicher dürften die sieben Lichter der Menorah Symbole der sieben Wandelsterne gewesen sein.

War die Sieben erst einmal als auf Gott bezogene Zahl erkannt, wurde sie in fast jedem nur möglichen Fall in diese Richtung interpretiert. Dann kann es auch gar nicht anders sein, dass Moses, der von Gott gewollte Führer Israels im Exodus an einem 7. Adar geboren und an einem 7. Adar gestorben ist.

Aber es gibt auch negative Aspekte der Sieben, die auch in bezug zur vollständigen Negativität, zur Totalität des Bösen stehen. Im Evangelium ist von sieben bösartigen Geistern die Rede, die durch Jesu Wirken aus Maria Magdalena ausgefahren sind (Lk 8,2): Maria war also – so haben wir es zu deuten – vollständig besessen. Und diese Bedeutung schwingt auch mit in der viel späteren Rede von der „Bösen Sieben". So wurde eine dem Schwarzen Peter

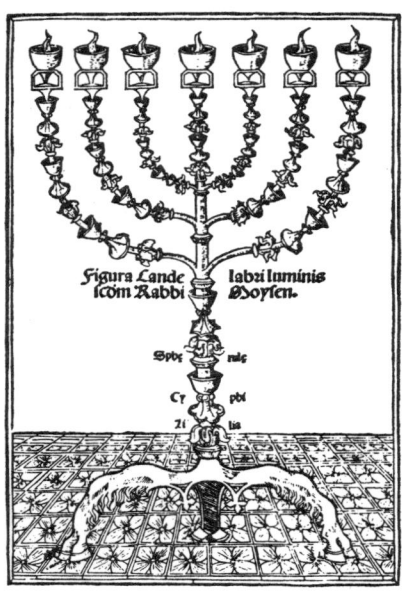

Abb. 53: Die Menorah (Spätmittelalter)

in der Bedeutung ähnliche, aber genau gegenteilig wirkende Karte mit dem Bild des Teufels in einem alten Kartenspiel genannt, mit der alle anderen Karten gestochen werden konnten. „Böse Sieben" hieß aber auch eine zänkische Ehefrau, wie sie in der Gattin des Sokrates als Xantippe sprichwörtlich geworden ist. Möglicherweise hängt diese Zuweisung auch mit dem Horoskop zusammen, wo im siebten Haus „Ehe" eine ungünstige Konstellation Streit verheißt.

Die dargestellte biblische Bedeutung der Sieben hat immens weiter gewirkt. Sieben wurde in der christlichen Tradition vor allem zur Zahl des Heiligen Geistes. Man kannte sieben Gaben des Heiligen Geistes. Diese sieben Vollendung und Heiligung schenkenden Gaben wurden u. a. aus Jes 11,2 hergeleitet, wo sich aber nur deren sechs finden, weshalb die sechste, die Gottesfurcht in Frömmigkeit und Furcht des Herrn aufgeteilt wurde. Es gibt christlich die sieben Tugenden, die sieben Sakramente, die sieben Tod- oder Hauptsünden. Wie die Hydra hatte nach der Legende auch der Drache, den der heilige Georg erschlug, sieben Köpfe.

Und ob vom siebten Himmel, von den sieben Künsten und Wissenschaften gesprochen wird, ob die sieben Zwerge hinter den sieben Bergen oder die „sieben Brücken", die man zu überqueren hat, wie in dem (Siebener-) Lied der Gruppe Karat, die Sieben ist eine extrem symbolträchtige Zahl geblieben.

Im Zusammenhang mit der Sieben ist auch noch auf die halben Sieben einzugehen. 3½ Jahre dauerte gemäß der Überlieferung die Trockenheit, bis Elia auf dem Berg Karmel zum Wettstreit gegen die Baalspriester antrat (1 Kön 17–18). Im Neuen Testament wird darauf in Lk 4,26 und Jak 5,17 Bezug genommen. Ein symbolischer Sinn der Dreieinhalb oder halben Sieben muss zwar an diesen Stellen nicht unbedingt vorliegen, ist aber deshalb nicht ausgeschlossen, weil 3½ Zeitabschnitte in der Apokalyptik eine Zeit der endzeitlichen Bedrängnis bezeichnen: In Dan 7,25 wird ein vierter Herrscher erwartet, der die Heiligen für eine Zeit und zwei Zeiten und eine halbe Zeit unterdrücken wird.

In Dan 12,6 wird die Vollendung der Welt ebenfalls nach einer Dauer von dreieinhalb Zeiten erwartet, die später mit 1290 Tagen angegeben wird (Dan 7,11). Diese 1290 Tage ergeben als 3½ keinen glatten Wert und sind mit 368,57 auch gegenüber dem Sonnenjahr überhöht. Wahrscheinlich ist hier an 43 Monate à 30 Tage gedacht. Im Text ist auf die Entweihung des Tempels durch Antiochus IV. (169/168 v. Chr.) angespielt, die schließlich zum Makkabäer-Aufstand führte.

Schließlich findet sich die 3½ in der genannten Aufteilung 1 + 2 + ½ in Offb 12,14. Eine Frau, die christliche Gemeinde, flieht vor einem Drachen, dem Teufel, in die Wüste und wird dort dreieinhalb Zeiten, 1260 Tage (42 Monate à 30 Tage, also genau 3½ Jahre), wie Offb 12,6 zeigt, ernährt.

Im hebräischen Zahlenalphabet ist der siebte Buchstabe Zajin der Sieben zugeordnet. Im Sefär Jesirah gibt es die Kategorie der sieben Doppelbuchstaben, die mit Gottes Liebe zur Siebenzahl in Verbindung gebracht wird: „Sieben Doppelte: BGDKPRT; durch sie wurden gezeichnet: sieben Welten, sieben Himmel, sieben Länder, sieben Seen, sieben Ströme, sieben Jahre, sieben Erlassjahre, sieben Jubeljahre und der heilige Tempel." (IV,15) Zajin ist der dritte einfache Buchstabe, das Gehen als menschliche Fähigkeit, als Tierkreiszeichen Zwillinge, der Monat Siwan und als Körperteil der rechte Fuß. Im Sefirot-Baum ist die siebte Sefirah Näzach, der Sieg, die beständige Dauer Gottes, der siebte Pfad der zwischen Binah (III) und Tifärät (VI).

8 Die Acht ist im Alten Orient, vor allem in Babylonien und Persien, eine ausgesprochene Glückszahl. Das ist sie auch in der Bibel – man denke nur an die acht Seligpreisungen (Mt 5,3–10) –, aber vor allem ist sie die Zahl des Neuanfangs: In der Sintflut wurden acht Menschen bewahrt, mit ihnen beginnt das Jahr 1 nach der Sintflut (Gen 6,18; 1 Petr 3,20). Am achten Lebenstag wurde nach Gen 21,4 Isaak beschnitten und nach ihm gemäß dem Gebot in Gen 17,10 in der jüdischen Tradition alle männlichen Säuglinge. Paulus sagt von sich, dass er am achten Tage beschnitten wurde (Phlm 3,8), und am Tag der Beschneidung Johannes' des Täufers erhielt sein Vater Zacharias die Sprache zurück (Lk 1,59. 64).

David wurde als achter Sohn Isais zum König von Israel (1 Sam 16,10–11). Am 8. Tag des Monats wurde nach 2 Chr 29,17 (vgl. 2 Makk 2,12) acht Tage lang das Tempelweihefest begangen. Ebenfalls acht Tage dauerte das Fest, dass nach der Tempelreinigung zur Zeit der Makkabäer gefeiert wurde (1 Makk 4,56; 2 Makk 10,6).

Die christliche Tradition bringt die Acht ebenfalls mit einem Neuanfang in Verbindung, der Auferstehung Jesu, die am achten Tag der Woche stattgefunden hat. Aufgrund der Auferstehung am achten Tag ist wahrscheinlich auch die oktogonale Form, die Achteckigkeit der altchristlichen Baptisterien (Taufkirchen) zu erklären. Die besondere Verbindung der Acht mit Christus zeigt sich den vor allem im gnostischen Bereich angesiedelten christlichen Gematrikern dadurch, dass „Jesus" auf griechisch den Zahlenwert 888 hat.

In der späteren Tradition wird die Bedeutung der Acht als Neuanfang durch die Aufteilung in 2 × 4 verstärkt. Die doppelte Vier entspricht der zukünftigen Welt. Als liegende Acht wird das Unendlichkeitszeichen interpretiert.

Im Zahlenalphabet ist der Buchstabe Chet Acht, dessen Schreibung auf eine hieroglyphische Darstellung einer Umzäunung, eines Gitters zurückgehen mag. Im Sefär Jesirah ist Chet der 4. einfache Buchstabe und dem Gesichtssinn des Menschen, als Tierkreiszeichen dem Krebs, als Monat dem Tamuz und als menschliches Körperteil dem linken Fuß zugeordnet. Im Sefirot-Baum ist Hod die Schönheit (Majestät Gottes) die achte Sefirah, der achte Pfad verbindet Binah (III) und Geburah (V).

9 In Ägypten ist Neun als Potenz der Drei, des Plurals, also der Vielheit, Ausdruck für die Vollständigkeit oder Vollzähligkeit. Diese Bedeutung zeigt sich unter anderem in der Neunzahl der Feinde Ägyptens (siehe dazu Kapitel 1.6., S. 62). Demgegenüber hat die Neun in der Bibel keine ausgeprägte symbolische Deutung. Sie kommt auch nicht häufig vor. Neun ist vor allem die Zahl, der zur Zehn Eins fehlt. Wenn von einem unter zehn Männern die Rede ist, dann sind die übrigen eben neun (2 Makk 5,27; Lk 17,17; vgl. Sir 25,9). Auch dass die Schwangerschaft neun Monate dauert, wie 2 Makk 7,27 weiß, hat offensichtlich keine Auswirkung auf einen Symbolgehalt gehabt.

In der christlichen Tradition wirkte sich vor allem die Tatsache aus, dass der Tod Christi nach Mt 27,45–46; Joh 19,30 zur neunten Stunde eintrat. Daraus wurde ein Zusammenhang der Neun mit Leiden und Unglück konstruiert.

Die entsprechende Zahl der Engel verweist auf das Prinzip 9 + 1: Zusammen mit Gott bilden sie eine Einheit. Gematrische Spekulationen brachten die Neun als Quersumme mit der Kreuzesinschrift INRI (I = 10, N = 50, R = 200, Summe: 270; Quersumme: 9) zusammen.

Dreimal ist in der Bibel von neuneinhalb Stämmen Israels die Rede (Num 34,13; Jos 13,7; 14,2). Es handelt sich um jene Stämme, die bei der Landnahme diesseits des Jordans, also im eigentlichen Kernland Kanaan anssässig geworden sein sollen. Zweieinhalb Stämme, Ruben, Gad und Halbmanasse siedelten sich im Ostjordanland an.

Die jüdische Mystik kennt neun, nämlich 3 × 3, himmlische Sphären und neun Ordnungen der himmlischen Geister. Im Sefirot-Baum ist die neunte Sephirah Jesod, das Fundament, der neunte Pfad der zwischen Chäsäd (IV) und Geburah (V). Im Zahlenalphabet ist der Buchstabe Tet Neun. Der Sefär Jesirah bezeichnet Tet als den 5. einfachen Buchstaben. Tet entspricht der Hörfähigkeit des Menschen, dem Tierkreiszeichen Löwe, dem Monat Ab, und der rechten Niere als menschlichem Körperteil.

10 Die Zahl Zehn gewinnt ihre Bedeutung in der Bibel vor allem aufgrund von zwei Aspekten, zum einen aufgrund der zehn Finger des Menschen, zum anderen aber aufgrund des in Israel vorherrschenden, aus Ägypten stammenden Dezimal-, also Zehnersystems (siehe Kapitel 1.5, S. 50), auf das sich die Zehnzahl der Finger sicherlich ausgewirkt haben dürfte. Zehn ist damit primär die Zahl einer neuen Einheit im Zählsystem und als solche in der Tat eine Einheitszahl. Da sie eine Zählschwelle angibt, dient sie vielfach auch als runde Zahl für eine größere Menge (vgl. Gen 31,7; Ri 6,27; Lev 26,26; Jes 5,10;

Sach 8,23; Dan 1,20; Lk 15,8 u. ö.; dazu gehört auch die Zehn als Zahl für „Dezimierung" wie z. B. in Am 5,3). Wie wir heute von tausend Dingen reden, wenn wir einige unterschiedliche Aufgaben gleichzeitig erledigt haben, so heißt es im Alten Testament von zehn Dingen.

Weil die Zehn aber mit der Anzahl der Finger identisch ist, ist diese Zahl eine bevorzugte Merkzahl. Wenn man etwas an den zehn Fingern abzählen kann, fällt es leichter, sich den Inhalt zu merken. So sind Reihen mit zehn Elementen vielfach wohl aus mnemotechnischen, gedächtnisunterstützenden Gesichtspunkten gebildet worden. Dies gilt auch für den Dekalog, die Zehn Gebote (Ex 20,1–17; Dtn 5): Obwohl die Verteilung auf zwei Tafeln und die spätere Unterscheidung von Geboten in Bezug auf Gott und in Bezug auf den Menschen (3 + 7) eine einfache Zehnerverteilung ausschließt, ist es nicht zufällig, dass diese Zusammenstellung aus älteren Gebotsreihen genau zehn Elemente enthält: Einheit, Vollständigkeit und Abgeschlossenheit – all das ist Zehn.

Die Vollständigkeitsdimension lässt sich für die Zehn schon in der ersten Schöpfungserzählung erschließen (Gen 1,1–2,4a), nach der Gott die Welt in zehn Worten erschaffen hat. Sie ist aber vielfach präsent, auch in den zehn Plagen Gottes gegen Ägypten (Ex 7–12).

Zehn als größere Zahl kann auch als Volkszahl verstanden werden. So ist alttestamentlich die Zehn die Mindestzahl der Rechtsgemeinde (Ruth 4,1–2), in der späteren jüdischen Tradition der *Minjan*, d. h. die Mindestzahl der männlichen Gottesdienstbesucher, die anwesend sein müssen, damit Gottesdienst überhaupt gefeiert werden kann. Wahrscheinlich liegt die Vorstellung zugrunde, dass Zehn die Mindestzahl für eine Menschenschar ist, die als Volksgruppe bezeichnet werden kann. Zumindest ließe sich Gen 18 so deuten, wo Abraham mit Gott über das Ende von Sodom und Gomorrha feilscht. Am Ende, in Gen 18,32, heißt es, dass zehn Gerechte zur Errettung Sodoms erforderlich sind.

Weitere Zehner in der Bibel sind z. B. die zehn Saiten des Musikinstruments Psalter (Ps 33,2), die Angabe von zehn Musikinstrumenten und von zehn Psalmensängern im Psalter, und weiterhin: Am 10. Tag des 7. Monats soll der große Versöhnungstag stattfinden (Lev 16,29–30; 23,27), am 10. Tag nach der Himmelfahrt Jesu kam der Heilige Geist über die Jünger. Zehn Hörner hat das Tier in Dan 7,7. 24; vgl. Offb 12,3; 13,1; 17,3. 12. Zehn ist die Anzahl der Jungfrauen (Mt 25,1. 28), der aussätzigen Männer, die Jesus heilt (Lk 17,12–19), zehn Tage dauert die Drangsal für die Gemeinde von Smyrna (Offb 2,10).

In der jüdischen Tradition ist die Zehn eine bedeutende Zahl geblieben: Die Zehn Gebote, der Minjan, die Bräuche, am 10. Tischri den *jom kippur*, den großen Versöhnungstag zu begehen, am Neujahrsfest zehn Lesungen von je zehn biblischen Versen vorzulesen, sind nur wenige Beispiele dafür. Zentral ist die Zehn auch in der späteren jüdischen Tradition der Kabbala, vor allem im Grundprinzip der zehn Sefirot, der zehn archetypischen Zahlen als Grundmächte allen Seins. Die zehnte Sefirah heißt Malkut, Königsherrschaft, Reich Gottes, der zehnte Pfad im Sefirot-Baum ist der zwischen Chäsäd (IV) und Tifärät (VI).

Aber auch in der christlichen Tradition ist die Zehn von Bedeutung. Die Zehn steht nämlich als Zahlenbuchstabe in jeder für das Christentum wichtigen Sprache mit Jesus Christus in Verbindung: Die Zehn im Hebräischen ist *jod*, im Griechischen *jota*, also jeweils der erste Buchstabe des Namens Jesus, im Lateinischen aber X und damit Symbol des Kreuzes, oder das griechische Schriftbild transferierend der erste Buchstabe von Christus, griech. *christos*. In der christlichen Allegorese wird die Zehn meist in zwei Bestandteile aufgelöst: Zehn ist demnach die Trinität (3) und die kreatürlichen Elemente (7), oder die Zahl der Engel (9) und der Mensch (1). Die zehn Kinder Ijobs symbolisieren als sieben Söhne die Gaben des Heiligen Geistes, als die drei Töchter aber Glaube, Liebe und Hoffnung. Und der Dekalog besteht – wie schon angedeutet – aus drei auf Gott und sieben auf den Menschen bezogenen Geboten.

Scheint die Zehn demnach sowohl in der Bibel als auch in der jüdischen wie christlichen Tradition eine Zahl zu sein, die durchweg mit Positivem zu tun hat, so tritt doch im direkten Verständnis die Erzählung von den zehn ägyptischen Plagen offensichtlich hier aus der Reihe. Aber das ist nur scheinbar so, denn durch die Plagen wirkt Gott nach dem biblischen und traditionellen Verständnis das Heil für Israel, ermöglicht den Auszug des erwählten Volkes, so dass die Zehn im Unheil für Ägypten das Heil für Israel bedeutet, wie häufig in der hebräischen Bibel das Unheil anderer Völker implizit Heil für Israel bedeutet oder aber dieses vorbereitet.

Zehn ist auch mathematisch-spekulativ eine interessante Zahl: eine Dreieckszahl, die als solche die Grundzahlen 1, 2, 3 und 4 enthält. Gleichsam ist damit alles in ihr enthalten.

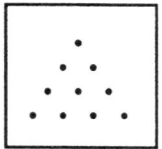

Abb. 54: Zehn als Dreieckszahl

Von der Zehn abgeleitet ist der Zehnte, jener berühmte zehnte Teil, der als Abgabe für Gott und / oder die Leviten in Israel vorgeschrieben war und über das Neue Testament bis in die jüngere Kirchengeschichte nachgewirkt hat. Erstmals ist in der Bibel davon in Gen 14 die Rede. In diesem späten Text gibt Abraham dem Priesterkönig Melchisedek den Zehnten von allem (Gen 14,20). Die Bestimmung ist jedoch älter und bezieht sich primär auf Jahwe: „Aller Zehnte des Landes vom Saatertrag des Bodens und von den Baumfrüchten gehört dem Herrn; er ist dem Herrn heilig. Will aber jemand einen Teil seines Zehnten einlösen, so muss er noch ein Fünftel des Betrages hinzulegen. Jeglicher Zehnte von Rindern und vom Kleinvieh, von allem, was unter dem Hirtenstab durchgeht, je das zehnte Stück soll dem Herrn geweiht sein." (Lev 27,30–32) Ähnliche Bestimmungen für Land- und Vieherträge, für die der Zehnte zu entrichten ist, auch mit gewissen Auslösemöglichkeiten, finden sich in Numeri 18,21 und Dtn 14,22–29. Weitere Texte spielen auf diesen Brauch an, z. B. Gen 28,22; 1 Sam 8,15; Neh 13,12; Lk 18,12, auch seinen Missbrauch, z. B. Mal 3,8.10. Im Neuen Testament wird angesichts der damit einhergehenden Gesetzlichkeit Kritik am Zehnten laut: „Weh euch, Schriftgelehrte und Pharisäer, ihr Heuchler, die ihr verzehntet Minze, Dill und Kümmel und lasset dahinten das Wichtigste im Gesetz, nämlich das Recht, die Barmherzigkeit und den Glauben! Dies sollte man tun und jenes nicht lassen. Ihr blinden Führer, die ihr Mücken seihet und Kamele verschluckt!" So Matth 23,23–24, wo es, wie ersichtlich nicht um eine grundsätzliche Kritik am Zehnten – „Dies sollte man tun und jenes nicht lassen" –, sondern um die Handhabung dieser Bestimmung – „und lasset dahinten das Wichtigste im Gesetz" –, geht.

Im hebräischen Zahlenalphabet ist Zehn der Buchstabe Jod. Im Sefär Jesirah ist Jod der sechste einfache Buchstabe. Ihm ist als menschliche Fähigkeit das Handeln, als Tierkreiszeichen die Jungfrau, als Monat der Elul, als Körperteil die linke Niere zugeordnet.

11 Biblisch wird die Elf wohl kaum symbolisch verwendet. Sie kommt selten vor und steht in vielen Fällen ganz offensichtlich für Zählwerte sowie – seltener – als die Zwölf minus Eins. (Gen 37,9; Mt 28,16; Mk 16,14; Lk 24,9. 33; Apg 1,26; 2,14) Erst in der späteren Überlieferung gewinnt sie Bedeutung als Zahl der treuen Jünger Jesu, also als Zahl des Zwölferkreises ohne Judas Ischariot. In diesem Traditionskreis wird dann die Elf als Summe von 1 (Gott) und 10 (Welt) als Verbindung von Gott und Welt gedeutet.

Die Deutung als Zahl mit negativer Bedeutung (Böse 11) entwickelte sich aufgrund der Bedeutung der Zehn als Zahl der Gebote: Elf als Zehn plus Eins wurde deshalb zur Symbolzahl der Übertretung des Gesetzes (Augustinus). Selbst noch in Schillers Piccolomini ist diese Bedeutung greifbar.

12 Wie die Zehn dient auch die Zwölf als runde Zahl. Sie ist die Zahl der Monate eines Jahres und kann deshalb für eine Einheit stehen. Ein Jahr, zwölf Monate dauerte etwa die Schönheitspflege von Jungfrauen zur Vorbereitung auf ihre Begegnung mit dem König Ahasver nach Est 2,12.

Zwölf ist aber auch eine göttliche Zahl für alles Himmlische, weil sie den zwölf Tierkreiszeichen entspricht, die den Sternenhimmel in zwölf Bereiche einteilen. Zwölf ist die Zahl der Monate des Jahres, und in dieser Zwölf als Produkt von 3 und 4 verbinden sich Göttliches und Weltliches miteinander. Die astronomische Bedeutung der Zwölf wurde vor allem in Ägypten erkannt. Dort wurde der Tag in 12 Stunden eingeteilt, das Jahr in 12 Monate zu je 30 Tagen. Doch über diese astronomische Bedeutung hinaus ist die Zwölf auch deshalb wichtig, weil sie (als Fünftel von Sechzig) quasi eine Grundzahl des Sexagesimal-, d.h. Sechziger-Systems bildet. (Siehe unten zur **60**) Als solche wurde sie in Babylonien, sicherlich auf dem Hintergrund des Tier- und Jahreskreises, ausgebildet und hat sich von dort auf Israel ausgewirkt: Wie der Tempel Marduks zwölf Tore aufwies, so schaut Ezechiel in einer Vision über das neue Jerusalem eine Stadt mit 12 Toren (Ez 48,31 ff), und ebenso tut es der Verfasser der Apokalypse des Johannes: „Und er entrückte mich im Geist auf einen großen Berg und zeigte mir die Heilige Stadt Jerusalem, die von Gott aus dem Himmel herniederstieg in der Herrlichkeit Gottes. Ihr Lichtglanz gleicht einem kostbaren Stein, wie kristallheller Jaspis. Sie hat eine mächtige, hohe Mauer mit zwölf Toren, und auf den Toren zwölf Engel und Namen der zwölf Stämme der Söhne Israels." (Offb 21,10–12) (siehe dazu Kapitel 2.9., S. 188–190).

Abb. 55: Die zwölf Tierkreiszeichen

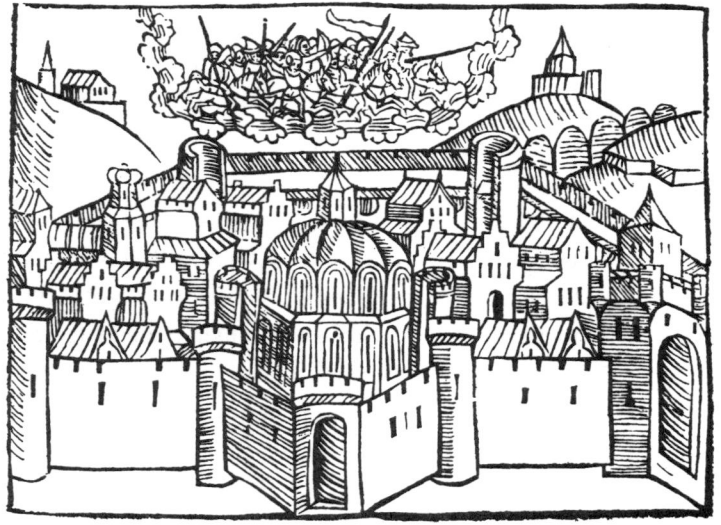

Abb. 56: Das himmlische Jerusalem (Holzschnitt um 1485)

Die Zwölf als Zahl des Tierkreises und der Monate eines Jahres, wirkte nach – man denke nur an die heute noch gebräuchliche Zahleinheit Dutzend.

Die Zwölf ist in der Bibel vor allem die Zahl Israels. Zwar gibt es auch andere Verwendungen der Zwölf als Einheit, so in Zwölfer-Reihen, sogenannten Dodekalogen (z. B. Dtn 27,15 ff), jedoch sind diese gegenüber der Zwölf als Zahl für Israel von untergeordneter Bedeutung. Jakob hatte zwölf Söhne (Gen 35,22–26), und da Jakob Israel ist (Gen 32,29), besteht Israel aus zwölf Stämmen (Jos 24,1 ff; Gen 49,1 ff; Num 26,5 ff). Auch wenn diese Zwölfzahl der Stämme, die die Gesamtheit Israels gebildet haben soll, ein nachträgliches Konstrukt ist, das historisch bestenfalls in der Zeit Davids und Salomos möglich war, aber damals offensichtlich gar nicht zum Ausdruck gekommen ist, steht die Zwölf in vielfältigen alttestamentlichen Zusammenhängen symbolisch für die Gesamtheit Israels: Moses ließ am Berg Sinai zwölf Gedenksteine aufstellen, für jeden Stamm einen (Ex 24,4). Während der Wüstenwanderung fand das Volk zwölf Wasserquellen in Elim (Num 33,9). Moses schickte zwölf Kundschafter in das Land der Verheißung, aus jedem Stamm einen (Dtn 1,23). Die Israeliten errichteten an ihrem ersten Lagerplatz in Kanaan zwölf Gedenksteine, für jeden Stamm einen (Jos 4,1–8. 20). Zwölf ist die Anzahl der Schaubrote im Tempel. Die Priesterschaft wurde in 2×12 Abteilungen gegliedert (1 Chr 24). Zwölf ist die Zahl der sogenannten kleinen Propheten der hebräischen Bibel (Sir 49,10). Auch der Ephod, das Brustschild des Hohenpriesters (Ex 28,21), ist von der Zwölf bestimmt. Es finden sich darauf zwölf Edelsteine, die schon an dieser Stelle auf Israel bezogen werden, ursprünglich aber eher wahrscheinlich mit dem Tierkreis in Zusammenhang gestanden haben dürften (zur Zwölf in Bezug auf Israel siehe Kapitel 2.6. S. 153–158).

Auch die Aufteilung des Zwölfstämmeverbandes in das Nordreich Israel und das Südreich Juda nach dem Ende der Regierung Salomos wird in der Bibel symbolisch durch die Zwölfteilung zum Ausdruck gebracht. So zerstückelte nach 1 Kön 11,30 der Prophet Ahija seinen neuen Mantel in zwölf Stücke und bot dem nachmaligen Herrscher des Nordreiches zehn Teile an. Und in Ri 19,29 wird im Rahmen einer Schauergeschichte die Zerstückelung einer Frau in zwölf Teile erzählt.

Mit der Zwölfzahl als Symbol für ganz Israel hängt auch die Zwölfzahl des engeren Jüngerkreises Jesu im Neuen Testament zusammen. Die *Dodeka* ist der Zwölferkreis um Jesus (Mt 10,2 ff). Er ist vom anderweitigen, u. a. von

Paulus verwendeten Begiff des Apostels deutlich unterschieden, aber in der Tradition damit vermischt worden, so dass von zwölf Aposteln die Rede ist, wo die Zwölf gemeint sind, und andererseits gemeint wird, es hätte nur zwölf Apostel gegeben, obwohl Paulus sich und andere ohne Schwierigkeit Apostel, nämlich Begründer von Gemeinden durch die Verkündigung des Evangeliums nennen kann. Dieser Zwölferkreis scheint ein von Jesus selbst geschaffenes Symbol für das neue, endzeitliche Israel zu sein (Mk 3,14 ff; Mt 19,28 f; Apg 6,2; 1 Kor 15,5; Jak 1,1; Apk 7,5–8; 21,12–21). Jesus zeigt durch dieses Symbol, dass das Verhältnis zwischen Gott und Israel durch sein Kommen nicht beendet, sondern in eine neue Qualität gekommen ist, kurz vor der Vollendung steht. (Siehe dazu Kapitel 2.6, S. 161–163). In diesem Sinne ist auch die Frau in Offb 12,1 zu verstehen, die einen Kranz von Sternen trägt.

Zu den zwölf Stieren als Podest des ehernen Meeres siehe Kapitel 1.4, S. 45–47; zu den zwölf Körben Brot, die die Jünger nach dem Brotwunder einsammelten, Kapitel 2.7., S. 173–175.

Vielfache der Zwölf sind in der Bibel in der Regel ebenfalls zumeist auf Israel zu beziehen. So stehen in Offb 4,4 zweimal zwölf Älteste vor Gottes Thron. Offb 7,4–10 sieht, dass das Lamm von 12 000 Besiegelten aus jedem Stamm, also insgesamt 144 000 angebetet werden wird.

In der christlichen Tradition hat die Zwölf nachhaltig nachgewirkt und auch zu Zahlenspielereien geführt: So erklärt Augustinus die Zwölf als Produkt der vier Evangelien und der Dreifaltigkeit. Nach einer anderen Deutung ist es die Aufgabe der zwölf Apostel, die im Vergleich zu Christus, dem Tag, als die zwölf Stunden gedeutet werden, Glaube, Hoffnung und Liebe in alle vier Weltrichtungen zu verbreiten. Und auch sonst ist die Zwölf wichtige Symbolzahl für die Kirche und vollendete Ordnung (zwölf Artikel des apostolischen Glaubensbekenntnisses, zwölf Grade der Demut in der Regel des Heiligen Benedikt).

Im Sefär Jesirah ist die Zwölf die Anzahl der einfachen Buchstaben. Diese werden auf die Tierkreiszeichen und die Monate des Jahres hin gedeutet.

13   Die Dreizehn ist ursprünglich keineswegs eine Unglückszahl. Im babylonischen und jüdischen Kalender ist sie die Zahl des Schaltjahres, das einen zusätzlichen Monat – in der jüdischen Tradition *Adar Scheni*, zweiter Adar –, also 12 + 1 Monate aufweist.

Biblisch spielt die 13 vor allem im Buch Ester (Est 3,7. 13; 8,12. 12s in der Einheitsübersetzung; 9,1) eine wichtige Rolle und könnte schon traditionsbildend gewirkt haben. An diesem, durch einen Losentscheid bestimmten Tag, dem 13. des 12. Monats, des Adar nach dem Frühjahrskalender, sollte nach dem Plan Hamans das jüdische Volk ausgerottet werden, ein Vorhaben, das am Ende durch Ester vereitelt wurde. Das geplante Unglücksdatum für die Juden wurde dadurch zum Glückstag, zum Tag des Sieges, an den heute noch mit dem Purimfest am 14./15. Adar, dem Fest der Lose, das unserem Fasching ähnelt, gedacht wird.

Zur Unglückszahl wurde die Dreizehn wohl erst in der christlichen Tradition. Zumindest wurde dieses Verständnis auf das letzte Abendmahl angewendet, an dem dreizehn Personen beteiligt waren. Dass hier vor allem die Passion Jesu die Bedeutung beeinflusst hat, zeigen ähnliche, aber nicht negativ festgelegte Vorstellungen der Dreizehn als Summe von 1 und 12, in der die Eins gleichsam den Mittelpunkt bildet: So Jakob inmitten seiner zwölf Söhne, der Hohepriester unter den Priestern, der Mittelpunkt der Stadt Jerusalem mit seinen zwölf Toren, die in die vier Himmelsrichtungen weisen.

Die jüdische Tradition hat am positiven Gehalt der Dreizehn festgehalten. So wird sie im Talmud mit der Messiaserwartung verbunden: „Einst wird das Land Israel in 13 Teile geteilt werden, der 13. wird dem Messias zufallen."

Die Dreizehn ist vor allem auch darum wichtig, weil in der Gematria der Zahlenwert von *ächad*, „einer, einzig", der im Schma Jisrael (Dtn 6,4–9) Gottes Einzigkeit zum Ausdruck bringt, 13 ist (siehe dazu Kapitel 3.1., S. 211). Auch deshalb hält die jüdische Tradition an der positiven Bedeutung der Dreizehn fest.

14   Symbolische Bedeutung hat die Vierzehn in der Bibel kaum. Sie gewinnt sich aus der Sieben: Wenn es in 1 Kön 8,65 heißt, dass Salomo das Laubhüttenfest sieben Tage lang und noch sieben Tage, d. h. vierzehn Tage lang feierte, ist das Wesentlichste aus biblischer Sicht schon gesagt. Die Vierzehn steht also – auch als Rundzahl – für zwei Wochen: Laut Apg 27,33 hat Paulus auf der Schiffsreise nach Malta vierzehn Tage keine Nahrung zu sich genommen. Ob Entsprechendes für einen Zeitabschnitt von vierzehn Jahren, also zwei Sabbatjahren, gilt, ist fraglich. So schreibt Paulus in Gal 2,1: „Später, nach vierzehn Jahren, zog ich abermals hinauf nach Jerusalem", und in 2 Kor 12,2 datiert er Jesu Entrückung in den dritten Himmel „vor vierzehn Jahren". Das sind wohl keine Rundzahlen, sondern ganz exakte Angaben. Zur 3 × 14 siehe unten zur **42**.

In der christlichen Tradition gibt es die Vorstellung von 14 Schutzengeln und von 14 Nothelfern. Letztere hat erst im Spätmittelalter und in der Neuzeit an Bedeutung gewonnen (Wallfahrtskirche Vierzehnheiligen).

15 Die Dreieckszahl Fünfzehn wird gegenüber der Vierzehn wieder häufiger verwendet. Bedeutung kommt ihr wahrscheinlich dadurch zu, dass am 15. jedes Monats der Vollmond ist. Ansonsten scheint eine symbolische Bedeutung fraglich. Das gilt für die sogenannten 15 Stufenpsalmen (Ps 120–134), wenn man sie überhaupt als solche ansieht und nicht einfach als Wallfahrtslieder. Dann sind es 15 Psalmen deshalb, weil auf jeder Stufe des Tempels einer dieser Psalmen gesungen werden sollte. Ob das tatsächlich geschah, ist unwahrscheinlich, zumal sich die Zahl der 15 Stufen des Tempels lediglich in der Vision Ezechiels vom zweiten Tempel, aber nicht im zweiten Tempel selbst findet, bevor sie im Tempel des Herodes' tatsächlich realisiert worden sind. Überhaupt ist aber die Deutung der Ps 120–134 auf Wallfahrtspsalmen wahrscheinlicher.

Auch für die 15 Jahre Lebenzeit, die König Hiskia durch Jesaja verheißen bekommen haben soll (2 Kön 20,6 = Jes 38,5), lässt sich symbolische Bedeutung nicht sichern. Diese Zusicherung im Kontext der Heilung des Königs durch den Propheten basiert auf den (historisch unsicheren) Daten Hiskias: Nach 2 Kön 18,2 regierte er 29 Jahre lang, im 14. Jahr (2 Kön 18,13) erfolgte die Belagerung Jerusalems durch Sanherib, und nach der Aufhebung der Belagerung, „in jenen Tagen erkrankte Hiskia schwer" (2 Kön 20,1).

15 wird wohl in Ex 27,14–15; 38,14–15 (Maße des Zeltheiligtums) als halbe 30 verwendet.

16 Die Quadratzahl Sechszehn ist zwar eine Maßzahl, nämlich die Summenzahl der Elle, die vier Handbreiten à vier Finger in Ägypten, später auch in Rom, umfasst, symbolische Bedeutung kommt ihr jedoch biblisch nicht zu.

17 Die Siebzehn hat fast ausschließlich in der Sintflutgeschichte Bedeutung. Sie gilt legendär als die Opferzahl vom Ararat, denn vom 17. Tag des zweiten Monats des 600. Lebensjahr Noachs (Gen 7,11) bis zum 17. Tag des siebten Monats, genau 150 Tage (Gen 8,3f), dauerte die Sintflut. Was für eine Symbolik hinter dieser genauen Angabe steckt, bleibt unklar. Ebenso wenig ist sicher, ob die Angabe von Gen 37,2, dass Josef 17 Jahre alt war, bevor er – unbestimmte Zeit später – nach Ägypten verschleppt wurde, mit der von Gen 47,28, nach der Jakob 17 Jahre in Ägypten lebte, zu irgendeiner symbolisch bedeutenden Beziehung zu verbinden ist.

Die christliche Tradition interpretiert die Siebzehn als 10 + 7, also als die Zehn Gebote und die sieben Gaben des Heiligen Geistes (Augustinus). In dieser Sicht mag die 17 als Vollkommenheitszahl zu deuten sein, biblisch ist das noch nicht.[8] Unabhängig davon galt die 17 seit dem römischen Altertum als Unglückszahl. In römischen Ziffern ausgedrückt XVII kann sie durch Ziffernvertauschung zu VIXI umgebildet werden, und das bedeutet „ich habe gelebt", also „ich bin tot".

Zu den 17 Völkern beim Pfingstfest (Apg 2,9–11) und zur 17 als Basis der Dreieckszahl 153 siehe oben Kunst der Fuge, S. 73–77.

18   In der Bibel kann man die Achtzehn als eine Unglückszahl ansehen. 18 Jahre diente Israel unter Moab, achtzehn Personen waren es nach Lk 13,4, auf welche der Turm in Siloah fiel, und Lk 13,11 handelt von einer Frau, die einen Geist der Krankheit achtzehn Jahre lang hatte (13,16).

In der jüdischen Tradition stattdessen ist sie genau das Gegenteil. Achtzehn ist – aufgefasst als 3 × 6 – eine Glückszahl, symbolisiert drei Davidsschilde mit je sechs Spitzen (vgl. auch das jüdische Achtzehngebet).

19   Ohne biblische Bedeutung (2 Belege) ist die 19 in der jüdischen Tradition die goldene Zahl der Kalenderberechnung, weil 235 Mondmonate ziemlich genau 19 Sonnenjahre ergeben. Da sich das Judentum bei den Monaten nach dem Mond richtet, ist diese Parallele zwischen Mond und Sonne sehr wichtig. Innerhalb von 19 Jahren müssen demnach sieben Jahre mit zusätzlichen Schaltmonaten den Unterschied zwischen Mond- und Sonnenjahr ausgleichen. 12 × 12 + 7 × 13 = 144 + 91 = 235.

20   Zwanzig ist primär die doppelte Zehn. In der biblischen Gliederung des Lebenslaufes bezeichnet sie den Beginn des Erwachsenenalters. Weil nach der

Überlieferung Josef mit 20 Jahren nach Ägypten verkauft worden sein soll (siehe aber oben zur **17**), gilt sie der jüdischen Tradition als Unglückszahl, während die christliche Zahlenallegorese die Zwanzig als Produkt von Fünf und Vier mit dem Mosaischen Gesetz und den Evangelien in Zusammenhang bringt.

Im hebräischen Zahlenalphabet hat der Buchstabe Kaf den Wert 20. Kaf geht auf eine Hieroglyphe zurück, die eine Handfläche darstellt. Im Sefär Jesirah ist Kaf der 4. Doppelbuchstabe, Leben, sein Stern ist die Sonne, sein Tag der Mittwoch, der 4. Tag der Woche, und der ihm zugeordnete menschliche Körperteil ist das linke Ohr. Im Sefirot-Baum ist der Pfad zwischen Chäsäd (IV) und Näzach (VII) mit Kaf bezeichnet.

21 In Weish 7,22–23 werden in einer 21er-Reihung die Charakteristika der Weisheit aufgezählt.

22 Die Zweiundzwanzig ist vor allem wegen der Zahl der Buchstaben des hebräischen Alphabets von Bedeutung. Darüber hinaus symbolische Bedeutungen anzunehmen – etwa aus der nur erschlossenen Tatsache, dass Jakob 22 Jahre von Isaak, Josef die gleiche Zeit von Jakob getrennt war, die Bedeutung leidvoller Prüfungszeit oder aus dem Alter und der Regierungszeit schlecht bewerteter Könige, die Verstärkung der 11 als Übertretung des Gesetzes (2×11) –, führt zu weit. 22 ist die Zahl der hebräischen Buchstaben, und weil das Alphabet in symbolischer Bedeutung für Vollständigkeit steht, erklärt es sich, warum in der späteren Tradition die Bücher der hebräischen Bibel mit 22 angegeben wurden. Die Anzahl der biblischen Bücher ist jedoch nicht eindeutig zu bestimmen, weil es immer darauf ankommt, wie man zählt, vor allem hinsichtlich der Bücher Samuel, Könige und Chronik, die entweder als ein oder zwei Bücher aufgefasst werden können. Aufgrund der Flexibilität wird die Sache natürlich willkürlich.

Dass die Bestimmung von 22 Büchern der hebräischen von der symbolischen Bedeutung „Vollständigkeit des Alphabets" abhängig ist, wird dadurch bewiesen, dass in der hellenistischen Tradition – und hier wiederum analog zu der Anzahl der Buchstaben des griechischen Alphabets – mitunter 24 Bücher gezählt werden.

Die 22 als Zahl der Vollzähligkeit wurde in der christlichen Zahlenallegorese weiter ausgeführt. Man zählte 22 Schöpfungswerke, 22 Bücher des Alten Testaments, 22 Rinder Salomos und 22 Tugenden Christi.

Zur 22 in akrostichischen Psalmen, vor allem im Ps 119 siehe oben Kapitel 2.8., S. 183–184. Dass die Anzahl 22 der Kapitel der Apokalypse des Johannes auf mystischen Zahlenspekulationen beruht, ist nicht zu sichern.

Zur 22 im Sefär Jesirah siehe Kapitel 3.2., S. 216–217. Die paarweise Zuordnung der Buchstaben des hebräischen Alphabets führt zur Vorstellung von 231 Pfaden, die auch schon im Sefär Jesirah vorhanden ist. In der Kabbala ist die 22 natürlich auch wichtig. Die zehn Sefirot werden durch 22 Pfade verbunden, denen jeweils ein Buchstabe des hebräischen Alphabets zugeordnet wird. Weitergeführt wurde die Idee der 22 Pfade des Sefirot-Baumes in den 22 Großen Arkana des Tarots, die den 22 Pfaden von der Bedeutung her genau entsprechen sollen.

23 Bei fünf Belegen für die Grundzahl in der Bibel lässt sich nur hinsichtlich Jer 25,3 über eine Bedeutung der 23 als nahezu ein Drittel von 70 spekulieren. Jeremia blickt auf eine 23jährige Wirksamkeit zurück, die beim Volk auf taube Ohren gestoßen ist, und kündigt deshalb in Gottes Namen das Exil von 70 Jahren an. Aber es finden sich im Zusammenhang auch Zeitangaben, das 13. Jahr Josias als Berufungsjahr des Propheten und das 4. Jojakims als das Jahr, in dem Jeremia diese Rede hielt. Nach der Chronologie der Königsbücher sind das genau 23 Jahre.

24 Zur 24 als doppelter Zwölf siehe oben zur **12**.

26 Die 26 ist eine der ganz wichtigen Zahlen in der Gematria, denn sie ist der Zahlenwert des Gottesnamens, des Tetragramms JHW"H ($J = 10$, $H = 5$, $W = 6$) nach dem Grundsystem des Zahlenalphabets, siehe dazu Kapitel 3.1., S. 211.

28 Die Achtundzwanzig ist eine Zahl, die mit dem Kalender in Zusammenhang steht. Sie ist die Anzahl der Tage von vier Wochen sowie die Anzahl der Tage eines vollständigen Mondzyklus' ohne die Zeit des Neumonds. Darüber hinaus gilt sie als Durchschnittswert des Menstruationszyklus' der Frau, wodurch Auswirkungen des Mondes auf das Leben postuliert wurden (vgl. auch die alten Beobachtungen zur Wirkung des Mondes auf Ebbe und Flut). 28 ist aber auch die Anzahl der Fingerglieder von zwei Händen und von daher von elementarer Bedeutung. In der Bibel hat sie keinen Symbolgehalt, nur Ex 26,2; 36,9, die von der Länge der Zelttücher für das Zeltheiligtum handeln, sind vielleicht eine Ausnahme.

30 Dreißig ist ein Einheitswert für eine größere Zahl, der möglicherweise auf eine einmal in Israel gebräuchliche Monatseinteilung in 30 Tage, wie sie in Ägypten üblich war, zurückgeht (vgl. dazu z. B. Gen 7,11; 8,3–4, wo genau 5 Monate mit 150 Tagen gleichgesetzt werden). Wahrscheinlich ist auch an eine solche Monatseinteilung gedacht, wenn es in Dtn 34,8 heißt, der Tod des Mose sei 30 Tage betrauert worden: Um den Führer im Exodus und Religionsstifter wird nicht eine Woche (zum *Schiwa*-Sitzen siehe oben zur **7**), sondern ein ganzer Monat getrauert. Die 30 wäre demnach hier eine übertreffende Zahl. Entsprechendes dürfte auch für die identische Trauerzeit um Aaron, den ersten der Priester des Herrn, zutreffen (Num 20,29).

Neben der Einteilung des Monats in 30 Tage hatte auch die Dauer von 30 Jahren in Ägypten eine besondere Bedeutung. Nach 30 Jahren der Regierung feierte der Pharao im Mittleren und Neuen Reich gewöhnlich sein Sedfest, das Fest der Erneuerung seiner Herrschaft. Die 30 Jahre wurden im Sinne einer Rundzahl als Dauer einer Generation verstanden.[9] In der Bibel ist diese Bedeutung der 30 zwar nicht belegt (siehe unten zur **40**), aber dafür spielt das Lebensalter von 30 Jahren eine besondere Rolle. Wahrscheinlich steckt hinter entsprechenden Angaben zur Übernahme von Aufgaben (Num 4) und zur Aufnahme von Tätigkeiten (Gen 41,46: Josef; Lk 3,23: Jesus) die Vorstellung, dass sich im Alter von 30 Jahren eine besondere Reife einstellt (siehe zu den entsprechenden Stellen Kapitel 2, S. 108–109).

Die Dreißig findet sich außerdem als Zahl von Kindern, Söhnen und/oder Töchtern, und Enkeln einer Person (Ri 10,4; 12,9. 14) sowie für größere Menschengruppen (Ri 14; 20,31; 1 Sam 9,22; 2 Sam 23; 1 Chr 11) und Zeiträume (Num 20,29; Dtn 34,8; Dan 6,8; Lk 3,23). Hier liegen wahrscheinlich runde Zahlen vor, vielleicht ursprünglich im Sinne der halben 60 im Sexagesimalsystem (vgl. auch Mt 13,8. 23; Mk 4,8. 20).

In Maßangaben von Bauwerken und Gegenständen (Gen 6,15; Ex 26,8; 36,15; 1 Kön 6,2; 7,23 u. ö.) ist mitunter die Symbolik der verzehnfachten Drei anzunehmen (siehe Kapitel 2.3., S. 125).

Zu den dreißig Silberlingen siehe Kapitel 2.7, S. 170-173.

Im hebräischen Zahlenalphabet ist der Buchstabe Lamed 30. Der Buchstabe stellt in hieroglyphischer Schreibung einen Ochsenstachel dar. Im Sefär Jesirah ist Lamed der 7. einfache Buchstabe. Er bezeichnet die menschliche Fähigkeit des Beischlafs, das Tierkreiszeichen Waage, den Monat Tischri und als menschliches Organ die Leber. Lamed heißt im Sefirot-Baum der Pfad zwischen Geburah (V) und Tifärät (VI).

39 ist die 40 weniger Eins. Vor Gericht ist bei einer Auseinandersetzung zwischen zwei Israeliten dem Schuldiggesprochenen nach Dtn 25,1–3 die Prügelstrafe zu verabreichen, höchstens aber vierzig Schläge, damit der Schuldige nicht entehrt wird. In der späteren Praxis verabreichte man deshalb nur 39 Schläge, damit man ja nicht dieses Gebot übertrete. So berichtet Paulus in 2 Kor 11,24, dass er fünfmal die vierzig Streiche weniger einem empfangen habe (vgl. zu diesem Brauch das apokryphe Nikodemusevangelium 4,3).

40 Vierzig wird nicht nur als runde Zahl verwendet, sondern steht vielfach in Zusammenhängen, in denen eine Zeit der Not, der Entsagung und Prüfung sowie der Strafe geschildert wird. Sie gilt demgemäß als Symbolzahl der Buße und Reue und gibt die Dauer einer Zeit der Prüfung mit der Aussicht auf Gottes Hilfe an: 40 Tage und Nächte dauerte nach Gen 7,12 die Sintflut, 40 Jahre musste Israel nach dem Auszug aus Ägypten durch die Wüste wandern (Ex 16,35), Jonas verkündigte nach Jon 3,4 der Stadt Ninive, dass sie in 40 Tagen untergehen werde, das von Gott verfügte Gericht wurde aber angesichts der Bußwilligkeit der Bewohner von Ninive nicht vollzogen.

Der Aspekt einer bedeutungsvollen Zeitspanne zeigt sich vor allem bei großen Gestalten der biblischen Geschichte: Moses verbrachte 40 Tage und Nächte auf dem Berg Sinai (Ex 24,18; 34,28; Dtn 9; 10,10); Elias marschierte, durch Speise aus der Hand eines Engels gestärkt, 40 Tage und Nächte bis zum Gottesberg Horeb (1 Kön 19,8) und Jesus bereitete sich 40 Tage in der Wüste auf sein Wirken vor (Mk 1,13; Mt 4,2; Lk 4,2), weshalb im Christentum die Fastenzeit auch 40 Tage dauert.

Wenn es von David und Salomo heißt, dass ihre Regierungszeit 40 Jahre betrug (siehe 2 Sam 5,4; 1 Kön 2,11; 11,42; 1 Chr 29,27; 2 Chr 9,30), so liegt hier ein anderer Aspekt vor. Wahrscheinlich schwingt die Idee der von Gott geschenkten Fülle ihrer Regierungszeit mit, die eine ganze Generation, ein Vollbürgeralter von 20 bis 60 Jahren, dauert. 40 Jahre kann nämlich auch für den Zeitraum einer Generation stehen. Zumindest ist so die 40jährige Dauer der Wüstenwanderung der Israeliten nach dem Auszug aus Ägypten (Num 14,33; 32,13; 33,38–39; Dtn 2,7; 8,2 u. ö.; Am 5,25 u. ö.) naheliegend zu verstehen. Num 14,22–23 besagt nämlich, dass bis auf wenige Ausnahmen eine Generation (Männer ab 20 Jahre) dazu verurteilt war, in der Wüste zugrunde zu gehen (siehe dazu Kunst der Fuge, S. 70). In diesem Sinne dürfte die Zahl auch bei den vierzig Jahren der Philisterherrschaft in Ri 13,1, bei dem Priester Eli in 1 Sam 4,18, vielleicht bei der Regierungsdauer Joaschs in 2 Kön 12,2; 2 Chr 24,1, sowie bei der Sauls nach Apg 13,21 vorliegen.

Im hebräischen Zahlenalphabet hat Mem den Zahlenwert 40. Der Buchstabe geht auf eine Hieroglyphe für Wasser zurück. Im Sefär Jesirah ist Mem der zweite von drei Mutterbuchstaben. Mem bedeutet das Wasser, aus ihm geht die Erde, die Kälte, und der Bauch des Menschen hervor. Im Sefirot-Baum ist der Mem-Pfad der zwischen Geburah (V) und Hod (VIII).

42 Die 42 hat als 6 × 7 etwas Vorläufiges. Es fehlt ihr die Vervollständigung durch eine weitere 7. In diesem Sinne ist die Wüstenwanderung nach dem Exodus aus Ägypten zu interpretieren, in der Israel 42 Stationen macht, aber auch ein Zeitraum von 42 Monaten, der in Offb 11,2; 13,5 als letzte Frist für die Macht des Bösen über die Welt erscheint. Zu den 3 × 14 = 42 Generationen von Abraham bis Jesus in Mt 1,17 siehe Kapitel 2.8., S. 180-181.

50 Profan ist die Fünfzig eine Maß- und Gruppenzahl (Mk 6,40). So wird das Heer neben anderen Ordnungen in Fünfzigerschaften eingeteilt (2 Kön 1,9. 10–14; vgl. 1 Kön 18,4). Besondere Bedeutung hat die 50 als Quadrat der Sieben + 1. Sie steht mit der Sieben in Beziehung, die in der 49 vollendet ist, wodurch mit der 50 etwas Neues beginnen kann. Das 50. Jahr ist laut Lev 25,8–54; 27,12–24; Num 36,4; vgl. Jos 6,4f. 8) ein großes Erlassjahr, Jobeljahr des Herrn, das siebte Sabbatjahr. 50 Tage, also sieben Wochen nach Passa wird in der Bibel wie im Judentum *Schawuot*, das Wochenfest, gefeiert, 50 Tage nach Ostern im Christentum das Pfingstfest (griechisch *Pentekoste*).

Im hebräischen Zahlenalphabet ist Nun 50. Der Buchstabe geht wahrscheinlich auf eine Hieroglyphe zurück, die eine Schlange darstellt. Im Sefär Jesirah ist Nun der 8. einfache Buchstabe. Er ist dem menschlichen Geruchssinn, dem Tierkreiszeichen Skorpion, dem Monat Marcheschwan und dem menschlischen Organ Milz zugeordnet. Im Sefirot-Baum wird mit Nun der Pfad zwischen Tifärät (VI) und Näzach (VII) bezeichnet.

60   Die Sechzig ist die Grundzahl des babylonischen Sexagesimalsystems mit vor allem astronomischer und metrologischer Bedeutung. In der Bibel wird sie als Baumaß verwendet (1 Kön 6,2; 2 Chr 3,3; Esr 6,3; Dan 3,1), findet sich in Altersangaben (Gen 25,26; 1 Chr 2,21) sowie in Mengenangaben. (Num 7,88; Dtn 3,4; Jos 13,30; Hld 3,7; vgl. auch Mt 13,8; Mk 4,8). Das 60. Lebensjahr bezeichnet laut Lev 27 die Altersgrenze zwischen Erwachsenen- und Greisenalter (Lev 27,3. 7; vgl. 1 Tim 5,9).

Im hebräischen Zahlenalphabet hat der Buchstabe Samech den Zahlenwert 60. Im Sefär Jesirah ist Samech der 9. einfache Buchstabe. Er wird im Tierkreis mit dem Schützen und im Jahr mit dem Monat Kislew in Verbindung gebracht. Als menschliche Fähigkeit bezeichnet er den Schlaf, als Organ die Galle. Im Sefirot-Baum bezeichnet Samech den Pfad zwischen Tifärät (VI) und Jesod (IX).

62   Auf dem Hintergrund der Vorstellung von 70 Jahren Exil beginnt mit der 62. von 70 Jahrwochen in Dan 9,25 ein besonders kritischer Zeitraum vor der apokalyptischen Vollendung, dem Ende der endzeitlichen Bedrohung mit der 70. Woche. Im 62. Jahr wird ein Gesalbter umgebracht, in der Mitte der folgenden Jahrwoche werden die Opfer eingestellt und ein „Greuel" im Heiligtum aufgestellt werden (Dan 9,27). Diese in ihren Zeitangaben nicht völlig erklärbare Vision im Danielbuch bezieht sich auf jeden Fall auf die Herrschaft des Antiochus IV. Epiphanes, der 167 v. Chr. den Kult für Zeus auf dem Platz des Jerusalemer Tempels einführte, eine für die Juden zum Himmel schreiende Maßnahme, die den makkabäischen Aufstand nach sich zog.

65   Die 65 scheint keine symbolische Bedeutung in der Bibel zu haben. Zu Jes 7,8b, wo von einer Zeitdauer von 65 Jahren die Rede ist, siehe Kapitel 2.4., S. 134–137.

66   66 Seelen kamen nach Gen 46,26 mit Jakob nach Ägypten. Laut Lev 12,5 soll eine Frau, die ein Mädchen gebiert, zwei Wochen als unrein gelten und 66 Tage das Haus nicht verlassen. Die Zahl hat keinen symbolischen Eigenwert, weil sie einfach die Verdoppelung der 33 Tage darstellt, die eine Frau nach der Geburt eines Sohnes zu Hause bleiben soll (Lev 12,4).

70   Siebzig ist als zehnfache Sieben die Zahl der Ganzheit und Fülle. Als abgerundete Zahl für 72 drückt sie mehrfach die Vollständigkeit Israels aus: Israel wird durch 70 Älteste repräsentiert (Ex 24,1. 9; Num 11,16. 24. 25: Ez 8,11). Nach der Mischna gab es im Hohen Rat der Juden, dem Synhedrium, 70 Beisitzer.[10] Zur 70 in dieser Dimension siehe auch unten unter **72**. In diesen Zusammenhang gehört auch die Angabe, dass der Erzvater Jakob mit 70 Seelen nach Ägypten kam (Gen 46,27; Ex 1,5) sowie vielleicht die 70 Palmen, die die Israeliten nach Ex 15,27; Num 33,9 neben 12 Wasserquellen im Wüstenlager in Elim vorgefunden haben sollen.

Daneben wird die Siebzig, auch ihr Zehn-, Hundert- und Tausendfaches, vielfach auch als Rundzahl, teilweise mit Vollständigkeitscharakter, verwendet. 70 Jahre dauerte nach Jer 25,11 (25,12; 29,10; vgl. 2 Chr 36,21; Sach 7,5–6; Dan 9,2) das Exil Israels in Babylon (vgl. die 70 Jahrwochen in Dan 9). 70 Könige waren am Tisch des Adonibesech (Ri 1,7); Gideon und Ahab hatten jeweils 70 Söhne (Ri 8,30; 2 Kön 10); 70 Söhne und Enkel, die auf 70 Eselsfüllen ritten, hatte Abdon (Ri 12,14).

Siebzig Jahre beträgt nach Ps 90,10 die Lebenserwartung, nach Jes 23,15 ungefähr die Zeitspanne, die ein König lebt. Siebzig Tage, also weit die sieben Tage weit übertreffend, wurde nach Gen 50,3 um Josef getrauert. Nach jüdischer Vorstellung gab es 70 Völker in der Welt. In der Geschlechterliste von Gen 10 werden, lässt man die drei Stammväter außer Betracht, 70 Namen aufgezählt. Daraus entwickelte sich die Bedeutung der 70 als Zahl universaler Vollendung (70 Völker der Erde, 70 Sprachen, 70 Weisheiten).

Im hebräischen Zahlenalphabet hat Ajin den Zahlenwert 70. Der Buchstabe geht auf eine Hieroglyphe zurück, die ein Auge darstellt. Im Sefär Jesirah ist Ajin der 10. einfache Buchstabe. Er bedeutet Zorn, ist im Tierkreis der Steinbock, im Jahr der Monat Tebet, als menschliches Organ der Darm. Im Sefirot-Baum wird mit Ajin der Pfad zwischen Tifärät (VI) und Hod (VIII).

72 Eindeutiger als die 70, die in dieser Hinsicht eher eine abgerundete Zahl darstellt, ist die 72 auf Israel bezogen. Als Produkt von 6 $\times$ 12 symbolisiert die 72 die Vollkommenheit und Vollständigkeit Israels. Die Tradition kennt die Anzahl von 72 Synagogen, von 72 Auslegern des Alten Testaments. Die griechische Übersetzung der Thora, die Septuaginta (= 70), geht auf die Zahl der Männer zurück, die nach einer Legende im apokryphen Aristeas-Brief auf Geheiß des Königs Ptolemaios auf der Insel Pharos diese Übersetzung vorgenommen haben. Es waren – so heißt es – je sechs Männer aus den zwölf Stämmen (siehe dazu Kapitel 2.6., S. 159–160). Der Vollständigkeit und Repräsentanz Israels entsprechend ist auch im Neuen Testament von 72 Jüngern Christi die Rede (Lk 10,1. 17). Die Textüberlieferung an dieser Stelle ist gespalten: Die einen bieten 72, die anderen 70.

Als universale Zahl ist die 72 gebraucht, wenn von 72 Sprachen der Welt die Rede ist. In der jüdischen Tradition wurde 72 die Zahl der Gottesnamen, und in späterer mystischer bzw. okkulter Tradition aus Ex 14,19–21 72 Engelnamen erschlossen (siehe dazu Kapitel 3.3., S. 229–230).

77 Siebenundsiebzigmal soll nach Gen 4,24 Lamech gerächt werden. Die 77 ist die gesteigerte 7, wie aus dem Text selbst durch den Vergleich von Kain und Lamech hervorgeht: „Denn siebenfach wird Kain gerächt, Lamech dagegen siebenundsiebzigmal." Entsprechendes gilt auch für die Umkehrung von Rache zu Vergebung im Neuen Testament. In Mt 18,21 zeigt sich in der Forderung der siebenundsiebzigfachen Vergebung eine Steigerung gegenüber der siebenfachen Vergebung. Bedeutet diese selbst schon vollständige Vergebung, so wird dieser Aspekt durch die Erhöhung um 70 noch verdeutlicht und verschärft.Es handelt sich zwar rechnerisch um eine Verelffachung der 7, aber die Elf spielt keine Rolle: siebenmal und siebzigmal ist eine Verdopplung der Sieben, die im zweiten Teil eine Verzehnfachung enthält. An die Elf im Sinne der Überschreitung des Gesetzes (10) ist also noch nicht gedacht. Dieses Verständnis bietet in der Tradition vor allem Augustinus, nach dem die 77 die Vergebung aller Sünden bei der Taufe bedeute (Sermo 51,35). Augustinus deutete so auch die 77 Geschlechter, die der Evangelist Lukas von Jesus bis zu Gott in seiner Genealogie im Anschluss an die Taufe Jesu (Lk 3,23–38) bietet. Da die Zahl nicht da steht, sondern durch Zählung der Namen erschlossen werden muss, spielte sie erst in der Tradition eine Rolle: Augustinus teilte sie in

7 × 11. Die Elf verstand er als Überschreitung des Gesetzes, die 7 als Heiliger Geist, Heiligung und Vollendung.

80 Die Achtzig hat erkennbare Bedeutung nur in Hinsicht auf die Lebenszeit. Ein Mensch kann in biblischer Zeit, von den Urvätern abgesehen, sehr alt heißen, wenn er 80 Jahre alt ist (2 Sam 19,33; Ps 90,10). Gegen die Erfahrung des Schwindens der Lebenskräfte in diesem Alter (2 Sam 19,36) stand Moses, der 120 Jahre alt geworden sein soll, mit 80 Jahren vor dem Pharao (Ex 7,7) und erwirkte die Erlaubnis zum Auszug Israels.

Im hebräischen Zahlenalphabet hat Pe den Zahlenwert 80. Die Hieroglyphe, auf die der Buchstabe zurückgehen wird, stellt ein Wurfholz dar. Im Sefär Jesirah ist Pe der fünfte Doppelbuchstabe und bezeichnet die Herrschaft. Er ist dem Stern Venus, in der Woche Donnerstag, 5. Tag der Woche, und als menschliches Körperteil dem rechten Nasenloch zugeordnet. Im Sefirot-Baum ist mit Pe der Pfad zwischen Näzach (VII) und Hod (VIII) bezeichnet.

90 In der Bibel lediglich fünfmal als Kardinalzahl belegt, ist die 90 nur im Blick auf die Patriarchin Sara interessant, von der es in Gen 17,7 angesichts der Verheißung der Geburt eines Sohnes heißt: „soll die neunzigjährige Sara noch gebären?" (vgl. zum Greis Eleasar und seinem Martyrium 2 Makk 6,24).

Im hebräischen Zahlenalphabet steht der Buchstabe Sade für 90. Hieroglyphisch geht er vielleicht ursprünglich auf die Darstellung einer Blüte zurück. Im Sefär Jesirah ist Zade der 11. einfache Buchstabe. Er ist im Tierkreis der Wassermann, im Jahreszyklus der Monat Schwat, als menschliches Körperteil der Magen und als menschliche Fähigkeit das Essen.

99 Als Zahl, der zur 100 eins fehlt, kommt 99 im Gleichnis vom verlorenen Schaf vor (Mt 18,12. 13; Luk 15,4. 7), dessen absurder Charakter im Blick auf das Verhalten des Hirten (99 Schafe stehen lassen, um ein verlorenes zu suchen) oft übersehen wird. Auch beim Alter von 99 Jahren bei Abraham (Gen 17,1. 24) scheint die 99 in dieser Weise verstanden zu sein. Im 99. Jahr fand Abrahams Beschneidung statt. Mit 100 wird ihm der Sohn Isaak geboren (siehe sonst noch Tob 14,16).

100 Aufgrund ihrer Bedeutung als Zählschwelle im Dezimalsystem ist die Hundert vor allem eine Einheitszahl für größere Menschengruppen (z. B. Ex 18,25; Mk 6,40), auch im militärischen Bereich (u. a. Num 31,14; 2 Sam 18,1; 2 Kön 11,4; 1 Makk 3,55; Am 5,3). Aus dem gleichen Grund wird sie gerne als Rundzahl verwendet (z. B. 1 Sam 25,18), teilweise auch mit Füllecharakter (Num 11,32). Wohl auch wegen ihrer Bedeutung im Dezimalsystem sowie als Ausdruck von Vollendung war die Hundert eine bevorzugte Bauzahl (Ex 27; 38 beim Zeltheiligtum; 1 Kön 7,2 beim Palast Salomos; Ez 40–42 beim Tempel).

100 Jahre sind ein Alter, das für die eschatologische Endzeit als Regelmaß der Lebensspanne erhofft wird (Jes 65,20), siehe dazu und zu Sir 18,9 Kapitel 2.2., S. 107–112. Zu Abrahams Alter von 100 Jahren siehe oben zur **99** (ebenso zum Gleichnis Jesu vom verlorenen Schaf).

Hundertfache Frucht oder hundertfacher Gewinn ist sprichwörtliche Redeweise (Mt 13,8; 19,29).

Im hebräischen Zahlenalphabet hat der Buchstabe Qof den Zahlenwert 100. Im Sefär Jesirah ist Qof der 12. und letzte der einfachen Buchstaben. Er steht als Tierkreiszeichen für Fische, als Monat für den Adar, als menschliches Organ für den Mastdarm und als menschliche Fähigkeit für das Lachen. Im Sefirot-Baum bezeichnet Qof den Pfad zwischen Näzach (VII) und Malkut (X).

120 Die 120, eine Dreieckszahl auf der Basis 15, gilt, obwohl ganz selten belegt, wegen Gen 6,3 als Maßstab der Zeit: 120 Jahre betragen demnach die Lebensjahre eines Menschen, aber in der Bibel wird nur Mose bei seinem Tod tatsächlich als 120 Jahre alt bezeichnet (Dtn 34,7). Zum Lebensalter siehe Kapitel 2.2., S. 107–108.

Dass bei der Nachwahl eines Apostels zum Kreis der Zwölf nach Apg 1,15 etwa hundertzwanzig Brüder zusammengekommen sein sollen, ist kaum zufällig. Bei der Wahl zu den Zwölf waren 100 × 12 anwesend, sie bilden das geeignete Wahlgremium.

130 Jakob war nach Gen 47,9 130 Jahre alt, als er nach Ägypten kam. Und Adam war ebenso alt, als er seinen dritten Sohn Scheth zeugte (Gen 5,3). In der Zahlenspekulation wird dem Bedeutung in der Weise zugesprochen, dass man die 130 für an der Zeit vorbei versteht. Gematrisch unterstützt diese Beurteilung der hebräische Zahlenwert des Wortes Sinai ($S = 60$, $J = 10$, $N = 50$, $J = 10$; Gesamtsumme 130): Auch das Sinaigeschehen war an der Zeit vorbei.[11] Der biblische Befund selbst lässt diese Deutungen kaum zu (zur 130 siehe sonst Num 7).

144 Die 144 spielt als Quadrat der 12 eine symbolische Rolle (siehe oben zur **12** sowie unten zur **144 000**).

150 Tage schwollen laut Gen 7,24 und 8,3 die Wassermassen bei der Sintflut an, siehe dazu oben zur **30**.

153 Neben der Jahresangabe in 1 Makk 9,94 nur in Joh 21,11 verwendet, hat jegliche Deutung der Dreieckszahl auf der Basis 17 mit der Stelle vom reichen Fischfang der Jünger nach der Auferstehung Jesu zu tun. Siehe dazu Kunst der Fuge, S. 73–77 und S. 86–87.

176 ist die Anzahl der Verse des umfangreichsten Psalmes der Bibel, nämlich von Psalm 119: Er besteht aus 22 Strophen zu je 8 Versen von jeweils 16 Silben. Die Gruppen bilden ein alphabetisierendes Akrostichon. Siehe dazu Kapitel 2.8., S. 183–184.

200 In Sam 18,27 ist die 200 übertreffende Zahl. Saul stellte die abstruse Forderung an David, als Brautpreis für seine Tochter Michal die Vorhäute von 100 Philistern zu bringen, David brachte 200. Ansonsten ist eine symbolische Bedeutung der verdoppelten Hundert, die mehrfach als Zahl von Opfergaben (z.B. 2 Chr 29,32) und Gruppenzahl (z.B. 1 Chr 12,33; Apg 23,23) vorkommt, nicht erweisbar.

Im hebräischen Zahlenalphabet hat Resch den Zahlenwert 200. Der Buchstabe geht möglicherweise auf eine Hieroglyphe zurück, die einen Kopf darstellt (Kopf, Haupt heißt auf Hebräisch *rosch*). Im Sefär Jesirah ist Resch, der Frieden, der 6. Doppelbuchstabe, dem als Stern der Merkur, als Wochentag der Freitag, der 6. Tag der Woche, und als menschliches Körperteil das linke Nasenloch zugeordnet wird. Im Sefirot-Baum wird mit Resch der Pfad zwischen Hod (VIII) und Jesod (IX) bezeichnet.

288 war gemäß 1 Chr 25,7 die Anzahl der Sänger am salomonischen Tempel. Diese Zahl setzt sich zusammen aus 24 Gruppen zu je 12 Sängern. Es handelt sich also um die verdoppelte Potenz von 12. Zur Bedeutung siehe oben unter **12**.

300 ist die Drei im Maß der Hundert, so zumindest in 1 Chr 11,11, wo es von Jischbaal, einem der Helden Davids heißt, er habe dreihundert auf einmal erschlagen (vgl. 2 Sam 23,18; 1 Chr 11,20; Esr 9,15). Dreihundert Denare ist eine größere Geldsumme (Mk 14,5; Joh 12,5; vgl. Gen 45,22). Zur 300 bei den Maßen der Arche siehe Kapitel 2.3., S. 125, zu den 300 Kriegern Gideons in Ri 7 siehe Kapitel 2.5., S. 151, zu den 300 Nebenfrauen Salomos siehe unten zur **700**.

Im hebräischen Zahlenalphabet hat Schin den Zahlenwert 300. Der Buchstabe wird im biblischen Hebräisch sowohl für einen *Sch*- als auch für einen S-Laut verwendet, wie die Geschichte von Schibbolet und Sibbolet in Ri 12,6 veranschaulicht. Sin/Schin geht wahrscheinlich auf die hieroglyphische Darstellung eines Bogens zurück. Im Sefär Jesirah ist Schin der dritte Mutter-Buchstabe, das Feuer, aus dem der Himmel, die Wärme und der Kopf des Menschen erschaffen wurde. Im Sefirot-Baum bezeichnet Schin den Pfad zwischen Hod (VIII) und Malkut (X).

318 war die Anzahl der Knechte, mit denen Abraham laut Gen 14,14 seinen Neffen Lot aus der Gefangenschaft befreite. Zur gematrischen Deutung dieser Zahl auf den Knecht Abrahams mit Namen Elieser (Gen 15,2) siehe Kunst der Fuge, S. 83–84. In der christlichen Zahlenallegorese wurde die 318 auf Christus bezogen. Das Kreuz $T = 300$ und die ersten beiden Buchstaben des Namens Jesus $J = 10$, $H = 8$ ergeben im griechischen Zahlenalphabet 318. Daraus ergab sich folgende Deutung: Durch den Kreuzestod Christi errang Abraham den Sieg über seine Feinde.

400 Jahre – so Gen 15,13 im fiktiven Vorblick – dauerte Israels Aufenthalt in Ägypten (vgl. Jud 5,8; Apg 7,6). Nach Gen 23,16 bezahlte Abraham dem Hethiter Ephron 400 Silberstücke für die Höhle von Machpela, die er aus Anlass des Todes Saras als Familiengrabstätte erworben haben soll. Bei den 400 Granatäpfeln für das Gitterwerk des Tempels (2 Kön 7,42; 2 Chr 4,13) ist die 400 vierfache 100.

Im hebräischen Zahlenalphabet hat Taw den Zahlenwert 400. Wie das griechische Tau geht der Buchstabe auf die hieroglyphische Darstellung eines Kreuzes zurück. Im Sefär Jesirah ist Taw, die Anmut, der 7. Doppelbuchstabe. Als Stern ist ihm der Mond, als Tag der Samstag/Sabbat, der 7. Tag der Woche, und als menschlicher Körperteil der Mund zugeordnet. Im Sefirot-Baum ist der Taw-Pfad der zwischen Jesod (IX) und Malkut (X).

430 Jahre dauerte der Aufenthalt Israels in Ägypten nach Ex 12,40 (vgl. Gal 3,17); siehe dazu Kapitel 2.1., S. 103. Zur 430 in Ez 4,4–8 siehe Kapitel 2.4., S. 137–140.

480 Jahre ist nach 1 Kön 6,1 die Zeit vom Auszug aus Ägypten bis zum Tempelbau Salomos nach 1 Kön 6,1. Möglicherweise liegt dem die Vorstellung von 12 Generationen zu je 40 Jahren zugrunde.

500 ist als halbe Tausend eine große runde Zahl. Mehrfach ist von nicht weniger als 500, an/um die 500 oder über 500 die Rede (Est 9,6; 1 Makk 7,32; 2 Makk 12,10; 14,39; 1 Kor 15,6). Symbolischer Sinn ist in Ez 42 sehr wahrscheinlich: 500 × 500 Ellen beträgt gemäß der Vision Ezechiels vom neuen Tempel der Tempelbezirk, der das Heilige vom Unheiligen trennt.

600 ist eine Zahl für größere Menschengruppen (Ri 3,31; 18, 11. 16. 17; 20,47; 1 Sam 13,15; 14,2; 23,13; 27,2; 30,9 und 2 Sam 15,18). Sie beruht wahrscheinlich auf dem Sexagesimalsystem und kennzeichnet eine größere runde Zahl kennzeichnet (10×60^1). Nach Ex 14,7 wurden die Israeliten beim Auszug von 600 ägyptischen Wagen verfolgt.

613 ist die Anzahl der Gebote der Hebräischen Bibel nach Raschi (vgl. zu *garti* in Gen 32,5 Kunst der Fuge, S. 83). In der Kabbala spielt die 613 im Sinne der Entsprechung der unterschiedlichen Welten eine wichtige Rolle. Wie es 248 Ge- und 365 Verbote in der Thora gibt, so gibt es beim Menschen 248 größere und 365 kleinere Körperteile (Sehnen und/oder Adern).

616 ist in der Handschriftenüberlieferung des Neuen Testaments eine Lesart für die Zahl des Tieres in Offb 13,18, siehe dazu Kapitel 2.9., S. 193–194.

620 ist in der kabbalistischen Gematria der Zahlenwert der Vollendung, weil es dem Zahlenwert von Kätär, Krone, der 1. Sefirah entspricht.

666 Zur Zahl des Tieres nach Offb 13,18 siehe Kapitel 2.9., S. 191–199.

700 hat die Bedeutung der verhundertfachten Sieben (2 Chr 15,11; vielleicht Ri 20,15. 16; 2 Sam 10,18; 2 Kön 3,26). In einem einzigen Fall steht die Zahl für die Aufteilung der 1000: Salomo hatte nach 1 Kön 11,3 700 Hauptfrauen und 300 Nebenfrauen.

888 ist vor allem bei den christlichen Gnostikern aufgrund gematrischer Berechnung die Zahl Jesu Christi. Der Name Jesus ergibt im griechischen Zahlenalphabet 888. $J = 10$, $H = 8$, $S = 200$, $O = 70$, $U = 400$, $S = 200$. Siehe dazu oben unter **8**.

969 Jahre alt wurde nach Gen 5 Metuschelach/Methusalem, der älteste Mensch der Bibel. Siehe dazu Kapitel 2.2., S. 105 und S. 116–117..

1000 Eintausend, die erste vierstellige Zahl im Dezimalsystem, ist in der Bibel eine große runde Zahl (z. B. Ri 15,15; Dan 5,1). Sie kommt, auch in Verbindung mit höheren Zahlenwerten, weit mehr als 100mal in der Bibel vor. Tausend ist vor allem Maßzahl für eine größere Einheit und wird für Menschengruppen (Ex 18,21), zum Beispiel für die Ordnung größerer militärischer Verbände, Stichwort Tausendschaften (Num 1,16; 31,4–5; Am 5,3 u. ö.), verwendet.

Geprägt sind die Wendungen von der tausendfachen Huld (Ex 20,6), vom Einen aus Tausend (Koh 7,28; Sir 6,6), von den 1000 Jahren, die vor Gott wie ein Tag sind (Ps 90,4; 2 Petr 3,8) sowie der Topos vom tausendjährigen Reich (Offb 20,1–6. 7), der in der Geschichte in ganz unterschiedlichen Zusammenhängen wieder aufgenommen worden ist (z. B. im Montanismus, Millenarismus und im III. Reich).

1260 ist die Zahl der endzeitlichen Prüfung. Sie entspricht bei einer Monatseinteilung von 30 Tagen 42 Monaten (6×7 oder $3 \times 12 + 6$ Monate oder 3,5 Jahre nach Offb 11,2; 12,6). Siehe oben zur 3½ unter **7**.

3000   Die Dreitausend gewinnt ihre Bedeutung als vervielfachte Drei. Wenn es von Salomo in 1 Kön 5,12 heißt, er habe 3000 Sprüche (aber auch 1005 Lieder) gedichtet, oder in Apg 2,41, dass der Gemeinde am Pfingstage einen Zuwachs von 3000 Seelen bekam, liegen wohl kaum exakte, abgezählte Werte vor, wahrscheinlich auch nicht runde Zahlen, sondern vielmehr wird damit auf einer höheren Zahlenebene ausgedrückt sein, was im Sprichwort „Aller guten Dinge" für die Drei gilt.

3300   Zu den Vorarbeitern in 1 Kön 5,30 – 3600 waren es nach der Parallelstelle 2 Chr 2,1 – siehe Kapitel 2.5., S. 145–146.

3761   Diese Zahl kommt zwar in der Bibel nicht vor und hat dort wie im Judentum auch keine Bedeutung, sie ist aber wichtig, weil in der auf der Bibel beruhenden Tradition die Welt im Jahr 3761 nach unserer Zeitrechnung erschaffen wurde. Siehe dazu Kapitel 2.1., S. 100–104.

5000   Zur Speisung von 5000 Menschen durch Jesus siehe Kapitel 2.7., S. 173–175. Zur 5000 siehe auch Jos 8,12 – mit 5000 Mann eroberte demnach Josua Ai – sowie Apg 4,4 – mit dem Annäherungswert 5000 wird die Zahl der Jerusalemer Christengemeinde angegeben.

10 000   Zehntausend ist nicht nur die größte Zähleinheit, sondern auch die größte runde Zahl in der Bibel und wird verwendet, um eine unübersehbare Menge zu bezeichnen. Mehrfach kommt diese Zahl in Verbindung mit anderen, kleineren Zahlen vor. Nach 1 Sam 18,7 feierten israelitische Frauen militärische Erfolge Davids über die Philister mit folgendem Lied: „Saul hat seine Tausend erschlagen, David aber seine Zehntausend." Während hier anhand der Zahlen 1000 und 10 000 die Triumphe der beiden Heerführer tatsächlich miteinander verglichen werden, bieten andere Stellen einen paradox wirkenden Vergleich: Lev 26,6–8 verheißt den Israeliten göttlich gesicherten Frieden im Land. Das bedeutet zwar nicht, dass es keine Feinde mehr geben wird, aber – V. 8: „Fünf von euch werden hundert, hundert von euch werden zehntausend in die Flucht schlagen; eure Feinde fallen vor euch durch das Schwert!" Das durch Gott verbürgte „Gesetz" der Überlegenheit der Minderheit gegen die zahlenmäßige Übermacht wird in Dtn 32,30 im Blick auf ein göttliches Strafgericht an Israel umgedreht: „Wie könnte einer Tausend verfolgen und zwei Zehntausend vertreiben, hätte nicht ihr Fels sie verkauft, hätte der Herr sie nicht preisgegeben." Zu weiteren Paarungen von kleinen und großen Zahlen siehe Kapitel 2.5., S. 149–153. Nach Ps 91,7 muss sich der in Gott Geborgene nicht ängstigen, selbst wenn tausend an seiner Seite, zehntausend zu seiner Rechten fallen, und Paulus weist die Korinther darauf hin, dass sie ihn als Gründer der Gemeinde, der dadurch gleichsam zu ihrem Vater geworden ist, nachahmen sollen, 1 Kor 4,15: „Denn hättet ihr auch zehntausend Lehrmeister in Christus, so doch nicht viele Väter; in Christus Jesus nämlich habe ich euch durch das Evangelium gezeugt." Zu den 10 000 Talenten siehe Kapitel 2.5., S. 148–149.

12 000 ist die Zwölf im Maß der 1000. Sie dient im AT vielfach als Zahl für militärische Großgruppen und basiert dabei auf der 12er-Grundeinteilung (z. B. Ri 21,10; 2 Sam 10,6; 17,1) Salomo soll, wie mehrfach erwähnt wird (1 Kön 5,6; 10,26; 2 Chr 1,14; 9,25) 4000 Streitwagen mit einer Besatzung von 12 000 Mann gehabt haben. Aber auch direkter Bezug auf das Zwölfstämmevolk ist gegeben: Laut Num 31,5 schickte Moses 12 000 Krieger, nämlich 1000 Mann je Stamm, gegen die Midianiter. Darüber hinaus geht zumindest in Jos 8,25, vielleicht auch in Ps 60,2, die Zahl von 12 000 in bezug auf Gefallene von Ai (Ps 60,2: der Edomiter) auf die Bedeutung der Vollständigkeit: Die 12 000 Gefallenen, die bei der Landnahme in einem Feldzug Israels getötet worden sein sollen, waren alle Bewohner Ais.

18 000 Ellen beträgt der Umfang der Stadt Jerusalem, wie sie Ezechiel in der Vision vom neuen Israel in Ez 48,30–35 schaut. Die 18 000 scheint hier im Sexagesimalsystem vorgestellt zu sein, wo sie als $5 \times 60^2 = 5$ _ _ dargestellt wird. Die 4500 Ellen der Seitenlängen der quadratisch angelegten Stadt (sexagesimal 1 15 _) ergeben zwar keine so glatte Zahl, aber es kommt wohl auf den Gesamtumfang an.

70 000 Nach 2 Sam 24,15 und 2 Chr 21,14 starben 70 000 Menschen aus Israel bei einer Pest, mit der Gott die Volkszählung Davids bestrafte.

120 000   ist eine große Füllezahl, die als Vielfaches von 12 teilweise Bedeutungsnuancen dieser Zahl enthält. Nach Jon 4,11 war 120 000 die Anzahl der Einwohner Ninives.

144 000   ist die Zahl der Geretteten nach Offb 9,4. Die Zahl basiert auf der Symbolik der Zwölf, deren vertausendfachte Potenz sie darstellt. Siehe dazu oben zur **12**.

153 600   Fremdarbeiter waren laut 2 Chr 2 am Bau des salomonischen Tempels beschäftigt. Siehe dazu, Kapitel 2.5, S. 146.

288 000   war laut 1 Chr 27 in der Summe die Anzahl der den Heerführern zugehörigen Abteilungen. Im Text werden 12 Heerführer aufgeführt, denen jeweils Abteilungen zu 24 000 Mann unterstehen. Die Zwölfzahl selbst steht hier ausdrücklich mit dem Kalenderjahr in Beziehung, denn jeder Heerführer diente mit seiner Abteilung dem König in einem bestimmten Monat.

600 000   Israeliten zogen nach der biblischen Überlieferung (Ex 12,37; Num 11,21) aus Ägypten aus. Gezählt werden in Ex 12,37 nur die Männer, die Kinder sind ausdrücklich nicht mitgerechnet. Die vorgestellte Volksmenge muss also gewaltig gewesen sein. Man kann sich etwa 3 Millionen Menschen vorstellen. Wahrscheinlich ist die Zahl hier als hyperbolische Zahl gebraucht. Die Bedeutung der Sechs als Zahl des Menschen wird wohl kaum mitschwingen.

603 550   wehrfähige Männer Israels sind laut Num 1,46 in der Wüste nach dem Exodus gezählt worden. Diese Zahl macht zwar den Eindruck eines Zählwertes, weil sie als Summe der gezählten Stämme dargestellt wird. Außerdem ist sie als Produkt von $2 \times 5 \times 5 \times 12071$ denkbar ungeeignet als runde oder symbolische Zahl. Seltsam ist aber, dass 603 im hebräischen Zahlenalphabet der Summenwert von *b^{e}nei-jisrael*, „Söhne Israels" ist. Gibt es eine Kombination von 603 als Wert für „Söhne Israels" und 550? – Das zweite gedachte Element könnte *rosch*, „Summe" (Num 1,2) = 551 sein (aber warum diese Unterschreitung um 1?),[12] oder auch *am ajin mispar* „Volk ohne Zahl" = 551 (zu „ohne Zahl" vgl. Gen 41,49). Letzteres ergäbe die gematrische Bedeutung von

603 550, dass Israel in der Wüste ein so zahlreiches Volk war, dass es gerade noch – 603 550, noch nicht 603 551 – gezählt werden konnte. Vielleicht ist aber die 550 in *kol ädat JHW"H*, „die gesamte Gemeinde des Herrn" zu gematrisieren. Aber kann man für die Stelle überhaupt schon mit einer gematrischen Aussage rechnen? – Wie auch immer, 603 550 Israeliten wurden – historisch betrachtet – nach dem Auszug in der Wüste sicherlich nicht gezählt, siehe dazu oben zur **600 000**.

1 000 000   wird in der Bibel vielfach in der Form 1000 × 1000 als Füllezahl verwendet (Ps 68,18). Siehe zu Dan 7,10 Kapitel 1.1., S. 18.

1 100 000   Krieger Israels (und 470 000 aus Juda) erbrachte nach 1 Chr 21,1–17 die Volkszählung Davids. Siehe dazu Kapitel 1.1, S. 19.

10 000 000   ist wie eine Million als unausgeführte Multiplikation von 1000 und 10 000 eine Füllezahl (Gen 24,60; Num 10,36).

100 000 000   Als eigentliche Zahl in der Bibel nicht ausgedrückt, ist 100 000 000 als unberechnetes Produkt (10 000 × 10 000) in Dan 7,10 die Zahl derer, die vor Gottes Thron stehen, während 1000 × 1000 Menschen ihm dienen. Die höchste Zahl der Bibel, nämlich die 200 000 000 in Offb 9,16 ist eine Überhöhung dieser Multiplikationszahl. Siehe dazu Kapitel 1.1. S. 18–19.

Anhang

Anmerkungen

Im Verzeichnis „Ausgewählte Literatur" aufgeführte Titel erscheinen im Folgenden abgekürzt.

„Die Magie der Zahlen" – Eine Einführung

1. U. Eco, Das Foucaultsche Pendel. Aus dem Italienischen von Burkhart Kroeber, München, Wien 1989, S. 422.
2. Siehe dazu K. Bosch, Lotto und andere Zufälle. Wie man die Gewinnquoten erhöht, München 1999; R. Maltagliati, Ihre Glückszahlen im Lotto träumen, Freya 1995; I. Weber, Lotto Millionär. Lottochancen ganz persönlich, Bindlach 1999; Das große Horoskop. Wie stehen Ihre Sterne für Lottogewinn, Gehaltserhöhung, heisse Flirts …?, Düsseldorf 1999.
3. U. Dudley, Die Macht der Zahl, S. 287.
4. Siehe F. C. Endres/A. Schimmel, Das Mysterium der Zahl, und A. Schimmel, Mystische Dimensionen des Islam, Köln 1985.

„Gott und die Welt" – Von Zahlen, Ziffern und Rechnen in der Bibel

1. Zur Bewertung dieser Zahlen sowie der Darstellung der höheren Komplexität der Problematik siehe u. a. J. Becker, 1 Chronik (Neue Echter Bibel, Lfg. 18), Würzburg 1986, S. 86.
2. Zum folgenden Kapitel vergleiche die umfassenderen Darstellungen bei K. Menninger, Zahlwort und Ziffer. Eine Kulturgeschichte der Zahl, Göttingen ²1958; G. Ifrah, Die Zahlen. Die Geschichte einer großen Erfindung, Frankfurt /Main, New York 1992 sowie ders., Universalgeschichte der Zahlen.
3. Siehe T. Dantzig, Number. The Language of Science, New York ⁴1954, S. 3.
4. Siehe G. Ifrah, Universalgeschichte der Zahlen, S. 476–544.
5. Zum Folgenden, aber auch für weitere Einzelheiten siehe die herkömmlichen Grammatiken ins Bibelhebräisch, z. B. E. Jenni, Lehrbuch der Hebräischen Sprache des Alten Testaments, Basel, Frankfurt /Main 1981, unter den Stichwörtern *Zahlwort* und *Zahlzeichen*.
6. Siehe dazu R. Meyer, Hebräische Grammatik, Bd. II: Formenlehre. Flexionstabellen, Berlin ³1969, S. 89.
7. Zum Folgenden sowie zu weiteren Einzelheiten siehe wiederum die üblichen Grammatiken, diesmal des neutestamentlichen Griechisch, z. B. E. G. Hoffmann / H. Siebenthal, Griechische Grammatik zum Neuen Testament, Riehen/Schweiz ²1990, S. 76–78, S. 211–212.

8. Siehe H. L. Allrik, The Lists of Zerubbabel (Nehemiah 7 and Ezra 2) and the Hebrew Numeral Notation, in: Bulletin of the American Schools of Oriental Research 136 (1954), S. 21–27.
9. Siehe dazu R. Meyer, Hebräische Grammatik, Bd. 1: Einleitung, Schrift und Lautlehre, Berlin ³1982, S. 43.
10. Siehe David Diringer, in: Encyclopaedia Judaica, Bd. 2, Jerusalem 1971, Sp. 743.
11. Siehe dazu G. Ifrah, Universalgeschichte, S. 304–306 mit Abb. 227.
12. Vgl. D. Diringer, in: Encyclopaedia Judaica, Bd. 2, Jerusalem 1971, S. 743–744, sowie ausführlicher G. Ifrah, Universalgeschichte, S. 277–285.
13. Vgl. G. Ifrah, Universalgeschichte, S. 286–302, der eine wesentlich detailliertere Darstellung bietet.
14. Zahlenwerte nach M. Amiram, The Water Supply of Israelite Jerusalem, in: Y. Yadin (Ed.), Jerusalem Revealed. Archeology in the Holy City 1968–1974, Jerusalem 1975, S. 75–78, hier S. 77.
15. B. L. van der Waerden, Erwachende Wissenschaft, S. 170.
16. Text nach B. Reicke / L. Rost, Biblisch-Historisches Handwörterbuch, Sp. 765–766, Abb. 2.u
17. Zu den folgenden Ausführungen vgl. die Standardwerke zur vorgriechischen Mathematik, z. B. O. Neugebauer, Vorlesungen über Geschichte der antiken mathematischen Wissenschaften. Bd. 1: Vorgriechische Mathematik (Die Grundlehren der mathematischen Wissenschaften 43), Berlin u.a. ²1969; K. Vogel, Vorgriechische Mathematik. Teil 1: Vorgeschichte und Ägypten (Mathematische Studienhefte 1), Hannover, Paderborn 1958; ders., Vorgriechische Mathematik, Teil 2: Die Mathematik der Babylonier (Mathematische Studienhefte 2), Hannover, Paderborn 1959; B. L. van der Waerden, Erwachende Wissenschaft. Wer gerne Ägyptisch oder Babylonisch rechnen möchte, sei verwiesen auf J. Lehmann, So rechneten Ägypter und Babylonier (4000 Jahre Mathematik in Aufgaben), Leipzig u.a. 1994.
18. Siehe zu instruktiven Beispielen über abstruse Berechnungen an den Pyramiden U. Dudley, Die Macht der Zahlen, S. 201–224.
19. B. L. van der Waerden, Erwachende Wissenschaft, S. 168.
20. Aristoteles, Metaphysik. Schriften zur ersten Philosophie, übersetzt und herausgegeben von F. F. Schwarz, Stuttgart 1984, S. 19.
21. Herodot, Historien. Erster Band Bücher I–V. Griechisch-deutsch. Herausgegeben von Josef Feix (Sammlung Tusculum), München, Zürich ⁴1988, 288f. (II. Buch 109).
22. B. L. van der Waerden, Erwachende Wissenschaft, S. 25–26.
23. Siehe dazu H. Brunner, Altägyptische Religion. Grundzüge, Darmstadt ³1989, S. 16.
24. Siehe dazu O. Neugebauer, Vorlesungen über Geschichte der antiken mathematischen Wissenschaften. Bd. 1: Vorgriechische Mathematik (Die Grundlehren der mathematischen Wissenschaften 43), Berlin u.a. ²1969, S. 122, Anm. 1.
25. Siehe zu den folgenden Ausführungen B. L. van der Waerden, Erwachende Wissenschaft, S. 151–168; U. Dudley, Die Macht der Zahl, S. 11–52.
26. U. Dudley, Die Macht der Zahl, S. 7.
27. Siehe dazu D. Wildung, Art. Neunbogen, in: Lexikon der Ägyptologie Bd. IV, 1982, Sp. 472–473.
28. Aristoteles, Metaphysik. Schriften zur ersten Philosophie, übersetzt und herausgegeben von F. F. Schwarz, Stuttgart 1970, S. 30f.
29. Siehe dazu vor allem A. Schmitt, Mathematik und Zahlenmystik, in: Martin Grabmann/ Joseph Mausbach (Hg.), Aurelius Augustinus. Festschrift der Görres-Gesellschaft zum 1500. Todestage des Heiligen Augustinus, Köln 1930, S. 353–366.
30. Siehe zur pythagoräischen Zahlensymbolik bei Philo O. Arnt, Zahlenmystik bei Philo – Spielerei oder Schriftauslegung?, in: Zeitschrift für Religions- und Geistesgeschichte 19 (1967), S. 167–171.

Die Kunst der Fuge: Zahlen deuten – aber wie?

1. Siehe C. P. Thiede, Bibelcode.
2. F. Weinreb, Zahl – Zeichen – Wort, S. 68.
3. Vgl. C. P. Thiede, Bibelcode, S. 75–76 zum Folgenden.
4. Ebd., S. 75, Anm. 78, mit Verweis auf R. M. Grant, One hundred Fifty-Three Large Fishes, in: Harvard Theological Review 42 (1949), S. 273–275.
5. Ebd., S. 76–77, der auch den späteren Versuch von Rupert von Deutz anführt, der bei gleicher Aufteilung die 100 als die Verheirateten, die 50 als die Verwitweten und die Drei als die Jungfrauen interpretierte.
6. R. Bultmann, Das Evangelium des Johannes (Kritisch-exegetischer Kommentar über das Neue Testament 2), Göttingen 1985, S. 549.
7. Siehe B. D. Klien, Art. Baraita of 32 Rules, in: Encyclpaedia Judaica, Bd. 4, Jerusalem 1971, S. 194–195.
8. Siehe dazu W. Bacher, Die exegetische Terminologie der jüdischen Traditionsliteratur, 1. Teil: Die Bibelexegetische Terminologie der Tanniten, Darmstadt 1965, S. 127 mit Anm. 3.
9. J. de Fraine, Art. Zahl, in: H. Haag, Bibel-Lexikon, Zürich u. a. ³1982, Sp. 1917–1920, hier Sp. 1917.
10. Zum Folgenden vgl. G. Scholem, Art. Gematria, in: Encyclopaedia Judaica, Bd. 7, Jerusalem 1971, S. 369–374., G. Ifrah, Universalgeschichte der Zahlen, S. 335–341.
11. Siehe – auch zum Folgenden – M. Oberweis, Die Bedeutung der neutestamentlichen „Rätselzahlen" 666 und 153, in: Zeitschrift für die neutestamentliche Wissenschaft 77 (1986), S. 226–241, hier S. 238f.
12. Siehe die Übersicht bei H. A. Mertens, Handbuch der Bibelkunde, S. 55–58, aber z. B. auch bei W. Bauer, Was wir von der Bibel wissen Daten, Fakten, Hintergründe (Stuttgarter Taschenbücher 16), Stuttgart 1993, S. 111–120.

II. Zahlengeheimnissen der Bibel auf der Spur

1. H. A. Hutmacher, Symbolik, S. 81.
2. Siehe E. Hornung, Einführung in die Ägyptologie. Stand, Methoden, Aufgaben (Die Archäologie. Einführungen), Darmstadt ⁴1993, S. 99.
3. Siehe zum babylonischen Fünftel als Sechstage-Woche W. von Soden, Sumer, Babylon und Hethiter bis zur Mitte des zweiten Jahrtausends v. Chr., in: G. Mann/A. Heuß (Hg.), Propyläen Weltgeschichte. Eine Universalgeschichte, Erster Band, Sonderausgabe: Frankfurt/Main, Berlin 1986, S. 523–609, S. 573.
4. Siehe z. B. W. H. Schmidt (in Zusammenarbeit mit H. Delkurt und A. Graupner), Die Zehn Gebote im Rahmen alttestamentlicher Ethik (Erträge der Forschung 281), Darmstadt 1993, S. 86. In diesen Zahlensprüchen kommt eine Handlung über sechs Tage am siebten Tag zum Höhepunkt (vgl. Jos 6); Sieben ist dabei wohl als eine kleine runde Zahl zu verstehen.
5. Vgl. z. B. die Markttage bei den Römern, die aber keinem Siebenerrhythmus folgten.
6. Vgl. Babylonischer Talmud, Mischna Schabbat VII,2, wo von 40 weniger 1 Arbeiten die Rede ist, die am Sabbat verboten sind.
7. Nach W. H. Schmidt, Die Zehn Gebote, S. 96 Anm. 45; vgl. Strack-Billerbeck II,5; vgl. Babylonischer Talmud, Joma 85b.
8. Siehe vor allem T. Veijola, Die Propheten und das Alter des Sabbatgebots, in: V. Fritz u. a. (Hg.), Prophet und Prophetenbuch. Festschrift für Otto Kaiser zum 65. Geburtstag (Beihefte zur Zeitschrift für die alttestamentliche Wissenschaft 185), Berlin, New York 1989, S. 246–264.
9. Zur Astronomie in der Bibel siehe G. Schiaparelli, Die Astronomie im Alten Testament, Gieszen 1904.

10. W. H. Schmidt, Zehn Gebote, S. 88.
11. Eine Ableitung von schabbat von schiw'ah hat tatsächlich einmal J. Hehn, Siebenzahl, S. 91–98, vorgeschlagen, sie ist aber wegen des Ausfalls von Ajin kaum überzeugend.
12. Siehe L. Basnitzki, Der jüdische Kalender. Entstehung und Aufbau, Frankfurt/Main 1998, S. 28.
13. L. Köhler, Der hebräische Mensch. Eine Skizze. Mit einem Anhang: Die hebräische Rechtsgemeinde, Darmstadt 1976, S. 29.
14. Zum tatsächlichen Lebensalter der betreffenden Könige siehe H. W. Wolff, Anthropologie des Alten Testaments, München ⁵1990, S. 177 mit Literaturhinweisen.
15. H. W. Wolff, Anthropologie, S. 168.
16. W. von Soden, Einführung in die Altorientalistik (Orientalistische Einführungen in Gegenstand, Ergebnisse und Perspektiven der Einzelgebiete), Darmstadt 1985, S. 44; andere Zahlen bei H. Schmökel (Hg.), Kulturgeschichte des Alten Orient. Mesopotamien, Hethiterreich, Syrien – Palästina, Urartu, Lizenzausgabe: Augsburg 1995, S. 181, der als Beispiele 28 800 und 108 000 Jahre bietet.
17. H. Greßmann, Altorientalische Texte zum Alten Testament, Berlin 1965, S. 147–148.
18. Siehe dazu C. Westermann, Genesis. 1. Teilband Genesis 1–11 (Biblischer Kommentar. Altes Testament I/1), Neukirchen-Vluyn 1974, S. 475f.
19. G. von Rad, Das erste Buch Mose. Genesis, Das Alte Testament Deutsch 2/4, Göttingen ¹⁰1976, S. 46; vgl. C. Westermann, Genesis. 1. Teilband Genesis 1–11 (Biblischer Kommentar. Altes Testament I/1), Neukirchen-Vluyn 1974, S. 477–480 sowie E. Zenger, Gottes Bogen in den Wolken. Untersuchungen zu Komposition und Theologie der priesterschriftlichen Urgeschichte (Stuttgarter Bibelstudien 112), Stuttgart 1983, S. 144–145.
20. Siehe H. A. Hutmacher, Symbolik, 18–54.
21. Ebd., Symbolik, S. 30.
22. Siehe oben Kunst der Fuge, S. 77–82.
23. Siehe dazu C. Schedl, Geschichte des Alten Testaments, I. Band: Alter Orient und Urgeschichte, Innsbruck ²1964, S. 257–258 u. ö.; vgl. zu einem weiterführenden Versuch jüngst R. Heinzerling, ‚Einweihung' durch Henoch? Die Bedeutung der Altersangaben in Genesis 5, in: Zeitschrift für die alttestamentliche Wissenschaft 110 (1998) S. 581–589.
24. D. V. Barrett, Zahlensymbolik und was sie bedeutet. Kleine Orakelkunde, Würzburg o. J. (Originalausgabe, London 1995), S. 8.
25. Siehe dazu neuerdings W. Pitman / William Ryan, Sintflut. Ein Rätsel wird entschlüsselt, Bergisch Gladbach 1999 sowie Alexander und Edith Tollmann, Und die Sintflut gab es doch. Vom Mythos zur historischen Wahrheit, München 1995.
26. Siehe C. Berlitz, Die Suche nach der Arche Noah, Wien, Hamburg 1987, S. 126–127. Vgl. ähnlich Balsiger/Sellier, Auf den Spuren der Arche Noah, München 1980, S. 114–129.
27. Wer Erklärungen zu diesen Fragen haben will, die die Historizität der Sintflut nach dem biblischen Bericht beweisen, der schlage nach in dem Buch, das die größten Geheimnisse der Weltgeschichte enthüllt, nämlich bei Balsiger/Sellier, Auf den Spuren der Arche Noah. Dort findet die von kritischen Negationen gebeutelte Seele ihre Ruhe!
28. R. Smend, Entstehung des Alten Testaments (Theologische Wissenschaft 1), Stuttgart u. a. ⁴1989, S. 57.
29. Dieser Widerspruch ist eines der Argumente dafür, dass der Text von Gen 6–8 nicht eine einzige genuine Erzählung darstellt, sondern aus zwei Versionen der Sintflutgeschichte zusammengestellt worden ist. Da der hier interessierende Abschnitt Gen 6,14–16 aber durchgängig einer Version, nämlich der sogenannten Priesterschrift zugehört, wurde auf eine Darstellung der „Quellenscheidung" verzichtet. Der Leser, der an solchen Verfahren, vor allem aber an den Ergebnissen interessiert ist, sei auf O. Eissfeldt, Hexateuch-Synopse, Darmstadt 1987, verwiesen.
30. Siehe dazu u. a. K. Koch/B. Reicke, Art. Stiftshütte, in: B. Reicke/L. Rost, Biblisch-Historisches Handwörterbuch 3, Sp. 1871–1875; H. A. Mertens, Handbuch der Bibelkunde,

S. 663–667; eine anschauliche Zeichnung des Zeltheiligtums bietet Der große Bibelatlas, Augsburg 1998, S. 30f.

31. Siehe dazu W. Baier, Art. Tempel, in: H. Haag (Hg.), Bibel-Lexikon, Sp.1720–1729; T. A. Busink, Der Tempel von Jerusalem. Von Salomo bis Herodes. Eine archäologisch-historische Studie unter Berücksichtigung des westsemitischen Tempelbaus, 1. Band: Der Tempel Salomos (Studien Francisici Scholten Memoriae Dicata 3), Leiden 1970; 2. Band: Von Ezechiel bis Middot, Leiden 1980; V. Fritz, Tempel und Zelt. Studien zum Tempelbau in Israel und zu dem Zeltheiligtum der Priesterschrift (Wissenschaftliche Monographien zum Alten und Neuen Testament 47), Neukirchen-Vluyn 1977; A. Kuschke, Art. Tempel, in: K. Galling, Biblisches Reallexikon, S. 333–342; H. A. Mertens, Handbuch der Bibelkunde, S. 667–672; H. P. Rüger, Art. Tempel, in: B. Reicke/L. Rost, Biblisch-Historisches Handwörterbuch 3, Sp. 1940–1947. Die folgende Darstellung beschränkt sich auch hinsichtlich der Zahlenangaben. Für umfassende Darstellungen ist auf die Literatur zu verweisen.

32. Siehe dazu H. Brunner, Ägyptische Religion. Grundzüge, Darmstadt ^{3}1989, S. 77–86.

33. Zur Menorah siehe Teil 4, zur Zahl Sieben, S. 277–278.

34. Siehe zu Nostradamus neuerdings G. Klein, Nostradamus – Gaukler des Himmels, in: H.-C. Huf (Hg.), Sphinx 4. Geheimnisse der Geschichte. Von Richard Löwenherz bis Casanova, Bergisch-Gladbach 1999, S. 148–203.

35. Zur Charakteristik der Propheten siehe z. B. K. Koch, Die Profeten I. Assyrische Zeit, Stuttgart u. a. ^{3}1995, S. 11–26.

36. Über die Probleme im Einzelnen informieren u. a. O. Kaiser, Einleitung in das Alte Testament. Eine Einführung in ihre Ergebnisse und Probleme, Gütersloh ^{5}1984, S. 220–224, und E. Zenger u. a., Einleitung in das Alte Testament (Kohlhammer Studienbücher Theologie 1,1), Stuttgart u. a. ^{3}1998, S. 484–493.

37. Siehe 1. Lesung für den vierten Adventssonntag in der katholischen Messordnung, wo nur Jes 7,10–14 als Lesungstext vorgesehen ist.

38. Zu diesem Halbvers und zu weiterer Literatur siehe Verf., Studien zur literarkritischen Methode. Gericht und Heil in Jesaja 7,1–17 und 29,1–8 (Beihefte zur Zeitschrift für die alttestamentliche Wissenschaft 204), Berlin, New York 1992, S. 150–153, S. 250.

39. Zur Kommentierung dieser Symbolhandlung siehe R. Kilian, Jesaja II. 13–39 (Neue Echter Bibel Lfg. 32), Würzburg 1994, S. 125–127.

40. Zur detailreicheren Kommentierung siehe W. Zimmerli, Ezechiel. 1. Teilband Ezechiel 1–24 (Biblischer Kommentar. Altes Testament XIII/1), Neukirchen-Vluyn ^{2}1979, S. 114–122.

41. Zum Danielbuch siehe u. a. N. W. Porteous, Das Buch Daniel (Das Alte Testament Deutsch 23), Göttingen ^{3}1978.

42. Siehe dazu unten, Kapitel 2.9, S. 187.

43. Zur Kommentierung siehe H. W. Wolff, Dodekapropheton 2. Joel und Amos (Biblischer Kommentar Altes Testament XIV/2), Neukirchen-Vluyn ^{3}1985, S. 158–211, sowie J. Jeremias, Der Prophet Amos (Das Alte Testament Deutsch, Teilband 24/2), Göttingen 1995, S. 5–29.

44. Zur Auslegung des Textes siehe E. Würthwein, Das erste Buch der Könige. Kapitel 1–16 (Das Alte Testament Deutsch 11,1), Göttingen und Zürich 1985, S. 56f.

45. Siehe z. B. H. A. Mertens, Handbuch der Bibelkunde, S. 229.

46. Diese Verhältnisbestimmung bestätigt die Lesung 3600 in 1 Kön 5,30. Der Masoretische Text zur Stelle bietet stattdessen 3300, die Septuaginta-Handschriften differieren bei den Hundertern zwischen 500, 600 und 700. Der Codex Vaticanus bietet 3600. Ihm folgen wir hier.

47. Zu diesem und weiteren, auch höheren Vergleichswerten sie U. Luz, Das Evangelium des Matthäus (Evangelisch-Katholischer Kommentar zum Neuen Testament 1/3), Zürich u. a. 1997, S. 69.

48. Siehe E. Kishon, Wie unfair, David! Satiren, München ^{8}1972, S. 168–171.

49. Zur Kommentierung siehe u. a. H. W. Hertzberg, Die Bücher Josua, Richter, Ruth (Das Alte Testament Deutsch 9), Göttingen und Zürich ^{6}1985, S. 183–200.

50. Siehe dazu Thomas Mann, Joseph und seine Brüder. Der erste Roman: Die Geschichten

Jaakobs, FrankfurtMain 1991, S. 232: „Aber ihre grüngrauen Augen schielten trübselig an der langen und geröteten Nase herab, und gerötet waren auch die grindigen Lider dieser Augen."

51. Siehe dazu z. B. S. Herrmann, Israels Aufenthalt in Ägypten (Stuttgarter Bibelstudien 40), Stuttgart 1970.

52. Zur Wirkungsgeschichte dieser Edelsteine siehe Offb 21, aber selbst noch die Numerologie, vgl. dazu A. Guhr, Mythos der Steine. Macht und Magie (Edition Ellert & Richter), Hamburg 1995, S. 29–31. 35–36.

53. Siehe dazu schon oben Kapitel 1.4., S. 45–47.

54. Zur Dodekapolis siehe Bürcher, Art. Dodekapolis, in: P. Wissowa (Hg.), Paulys Realencyclopaedie der classischen Altertumswissenschaft, Bd. V,1, Stuttgart 1903, Sp. 1256; zu religiösen Zwölfergruppen in der Antike vgl. darüber hinaus M. Lurker, Wörterbuch, S. 376.

55. Siehe dazu E. Würthwein, Der Text des Alten Testaments. Eine Einführung in die Biblia Hebraica, Stuttgart ⁴1973, S. 52–54; vgl. E. Tov, Der Text der Hebräischen Bibel. Handbuch der Textkritik, Stuttgart u. a. 1997, S. 113–114.

56. Siehe Der Talmud. Ausgewählt, übersetzt und erklärt von R. Mayer, München ⁶1981, S. 222.

57. Siehe dazu W. Radl, Nur Männer als Priester?. Zu einem Argument im Apostolischen Schreiben „Mulieris Dignitatem", in: A. Ziegenaus (Hg.), Sendung und Dienst im bischöflichen Amt. Festschrift der Katholisch-Theologischen Fakultät der Universität Augsburg für Bischof Josef Stimpfle zum 75. Geburtstag, St. Ottilien 1991, S. 219–239.

58. Für den Gesamttext siehe in die herkömmlichen Ausgaben der Pessach-Haggada, z. B. Die Pessach-Haggada, herausgegeben und kommentiert von M. Shire, München 1998, S. 56–57.

59. Siehe dazu vor allem R. Kilian, Überlegungen zu Israels Mythenkritik, in: Ders., Studien zu alttestamentlichen Texten und Situationen, Stuttgart 1999, S. 183–198, S. 194–197.

60. Zur Kommentierung dieser Stelle und des folgenden Textes in Mt 27 siehe u. a. J. Gnilka, Das Matthäusevangelium II. Teil. Kommentar zu Kap. 14,1–28,20 und Einleitungsfragen (Herders theologischer Kommentar zum Neuen Testament I/2). Freiburg u. a. 1988, S. 389–393 und 442–450, sowie W. Wiefel, Das Evangelium nach Matthäus (Theologischer Handkommentar zum Neuen Testament 1), Leipzig 1998, S. 445–446, S. 465–469.

61. Eine andere Deutung bietet H. A. Mertens, Handbuch der Bibelkunde, S. 57, der vermutet, dass mit den 30 Silberlingen die 20 Silberlinge, für die Josef gemäß Gen 37,28 nach Ägypten verkauft wurde, übertroffen werden sollen. Nun kann diese Einzelheit der Josefsgeschichte tatsächlich Vorbild für den Verkauf Jesu gewesen sein, aber dass es sich bei den 30 Silberlingen um eine übertreffende Zahl handeln soll, überzeugt nicht. Warum sollte der Verkaufspreis Josefs übertroffen werden?

62. Siehe dazu u. a. W. Baur, Was wir von der Bibel wissen. Daten, Fakten, Hintergründe (Stuttgarter Taschenbücher 16), Stuttgart 1993, S. 118–120.

63. Siehe dazu W. H. Schmidt u. a., Die Zehn Gebote im Rahmen alttestamentlicher Ethik (Erträge der Forschung 281), Darmstadt 1993, S. 25–35, sowie R. Kilian, Das Humanum im ethischen Dekalog Israels, in: Ders., Studien zu alttestamentlichen Texten und Situationen (Stuttgarter Biblische Aufsatzbände 28), Stuttgart 1999, S. 143–155.

64. Goethe, Faust. Der Tragödie erster und zweiter Teil. Mit dem Urfaust und einer Einleitung von R. Buchwald, Stuttgart 1966, S. 68–69.

65. Einen weiteren Stammbaum Jesu bietet der Evangelist Lukas in Lk 3,23–38. Er zählt von Jesus zurück bis zu Gott und bietet insgesamt 77 Generationen.

66. Siehe neuerdings selbst den der Zahlenmystik abholden C. P. Thiede, Bibelcode, S. 78–80.

67. Vgl. zur 42 – als apokalyptischer Zahl – Offb 11,2; 13,5.

68. Siehe G. Braulik, Die Funktion von Siebenergruppierungen im Endtext des Deuteronomiums, in: Ders., Studien zum Buch Deuteronomium (Stuttgarter Biblische Aufsatzbände 24), Stuttgart 1997, S. 63–79.

69. Siehe dazu W. Berg, Siebenerreihen von Verben und Substantiven, in: Biblische Notizen 84 (1996), S. 11–15, hier S. 13.

70. U. Dahmen, Weitere Fälle von Siebenergruppierungen im Buch Deuteronomium, in: Biblische Notizen 72 (1994), S. 5–11, hier S. 5.
71. Siehe dazu W. Baumgartner, Bernhard Duhm, in: B. Duhm, Das Buch Jesaia, Göttingen ⁵1968, S. V–XIII.
72. Siehe G. Salomon, Zahlen der Bibel; zum Folgenden siehe ders., Zahlen der Bibel. Beiheft, S. 10–13.
73. Zur Auslegung der Offenbarung des Johannes sei exemplarisch auf U. B. Müller, Die Offenbarung des Johannes (Ökumenischer Taschenbuch-Kommentar zum Neuen Testament 19), Gütersloh ²1995, verwiesen, für Fragen nach der Entstehungsgeschichte des Buches auf U. Schnelle, Einleitung in das Neue Testament, Göttingen 1994, S. 585–608.
74. Siehe dazu wiederum U. B. Müller, Die Offenbarung, S. 354–365.
75. Siehe oben Kapitel 2.6., S. 155–156.
76. Siehe dazu vor allem O. Böcher, Zur Bedeutung der Edelsteine in Offb 21, in: Ders., Kirche in Zeit und Endzeit. Aufsätze zur Offenbarung des Johannes, Neukirchen-Vluyn 1983, S. 144–156.
77. Zu den verschiedenen Zugängen zum Rätsel der Zahl 666 siehe u. a. F. Dornseiff, Das Alphabet in Mystik und Magie (Stoicheia 7), Leipzig, Berlin ²1925; S. 101–108; G. Ifrah, Universalgeschichte, S. 348–350. Zu den Lösungen der Bibelwissenschaft siehe vor allem die Überblicke bei J. Ernst, Die eschatologischen Gegenspieler in den Schriften des Neuen Testaments (Biblische Untersuchungen 3), Regensburg 1967, S. 141–145; L. van Hartingsveld, Die Zahl des Tieres, die Zahl eines Menschen. *Apokalypse xiii 18*, in: T. Baadra u.a. (Hrsg.), Miscellanea Neotestamentica. Volumen Alterum (Supplements to Novum Testamentum 48), Leiden 1978, S. 191–201 hier S. 192–195.
    Zur aktuellen Rezeption der 666 auch außerhalb der Wissenschaft siehe vor allem U. Dudley, Die Macht der Zahl, S. 63–86.
78. Zu entsprechenden Thesen von der Entstehung der Offenbarung des Johannes siehe erneut U. Schnelle, Einleitung in das Neue Testament, Göttingen 1994, S. 591–592 mit Anm. 24.

„666 für den Teufel!" – Ein nicht ganz ernst gemeintes Zwischenspiel

1. Siehe dazu G. Ifrah, Universalgeschichte, S. 348–350.
2. Siehe U. Dudley, Die Macht der Zahl, S. 63–100.
3. D. V. Barrett, Zahlensymbolik und was sie bedeutet. Kleine Orakelkunde, Würzburg o. J. (engl. Originalausgabe: London 1995), S. 34, R. Barrat, Numerologie (Edition Roter Löwe), Braunschweig 1995, S. 65, und viele andere ordnen nur die Zahlen 1 bis 9 durchlaufend den Buchstaben des deutschen Alphabets zu.
    R. Griesbeck, Numerologie. Ihre Zahlen richtig gedeutet, Niedernhausen 1998, S. 25, verwendet dagegen nur die Zahlen 1 bis 8 durchlaufend. Und C. Zettel, Geheimlehre und Numerologie. Das Geheimnis der Zahl, Weyarn 1998, S. 339, überlässt es ihren Lesern, welches der beiden Systeme sie verwenden möchten.
    J. Silver, Numerologie. Magie und Mystik der Zahlen. Charakter – Schicksal – Zukunftsprognosen, Kreuzlingen, München ⁸1998, S. 26–31, wendet dagegen ein angeblich auf dem hebräischen Zahlenalphabet beruhendes System der alten Zahlenmagie an.
4. Vielleicht ist die Skepsis des Verfassers in seinem eigenen Namen begründet. Wer ein echtes „ü" im Namen hat, muss seinen Namen in der Numerologie immer anders schreiben, als er ihn zu lesen pflegt.

III. Die Bibel und die Rechner – Ein Ausblick

1. Siehe dazu J. Bach, Die Zeit- und Festrechnung der Juden. Unter besonderer Berücksichtigung der Gaussschen Osterformel nebst einem immerwährenden Kalender, Freiburg i. Br. 1908, S. 17–30.
2. Die Kabbala kann in diesem Rahmen nicht einmal in groben Umrissen vorgestellt werden, für Überblicke ist auf die angegebene Literatur zu verweisen.
3. Siehe dazu vor allem H. A. Hutmacher, Symbolik, sowie F. Weinreb, Zahl – Zeichen – Wort, S. 87–94.
4. Siehe O. Fischer, Auferstehungshoffnung in Zahlen. Ein Beitrag zur Kenntnis des Altertums, Leipzig 1920; zur Zahlensymbolik Fischers vgl. Ders., Der Ursprung des Judentums im Lichte der alttestamentlichen Zahlensymbolik, Leipzig 1917, sowie Ders., Orientalische und griechische Zahlen, Leipzig 1918.
5. Siehe dazu U. Dudley, Die Macht der Zahl, S. 109–128.
6. Zur Kabbala als historischem Phänomen siehe vor allem die einschlägigen Werke von G. Scholem, u. a. Zur Kabbala, sowie J. Maier, Die Kabbalah. Für esoterische Abhandlungen über die Kabbala siehe z. B. H. E. Benedikt, Die Kabbala als jüdisch-christlicher Einweihungsweg, Band 1: Farbe, Zahl, Ton und Wort, Freiburg ³1990, Band 2: Der Lebensbaum, Freiburg 1988; Z'ev ben Shimon Halevi, Lebendige Kabbalah. Anleitungen und Übungen zur praktischen Arbeit im Alltag, München 1989 (Engl. Erstausgabe: London 1984); Papus, Die Kabbala, Leipzig 1910 (u. andere Ausgaben), Schwarzenburg 1977; W. Parfitt, Die Kabbala.
7. W. Parfitt, Die Kabbala, S. 10.
8. Siehe J. Maier, Die Kabbalah, S. 38–42.
9. Siehe G. Scholem, Zur Kabbala, S. 32–33.
10. Siehe W. Parfitt, Die Kabbala, S. 22–29; vgl. aber auch J. Silver, Numerologie, S. 21–25; C. Zettel, Geheimlehre und Numerologie, S. 187–195.
11. Zum Sefär Jesirah siehe die – durchaus problematische – Übersetzung von L. Goldschmidt, Das Buch der Schöpfung, Darmstadt ²1969; vgl. dazu J. Maier, Die Kabbalah, S. 38–43; G. Scholem, Zur Kabbala, S. 220–227, sowie Ders., Art. Jezira, in: Encyclopaedia Judaica. Das Judentum in Geschichte und Gegenwart, Bd. 9, Berlin 1932, Sp. 104–111.
12. L. Goldschmidt, Das Buch der Schöpfung, Darmstadt ²1969, I, 1.
13. G. Scholem, Zur Kabbala, S. 221.
14. Zu den Einzelheiten siehe Teil 4 unter den jeweiligen Zahlenwerten der hebräischen Buchstaben.
15. So neuerdings wieder C. Zettel, Geheimlehre und Numerologie. Das Geheimnis der Zahl, Sonderausgabe: Weiyarn 1998, S. 49; siehe aber dagegen J. Maier, Die Kabbalah, S. 48–49.
16. Zum Sohar siehe E. Müller, Der Sohar. Das heilige Buch der Kabbala, Sonderausgabe: München 1998.
17. Siehe Friedrich Weinreb, Zahl – Zeichen – Wort; vgl. ders., Symbolik.
18. Siehe M. I. Freese, Übereinstimmende Zahlensymbolik.
19. Siehe H. A. Hutmacher, Symbolik, S. 7. Hutmachers Zahlensymbolik erweist sich in ihrem Ansatz explizit der Logotechnik C. Schedls verpflichtet; siehe dazu u. a. C. Schedl, Baupläne.
20. Siehe F. Weinreb, Zahl – Zeichen – Wort, S. 68–70.
21. F. Javane / D. Bunker, Zahlenmystik. Das Handbuch der Numerologie München 1995, S. 167.
22. Siehe oben Kapitel 2.8., S. 193–194.
23. Siehe J. Silver, Numerologie. Magie und Mystik der Zahlen. Charakter – Schicksal – Zukunftsprognosen, Kreuzlingen ⁸1998, S. 107–111.
24. Siehe M. Drosnin, Bibel Code. Vgl. dazu die Beiträge in Factum 9/1997, Focus 23/1997 und Spiegel 26/1997 sowie M. Heide, Der Bibelcode. Ein Gottesbeweis besonderer Art?, in: Fundamentum I/1 (1998), S. 54–65; J. Lange, Der Bibelcode – geknackt?, in: Bibel-Report 4 (1997); auch erhältlich in Form eines Handzettels als Information aus dem Katholischen Bibelwerk; Sh. Sternberg, Snake Oil for Sale, in: Bible Reviewm, August 1997, S. 24–25;

T. Vogt, Der Bibelcode aus theologischer Sicht. Eine Stellungnahme zu Michael Drosnin „Der Bibel Code", in: Fundamentum I/1 (1998), S. 66–81.

25. Der Beitrag wird im Anhang von Drosnins Buch in deutscher Übersetzung geboten, siehe M. Drosnin, Bibel Code, S. 256–280.
26. Siehe H. M. D. Weissmandel, Torath Hemed, Mt. Kisko 1958.
27. Zu ähnlichen, auch geistreicheren Versuchen vgl. Sh. Sternberg, Snake Oil for Sale, in: Bible Review, August 1997, S. 24–25, der sich Moby Dick vornimmt, und C. P. Thiede, Bibelcode, S. 25–27, mit dem deutschen Schma Jisrael, vgl. auch J. Werlitz, Vom Bibelcode und wie man ihn knackt, (erscheint in: Bibel und Liturgie 1/2000), zur apostolischen Konstitution Dei Verbum.
28. Vgl. dazu C. P. Thiede, Bibelcode, S. 23.
29. Siehe J. Satinover, Die verborgene Botschaft.
30. Vgl. dazu auch M. Drosnin, Bibel Code, S. 20, der meint, Newton habe schon nach dem Bibelcode gesucht, ihn aber nicht gefunden.
31. Siehe dazu J. Satinover, Die verborgene Botschaft, S. 25.
32. Siehe dazu H. A. Mertens, Handbuch der Bibelkunde, S. 22.
33. Siehe dazu E. Tov, Der Text der Hebräischen Bibel. Handbuch der Textkritik, Stuttgart u. a. 1997.
34. Zu den Qumran-Texten siehe E. Tov, Der Text, vor allem S. 83–98.
35. Siehe E. Rips, D. Witztum, Y. Rosenberg, Konstante Buchstabenfolgen, bei M. Drosnin, Bibel Code, S. 256–280, S. 265–266.
36. Siehe etwa C. P. Thiede, Bibelcode, S. 22, der Amir, das im Hebräischen vier Konsonanten aufweist, deutsch mit MR wiedergibt und alle möglichen deutschen Wörter daraus bildet.
37. Ebd., S. 20–21.
38. Ich danke Herrn Andreas Günther, Augsburg.

IV. Von Eins bis hundert Millionen – Biblische Zahlen und ihre Bedeutungen – Ein Kompendium

1. Für ähnliche Zusammenstellungen der Zahlenbedeutungen in einschlägigen Lexika und Zahlensymboliken sei hier pauschal auf das Verzeichnis der ausgewählten Literatur im Anhang des Buches verwiesen.
2. Zum dialektischen Dreischritt These, Synthese und Antithese siehe vor allem M. Negele, Grade der Freiheit. Versuch einer Interpretation von G. W. F. Hegels „Phänomenologie des Geistes" (Epistemata/Reihe Philosophie, 92), Würzburg 1991.
3. Zur Problematik der Altarhörneraltare siehe R. Smend, Art. Altar, AT, in: B. Reicke / L. Rost (Hg.), Biblisch-Historisches Handwörterbuch, Sp. 63–65, hier Sp. 64.
4. M. Lurker, Wörterbuch, S. 333.
5. W. Bauer u. a., Lexikon der Symbole, S. 214.
6. W. Bauer, Was wir von der Bibel wissen. Daten, Fakten, Hintergründe (Stuttgarter Taschenbücher 16), Stuttgart 1993, S. 114.
7. Siehe A. Schmitt, Mathematik und Zahlenmystik, in: M. Grabmann / J. Mausbach (Hg.), Aurelius Augustinus. Festschrift der Görres-Gesellschaft zum 1500. Todestage des Heiligen Augustinus, Köln 1930, S. 353–366, S. 364.
8. Gegen G. Salomon, Zahlen der Bibel, S. 102–106.
9. Siehe E. Hornung, Echnaton. Die Religion des Lichtes, Zürich 1995, S. 33–34.
10. Mischna Sanhedrin I,6; vgl. Flavius Josephus, Geschichte des Judäischen Krieges. Aus dem Griechischen von Heinrich Clementz, Leipzig ⁶1994, II, 20,5; IV, 5,4.
11. Siehe F. Weinreb, Symbolik, S. 32.
12. So H. A. Mertens, Handbuch der Bibelkunde, S. 58.

Ausgewählte Literatur

W. Bauer/I. Dümotz/S. Golowin, Lexikon der Symbole. Mythen. Symbole und Zeichen in Kultur, Religion, Kunst und Alltag, München [15]1998.

I. Benzinger, Hebräische Archäologie, Hildesheim, New York 1974

H. Biedermann, Knaurs Lexikon der Symbole (hg. v. Gerhard Riemann), München 1994.

M. Bruce-Mitford, Zeichen & Symbole. Die verborgene Botschaft der Bilder, Stuttgart, Zürich 1997.

F. Dornseiff, Das Alphabet in Mystik und Magie (Stoicheia, Hft. 7), Leipzig, Berlin [2]1925.

M. Drosnin, Der Bibel Code, München 1998 (Engl. Erstausgabe: New York 1997).

U. Dudley, Die Macht der Zahl. Was die Numerologie uns weismachen will, Basel u. a. 1999.

Encyclopedia Judaica, 16 Bände, Jerusalem 1971.

F. C. Endres/A. Schimmel, Das Mysterium der Zahl. Zahlensymbolik im Kulturvergleich, Köln [10]1997.

M. I. Freese, Übereinstimmende Zahlensymbolik in Ilias und Bibel, Pähl o. J.

P. Friesenhahn, Hellenistische Wortzahlenmystik im Neuen Testament, Reprint, Amsterdam 1970.

K. Galling (Hg.), Biblisches Reallexikon, Tübingen [2]1977.

H. Haag (Hg.), Bibel-Lexikon, Zürich u. a. [3]1982.

J. Hehn, Siebenzahl und Sabbat bei den Babyloniern und im Alten Testament. Eine religionsgeschichtliche Studie (Leipziger Semitistische Studen II,5), Leipzig 1968.

Ders., Zur Bedeutung der Siebenzahl, in: K. Budde (Hg.), Vom Alten Testament, Gießen 1925, S. 128–136.

A. Heller, Biblische Zahlensymbolik, Heilbronn [5]1997.

A. Hutmacher, Symbolik der biblischen Zahlen und Zeiten, Paderborn 1993.

G. Ifrah, Universalgeschichte der Zahlen, Sonderausgabe Frankfurt/Main, New York [2]1991.

M. Lurker, Wörterbuch biblischer Bilder und Symbole, München 1973.

J. Maier, Die Kabbalah. Einführung – Klassische Texte – Erläuterungen, München 1995.

K. Menninger, Zahlwort und Ziffer. Eine Kulturgeschichte der Zahl, Göttingen [2]1958.

H. A. Mertens, Handbuch der Bibelkunde. Literarische, historische, archäologische, religionsgeschichtliche, kulturkundliche, geographische Aspekte des Alten und Neuen Testaments. Ein Arbeitsbuch für Unterricht und Predigt, Sonderausgabe: Düsseldorf 1997.

H. E. Miers, Lexikon des Geheimwissens, München 1993.

A. Negev (Hg.), Archäologisches Bibel-Lexikon, Stuttgart [2]1991.

B. Reicke / L. Rost, Biblisch-Historisches Handwörterbuch. Landeskunde • Geschichte • Kultur • Literatur. Studienausgabe A–Z, Göttingen 1994.

F. Rienecker / G. Maier (Hg.), Lexikon zur Bibel, Wuppertal, Zürich 1994.

G. Salomon, Zahlen der Bibel. Ihre Symbolik, aufschlußreichen Zusammenhänge und mathematischen Hintergründe, Lahr-Dinglingen [2]1989; sowie: Beiheft dazu, ebd. 1991.

J. Satinover, Die verborgene Botschaft der Bibel. Der Code der Bibel entschlüsselt, München 1998.

C. Schedl, Baupläne des Wortes. Einführung in die biblische Logotechnik, Wien 1974.

F. J. Schierse / W. Bader, Neue Konkordanz zur Einheitsübersetzung der Bibel, Düsseldorf – Stuttgart [1]1996.

G. Scholem, Zur Kabbala und ihrer Symbolik, Zürich 1960/Frankfurt 1973.

I. Singer (Hg.), The Jewish Encyclopedia, 12 Bände, New York 1901–1906.

C. P. Thiede, Bibelcode und Bibelwort. Die Suche nach verschlüsselten Botschaften in der Heiligen Schrift, Basel, Gießen 1998.

B. L. van der Waerden, Erwachende Wissenschaft. Ägyptische, babylonische und griechische Mathematik (Wissenschaft und Kultur 8), Basel, Stuttgart [2]1966.

F. Weinreb, Die Symbolik der Bibelsprache, Einführung in die Struktur des Hebräischen. Nach der Bearbeitung von Dr. F. Horn, Bern ⁵1981.

Ders., Zahl – Zeichen – Wort. Das symbolische Universum der Bibelsprache, Weiler im Allgäu ³1986.

Die im Text des Buches gebotenen Zitate aus dem Alten und Neuen Testament richten sich nach der Ausgabe „Die Heilige Schrift des Alten und Neuen Testaments". Vollständige Ausgabe nach den Grundtexten übersetzt und herausgegeben von V. Hamp, M. Stenzel und J. Kürzinger, Augsburg ⁴1988.

Abbildungsnachweis

Abb. 4: © Georges Ifrah, Universalgeschichte der Zahlen, Campus Verlag GmbH, Frankfurt am Main 1986

Abb. 11: © B. Reicke / L. Rost (Hg.): Biblisch-Historisches Handwörterbuch (BHH Bd. 1), Vandenhoeck & Ruprecht, Göttingen 1962

Abb. 25: © B. Reicke / L. Rost (Hg.): Biblisch-Historisches Handwörterbuch (BHH Bd. 3), Vandenhoeck & Ruprecht, Göttingen 1966

Abb. 38: © Ernst Müller, Der Sohar – Das heilige Buch der Kabbala, Eugen Diederichs Verlag, München 1998

Abb. 40: © C. F. Endres / A. Schimmel, Mysterium der Zahl, Zahlensymbolik im Kulturvergleich, Eugen Diederichs Verlag, München 1997

Abb. 41: Horst E. Miers, Lexikon des Geheimwissens, © 1993 beim Wilhelm Goldmann Verlag, in der Verlagsgruppe Bertelsmann GmbH

Abb. 50: © W. Bauer u. a. Lexikon der Symbole, Fourier-Verlag, Wiesbaden

Abb. 55: © Avraham Negev, Archäologisches Bibel-Lexikon, G. G. The Jerusalem Publishing House Ltd., Jerusalem 1986

Alle weiteren Abbildungen stammen vom Verfasser.